沉管

IMMERSED TUNNEL

林巍 林鸣／著

科学出版社
北京

内 容 简 介

沉管隧道是充分借用大自然水之力的工程方法，利用水的浮力运输、利用水的重力下沉、利用水的推力连接。本书用通俗的表达方式和平实的语言，介绍了沉管隧道最前沿的科学技术和工程理念，以及背后隐藏的方法和思想，书中大部分知识源自港珠澳大桥岛隧工程建设的实践与反思。本书对沉管隧道技术的普及、揭秘及系统的论述，有利于工程师阅读后掌握这门技术并应用于实践，从而对一些相关跨域工程的技术发展与标准制定起到积极的指导作用。

本书可供工程及相关领域的研究者、从业者和学生阅读参考，也可供对沉管隧道感兴趣的读者阅读。

图书在版编目(CIP)数据

沉管/林巍，林鸣著. —北京：科学出版社，2019.8
ISBN 978-7-03-061983-9

Ⅰ. ①沉⋯ Ⅱ. ①林⋯ ②林⋯ Ⅲ. ①沉管隧道－隧道工程－设计 Ⅳ. ①U459.9

中国版本图书馆 CIP 数据核字(2019)第 166287 号

责任编辑：郭勇斌 欧晓娟/责任校对：邹慧卿
责任印制：师艳茹/封面设计：黄华斌

科学出版社 出版
北京东黄城根北街 16 号
邮政编码：100717
http://www.sciencep.com

中国科学院印刷厂 印刷
科学出版社发行 各地新华书店经销
*

2019 年 8 月第 一 版　　开本：890×1240　1/32
2019 年 8 月第一次印刷　　印张：14 1/2
字数：346 000
定价：88.00 元
（如有印装质量问题，我社负责调换）

前　言

"最活跃的思想也不及最钝暗的感觉",哲学家大卫·休谟强调了知识的一个重要来源。本书的内容除了来自自身实践的思考,更离不开与长期参与港珠澳大桥岛隧工程建设同事的共事和交流的顿悟。本书的知识和思想扎根于港珠澳大桥岛隧工程工地,凝结了工程建设者的集体智慧。

我们写这本书,试图达到三个目标,一是想把沉管隧道写得通俗,让读者发现沉管隧道可以很简单,消除它的神秘感;二是让读者可以从任意一篇文章开始阅读,因此对每一篇文章的长度都有所控制,并说明了篇章间的联系;三是我们要去完成一个已经完工了的,但在心中尚未完成的岛隧工程。

很多人为本书的成稿提供帮助,我们未能一一列出。要感谢(排名不分先后)马宗豪、王晓东、王李、王丹、冯海暴、尹朝晖、何波、孙亮、花田幸生、张月欣、张力、张俊贤、吴义元、张洪、李哈汀、李正林、李英、李福华、李建宇、李毅、李金峰、沈赤、黄喆、刘亚平、刘海清、刘兆权、刘可心、王强、宁进进、汤慧驰、锁旭宏、张秀振、高纪兵、孟凡利、游川、苏怀平、赵辉、Joel van Stee、Micheal Tonneson、Ribvisual、Kecui Ji、莫日雄、岳远征、陈聪、陈良志、胥新伟、韩小锐、邵新慧、杨红、傅秀萍、黄淑华、彭晓鹏、唐永波、尚乾坤、祝刘文、杨润来、翟世鸿、斋藤尚武、董政、魏红波、魏杰。他们大多数是港珠澳大桥岛隧工程的建设者,在七年的时间里用身体感受着工程,其中一些同事为数据采集和拍照提供了帮助；一些是我们的合作方，提供专业的知识与前沿的技术和理念；岛隧工程综合部的同事七年来为工程积累的数以万计的技术文件的查阅提供了便利，而且，书中的插图有时会劳烦他们来看，作者相信只要他们能看懂，那么书中的插图也是能够被读者理解的。最后要感谢家人的陪伴与支持。

本书属于能欣赏它的读者，希望读者能够通过这本书发现港珠澳大桥岛隧工程是如何用七年时间完成了一个看似"不可能"完成的奇迹，更希望读者能够通过读懂这个工程更加地了解自己。

作 者

2018 年 11 月 24 日于珠海

目　录

前言

第三代沉管隧道技术 ……………………………………… *1*

设计 ……………………………………………………… *14*

规划 ……………………………………………………… *25*

工厂法预制 ……………………………………………… *33*

可注浆止水带的改良使用 ……………………………… *37*

从系泊到系泊 …………………………………………… *48*

沉管管节安装保障系统 ………………………………… *59*

舾装 ……………………………………………………… *70*

压载水系统 ……………………………………………… *72*

端封门 …………………………………………………… *82*

人孔井 …………………………………………………… *88*

线形管理 ………………………………………………… *92*

沉放 ……………………………………………………… *109*

回填 ……………………………………………………… *110*

路面 ……………………………………………………… *116*

平曲线管节的管节扭转 ………………………………… *122*

平曲线管节的管节拉合 ………………………………… *126*

快速成岛1：深插钢圆筒与副格的筑岛概念 ………… *148*

快速成岛2：深插钢圆筒与副格的关键问题 ………… *154*

快速成岛 3：更好的构想 …………………………………… 172
沉管隧道的基础 1：真实的复杂、理论的简单 ………………… 182
沉管隧道的基础 2：理论 …………………………………… 184
沉管隧道的基础 3：实施方案与沉降观测 ……………………… 192
沉管隧道的基础 4：装备支撑 ……………………………… 210
沉管隧道的基础 5：试验保障 ……………………………… 216
密闭腔压浆抬升沉管管节 …………………………………… 229
半刚性管节 1：介绍 ……………………………………… 240
半刚性管节 2：机理 ……………………………………… 243
半刚性管节 3：设计 ……………………………………… 253
半刚性管节 4：案例 ……………………………………… 256
记忆支座 1：概念设计 …………………………………… 266
记忆支座 2：试验与产品 …………………………………… 274
最终接头 1：已有工法 …………………………………… 284
最终接头 2：折叠管节 …………………………………… 289
最终接头 3：一体化技术 …………………………………… 305
最终接头 4：基础特殊问题及诊断和处置 ……………………… 309
最终接头 5：结构特殊问题及垮塌思想试验 …………………… 320
最终接头 6：吊装运动简化分析 …………………………… 333
78 000t 管节顶推 ………………………………………… 338
混凝土浇筑不开裂的道理 …………………………………… 351
隧道怎样才能做到不漏水 …………………………………… 353
大倒角 …………………………………………………… 355
日本的沉管隧道 …………………………………………… 360
三明治结构 1：综述 ……………………………………… 374
三明治结构 2：高流动性混凝土 ……………………………… 381

三明治结构 3：尺寸效应 ………………………………………… *392*
记忆支座试验 ………………………………………………………… *399*
拖运试验 ……………………………………………………………… *404*
管节与基床摩擦力试验与实测 …………………………………… *419*
岛隧工程 ……………………………………………………………… *431*

第三代沉管隧道技术

道生一，一生二，二生三，三生万物。

——《道德经》

定 义

国际隧道与地下空间协会（简称国际隧协）1997 年对沉管隧道的定义是"一座沉管隧道包括一个或多个预制的管节（elements），这些管节逐个浮运至现场、沉放、在水下首尾连接；隧道通常被置于航路底面以下预先挖好的槽中，隧道的两头是岸上施工的建筑"。由此可见沉管隧道的主线是管节的预制和安装，伴随着这条主线的是管节预制所需的临水边的岸上设施的建设，管节安装所需的浮运航道和隧道基槽的开挖、隧道基础的处理，以及管节安装完成后海床的恢复及隧道的防护所需的回填工作。从空间上看沉管隧道施工有三个地点：岸上、水中、隧道里。

用诗人的语言定义沉管隧道可以是："沉管隧道是充分借用水之力的工程，用水的浮力运输，用水的重力下沉，用水的推力连接。"

第 一 代

沉管隧道最早的尝试在 1810 年，英国工程师查尔斯·怀亚特（Charles

Wyatt）在泰晤士河隧道竞标中提出了沉管工法这个概念。用砖头砌一个 15.2 m 长的封闭圆筒（管节），并将其浸入水中，下沉至挖过的河床中，再回填，恢复河床。为了连通，再从圆筒的内部移除圆筒两端的砖块穹顶。怀亚特明智地提出了做一个浅水试验的要求。试件是两个长为 7.6 m、内径为 2.74 m 的圆筒。试验做得很仔细，结果也被认为是成功的。可惜的是，造价远超出预期，工程被废止了。

15 年以后，泰晤士河隧道由法国工程师布鲁内尔（Brunel）建造，是近代第一座水下通道。采用的是他的发明——盾构技术。仅 700 m 的隧道，自 1825 年开建，过程中发生了 5 次水淹、1 次火灾、甲烷气体侵害的事故。工程由于缺乏经费停工了 7 年，竣工时间延后了 15 年。工程总花费大大超出预算，被称为"财政上的灾难"。1843 年建设完成时，隧道未能实现通行马车的初衷，因为经费不足，从隧道口到陆地的连接段无法建设，所以只能在河岸两边的竖井里搭一个临时楼梯。隧道只能作为人行通道。在漫长的建设时期，《泰晤士报》对这座隧道的命名一语双关：伟大的隧道/极其的无聊（the great bore），预言它的建设是个即将破裂的泡沫。建成后，泰晤士河隧道成为伦敦的地标建筑，世界八大奇迹之一，至今仍作为伦敦地铁线最古老的一环。

1893 年，美国波士顿用沉管隧道建造了 3 条直径为 1.8 m 的排污渠。但是真正意义上的、有规模的、用于交通的沉管隧道还未建设。

1910 年，美国建设了第一个交通沉管隧道——底特律河（Detroit River）铁路隧道（图 1）。采用双钢壳结构。为了能够下沉，管节的底部开口，而且隧道内需要灌一部分水来压重。钢壳之间的混凝土在管节下沉之后用水下导管浇筑。浇筑完成后，再将隧道内的水抽出，移除管节两端的封门，再在内部做衬砌（类似山岭隧道二次衬砌）。

1912 年，芝加哥建设了单管节的（即只有一个预制段）沉管隧道。管节长度为 85 m，单钢壳构造，并首次实现了管节的浮态浇筑。

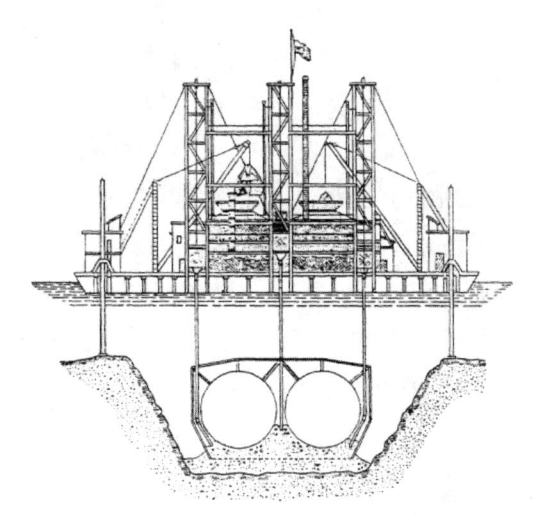

图 1 第一条铁路沉管隧道

单钢壳和双钢壳的主要区别见图 2a 和图 2b。两种结构的承载构件都是环形的钢筋混凝土。两侧的钢壳与钢筋固定。已故沉管专家格伦茨（Grantz）说这种布置是尴尬的。直到 1930 年的底特律-温莎（Detroit-Windsor）隧道，外侧钢筋取消了，直接利用钢壳和混凝土作为复合承载结构，类似后来日本开发的三明治结构。

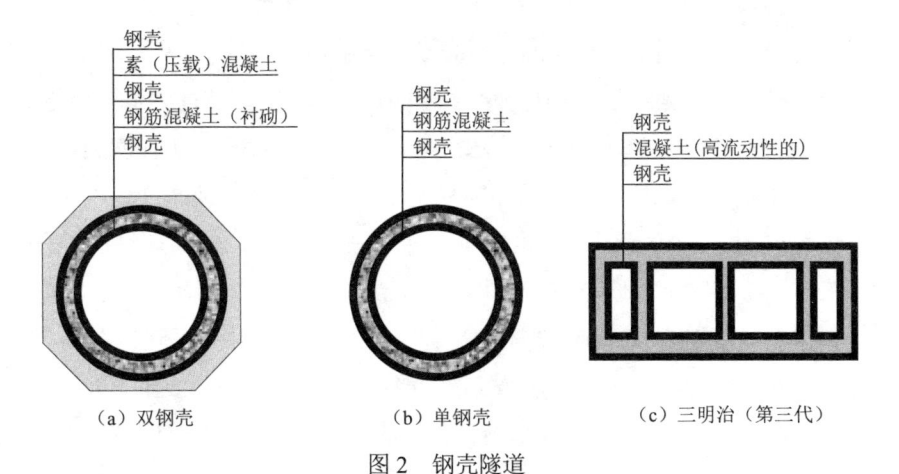

(a) 双钢壳　　(b) 单钢壳　　(c) 三明治（第三代）

图 2 钢壳隧道

第 二 代

钢壳隧道的内部空间是圆形。除去隧道净空仍有较多无用的空间。1942年第二次世界大战期间建设的荷兰穿越马斯（Mass）河隧道解决了这个问题。该隧道首次使用矩形截面，首次使用钢筋混凝土结构（图3）。混凝土外有一层防水用的钢板。自此以后，欧洲的沉管隧道几乎都采用了混凝土式，而美国仍采用钢壳式。

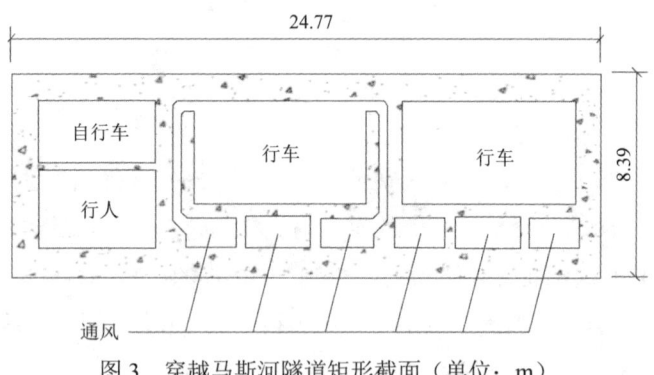

图 3 穿越马斯河隧道矩形截面（单位：m）

混凝土管节通常需要灌水起浮，所以要在岸边使用干坞，干坞底部低于水平面。而钢壳管节可采用更多样的运输方式，如被推至水上运输。

穿越马斯河隧道单个管节的长度是 62 m，后来的管节长度通常为 100～160 m。其长度取决于具体项目条件，地质条件差或水文条件恶劣的较短，反之较长。至今最长的沉管管节是荷兰 1980 年建造的海姆（Hem）铁路隧道，管节在运河内浮运沉放。

值得一提的是，穿越马斯河隧道的管节刚开始时在浮运时是负浮力。后来的沉管隧道的管节在浮运时往往是正浮力（即至少约 0.1 m 的干舷高度），这样即使安装船与管节的竖向缆断裂了，管节仍是漂浮的状态。

1957 年的美国巴尔的摩港（Baltimore Harbor）隧道是世界上第一条四车道沉管隧道。管节之间的水下连接采用当时较常见的"导管混凝土式"连接（图 4）。管节着床后，在新安管节和已安管节的接头的两边插入钢板或弧形板，从而把接头围起来，再在其间用水下导管浇筑混凝土。这种接头形式便于隧道线形的调节，且结构扎实。但造价高，易渗水，甚至混凝土从外面渗到隧道内，而且接头作业时间长达几天，对水上交通影响较大。1957 年美国汉普顿路（Hampton Roads）一号隧道，也是采用这种连接方式，同时也是第一条在两个人工岛之间建设的沉管隧道。

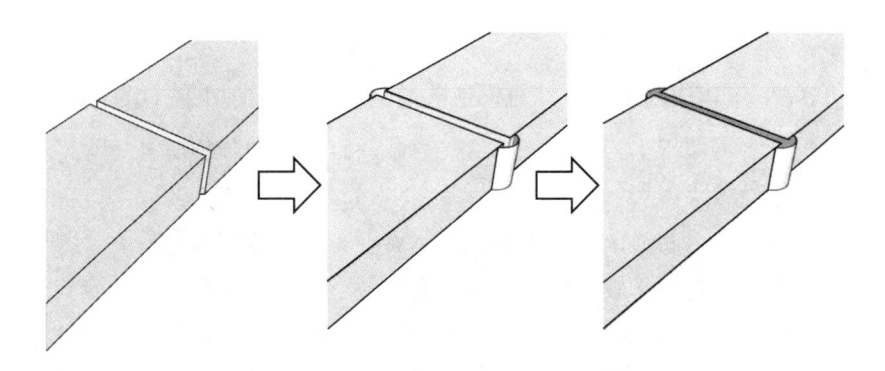

图 4 "导管混凝土式"管节接头

水下接头的一大进步是使用橡胶止水带。最早在 1964 年日本的羽田高速（Haneda Highway）隧道使用。其截面是 D 形的，类似鼓起的肚子。2 年后在荷兰的鹿特丹铁道（Rotterdam Metro）隧道第一次使用了 GINA 止水带，将预计几个月的管节接头施工时间缩短为 1 d。之后，GINA 止水带不断被改良，直到今天仍在使用。如图 5 所示，GINA 止水带有两次压缩，第一次为施工时的临时止水，压缩力不需很大，因此可采用施工设施甚至人力来实现，这个压缩的过程是可逆的，可以恢复原状；GINA 止水带第一次压缩后，使得管节对接端内形成密闭空间，将密闭空间内的水排出后，管节首尾产生了巨大的不平衡的水压力，给 GINA 止水带的第二次压缩提供了条件。

图 5　GINA 止水带的两次压缩

1966 年建成的荷兰鹿特丹铁道隧道不仅第一次使用了 GINA 止水带，也第一次使用了"柔性链"（节段式）管节纵向结构概念，还第一次取消了外包防水层。

节段式管节的提出是为了解决止水难题。虽然整体式混凝土管节有外包防水，但是对于较长的、规模较大的隧道，荷兰工程师无法确信外包防水能百分之百地防水，所以需要混凝土也防水。但是整体式混凝土管节的长度 100 m，荷兰地质条件普遍较差，不均匀沉降容易导致混凝土开裂，所以自这个项目以后所有荷兰的沉管管节都放弃了整体式混凝土的管节结构形式，改用节段式管节。每个节段的长度控制在 20~25 m，一次性浇筑，节段之间设伸缩缝。节段接头通过构造措施允许节段与节段之间发生纵向微小的转动和平动，但是不允许发生横向不均匀移动。当节段接头微张时，如果砂土进入，接头将无法再闭合。所以在接头的最外缘设置挡土构造，如可伸缩的橡胶。在管节的起浮、运输和沉放过程中，需要纵向预应力将管节形成一个整体，完成安装后，将预应力解除，从而使管节成了一个柔性的锁链，可以收缩、伸长和转动，以适应地基的不均匀沉降。

节段式管节的另一个好处是创造了取消外包防水的条件。因为浇筑方量少，可以一次性浇筑，避免了浇筑裂缝。要理解这一点就要说明混凝土的水化热是如何导致其开裂的。考虑施工实际条件，通常浇筑顺序是底板、侧墙、顶板，底板混凝土先冷却，当侧墙浇筑完成后，过了几天，侧墙混凝土开始冷却，混凝土收缩，但是部分受到了已冷却的底板的约束。同时，侧墙混凝土的弹性模量在增长，导致拉应力大于侧墙混凝土的抗拉强度，贯通裂缝就会出现。特别是在受较大约束的墙体的底部（图6）。因此，取消外包防水的前提是解决浇筑裂缝的问题。通过划分节段，将节段长度控制在 20~25 m，再进行一次性浇筑是一个解决办法。第一次尝试这个方法也是在鹿特丹铁道隧道。

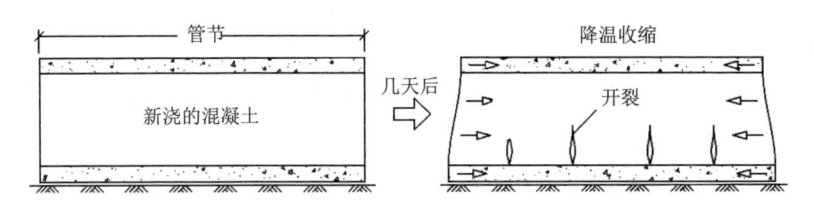

图 6　浇筑裂缝产生的原因

1970 年荷兰建设了一条输水管道。将长 130 m 的管节分成 3 m 一个节段，每个节段也是一次性浇筑，水平状浇筑，再旋转 90°黏起来，纵向再用永久预应力。所以节段接头不会张开。预应力的用量比安装所需的用量大一些。这种方法在体型大的交通沉管管节中并没有得到应用。

1975 年建成的沃克（Vlake）隧道在墙体内设置冷却水管来避免浇筑裂缝。水管从墙底穿入，弯曲行走绕到墙的中上部出来，越到高处，水温越高。最高部位的水温基本等同于顶板新浇混凝土的温度。对于侧墙而言就形成了一个从下往上渐变的温度梯度（图7）。经过几天的时间，混凝土的温度会随气温整体降低至常规温度。这种从下向上设置冷却水管的浇筑，让混凝土的收缩符合两个一致和一个均匀过渡的原则。

限制底部的混凝土墙体的收缩，从而与底板先冷却的混凝土的收缩一致；允许上部的混凝土墙体的收缩，从而与顶板新浇的混凝土的收缩一致；从底部到上部的混凝土墙体的收缩用从小到大的均匀变化的接近线性的收缩量来过渡。

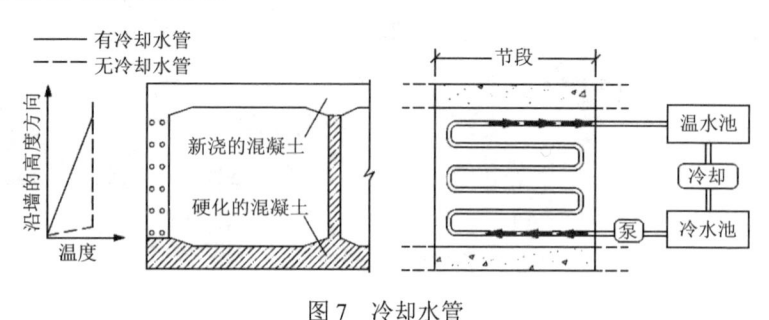

图 7 冷却水管

1967 年荷兰比荷卢（Benelux）隧道使用横向预应力以适应深水及大跨度沉管隧道。

1970 年美国旧金山湾区捷运（bay area rapid transit district，BART）隧道至今仍然是已建成的最长的沉管隧道。

关于基础垫层。钢壳管节的水下基础垫层通常是采用刮铺法，即先铺碎石再刮平。这样铺出来的垫层，虽然对于容忍能力强的钢壳管节而言是较为适用的，但是对于易开裂的混凝土管节就有可能在结构底部产生硬点，从而带来损伤。因而从第一座混凝土沉管隧道开始，马斯隧道就开发了喷砂法垫层。

喷砂法（图 8）所需使用的缓慢移动的龙门架对水上交通的影响较大。因此，到了 1975 年的沃克隧道就开发了砂流法。砂流法就是通过管道，将一定配比的砂和水通过管道和结构底板的临时开孔垂向冲出，水流走了，砂留了下来，在隧道底部形成一个一个的饼。中心距 10~15 m。一个管节的施工时间可控制在 1 d 内。和喷砂法相比，砂流法（图9、图10）的基槽开挖量较少（大概只需 0.5 m 的净空，比喷砂法需要的净空少一半），施工速度更快。砂流法可在较恶劣的水流、波浪及水深条件下作业，而喷砂法使用的龙门架还要考虑稳定的问题。

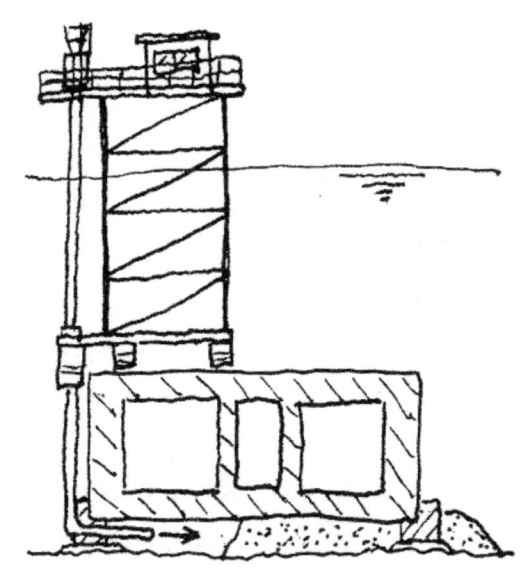

图 8　喷砂法示意图

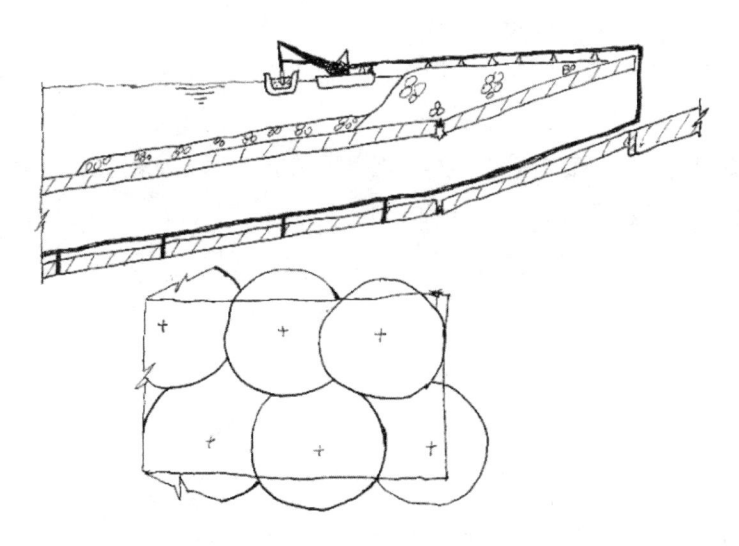

图 9　砂流法示意图

砂流法隧道底板角部截面设置砂管的形式见图 10。沃克隧道设置类似于第二种形式，存在反渗水进入隧道的风险，而且只适用于长度较短的隧道，因为砂水输送管在隧道内，需要从隧道的一头冲入。1980 年的海姆铁路隧道设置类似于第三种形式。这种形式可用于较长的隧道。通过浮体连接软管来提供砂水，软管的水下连接由潜水员完成。浮体可在新安管节的附近系泊。砂流法对水上交通也会有些影响，但其施工时长比喷砂法短，通常只要 1 d 就可完成。

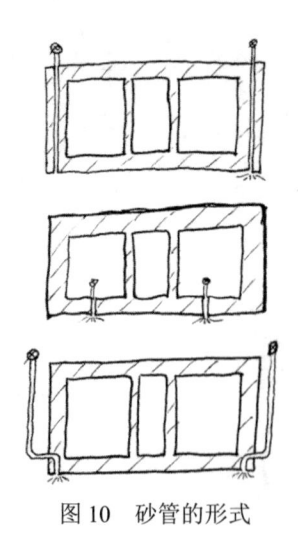

其他基础形式还有桩基。在地质较差时的极少数情况下会使用。桩基与隧道的接触采用桩帽或后膨胀囊袋等。

图 10 砂管的形式

由此，美国和欧洲的沉管结构走向了不同道路。绝大多数情况是，美国用钢壳，欧洲用钢筋混凝土。而从管节纵向结构来看，荷兰倾向于用节段式，除荷兰以外的其他国家则多采用整体式。

美国发展的钢壳沉管隧道技术使用至今的原因正如格伦茨所言，钢结构的延展性在关键时刻会拯救工程：异常大的差异沉降，难以预料的安装作业事故，都容易损伤混凝土结构，而延展性好的钢结构容错性较强。考虑经济（记得一位土木工程学者曾说，很多情况下经济的方案就是环保的）因素，欧洲则改用混凝土结构。

管节预制场地

沉管隧道前两代技术使用的预制场地，可以是：
①专门建造的浇筑池；

②现存干坞、船坞，或废弃的港池；

③与沉管隧道毗邻的匝道和暗埋段的基坑；

④水面以上的船坞，仅适用于钢壳管节（预制完了要被推至水上运输）。

随着环保要求的提高，以及河海口岸的发展，预制场地越来越难找，这导致很多沉管隧道工程面临管节长距离、长时间运输问题。长时间运输意味着管节可能暴露在不利的天气和海况中。这种情况下，用船运可降低管节受损的风险，管节在船上类似于货物，但前提是能找到合适的运输船。钢壳式的管节在浇筑混凝土之前较轻，所以较多考虑船运，待运输到了隧址的附近，再找地方浇筑钢壳内外的混凝土。混凝土管节运输时质量很大，通常只能拖运，为避免拖运途中混凝土的拉应力过大或节段接头张开，要设置纵向（临时）预应力。

第 三 代

第三代沉管技术有以下突破：预制；适用范围（长距离拖运、深水、深槽、深埋、超长）；基础；风险管理与防灾。

①预制有两个方面的突破。一是钢壳混凝土三明治复合结构的沉管管节的使用。其结构形式与钢壳式相比取消了钢筋，更简洁。理查德（Richard）和乔纳森（Jonathan）用"高雅"来形容。三明治结构特点在后面有专篇进行讨论。二是工厂法。2000 年，厄勒海峡沉管隧道采用工厂法预制混凝土节段式管节（后面也有专篇）提高了工效和质量。港珠澳大桥岛隧工程沉管隧道通过配合比（如减少水泥用量和增加矿粉用量）和综合温控措施，取消了为混凝土浇筑而设的冷却水系统。

②实现了长距离运输。1990 年初在泰德威廉姆斯（Ted Williams）隧道将 12 个钢壳式的管节用驳船运输，从巴尔的摩到波士顿，跨越大西洋，运输距离超过 1100 km。悉尼港隧道建设时（1992 年通车）因在城市附近找不到预制场地，从 100 km 外的干坞拖运混凝土管节，拖运时有

效波高达到3.5 m。皮特海恩（Piet Hein）隧道（1997年建成）有8个混凝土管节，长157.8 m、宽31.1 m、高7.95 m，管节被拖运穿过北海及部分船运路线，拖运距离长达320 km。

水深、槽深、埋深倍增。韩国的釜山—巨济沉管隧道（2010年通车）和土耳其的马尔马雷接线沉管隧道（2013年通车）的最大水深分别约为57 m和65 m。港珠澳大桥岛隧工程沉管隧道水深55 m。并且，港珠澳大桥岛隧工程沉管隧道的基槽开挖深度超过30 m，隧道有3000多米的区段被埋入海床面以下20 m。这个埋深大于普通沉管隧道的1～2 m。

隧道越来越长。测控与定位技术的发展使得沉管隧道的长度可以做到更长。当今最长的铁路沉管隧道是旧金山的BART隧道，长5.8 km；最长的公路沉管隧道是港珠澳大桥岛隧工程的沉管隧道，总长5.664 km。在建的费马恩通道的长度将达到17.6 km。

③专用装备提高了沉管隧道的水下基础施工质量，差异沉降得以控制。厄勒海峡沉管隧道开发了碎石整平平台，用可移动的落料管在水下铺设碎石垫层，形成垄沟，铺设后不需再刮一遍基床。这种方法的铺设精度高于之前的刮铺法，且垄沟的形式可以避免结构底板下方出现硬点。其后的韩国釜山—巨济沉管隧道、港珠澳大桥岛隧工程沉管隧道都是采用碎石整平。港珠澳大桥岛隧工程沉管隧道还增加了块石夯平基床，以进一步保证水下基础的施工质量（详见后文《沉管隧道的基础》相关内容），并在软土厚度达30 m的过渡段采用大规模的水下堆载预压+挤密砂桩进行地基的加固和差异沉降的控制。近些年，日本的沉管隧道工程将管底注砂替换为注浆。

④风险管理使得管节安装风险可控，从而有效防灾。管节接头、最终接头的施工风险也通过新技术的利用而得以控制。隧道运营过程中的防火防灾等问题也解决得较好。

总之，就我们所知，以厄勒海峡沉管隧道、釜山—巨济沉管隧道、博斯普鲁斯马尔马雷接线沉管隧道、港珠澳大桥岛隧工程为代表的第三代沉管隧道,做到了不漏水,沉降稳定,运行状态良好。

*

沉管隧道技术从第一代起步,到第二代开始实施,到当前第三代的广泛运用。在各种困难和特殊的挑战下沉管隧道都能够较好地被建造。沉管隧道技术已趋于成熟。而悬浮隧道还能永久地利用水的浮力来承载,所以基础处理将更为简单,也将能跨越更深更宽的峡湾。我们认为,第四代沉管隧道技术的突破,应该是悬浮隧道的实现。

参 考 文 献

李英,2018. 女人&隧道[J]. 盾构隧道科技,(2):65-68.

杨文武,2016. 跨海沉管隧道工程技术创新和展望[C]. 上海:2016 五省一市二区桥隧高新技术论坛.

園田惠一郎,2002. 沈埋函トンネル技術マニュアル[M]. 改訂版. 東京:財団法人沿岸開発技術研究センター.

Glerum A,1995. Developments in immersed tunnelling in Holland[J]. Tunnelling and Underground Space Technology Incorporating Trenchless,10(4):455-462.

Grantz W C,1997. Steel-shell immersed tunnels—Forty years of experience[J]. Tunnelling and Underground Space Technology,12(1):23-31.

Lunniss R,Baber J,2013. Immersed Tunnels[M]. Boca Raton:CRC Press:1-486.

Tung N K,Li N W,Thanh N M,et al.,2014. Application of immersed tunnel technology in saigon east-west highway project[J]. Electronic Journal of Geotechnical Engineering,19:4207-4214.

设　计

　　设计是一个过程，是由人执行，为人而做的过程。过程的核心是三者的对话：设计者、建造者、使用者。博物馆就是带你进入这三者的视角，来探索设计。对待建造者和使用者的需求，设计者是如何回应的……

——伦敦设计博物馆 2017

存在的理由

　　《结构的哲学》作者爱德华多·托罗哈（Eduardo Torroja）说："为了洞悉与规划一个结构或建筑，我们必须首先调查与了解它存在的理由。"

　　"没有桥梁的城市（湾区）就像没有电梯的高楼"，金门大桥总工程师施特劳斯说。但桥梁有时存在局限，比如阻碍船舶通行（图 1a、图 1b），如果桥梁修建在机场附近，桥塔也可能影响飞机的起降。另外，湾区中生长的动物和植物，它们已经习惯了在湾区特定盐度的水中生活，而湾区水中的盐度取决于内陆淡水与外海海水汇入湾区的比例（图 1c），一旦修建了跨海大桥，就可能改变这个比例。湾区的海洋生态就可能失去平衡。这是厄勒海峡沉管隧道开挖补偿"零阻水率"设计理念的由来。港珠澳大桥全线的阻水率不允许超过 10%。

　　上述是水下隧道存在的理由。要决定选择沉管工法还是盾构工法？这取决于具体的工程条件，很多项目选择沉管工法是因为其经济性。港珠澳大桥选择沉管工法主要考虑了两个因素：第一，港珠澳大桥是"桥—岛—隧"的方案，选择沉管工法，人工岛的面积可以比盾构工法的小一半，因而阻水面积小，对海洋环境更好；第二，在该地区的地质条件下，盾构工法存在遇见孤石的风险。

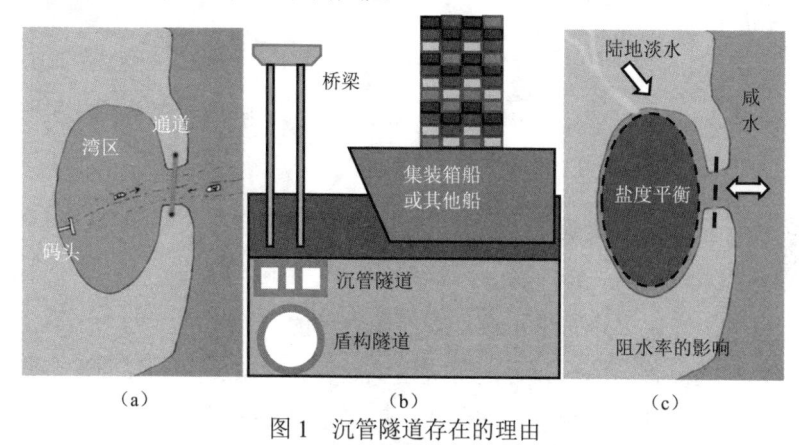

图1 沉管隧道存在的理由

设计策略：笛卡儿的方法论

尽管科技在进步，但面对大海，我们的认知有限，沉管工法的风险仍极高。管节的沉没、水淹，以及撞损的情况在世界各地的施工中并不罕见。因此，设计的一个重要目标是通过设计方案与技术要求，有效地降低施工风险。

沉管隧道的外部环境取决于将沉管安装在哪里，所以需要先固定路线。对于平面线形，主要取决于路线接入点。对于纵面线形，也就是确认隧道段的竖向高程，首先需要确定隧道两头的高程与中间段的高程。隧道两头的高程不能太高，否则沉管安装水深不足；也不能太低，可避免运营阶段从隧道洞口涌入大量的水（因为下雨或越浪）而淹没整条隧道；中间段的高程往往取决于船舶航道的净空要求。

确定了两头与中间，余下的问题是怎么画线？从最小化沉管预制量、最小化水下开挖量的角度考虑，前人总结了一个原则：一头尽快扎下去，

16　沉　管

另一头尽快抬升起来，曲率半径尽量小。图 2 就可证明这个原则。

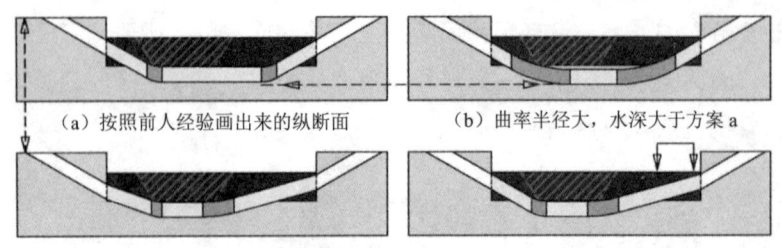

(a) 按照前人经验画出来的纵断面
(b) 曲率半径大，水深大于方案 a
(c) 纵坡缓，隧道长度大于方案 a
(d) 纵坡缓，曲率半径大，船撞风险大

图 2　纵剖面比较

确认了路线，就确认了沉管工法及沉管隧道所要面对的环境，外部的影响因素，如风、浪、流、水深等。接下来就可以设计结构了。

沉管隧道由多个管节组成，也有单管节的沉管隧道工程，比如日本早期修建的沉管，所谓设计沉管隧道就是设计管节。由于每个管节所处的环境不同，环境影响也不同，所以要区别对待（图 3）。

对于每个管节，也许可以将设计策略比作笛卡儿的方法论：人通常不能很好地同时思考多个问题，所以需要将问题分解成多个小问题，将多个小问题排列成最易于解决的形式，再解决，再合并——为了挑出筐子里的坏苹果，将所有苹果都倒出来，将好的拾起，放回筐里（图 4）。

港珠澳大桥岛隧工程的 33 个管节

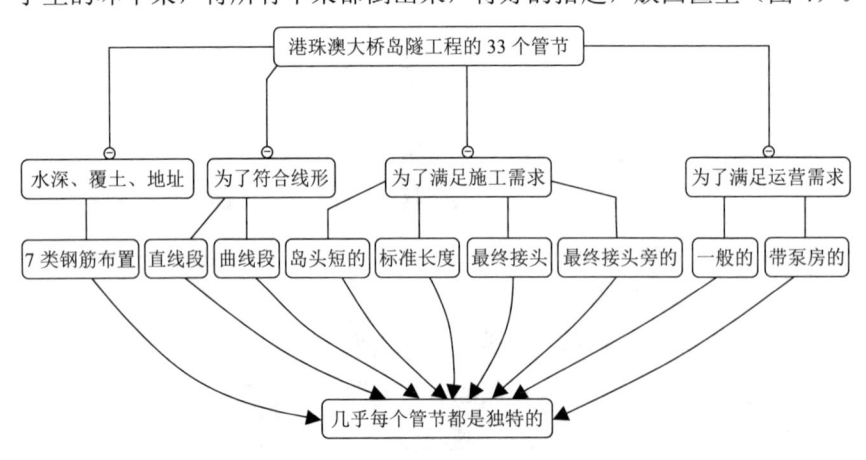

水深、覆土、地址 | 为了符合线形 | 为了满足施工需求 | 为了满足运营需求

7 类钢筋布置 | 直线段 | 曲线段 | 岛头短的 | 标准长度 | 最终接头 | 最终接头旁的 | 一般的 | 带泵房的

几乎每个管节都是独特的

图 3　管节划分

所以，尽管管节是个不可分割的整体，我们仍将它分解成横向和纵向来分别讨论。下面分两节详述。

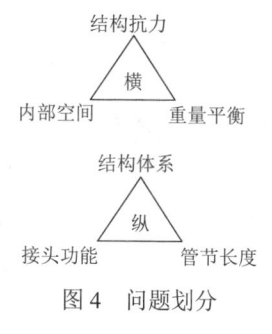

```
           结构抗力
             /\
            /横\
           /____\
      内部空间   重量平衡

           结构体系
             /\
            /纵\
           /____\
      接头功能   管节长度
```

图 4　问题划分

横 向 设 计

沉管隧道的横向设计需要同时满足三个条件：结构抗力、重量平衡与内部空间。

结构抗力是结构工程师熟知的项目。需要注意的是，沉管的边界条件与荷载不仅要考虑最终状态，还需要考虑沉管在预制厂时的状态，以及沉管在浮运、安装时的状态，因为沉管的最终状态不一定是沉管结构所承受的最不安全的状态。

重量平衡，即管节在运输时能够浮起来，在安装时能够通过加载沉下去。并且，考虑通车后可能出现的极端波流作用，还需满足运营阶段的最小稳定重量的需求。需要注意的是，沉管安装设备及工法的选择也会影响管节的沉浮（图5）。

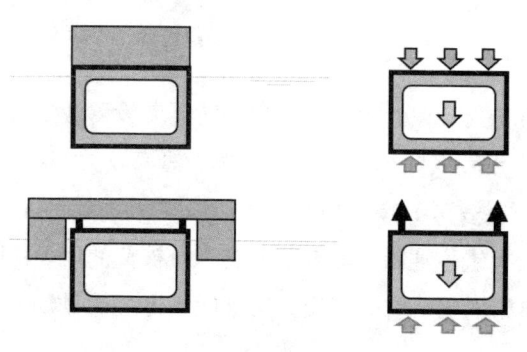

图 5　安装船与管节沉浮的关系

内部空间，一是考虑交通建筑限界的需求（即通车规范所定义的最小空间要求）；二是考虑内部安装空间的需求，比如为风机预留安装空间；三是考虑水下安装作业偏差及沉管预制的偏差的需求。

当今人类文明程度持续提高，仅仅满足上述三个条件已经不够，还需兼顾通风设置与交通安全等方面的因素。

通风方案决定了横断面的布置，见图6a，从上到下分别是隧道的纵向通风、半横向通风与横向通风。横向通风的效果最均匀，半横向通风效果次之，纵向通风是将隧道内的气体从一端吹到另一端。除非设置壁龛，隧道的通风方式也决定了横断面是更宽还是更高。纵向通风较横向通风需要更高的横断面，会导致隧道纵向线形更低，安装水深更大，但是横断面的宽度会有所降低。方案的选择对隧道基槽开挖的方案也有影响（图6b）。

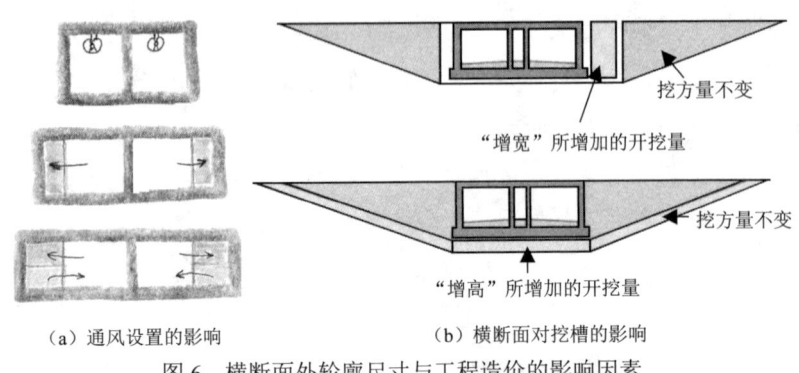

(a) 通风设置的影响　　　　　(b) 横断面对挖槽的影响
图6　横断面外轮廓尺寸与工程造价的影响因素

人的交通安全意识的增强可从图7的隔墙设置数量看出。从少到多，图7a，单洞内设置双向车道，车辆相撞的概率较大；图7b的双洞用中隔墙隔开，即便这样，如果一个洞发生火灾，人逃到另一个洞时易被撞；图7c，中间设置逃生通道，降低了人逃生时被撞的风险；图7d，在逃生通道设置一道中隔墙，将火灾产生的烟吸入专门的排烟通道，降低人员伤亡率。

图7 安全体验

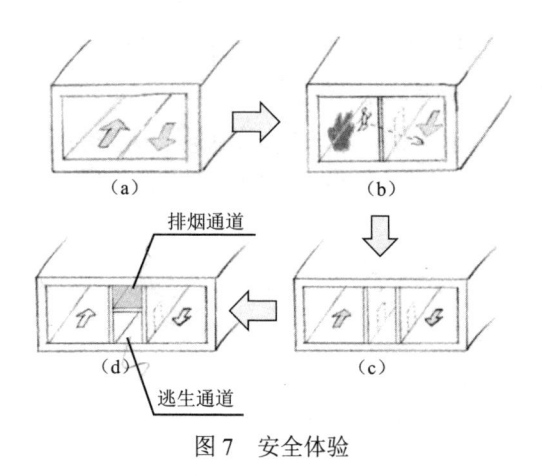

而且，从结构抗力角度来看，中隔墙可降低顶板、底板的跨径。日本在 20 世纪 90 年代建造的混凝土管节均采用两孔两管廊的断面形式，其双边墙构造给受力与防水均带来好处。从重量平衡的角度，中隔墙起到了增重的作用。

纵 向 设 计

管节的纵向设计的三个要素是结构体系、管节长度（划分）、接头功能。

（1）结构体系

最早的沉管结构体系采用了整体式管节，其横断面是圆形的钢壳结构。由于圆形横断面的内部空间利用率不高，1937～1942 年荷兰建造了第一座矩形钢筋混凝土结构整体式管节。20 世纪 90 年代日本由于找不到合适的管节预制场地，发明了可以浮态浇筑的全三明治整体式管节。混凝土节段式管节就是将管节在纵向分段进行预制，每节段的混凝土采用一次浇筑，取消了纵向施工缝。节段与节段之间允许一定量的相对位移，能适应一些基础变形。港珠澳大桥岛隧工程的沉管隧道，基于节段式管节构造，为了进一步提高结构的鲁棒性来解决"深埋"难题，使用了刚柔并济的半刚性管节新结构。

沉管隧道长度确定以后，管节长度决定了管节的数量，也就决定了管节接头的数量。因此需要权衡的因素还包括管节长度和接头功能。

（2）管节长度

管节越长，管节接头的数量就越少，包括端封门、预埋件、永久橡胶止水带等接头的施工费用就越低；管节安装的费用也会相应降低，因为管节安装总次数减少了；安装的次数少了，海上作业的风险也降低了。因为沉管隧道工程的施工风险主要来自于管节的浮运与沉放。

管节越短，管节建造费用越低，因为场地费用投入降低了；单次海上作业的费用也越低；对不均匀沉降问题敏感度降低，结构设计的经济性可能好转；预应力费用也随之降低。

（3）管节接头的功能

管节接头有两个特别功能：一是确保在永久使用期间，即便发生地震、沉船，甚至隧道被鲸鱼撞击等事故时，管节接头也能够起到止水的作用；二是能实现管节的水下对接。

因素间的联动

为了获得较优的方案，如果将前文所述的纵横向设计工作称为分析（analysis），即了解事物背后的多个影响因素，下一步工作就是合成（synthesis），即首先了解各因素之间的联系，再通过反复试验的方法找到最满意的方案。

横向设计的三个条件相互关联，例如，如果隧道结构需加强，就意味着板厚增加，或配更多钢筋（混凝土结构），或加厚钢板（钢结构），导致管节重量增加。原有重量平衡被打破，就可能需要调整隧道的内部空间来寻找新的重量平衡。反之，如果需要扩大的内部空间，管节所受浮力就会增加，就可能需要调整结构的板厚来保证重量的平衡。

类似地，纵向设计的三个要素之间也相互关联，且与横向设计关联。接着上面的例子：当横向设计的墙体需要加厚时，纵向设计接头的剪力键的承载力就有提高的空间，因为剪力键的承载面积加宽了。更高的抗剪承载力可以允许更长的管节，因为接头可以适应更大的差异沉降。而更长的管节意味着结构体系采用混凝土节段式或半刚性形式较经济。当然，前提条件是有适宜的干坞来预制这种结构体系的管节，并且需要有航道来连通干坞与隧址。

综上，沉管设计要考虑多重因素，且相互影响，为了获得较优的方案，不得不经历反复尝试的过程。从图8及前文也可看出，沉管设计与施工关联十分密切，如果先设计、后施工，就容易出现设计输入条件不足的认知问题；所以，如果将好的沉管设计理念比作一粒种子，种子生长的"好土壤"就是设计-施工模式（图9）。

在设计与施工的联系中还包括与时间、空间的联系。沉管隧道的预制在一个地点，安装在另一个地点（水上），隧道内部作业又是一个地点。因而存在空间上的不连续。同样，时间上也有先后顺序需要遵守。沉管隧道的设计方案在某种程度上具有不可复制性，这可以从沉管设计优化的任务是尽量消除沉管施工过程中时间与空间的不匹配性的这一本质来体现。

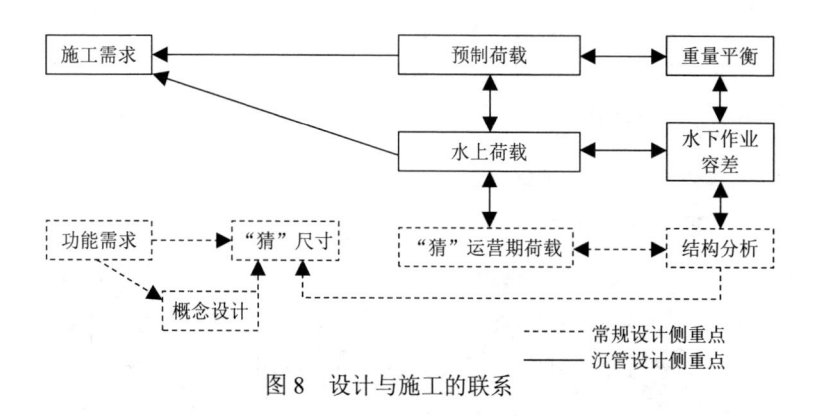

图8 设计与施工的联系

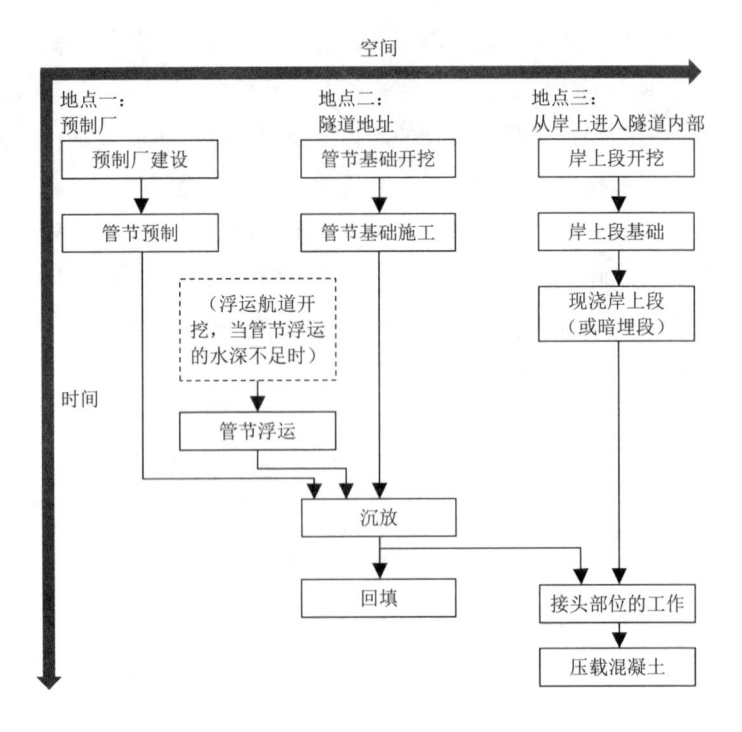

图 9　设计与时空的联系

三个重要的问题

干坞、航道与止水决定沉管隧道工程的成与败，如果将一个管节比喻成船舶，每个管节都是一艘巨轮，吃水深且重量大，这个特点给干坞与航道选址带来了两个问题：一是如何将陆地上制造好的管节移入水中；二是从干坞到需要修建隧道的地方，有无天然水深条件或水下开挖的可能，以确保有一条能够令管节在漂浮状态下达到最终目的地的路径。比如，港珠澳大桥岛隧工程需要制造 33 艘"管节船"，每艘的质量约为 7.8 万 t，而泰坦尼克号的重量是 4.6 万 t。每节管节的吃水深度 11 m，如果在水深不足 11 m 的地方，管节就会搁浅。预制厂首先选在广州市南沙区附近，后经岛隧工程优化，选在了珠海市的桂山岛，如此选择有 3 个优点：①地基是硬岩，适宜工厂法流水线顶推作业；②管节浮运距离大幅度缩短；③预制厂可以在生产两个管节的同时，寄存 6 个管节，管节不需要在坞外寄存，消除了台风侵袭的风险。

沉管是借用水之力的工程，利用水的浮力运输、利用水的重力下沉、利用水的推力连接。但是水能载舟，亦能覆舟，只要结构存在一点缺陷，水就能进入结构，其途径可以是结构的裂缝、接头的间隙，或管节临时封门的管道。所以，设计时要确保这些情况不发生，以及引起这些情况的诱导因素也不能发生，如由基础不均沉降引起的结构开裂。所以，对止水的重视，需要贯穿整个隧道的设计过程，包括基础、结构、接头、舾装与施工技术要求。

未　　来

沉管隧道的未来需求是更快、更宽、更深。如何应对这些需求？真空隧道也许能通过沉管工法实现，解决更快的问题。组合结构也许是解决更宽的问题的经济方案，如横向预应力与钢筋混凝土结构，或者是钢混组合结构。更深的问题包括深埋与深水问题，半刚性管节与记忆支座经港珠澳大桥沉管隧道的研发和应用，扩展了沉管隧道的管节本体、管节接头及节段接头的深度范围。但是当水深更大时，悬浮隧道应当是一个解决方案。工程师格伦茨说：悬浮隧道的运营状态不正是沉管隧道安装的悬停状态吗？

小　　结

两个特点：因为施工风险大，所以要通过设计尽量降低风险；沉管隧道由管节组成，由于位置、环境、施工与运营需求差异，几乎每一个管节的设计都是独特的。

三个条件：结构抗力、重量平衡、内部空间，决定管节横向。

三个要素：结构体系、管节长度、接头功能，决定管节纵向。

三个联动：设计多因素互相联系，与施工联系，与时空联系。因此，为了得到较好的设计方案，需要先分解再合并，经历反复尝试的过程，并需要得到足够的施工反馈。

三个重点：干坞、航道、止水，它们决定工程的成败。

三个方向：更快、更宽、更深。

参 考 文 献

杨文武，2016. 跨海沉管隧道工程技术创新和展望[C]. 上海：2016 五省一市二区桥隧高新技术论坛.

園田惠一郎，2002. 沈埋函トンネル技術マニュアル[M]. 改訂版. 東京：財団法人沿岸開発技術研究センター.

Glerum A，1995. Developments in immersed tunnelling in Holland[J]. Tunnelling and Underground Space Technology Incorporating Trenchless，10(4)：455-462.

Grantz W C，1997. Steel-shell immersed tunnels—Forty years of experience[J]. Tunnelling and Underground Space Technology，12(1)：23-31.

Lunniss R，Baber J，2013. Immersed Tunnels[M]. Boca Raton：CRC Press：1-486.

Øresundsbro Konsortiet，2011. The Tunnel[Z]. Denmark：The Øresund Publication.

Tung N K，Li N W，Thanh N M，et al.，2014. Application of immersed tunnel technology in saigon east-west highway project[J]. Electronic Journal of Geotechnical Engineering，19：4207-4214.

规　　划

让我的爱像阳光一样拥抱着你，却给你无限自由。

——泰戈尔《飞鸟集》

设计者-建造者-使用者

2016年11月，设计博物馆在伦敦开业。大门口写了三个单词：designer（设计者）、maker（建造者）、user（使用者）。工程构成是一个稳定的三角形，这正是博物馆的主旨。

对于土木工程，工程的使用者即业主，需要做计划，或者委托设计者来做计划。但在这个阶段，工程的建造者（承包商）还未确定，这就存在认知的问题。

如何解决这个问题？有两条路：或者是迎难而上，即做计划者尽可能地熟悉施工，只有熟悉到了一种程度，能够在所有的可能性中做出选择，走正确的设计方向，这里的正确是基于对造价、工期和风险的把握；或者是什么也别做。

对于沉管隧道的规划而言，需要两者兼施，且偏重后者。其原因在前一篇《沉管隧道的设计》中已讨论，即设计与施工的强关联。因为偏重后者，所以工作模式或合同形式是对后面阶段设计和施工工作的设计，需要谨慎地考虑。

工作模式

经常讨论的有两种模式，见图1。

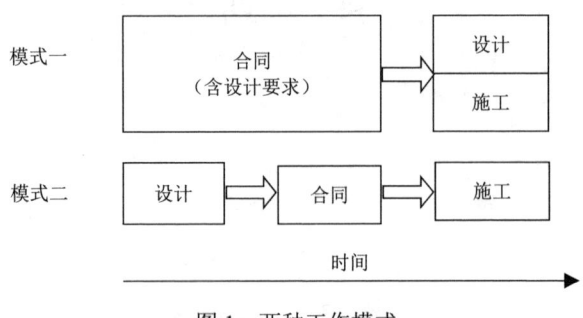

图1 两种工作模式

设计-施工模式更易于处理不可预见的风险。因为在传统模式中，设计者难以与施工方交流，所以不能很好地去理解施工，分析工作可能会盲目。

设计-施工模式有利于提高施工质量，对于长的沉管隧道而言好处特别明显。工人在实践中获得经验，有机会反馈给设计者，设计者吸取经验后，就可以更新设计与分析，得到更佳的方案。举一个最简单的例子，根据现场的反馈，我们调整了钢筋的间距，同时保持钢筋的有效面积不变，而调整钢筋间距后，可以振捣的位置多了，混凝土的浇筑质量得以提高。设计-施工模式还能激发创新，一个经典案例是厄勒海峡沉管隧道"工厂法"的发明。也有观点认为，在设计-施工模式下，设计者与工人可以平行作业，工期可以缩短。这些原因很可能是很多沉管工程选择设计-施工总承包工作模式的动机，有记载的文献如詹森和吕克（Janssen & Lykke，1997），英格斯莱夫（Ingerslev，2005），巴奇-里德等（Budge-Reid et al.，1997），莫里斯等（Morris et al.，1997），菲茨杰拉德等（Fitzgerald et al.，1997）。

但是设计-施工模式对成品的描述往往不够清晰，如何解决这一问题？

这就要求发包人（业主）谨慎地制定设计原则。因为尽管采用了设计-施工模式，使得设计可以配合施工来优化工期、减少投资、降低风险，但实现这一切的前提是，这么做是被允许的。而作为使用者的发言人，业主编写的设计准则，目的就是在矛盾中找到统一，借用英格斯莱夫（Ingerslev，2005）和菲茨杰拉德等（Fitzgerald et al.，1997）的说法，遵循两点原则：①要详细地描述成品，给设计者一个清晰的目标。这个原则确保了设计方案将具有一个可接受的质量；部分内容甚至要很详细，来确保设计方案成为对的产品。②尽量给设计方案最大程度的自由。这一原则解放了工程师的思想，以创造一个同样适用于风险管理的新颖的方案。换言之，大多数设计原则应当基于功能。

调　　查

日本的《沉管隧道技术手册》（『沈埋函トンネル技術マニュアル』）详述了沉管隧道工程所需调查的内容（图2）。读者也可参考《中国港湾建设》2017年1月刊的论文。

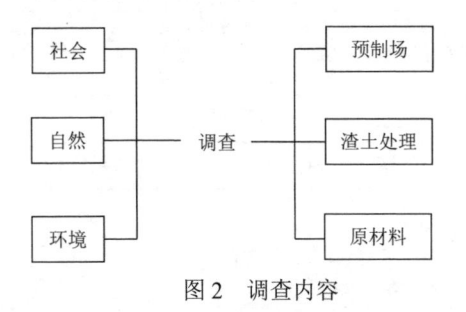

图2　调查内容

计划的另一项工作内容是确定一些总体方案的走向，或者确定是否需要再确定一些总体方案的走向。比如，做不做？桥还是隧？盾构还是沉管？沉管采用混凝土还是钢？这些问题通常不容易解答。例如，对于最后一个问题，如果翻阅已有文献（类似咨询专家），会看到很多观点，其汇总见表 1。如果要在规划阶段确定，就要结合调查，找到主要矛盾，做出判断；否则，不如放下，以后再确定，这样就有可能发现更好的解决方案。

表 1　确定方案前的比选

项目	评论
造价	WIT 沉管隧道两种形式都招标，混凝土胜出； Preveza-Aaktio 项目两种形式都招标，混凝土胜出
预制场	混凝土管节需要起浮，需要额外时间建造预制场及坞门； 钢壳管节可以利用已有船坞与滑道。特别适宜被尾推或侧推入水，所以不需要预制场，施工时间可能短一些
预制场高程	混凝土管节需要起浮，所以它的预制场通常在水面以下 10 m 左右；混凝土管节如果采用工厂法，有些地方需高于水面；钢壳管节可以尾推或侧推入水，所以预制场可以在水面以上
舾装	混凝土管节在预制场舾装；钢壳管节在预制场完成钢壳部分以后，可以去另外一个地方舾装，但是那个地方需要接近隧道最终地址，因为浇筑混凝土以后，钢壳管节的吃水量很大
人工	对于混凝土管节，可采用预制钢筋笼，而不是在现场绑扎钢筋；对于钢壳管节，也可采用节省人工的方式
岸上开挖	混凝土管节的吃水基本等于它的高度，所以岸上段的开挖深度基本比吃水深度还要深一些。比较而言，钢壳管节可以在沉放地点附近再加载，再浇筑混凝土，所以岸上段的开挖可以浅一些
浮运航道	混凝土管节吃水大于钢壳管节，所以长距离运输钢壳管节可能具备优势，因为拖轮马力要求低，浮运航道开挖量较小
防水	对于没有外包防水的混凝土隧道，如果不能很好地控制浇筑温度，或者纵向结构伸缩，又或者超出预期的沉降，就存在开裂的风险；而钢壳隧道的永久钢壳防水层降低了该风险
传统	保守在决策中占有一席之地
超水深	钢壳隧道断面易成圆形，有抵抗水压的优势

工程评价体系

马克思在写给工人的一封信中说，做选择就好比从很多的三角形中选出一个，这些三角形的三个边长不等，三个夹角也不尽相同，选择的标准是什么？答案是，只比较它们的面积！工程中也有无数个选择题要做，我们的问题是，凭借什么去评价每一个选择的价值？工程中的"三角形的面积"是什么？我们可以总结为三种工程评价体系：经济评价体系、复合评价体系和全社会成本评价体系。

经济评价体系在工程中很常见，就是比较哪个选择的花费最低。实际上，最经济的方案往往是最可持续发展的方案，这一点往往被人忽略。对于沉管隧道而言，由于规划阶段的施工信息不完整，全面的经济性评价较难，基于经验，隆尼斯和巴泊尔（Lunniss & Baber, 2013）给出了主要项目的简易比较办法（表2）。

表2 经济评价体系项目

项目	单位
结构混凝土	m^3
压载混凝土	m^3
钢结构	t
钢筋	t
临时预应力	t
可注浆止水带	m
外包防水	m^2
模板	m^2
疏浚	m^3
回填	m^3
浇筑场地	—
舾装场地	—
安装作业	次数

复合评价体系是从管理角度提出的，建设（沉管）工程需要同时实现四个目标：安全、价值、时间、费用。没有安全保障的工程就没有建设的意义；建设没有价值的工程就是浪费社会资源；不能如期建成项目会造成社会经济损失；投资失控是工程管理的瑕疵和失败。由于工程建设的不可复制性及与建设环境的密切关联性，所以也有不少大幅度超出预算但仍被认为是有价值的工程案例。复合评价体系是一种基于上述目

标进行综合方案比较的体系，其基本原理是首先需要对目标权重进行识别，确定优先级别，然后比选方案。

未来的评价体系应当是全社会成本评价体系。随着社会发展，工程建设要求越来越高，限制越来越严格，规模越来越宏大，影响和风险也越来越大。社会发展需要与长期的工程实践让我们日益感到探索融合气候变化、能源消耗、材料使用、土地使用、水资源、文化遗产、生物多样性、噪声与粉尘、振动、美观、就业与经济、施工造价、维护费用及延期费用等因素，建立以碳排放量（t）等全社会成本为基准的评价方法可能是更科学、更能适应未来社会的工程评价方法。

伦敦大学学院（University College London，UCL）的考底利耶（Chanakya）博士于 2015 年提出了桥梁横断面可持续发展因子比较模型（图 3），形象地表达了类似的观点。

环境	生活	经济
气候变化 资源使用 废料 文化遗产 生物多样性	粉尘 噪声 振动 美观	就业与经济 施工造价 维护费用 延期费用

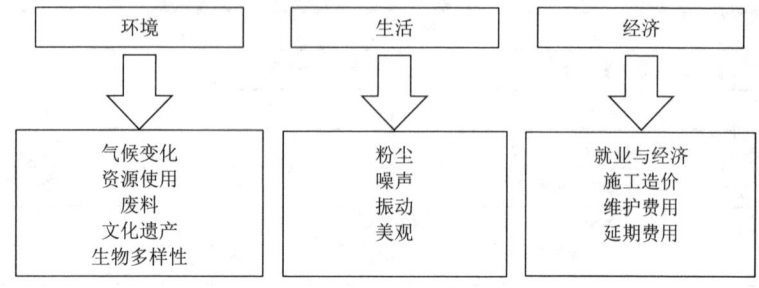

图 3　可持续发展因子比较模型

其中的气候变化假定碳排放量可用来等效代替气候变化带来的社会成本，进而可建立数学关系，将碳排放量与一些指标关联起来：

①施工及运营需要的材料；

②工厂到施工场地的材料运输；

③施工所需的工厂设施；

④施工运输作业及废料移除；

⑤施工作业人员从住所到施工场地的通勤；

⑥由维护作业、交通拥挤引起的燃油的不充分燃烧。可假设维护作

业状况比日常交通状况增加30%的额外碳排放量。如果再详细分析，碳排放量的影响因素包括维护频率、交通流量、重型货运比例，以及通道封闭时间与时长。

或许我们能发现一个问题，这么多不同性质的内容，如碳排放量以"t"为单位，粉尘以"$\mu g/m^3$"为单位，如何将它们统一在一起？考底利耶用标准化（normalization）方法将不同性质的评价内容统一成无单位的分值，然后乘以权重，再将所有项目相加。这样就能得到一个方案的"可持续"评价分数。例如，假设沉管隧道有三个比选方案，方案一钢结构工法的碳排放量是10 000 t，方案二整体式混凝土工法是6000 t，方案三节段式工法是4000 t，则三个方案的标准化评分依次是

$$\left(1-\frac{10000}{10000+6000+4000}\right)\times 100\% = 50\% \qquad (1)$$

$$\left(1-\frac{6000}{10000+6000+4000}\right)\times 100\% = 70\% \qquad (2)$$

$$\left(1-\frac{4000}{10000+6000+4000}\right)\times 100\% = 80\% \qquad (3)$$

同理可将其他指标标准化，再对不同指标设定权重系数，就可进行综合的量化比较。

期望"全社会成本"成为工程师判断的准则，这个准则的诞生也许需要经历大量统计工作与复杂的数学模型的建立，但是最终，它会从复杂变简单。随着科技的进步，以及学者贡献的智慧，我们也许很快会看到这一天。

参 考 文 献

Albert L，2014. Managing Engineering，Constgruction and Manu-facturing Projects to PMI，APM，and BSI Standards[M]. 6th ed. Amsterdam：Elsevier Ltd：5-6.

Badcock M S, 1997. The design of the Oresund Tunnel casting facility[C]//Charles Ford. Immersed tunnel techniques 2. Cork: Thomas Telford: 185-196.

Budge-Reid A J, Phillips D, Bayliss R F, 1997. Hong Kong Airport Railway western immersed tube tunnel-planning[C]//Charles Ford. Immersed tunnel techniques 2. Cork: Thomas Telford: 72-85.

Dandy G, Warner R, Daniell T, et al., 2008. Planning and Design of Engineering Systems[M]. New York: Unwin Hyman Ltd: 51.

Fitzgerald W A, Shinkwin J D, Murphy J T, 1997. The LeeTunnel, Cork, Ireland. Planning, contract strategy and conceptual design[C]//Charles Ford. Immersed tunnel techniques 2. Cork: Thomas Telford: 108-121.

Ingerslev L C F, 2005. Considerations and strategies behind the design and construction requirements of the Istanbul Strait immersed tunnel[J]. Tunnelling and Underground Space Technology Incorporating Trenchless Technology Research, 20(6): 604-608.

Janssen W P S, Lykke S, 1997. Oresund Link immersed tunnel under the Drodgen[C]//Charles Ford. Immersed tunnel techniques 2. Cork: Thomas Telford: 72-85.

Lunniss R, Baber J, 2013. Immersed Tunnels[M]. Boca Raton: CRC Press: 1-486.

Marshall C P, Busby J D, 1997. The design of the Øresund Tunnel[C]//Charles Ford. Immersed tunnel techniques 2. Cork: Thomas Telford: 173-184.

Morris M W, Aikawa F, Lam L W Y, 1997. Hong Kong Airport Railway western immersed tube-design[C]// Charles Ford. Immersed tunnel techniques 2. Cork: Thomas Telford: 161-172.

Øresundsbro Konsortiet, 2011. The Tunnel[Z]. Denmark: The Øresund Publication.

Parsons Glenn, 2016. The Philosophy of Design[M]. Malden: Polity Press: 1-151.

工厂法预制

介　　绍

港珠澳大桥岛隧工程工厂选址始于 2008 年，比较了周边 6 处地址，直到 2011 年才决定采用珠海市的桂山岛上的废弃采石场。如此选择的原因是：①该地址距离隧址只有 11 km。②出了坞口以后很快就能够进入深水航道，距离香港、澳门等珠江口周边城市都很近，以后可兼顾其他工程的使用。

港珠澳大桥岛隧工程采用工厂法来预制 33 个管节，是继厄勒海峡沉管隧道之后的第二例，主要是为提高沉管预制的质量。但这意味着工程的不确定性增加，而这些不确定性在工程完成后又被称为亮点：

①高配筋率背景下的流水线作业。钢筋含量达到 280～330 kg/m³；

②近百万立方米混凝土浇筑的温控。模板由 Peri 公司设计；

③每个管节的重量近 8 万 t。需要整体顶推约 130 m；

④在高配筋率、大体积的前提下，保证管节的生产效率；

⑤为确保耐久性，外侧墙取消了对拉螺杆；

⑥首次采用工厂法预制曲线管节，管节的曲线半径为 5500 m。

克里斯（Chris）认为工厂法比传统干坞法还有一些优势：①提高工效；②劳动力均匀化；③钢筋作业摆脱关键路径；④新拌混凝土运输路径缩短；⑤封闭的工厂施工环境提高成品质量，即便不冷却，混凝土早期裂缝也可消除；⑥临时荷载可控；⑦较小规模的干坞开挖与排水或止水措施；⑧结构钢筋、模板与混凝土设施在起浮时不会被海水淹没；⑨风险因施工效率的提高而降低（图1）。

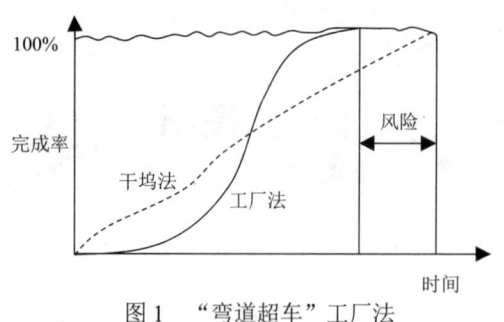

图1 "弯道超车"工厂法

预制场的布置

工厂划分为生产、管理、生活三个区域，总占地面积 560 000 m²，员工 1200 名。根据地形，我们将生产区布置成 L 形，使得坞内最多可同时容纳 6 个管节。在水文气象环境恶劣时，如台风或强对流天气，可以关闭坞门，令管节的系泊完全处于遮掩的条件下。

管节安装计划是每月完成一个。管节预制的速度需要与安装计划匹配，通过设置两条预制生产线平行作业，每 70 d 生产 1 个管节。生产线的关键环节是钢筋绑扎、模板安装与混凝土浇筑。其中将钢筋绑扎工序拆分为底板、侧墙、顶板三个单元来进行流水作业。

滑移门和浮坞门

浅坞区与厂房之间的滑移门的总重量约 750 t，采用钢结构。因为有两条生产线，坞门的宽度约 100 m，灌水到高水位时只靠两头的固定无法承受这么大的水压力，所以采用三角形的断面以利用水压自稳（图 2c）。滑移作业周期为 30~40 h。

坞口的浮坞门是重力式结构，宽 60 m，重 13 000 t（图 2d）。

(a) 预制厂全景

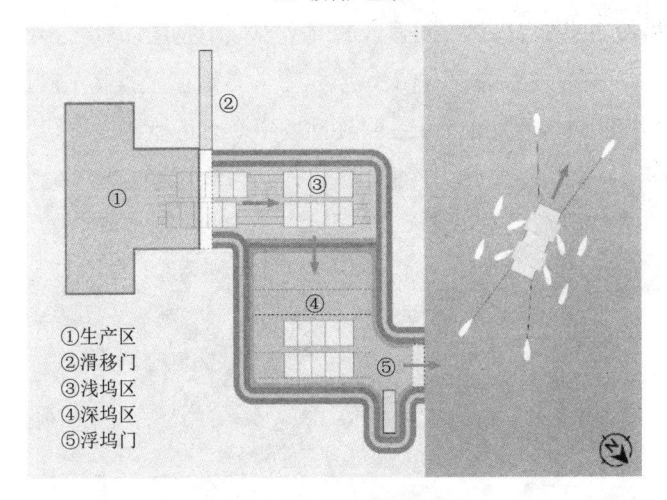

(b) L形生产区平面示意图

①生产区
②滑移门
③浅坞区
④深坞区
⑤浮坞门

(c) 滑移门 (d) 浮坞门

图 2 工厂法相比传统干坞法降低工期

浇 筑 控 裂

沉管管节的壁厚 1.5 m，单个节段一次浇筑的方量为 3400 m³，采用全断面同时浇筑，并采用了标准化的自然控裂方案。此方案在不使用冷却水管的条件下，实现了近百万立方米混凝土浇筑无裂缝（详见《混凝土浇筑不开裂的道理》）。

厂房的防灾标准问题

工厂结构的防台风是一难题。管节全部预制完成以后，2017 年 8 月台风"天鸽"损坏工厂顶部（图 3）。庆幸的是这在工程完工以后才发生，如果台风在 2011 年到 2017 年 3 月期间发生，有可能造成工期的延误。

图 3　预制厂房经历台风"天鸽"后受损的相片

参 考 文 献

Chris M，1999. The Øresund Tunnel-making a success design and build[J]. Tunneling and Underground Space Technology，3(14)：355-365.

可注浆止水带的改良使用

背 景

节段接头的防水是一大挑战，尤其对于港珠澳大桥沉管隧道而言。因为沉管段中有 3 km 区段的水深超过 40 m，最大水深约 46 m，而且节段接头总数量达到 219 个，每个接头的水线长度为 90 m。

尽管如此，沉管管节从 2013 年 5 月开始安装，至 2017 年 3 月全部安装完成，节段接头未出现渗漏进水。

考虑工程的规模与风险，该工程的节段接头止水设计一开始采用四道止水措施，从临水侧到内侧依次是：聚脲层+可注浆止水带+遇水膨胀胶条+OMEGA 止水带。当具体实施时，遇水膨胀胶条的施工难以实施，被取消了；而聚脲在管节拖航时在波浪的作用下较容易脱落。所以关键的两道止水措施是可注浆止水带与 OMEGA 止水带。

OMEGA 止水带是第二道止水措施，其功能是拦截可能渗入的水。而可注浆止水带靠外侧，是节段接头的首道止水措施。工程选择了特瑞堡公司（Trelleborg B.V.）的止水带产品，该止水带在沉管隧道中的应用与发展已有近 30 年的历史。在工程的实施过程中，就改善中埋式可注浆止水带的止水效果问题进行了一系列的尝试。

工 作 原 理

如图 1 所示，将中埋式可注浆止水带埋入节段接头中，止水带正中与节段接头垂直且相交。止水功能主要靠中部的橡胶与两端的钢板。理想状态时，混凝土与止水带完美结合，进而止水。实际上，接头可能会因沉降或张开发生变形，为了适应变形，在止水带中部设置了一段海绵体，两侧设置了橡胶球状体。为了降低因混凝土施工缺陷导致的渗漏风险，钢板的临海侧粘有海绵，该部位用来注入环氧树脂，填充可能的缝隙。为实现注浆，埋设了钢注浆管。钢注浆管需要顶在止水带的钢板上，其中间的带螺纹的芯棒穿过钢板上预先开凿的孔，并穿过海绵，与另一侧的螺帽连接。混凝土浇筑期间，为防止混凝土渗入钢板与钢注浆管的缝隙，该部位设置橡胶圈，通过拧紧螺帽，压缩橡胶圈来实现密封。

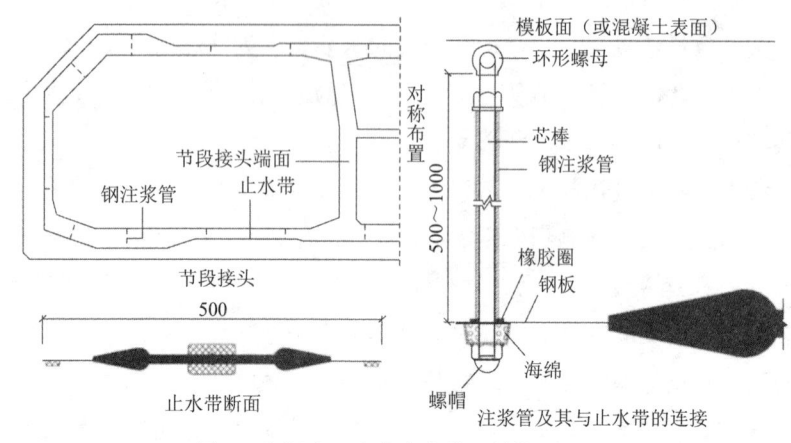

图 1　中埋式可注浆止水带（单位：mm）

从水的入侵路径来理解可注浆止水带的原理：外侧的水首先进入节段接头，向止水带前进，直到垂直接触到止水带；因为止水带的存在，水会向左或向右转 90°，往止水带的两端行走，首先经过止水带的橡胶部位，橡胶通过与混凝土的密贴有可能阻止水继续前进。当该部位的止水带失效，则水继续向前，到达止水带两端的钢板部位，如果该部位已注入环氧树脂，则能起到止水作用。

结构性问题

混凝土浇筑的密实度受止水带环形布置的限制。振捣时析出的气体和水会在止水带表面形成空隙，成为接头渗漏的隐患。现场观察到，转角和止水带水平段的下表面的排气、振捣条件相对较差，混凝土的密实性问题也较严重。可以预见的是，隧道所处的高水压环境会加剧接头渗漏的发生。

以上观点可从两方面印证。①通过接头部位的足尺浇筑及切片实验，从切片上可以看到孔隙缺陷（图 2）。②通过对节段接头注浆情况的统计，每个接头的平均注浆量达到 49.95 kg；其中，最大的节段接头注浆量达到 100 kg，折算成体积约为 0.1 m^3。

图 2　孔隙缺陷

接头张开问题

节段式管节解除临时预应力以后，节段接头有可能张开，引起中埋式可注浆止水带橡胶部位被纵向拉伸，橡胶的厚度相应变薄，橡胶与混凝土不再密贴，或它们的结合面脱开，形成渗水通道。理想的解决办法是把注浆这一工序放在水下安装，并在其纵向结构变形完成以后再进行。但是，如果注浆过后，节段接头因运营期的隧道沉降再次发生张开与错动，中埋式可注浆止水带仍然可能失效。

注浆有效的前提是注浆管能使用，但注浆管很难做到能使用，下面详述。

注浆管成活问题

止水带安装工序见图 3：①在一个节段钢筋笼的端面插入止水带；②连接注浆管至止水带的一侧；③浇筑该节段；④该节段向前顶推 22.5 m，下一个节段的钢筋笼顶推至原先节段的位置；⑤连接注浆管至止水带的另一侧；⑥浇筑下一个节段；⑦回到①，并重复。

因为止水带位于节段接头中间，且由于钢筋的存在，必须先安装止水带，再将注浆管及芯棒与止水带连接。混凝土浇筑完成以后，需要注浆时再取出注浆管内的芯棒。

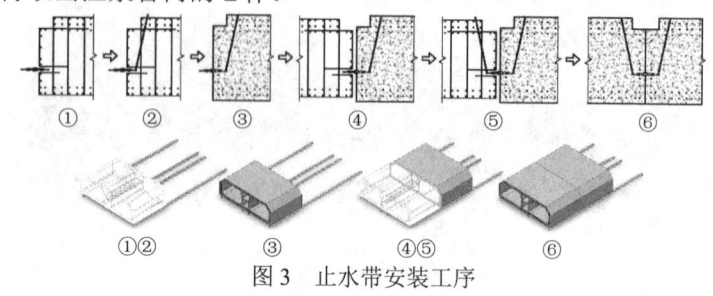

图 3 止水带安装工序

因为钢筋较密（图 4），注浆管的安装较困难。考虑工序，注浆管必须在结构混凝土表面以下，模板才能闭合（底板除外，因为无顶面模板）。这意味着混凝土浇筑完成后，为了对墙体与顶板进行注浆，必须先凿开混凝土表面，找到注浆管，并拧出注浆管内的芯棒。

图 4 中埋式可注浆止水带现场安装场景

然而实际情况是，部分芯棒无法从注浆管中拧出，即使强行拧出芯棒，对环形螺母施加较大扭力时，也可能会导致注浆管破损。其原因是浇筑的混凝土渗入了注浆管内，凝结后将芯棒与注浆管锁住。经分析，混凝土渗入注浆管的原因如下。

①现场钢筋密集，注浆管需要穿过钢筋与止水带连接，受空间限制，注浆管的实际角度与理论角度易存在偏差，该偏差导致连接部位的橡胶圈与止水带的钢板不密贴，即存在缝隙。混凝土浇筑时，浆液通过缝隙进入注浆管内。

②工人较难控制适当的扭力，使注浆管对橡胶圈的压缩刚好合适。如果扭力过大，注浆管与止水带的钢板连接部位易损坏；如果扭力过小，橡胶圈的压缩量不足或仍与钢板存在缝隙。总之，扭力过大或过小都可能导致漏浆。

③混凝土振捣棒输出的能量可将注浆管损坏，或导致接头部位松动。

此外，混凝土浇筑时也有可能引起注浆管的移位，导致其被埋入混凝土中，无法找到。

综上，仅从施工质量控制角度较难保障219个节段接头，每个接头的48个注浆管，均实现100%可注浆。非100%的保证率意味着节段接头止水存在缺陷。该现象在侧墙与顶板比在底板更为突出，其原因是底板不设顶面模板，就不需要为了找注浆管而凿开混凝土，芯棒的取出时机较早，混凝土弹性模量较低，因而注浆管存活概率较大，注浆成功率较高。

此外，考虑本工程沉管隧道节段接头的特点是大周长（90 m）与大水深（40 m以上），接头止水效果具有一定的不确定性，因而对原止水带的注浆构造进行了改良。

改良1：节段接头张开的限制

通过保留管节的纵向永久预应力（对应"半刚性管节"）对节段接头的张开（与错动）进行限制，降低了中埋式可注浆止水带的变形与受力的概率。在管节施工期间对节段接头的张合量进行持续的监测，测点与仪器见图5。

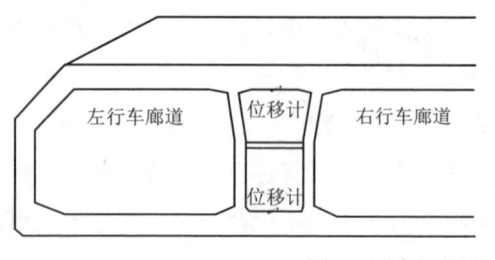

图5　测点与仪器

从沉管管节开始安装到施工载荷完成后，节段接头张合量的观测数据见图6，由图可知节段接头基本不张开。

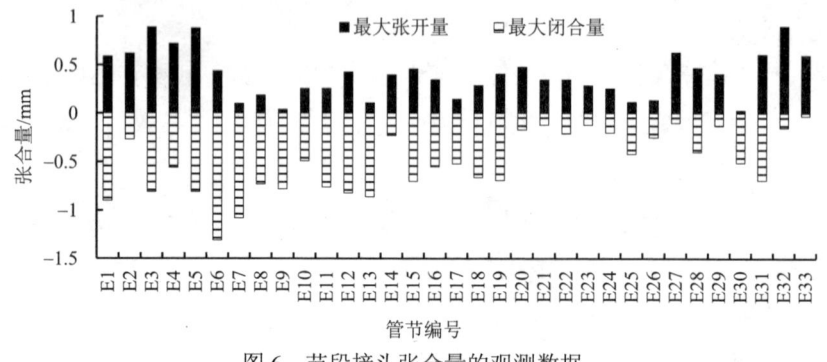

图6　节段接头张合量的观测数据

因此，不必等待管节完成一定量的变形再注浆，而是可以在预应力张拉完成后就开始注浆。这个做法为工程带来两个好处。一是在工厂内进行注浆而不是在隧道内进行注浆，作业环境较好，且不与隧道内其他作业冲突。二是由于混凝土龄期短，弹性模量较低，注浆管的成活率更高。

需注意的是，节段接头不张开的另外一个必要条件是隧道的基础处理得好。本工程采用了复合地基+组合基床的处理方案（原因详见《沉管隧道的基础》相应内容），将沉管隧道施工期的沉降总体控制在5～6 cm，差异沉降控制在1 cm以内。

改良2：额外增设的注浆方式

通过增设一道可注浆胶条，在水的流通路径上又设置一道关卡，如图7所示，进而提高了节段接头止水可靠度。而且，采用注浆软管形式施工较便利。与钢注浆管不同，注浆软管需要在止水带装入钢筋笼后再穿过钢筋笼与止水带连接，软管可以先与中埋式可注浆止水带连接，再整体与钢筋笼固定。此外，软管不影响混凝土模板的闭合，可以允许其伸出混凝土的表面，注浆前不必开凿混凝土。

需注意的是，要确保注浆软管与混凝土的结合面的防水。对于金属注浆管同样要注意。

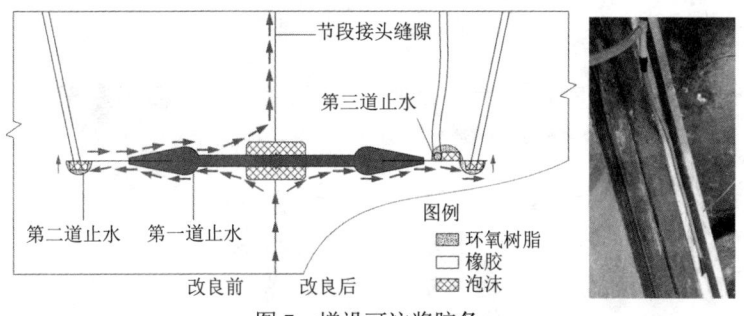

图7 增设可注浆胶条

通过工艺试验重新选择适宜工程施工条件的橡胶圈，确保在较大扭力作用下，橡胶圈不会被破坏，且仍能起到止浆作用。橡胶圈也能容忍较大的安装角度偏差（图8）。

（a）止水带的注浆管、钢边与橡胶圈　　（b）大、小橡胶圈

图8　橡胶圈

改良3：注浆

在注浆管容易失效的部位加密注浆管的数量。节段接头每侧的注浆管数量从 48 根加密至 68 根，出浆口的平均间距从 4 m 缩短至 2.6 m。如此一来，即便某个区域的一根注浆管失效了，相邻的注浆管的浆液也可能补救该区域，如图 9 所示。

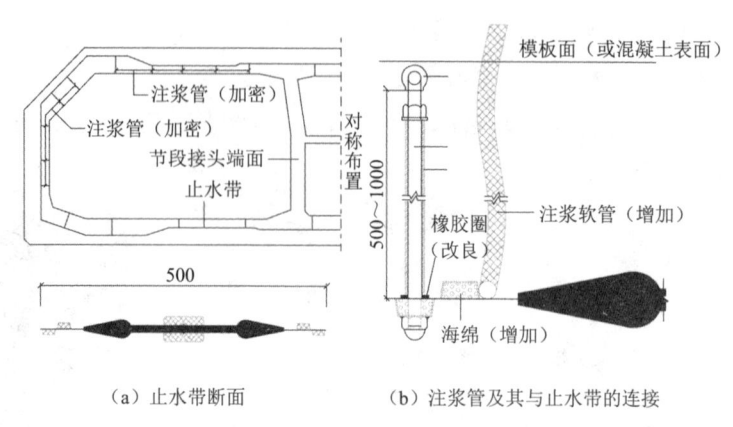

（a）止水带断面

（b）注浆管及其与止水带的连接

（c）实物样品照片

图 9　注浆改良（单位：mm）

改良4：混凝土振捣施工的改善

从管理方面，为了提高振捣质量，明确责任，让每个工人只做一项工作，并对应管节的某个部位。每浇筑一层混凝土，都要进行检查。简而言之，采用"三定"措施——定岗、定人、定工艺。

从技术方面，为了提高混凝土与中埋式可注浆止水带的密贴效果，比选了不同的振捣棒（图10）；在钢筋密集区设置振捣通道；在转角部位及顶板、底板部位注意弯折中埋式可注浆止水带的角度，以便混凝土更好地排气。为确保混凝土不开裂，采用低水化热高性能混凝土；另外需控制入模温度、浇筑强度、材料稳定性。

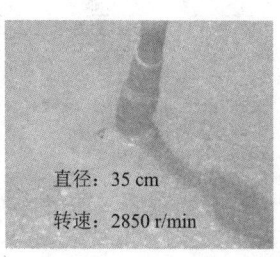

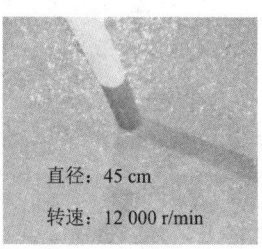

直径：35 cm 转速：2850 r/min

直径：45 cm 转速：12 000 r/min

图10 振捣棒的比选

结　　果

止水带的改良从E15管节开始。管节节段接头的注浆量统计如图11所示。中埋式可注浆止水带改良后，节段接头压水水密试验发现，一次止水成功的概率显著提高。在预制厂内需要修补的渗漏点大量减少。

从2013年5月至2017年3月，所有33个管节完成水下安装，节段接头部位未发现渗漏。

每个管节安装后，对中埋式可注浆止水带的止水效果进行了监测。

在每个节段接头底部的中间,在中埋式可注浆止水带与 OMEGA 止水带之间的部位预埋水管,水管连接至管内并设置压力表(图 12)。压力表的读数如果为 0,则说明中埋式可注浆止水带的止水成功,如果读数近似等于隧道外的水压,则说明中埋式可注浆止水带已经失效。当前,施工期所有荷载已经完成,包括回填与管内路面作业。压力监测结果统计见表 1,由表可知 219 个节段接头的中埋式可注浆止水带目前均是有效的。

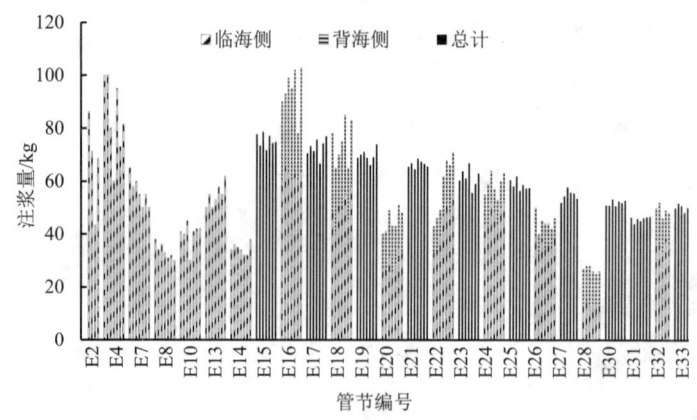

图 11　注浆量统计

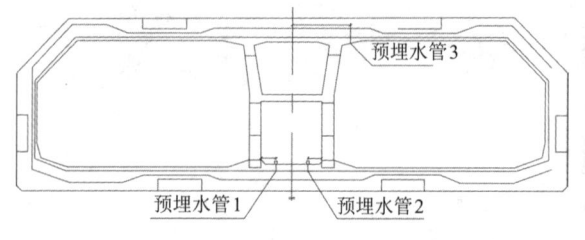

图 12　预埋水管和压力表

表 1　节段接头处压力监测统计

监测范围	监测接头数量/个	监测持续时间/月	监测统计(P 为监测压力,MPa)/%	
			$P=0$	$0<P\leqslant 0.11$
E1~E12	78	4~9	93.6	6.4
E13~E16	33	7~11	96.9	3.1
E17~E23	49	6~12	93.9	6.1

续表

监测范围	监测接头数量/个	监测持续时间/月	监测统计(P 为监测压力，MPa)/%	
			$P=0$	$0<P\leqslant 0.11$
E24~E28	33	7~9	100	0
E29~E33	31	5~8	100	0

注：存在压力的检漏孔在后续监测中压力无变化，判断为残留水。监测接头数量大于 219 个节段接头。

结　　语

节段接头的止水是一个系统问题，中埋式可注浆止水带作为首道止水措施，可靠是关键。具体应考虑四个方面的问题：

①结构性缺陷的不可避免性。从注浆量统计可见，止水带部位与混凝土因为振捣、混凝土收缩等原因难免存在间隙。

②环氧树脂的可注入性。

③混凝土施工管理。

④接头位移引起的可注浆止水带的变形。

因此，需要改良的并不是止水带本身，而是止水带的使用方法。其改良方法如下：

①缩短出浆口间距，并在另外一侧额外加一道注浆保障。

②确保无浇筑裂缝，质量控制保证混凝土与止水带的密贴。

③节段式管节通常在水下安装后剪断纵向预应力筋，所以注浆时机可能选择在止水带变形以后，甚至在隧道漏水以后。港珠澳大桥沉管隧道是另一种解决思路，即采用永久预应力限制节段接头的张开，所以注浆可以在工厂内进行，而不是在环境较复杂的隧道内。

参　考　文　献

Janssen W I，1978. Waterproofing of the tunnel structure[C]//Immersed Tunnels：Delta Tunnelling Symposium. Amsterdam：Tunnelling Section of the Royal Institution of Engineers in the Netherlands.

从系泊到系泊

介　　绍

　　港珠澳大桥岛隧工程安装了 33 个沉管管节而未发生重大事故。每次安装开始前，管节都在预制厂的深坞区内漂浮并系泊着。安装作业启动后，管节被解除系泊状态，通过缆绳转换绞移出坞，在坞口连接拖轮。接着浮运，到了隧址区为了后续的沉放作业而再次系泊。

　　以上三道工序被认为是高风险的施工工序。因为管节从系泊到系泊的转换过程，是不受约束的，而受工程水域的天然水深浅限制，管节只能在预先开挖的受限的航道中运输，见图 1，过程中一旦失控就是重大事故。不但给工程造成巨大损失，而且将成为珠江口繁忙航道上的水下障碍。此外还有几个挑战：

　　①每个典型管节的重量为 78 000 t。

　　②33 次管节安装，次数多意味着发生事故的概率高。

　　③不计台风天气，每个月也只有两个可选的安装窗口；工期紧，要求从 2013 年 5 月开始第一个管节的安装，到 2017 年底具备通车条件（实际上也做到了）。

　　④隧道的轴线与涨落潮的潮流方向垂直，管节为沉放而进行系泊的迎流面积大。

　　在 33 个管节都安全安装的结果背后，有关于工程问题的思考、方案制定的原则，以及决定成败的细节，这正是以下要介绍的。

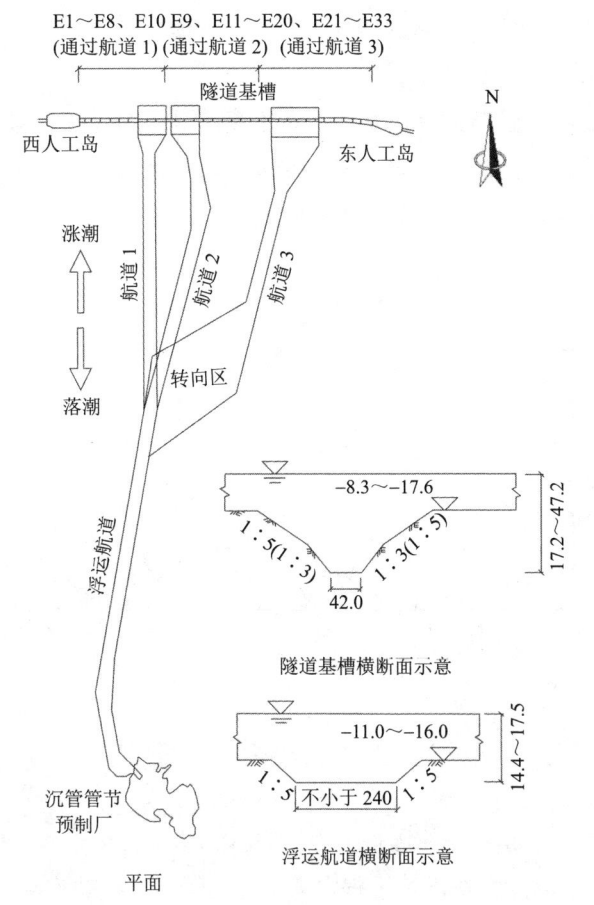

图 1 管节出坞、系泊与安装位置平面与基槽横断面示意（单位：m）

安装计划的制定

工程水域的海流情况是不规则半日潮，安装计划的制定需要同时满足 3 个条件，分别是：①管节出坞海流流速小于 0.4 m/s；②管节浮运要避免逆流浮运；③管节沉放与对接要选择预报海流流速最小时。

前期的拖运、物理模型试验表明配备的拖轮足以克服水流力，详见《拖运试验》，E1、E2 管节浮运时选择的时机是逆流浮运，实践后发现拖轮动力不足，逆流浮运对管节姿态的控制也较弱，因而后续管节均采用顺流浮运，即涨潮时浮运。

并且，沉管管节的沉放是利用海流流速最小的时机，即平潮时，所以出坞、拖运与沉放的时间要统一安排，前后要衔接。

举例说明，E20管节安装计划见图2。

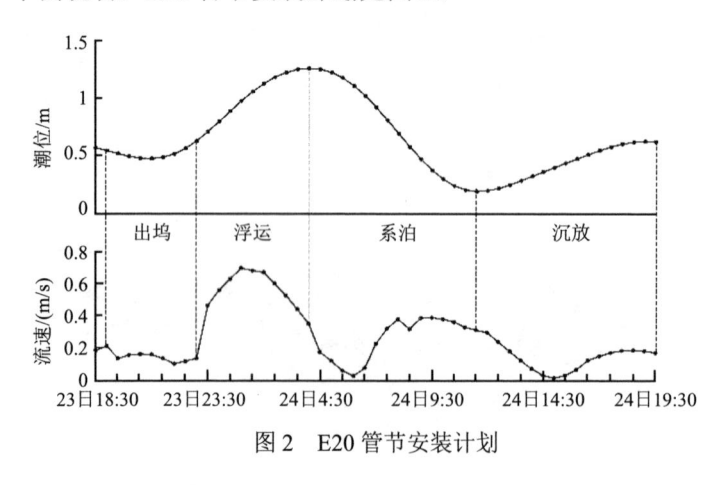

图2　E20管节安装计划

出　　坞

出坞的方法和时机的选择与坞口的海流情况直接相关。由于工程的沉管管节的体积大，在出坞过程中为了保证管节结构的安全，避免碰撞，需要较多的缆绳来约束管节的运动。这就需要较多次数的带缆与解缆作业来完成出坞，而带缆与解缆作业的时间越长，出坞作业需要的时间就越长，可选择的出坞窗口的流速就越大。但是反向思考，如果简化带缆作业，减少管节的缆绳的约束，出坞作业的时间就能缩短，这样就可以选择更好的出坞作业窗口。

最终实施的出坞方案是利用坞口原有的山体掩护。基于坞口的流速观测，将管节置于观测流速最小的区域进行拖轮的连接。管节选在落潮的时候出坞，将坞口的流速控制在0.4 m/s以内（图3）。

图 3　坞口的管节与拖轮的连接

管节在受限海域的浮运

（1）拖轮配置

由于是在受限的航道内浮运沉管管节，尽管有流速预报，在该海域的浮运不得不考虑可能出现的复杂海况包括突发大流速的情况，拖运方案采用 4+8 的多拖轮协作的编队模式（图 4a）。

典型浮运情况见图 4b。4 艘拖轮与管节顶部的系缆柱连接。其中，浮运方向首端的 2 艘拖轮提供动力，尾端的 2 艘拖轮控制转向及必要时的制动。其他随航的 8 艘拖轮用于姿态控制，为确保有足够的反应时间，其中的 4 艘拖轮紧贴着管节上方的安装船，随着管节一起前行；另外 4 艘拖轮离安装船的距离也不超过 200 m。在预报天气恶劣时还会增加 1 艘拖轮作为备用。

当出现复杂海况或遭遇横流时，另外 8 艘随航的拖轮通过顶推管节上方的安装船来控制管节的姿态，抵抗水流，确保不偏航，见图 4c。

（a）实况照片

(b)通常状况

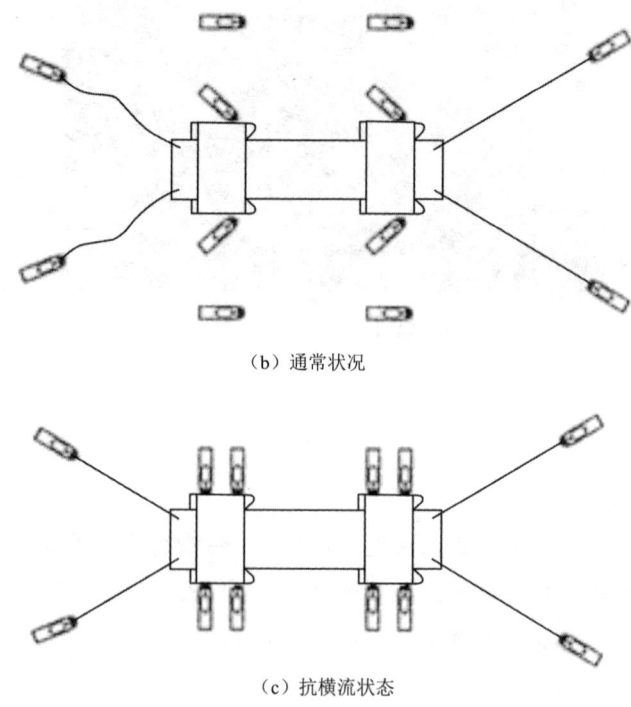

(c)抗横流状态

图 4 管节浮运时的拖轮布置

（2）管节与安装船的连接方式

上文提到 8 艘拖轮可以通过顶推管节上方的 2 艘安装船来控制管节的姿态，这是间接的方式，其目的为了让拖轮的推力有效地传递给管节。安装船与管节的连接方式在竖向采用支墩，在水平向靠摩擦力。支墩底部设置了橡胶垫来增大摩擦系数。为保证摩擦力，管节与安装船之间的压力通过两个途径获得，参考图 5。首先，2 艘安装船进入干坞内，从管节的上方依次套入管节。然后，通过安装船的压载水，降低安装船的干舷，与安装船的四个支墩和管节的顶面接触。随着安装船的继续加载，安装船与管节之间的竖向力逐渐增大。通过安装船与管节共同的干舷高度的变化可求得支墩上的竖向内力。最后，再用管节沉放用的吊缆施加一定量的竖向预紧力（图 6）。

图 5 安装船与管节之间的四个支墩

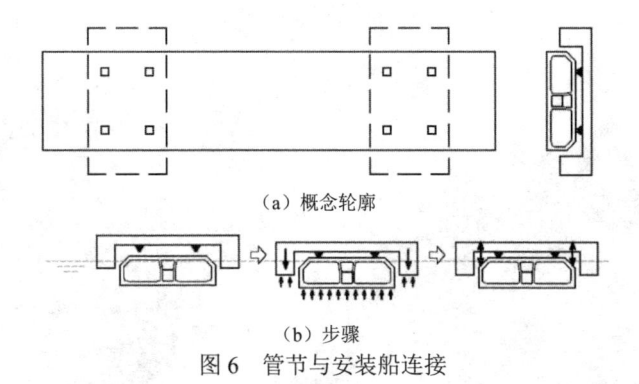

（a）概念轮廓

（b）步骤

图 6 管节与安装船连接

（3）隧道基槽内的浮运

隧道基槽的长度为 5.664 km，即沉管段的长度。所以管节浮运到隧道上方后，根据具体管节的安放位置，还要在隧道基槽内浮运较长一段距离。该区域海流方向与隧道基槽垂直，在基槽内浮运管节的迎流面积大，因而姿态较难控制。为了确保管节受力可控，选择水流较小时进行横拖，所以制定了一条原则，将所有管节在隧道基槽内浮运的距离限制在 1 km 以内。图 1 中，浮运航道 1 和浮运航道 2 是之前就有的，而靠东的管节 E21～E33 在隧道基槽内的浮运距离超出了 1 km，所以专门开挖浮运航道 3 来浮运这批管节。

54　沉　　管

(4) 浮运导航系统

即使通过以上浮运方式能够抵抗水流力,但在海上浮运时,并无可以参照之物,指挥长与船长也不知道管节是否偏离了航路。因此,本工程开发了专门的浮运导航系统。

上文已述安装船与管节靠摩擦力连接,且在水流力小的情况下是静摩擦。因而该系统假定管节与安装船是刚体,从而可通过定位安装船的位置来定位管节的位置。定位用的天线架立在安装船的顶楼,目的是实现信号的畅通及信息的实时传递,因为指挥人员也在安装船上。定位数据通过开发的导航软件换算成管节的速度,以及管节外轮廓与基槽的相对位置。定位软件实时显示界面如图7所示。

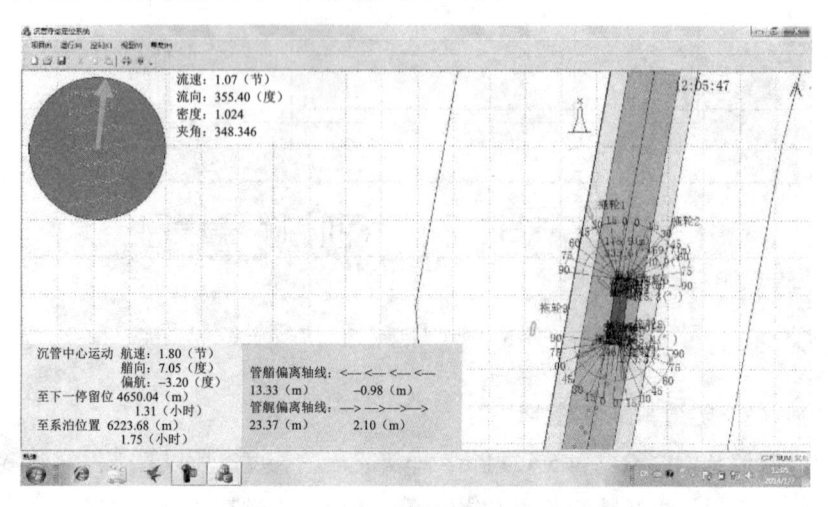

图7　浮运导航系统的显示界面

更重要的是,指挥12艘拖轮的协作对即使有着丰富的外海巨轮浮运经验的船长而言也是很大的挑战。所以,为了方便船长之间的交流,经笔者提议,除了对管节自身的定位,对所有拖轮的位置也进行定位。而且所有拖轮与管节的定位数据都集成在管节上方的安装船的指挥室中,供主船长与指挥长查看,不仅如此,这些信息也在所有参与工作的拖轮的屏幕上实时显示,供每艘拖轮的船长查看。该设置使得拖轮方向与管节前进方向的轴线的夹角可以在导航系统的软件显示屏幕上直接显示,从而保证了主船长与各个拖轮船长交流的指令精确、无误。

管节与拖轮的定位采用信标机,其优点是信号稳定,虽然精度是亚米级。为进一步降低"盲拖"风险,还另设一套 GPS-RTK 系统定位管节。后者的使用需要设基站。两套系统的供电是分离的。

(5)正式拖运前的四次演练

前文已述管节上方的安装船上的主船长需要指挥 12～13 艘拖轮的共同作业。而且每艘拖轮上的船长根据指令要做出正确的响应。如此大规模的船队在海上的配合作业是极其罕见的。虽然前面所述导航系统可以共享管节和各个拖轮的状态和位置,但是仍然需要足够的实际演练来让船长们适应协作。演练也是对浮运导航系统的试运行和调试。拖运演练的被拖物采用与管节重量接近的船进行,一共进行了四次演练,见图8。

图8 拖运演练

(6)其他保障措施

沉管浮运的一些其他保障措施是:①海事警戒船护航以避免社会船

舱撞击浮运船队或管节；②管节浮运的前方设置垃圾清扫船，以避免漂浮物如树木和渔网撞击或附着在管节前端的端封门与 GINA 止水带上；③气象与海况的实时预警和滚动预报系统。详见相对应的专篇。

系　　泊

系泊是管节沉放前的承前启后的一步。系泊让管节从漂浮状态重新回到受锚缆约束的状态；同时利用系泊带缆的时间做好管节沉放的准备。而且，由于管节沉放通常选择海流流速最小的平潮期（slack water），这意味着管节的系泊需要抵抗较大的海流。

（1）横流定位

港珠澳大桥岛隧工程的管节是横流定位。迎流面积达到 180 m×11.3 m，海流流速水面以下平均值最高达到 0.8 m/s。图 9 为工程所采用的系泊形式。单侧采用 4 根直径为 65 mm 的钢丝缆。系泊缆绳的伸缩可以通过操作安装船上的额定拉力为 120 t[①]的锚机控制。

系泊缆绳的安装顺序取决于系泊时的海流的方向。先安装可以起到抗流作用一侧的缆绳，因为系泊缆的抗流作用及对管节位置的控制效果被认为比拖轮更加安全。

管节横流系泊的另一个保障是保留 4 艘拖轮在管节的四周待命，不抛锚。其作用是在海流超出预期时可与系泊缆共同抗流，或者在系泊系统失效时控制管节。

为避免待安管节在系泊时碰撞到已安管节，管节系泊的位置距离已安管节约有 50 m 的净距；沉放与对接时再用系泊缆将管节前移。

（2）锚抓力试验

即使锚机与系泊缆绳能够抗流，走锚仍然会导致管节系泊失效，因此在工程前期进行了锚抓力的试验，试验概况见表 1。其目的是降低系泊

---

① 施工单位习惯用质量单位 t 表示受力单位，1 t 相当于 9.8 kN，以下同。

作业及后续管节沉放与对接作业发生走锚的风险,并且试验还有指导锚型选择的作用。锚型选择需要考虑多项因素,包括锚艇的选择、系泊的工效及施工费用,而系泊工效又影响安装计划。

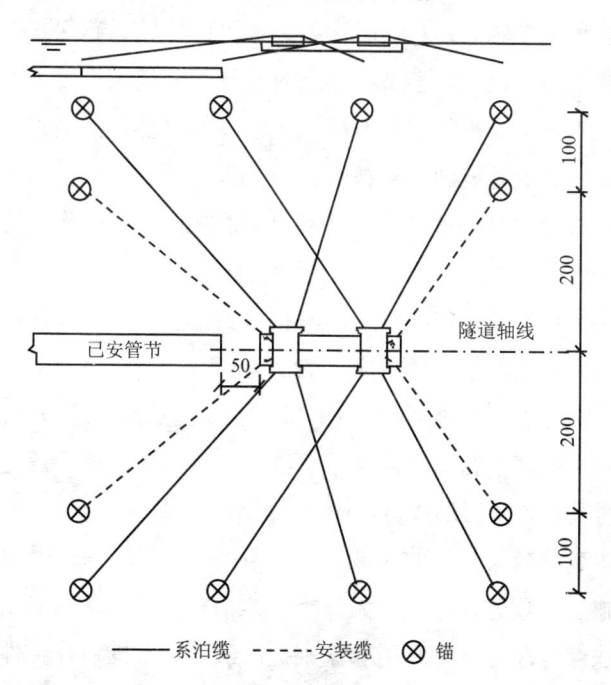

图 9 港珠澳大桥沉管管节的系泊平面图(单位:m)

表 1 试验概况

锚型	试验次数	试验结果		
^	^	抓力/kN	抓力与锚重的比值	起锚力与抓力的比值
HYD-14	5	370~400	9.3~10.0	0.56~0.69
AC-14	5	90~150	2.3~3.8	—
HY-17	3	640~700	21.3~23.3	0.54

小　　结

港珠澳大桥的 33 个巨型沉管管节在受限的海域进行了 35 次的浮运

与系泊,风险极大。主要的风险来源是大自然的变化多端与工程系统的复杂性。因此,在施工方案与实战中采取了三个策略来应对这两种复杂情况,有效地控制了风险。

系统的冗余。例如,浮运时配备足够多的拖轮以确保管节在复杂的海况下仍然受控。又如,管节在浮运时,导航系统也设置了多套独立的设备及独立的供电。再如,管节横流定位期间仍然保留拖轮以共同抗流或在系泊系统失效时能起到补救的作用。

预演与试验。管节重量大,且需要多艘拖轮同时协作。因此在正式浮运管节以前通过在实际路线上浮运重量近似的船舶,进行了 4 次演练,才令船长找到管节浮运的感觉,同时也测试了新开发的浮运导航系统。另外,对横流系泊的锚也做了大量的试验。

利用天时与地利。例如,管节出坞带缆步骤的简化缩短了出坞时间,缩短的时间又改善了窗口,降低了可能出现的最大流速,流速的降低使得带缆可再简化,从而形成良性循环。此外,利用坞口天然的山体遮掩,选择了一块遮掩效果最好的区域作为管节的拖轮编队区。并且,从系泊到系泊的施工计划与执行是作为一个整体来安排的;落潮时出坞从而利用掩体,涨潮时浮运从而利用顺流来提高沉管管节的可操控性。最后,隧道基槽接近 6 km,与海流方向垂直,管节在横流中浮运的风险大,因此让不同区段的管节分别走 3 条不同的支航道,将管节在隧道基槽内的浮运距离限制在 1 km 以内。

参 考 文 献

苏长玺, 冯海暴, 2016. 大型沉管与沉放驳摩擦型连接受力分析[J]. 中国港湾建设, 36(12): 19-22, 28.

苏长玺, 冯海暴, 2017. 大型沉管安装工程用锚选型及锚系设计试验研究[J]. 中国港湾建设, 37(5): 82-86.

王强, 2016. 外海沉管沉放对接施工技术应用研究[D]. 广州:华南理工大学.

沉管管节安装保障系统

  牧羊人卖掉了羊群，然后买了些海枣，装载到了船上。接着他便扬帆起航了。然而，海上刮起风暴，他的船倾覆了。牧羊人失去了一切，好不容易才回到了岸上。之后，海面再度恢复了平静。牧羊人看见有人站在海边，正在赞美大海的宁静。于是他说："它这是想再骗上一船海枣呢！"

——《伊索寓言》

背 景

  港珠澳大桥岛隧工程的沉管隧道要安装 33 个管节，每个管节重 78 000 t，重量类似航母。要将这 78 000 t 的重物在海中长距离浮运，并在近 50 m 的海底进行精确对接，会受到千变万化的风、浪、流的影响，可谓"海底穿针"。因此，岛隧工程必须要找到适合的作业窗口，选择风平浪静、海流平缓的时间段来开展施工。

  工程所在地为伶仃洋，一年中，台风、大雾、寒潮等极端天气有时多达 200 d。每一个管节的安装工期，从碎石整平开始到锁定回填结束，约 10 d。工程保障需要 15 d 的预报。并且在关键作业时段，要求预报误差时间不超过 0.5 h，海流误差不超过 0.1 m/s，海浪误差不超过 0.1 m 波高左右。因为一个更大的误差，可能就会决定沉管管节安装的成败。

  预报难度大。只有极少数单位可以承担该项工作，国内外起步较早的单位是丹麦水利研究所。经多方比较，选择由国家海洋环境预报中心承担预报的工作。

预报使用距离工地 3000 km 以外的预报中心的 57 万亿次高性能计算机。与现场进行实时的双向通信，即现场接收预报中心发来的预报，同时，预报中心接收现场的观测数据（图1）。

预报中心对于风、浪、流的预报是精确的、实时的、无缝的。

图1　现场作业与远程支持的协同系统

作业条件是指安全进行沉管管节安装作业所需的天气条件，是作业窗口制定和现场施工决策的依据。岛隧工程的沉管作业窗口条件见表1。

表1　作业窗口条件

	持续时间	海流	海浪	气象
出坞	3～4 h	<0.4 m/s[1]	—	—
航道浮运	2～3 h	<0.8 m/s[1]	H_s<0.8 m	风力<5级
转向	30 min～1 h	<0.4 m/s[1]	—	能见度 1 km
隧道基槽内浮运	1～2 h	<0.6 m/s[1]	—	—
系泊	4～5 h	<0.8 m/s[1]	—	—
沉放	6～10 h	<0.4 m/s[2]	H_s<0.6 m	风力<5级
对接[3]	4～10 h		—	—

注：1）取水面以下 11 m 平均流速；
2）任意垂向 11 m 平均流速最小值；
3）对接窗口在 E10 管节安装以后增加，后文会详述。

系统的建立

为了做到高精度预报,在管节安装开始前的一年半时间就建立预报系统并调试。2013 年 5 月工程的第一个管节安装,2012 年 2 月建立预报系统,提前 1 年开始空载运行。调试基于预报数据与现场数据的比对。现场观测站见图 2。

| 测流浮标变化表 ||||
观测站	第一次	第二次	第三次	第四次
1 号	E1~E33	—	—	—
2 号	E1~E20	E21~E33	—	—
3 号	E1	E2~E10	E11~E28、E33	E29~E32
4 号	E2~E10	E11~E20	E21~E24	E25~E33

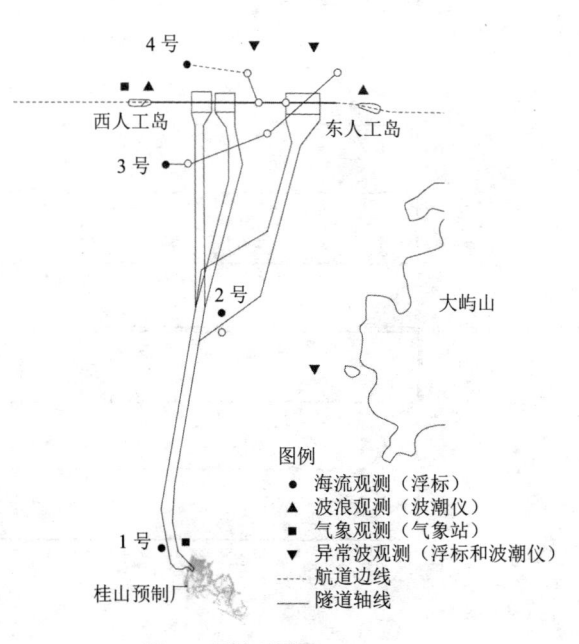

图 2 现场观测站

62　沉　管

（1）预报的空间范围

包括坞口区、航道区、隧道区。

（2）预报的时间范围

单个沉管管节的碎石基床铺设需要 8~10 d 的时间，所以在管节安装前的 10~15 d 预报一次（图3）。管节出坞需要 2~3 d 的时间，所以在管节安装前 3 d 左右预报一次（图4）。偶尔需要一个月连续安装两个管节时，为了确保后装管节与先装管节之间铺设的时间充足，可先进行后装管节的碎石基床的施工与二次舾装作业，这就需要同时选择先装管节和后装管节的安装窗口，这种情况下，在管节安装前 40 d 就要预报一次。

2015年11月5日至11月29日施工区域潮位预报

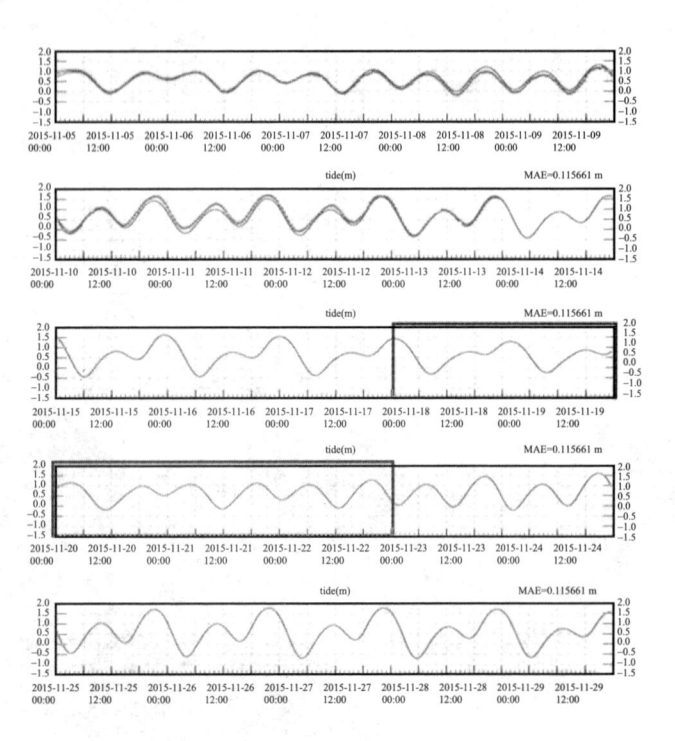

11月18日至11月22日为小潮期

沉管管节安装保障系统 　　63

2015年11月5日至11月29日施工区域水下2~10 m平均海流预报

11月18日至11月22日为小潮期，流速较小，其中施工窗口中11月19~21日流速最小

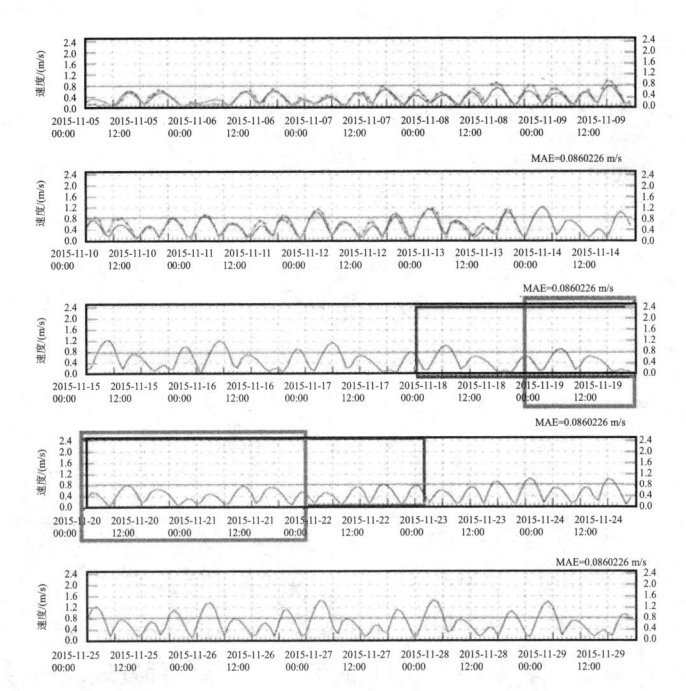

图3　管节安装前10 d预报及窗口

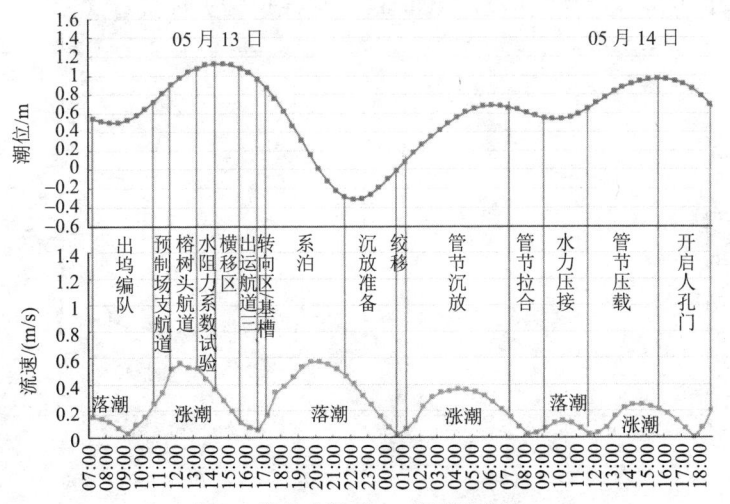

图4　管节安装前3 d预报及窗口

（3）预报的精度

短期预报的精度高于长期预报的精度。临近预报的精度高于短期预报的精度。所以预报专业人员全程参与管节的安装作业和决策。在沉管安装船的指挥室观测现场数据，滚动预报后续作业天气。一旦发现预报值可能超出作业条件，立即给出预警。

保障系统在前 9 个管节的安装作业中应用得非常顺利。直到第 10 个管节，沉管管节安装进入了罕见的深槽区。保障工作在水文条件复杂的港珠澳大桥岛隧工程中是一个不断加深认识的过程。

E10管节以后的改良

E10 管节安装时，水流流速超出了预期，发生了导向装置的滑移，导致横向的对接精度偏差超过 10 cm。所幸设计时预留了更大的偏差，不影响未来隧道的使用，预期的偏差是在 5 cm 以内。

国家海洋环境预报中心的王彰贵总工程师发现，在水深超过 20 m 的基槽中，断面流速变化规律与以前的认知不同，并非表层流速较大，涨潮时的下层流速极大值与落潮时的上层流速极大值接近（图 5），就

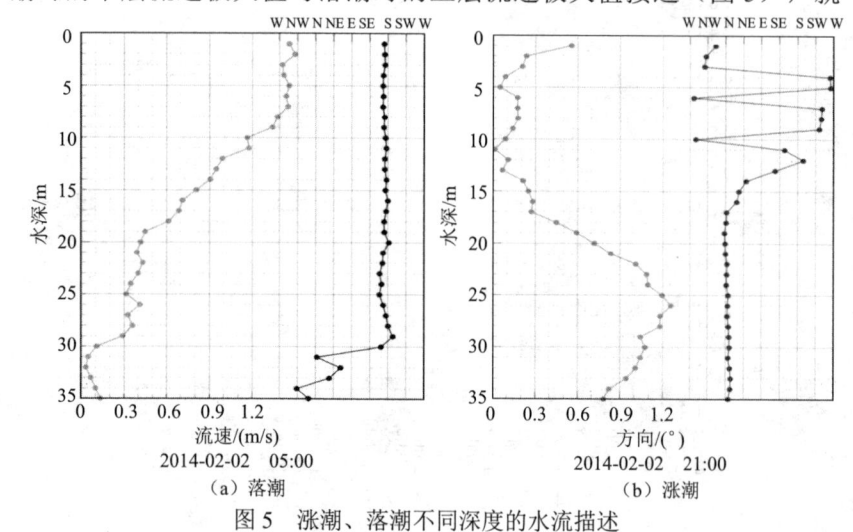

流速/(m/s)
2014-02-02 05:00
(a) 落潮

方向/(°)
2014-02-02 21:00
(b) 涨潮

图 5 涨潮、落潮不同深度的水流描述

像齿轮。这种现象有可能对沉管管节安装造成重大影响，使施工装备拉不动、稳不住、停不了，甚至造成价值上亿的沉管管节的碰损。

为了保证沉管管节顺利安装，既要避免表层海流大的时间，还要抓住海底海流最小的时机，为此工程增设了两个子系统。

一是提高深基槽的预报精度，增加临近预报系统。该系统利用安装前的系泊时间段，从沉管管节的安装船的角部及潜水船上测量基槽内收集全断面水流数据。基于实测数据修正原先数值预报的参数，并基于全断面流速在施工计划中选择对接窗口（图6）。

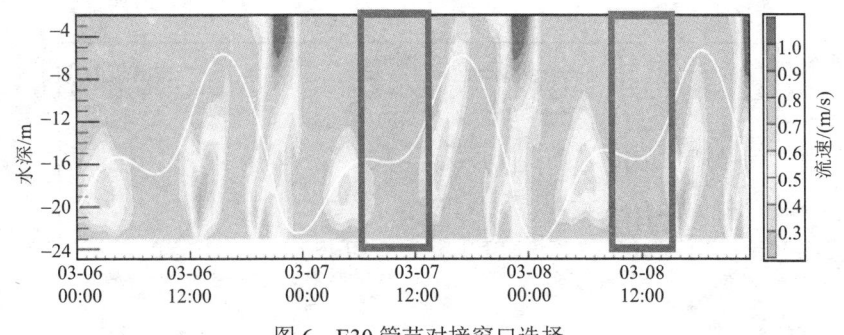

图6　E30管节对接窗口选择

二是通过监控管节沉放和对接作业时的运动姿态，以了解基槽内的水流情况。方法是在管节内安装加速度仪。通过测量6个自由度的加速度来实时地计算管节的速度和位移，并将结果显示在安装船的指挥室中（图7）。施工过程中，两种截然不同的措施可相互验证。

图7　管节运动姿态实时监测显示

E15管节以后的改良

E15 管节的安装曾因泥沙淤积问题两次返航。

预报中心基于保障系统已有的水流、波浪预报模式，增设了泥沙模块，来预报管节安装所关注位置的泥沙情况。因为基床表面的泥沙也可能来源于边坡累积的淤积物的滑塌，所以回淤预报和监测的区域包括隧道的基床与边坡，此处以 E25 管节为例（图 8）。对于预报内容，包括

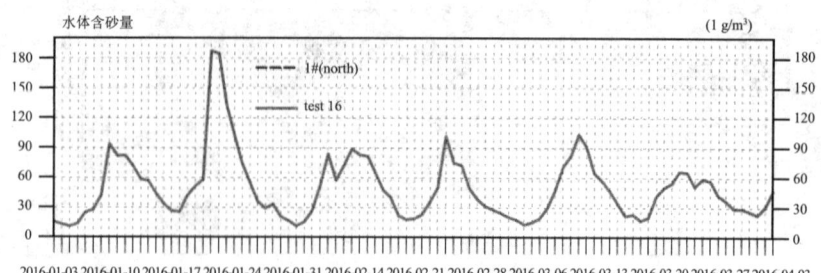

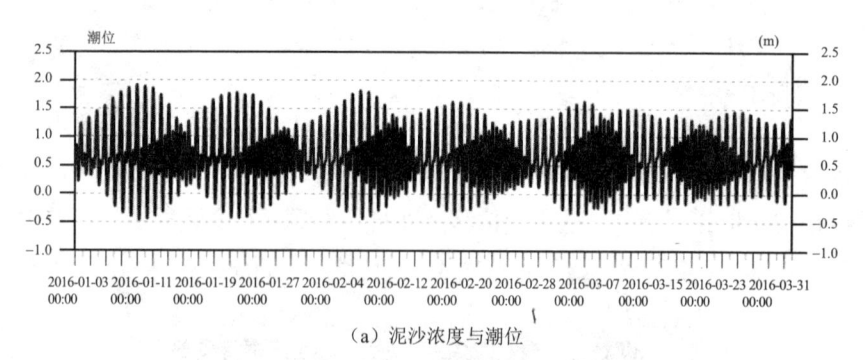

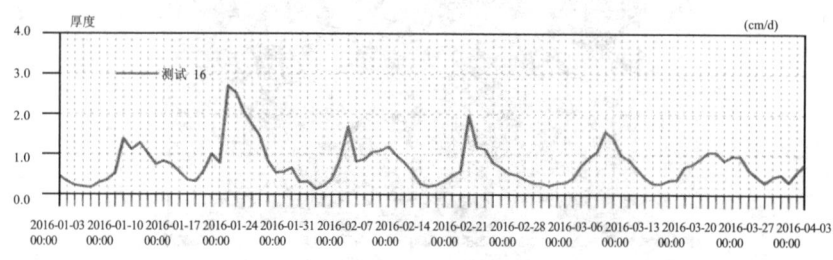

（a）泥沙浓度与潮位

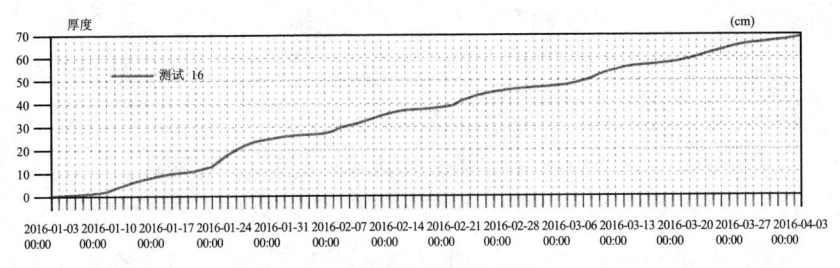

(b）单点淤积强度与累积厚度

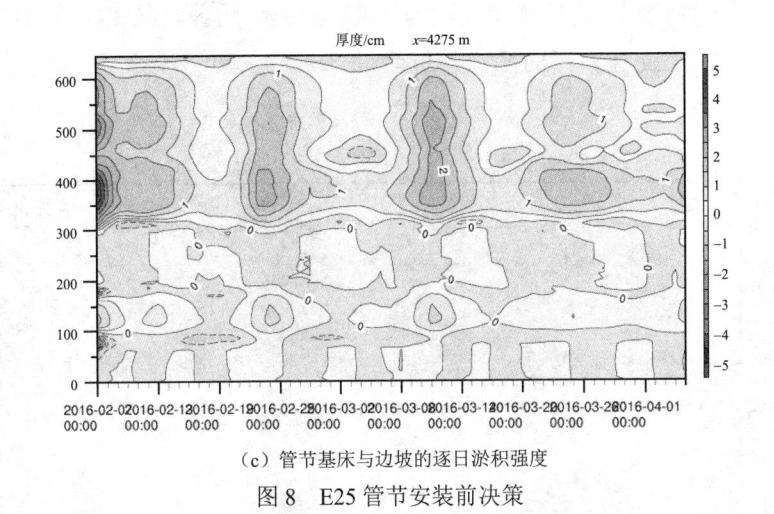

(c）管节基床与边坡的逐日淤积强度

图 8　E25 管节安装前决策

淤积强度（即每日累积的泥沙厚度）及相关的泥沙浓度（即每立方米水体中的泥沙质量）。为确保预报的精确性，将淤积强度与水下泥沙收集盒的读数进行比较，同时将泥沙浓度与浊度计读数和现场取样的测量值进行比较。

E20管节以后的改良

2015 年 8 月 24 日上午，正在进行 E20 管节的沉放作业，东北方向出现一组异常的波浪。该波浪造成施工船舶与管节的大幅振动，给安装工作带来极大风险。该波浪周期长，超过 6 s，目测波高接近 2 m，持续时间在 3～10 min，远超出窗口条件，且仅出现在隧道北侧。

该波浪属于海洋当前异常现象，无法建立数值预报。之前已建立了可提前 15 min 得到异常波即将到来的警报预警系统。

在隧道基槽北侧 1.5 km、5 km、7 km 的位置分别布设波潮仪，基于该波浪周期突变、波高突变的特征，对波浪进行每秒 2 次的高频监测，并将数据传输至管节安装船上的指挥室的计算机进行识别（图 9）。计算机每分钟识别一次，如果发现异常波，就发出预警。预警提前的时间对应离异常波监测点的距离，并取决于波速，约在异常波到达管节 15 min、10 min 与 3 min 前分别预警一次。

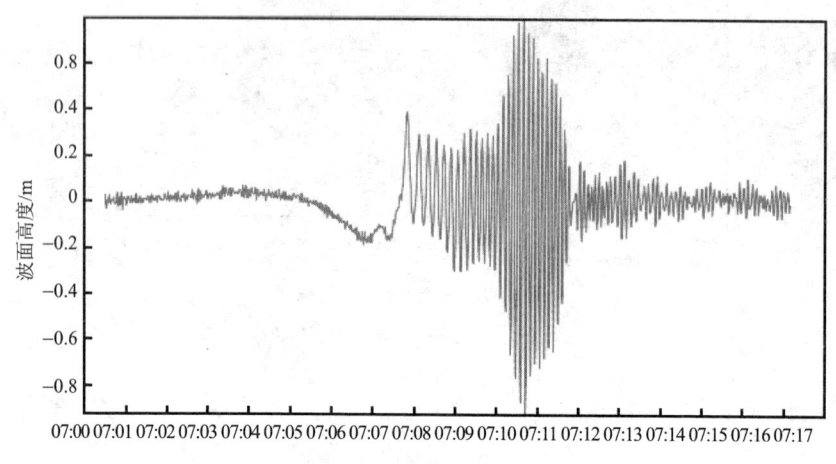

图 9　异常波波高时程记录

几个特殊案例：E11管节、E13管节、E33管节、最终接头

2014 年台风频发，E11 管节安装前，我们在两个台风"威马逊"和"麦得姆"之间找到了一个仅 5 d 的窗口期，并抓住了这个机会。

E13 管节出坞之前，确定 2014 年 9 月的台风"海鸥"不会对施工造成重大影响，并准确分析紧跟其后的台风"凤凰"的发展趋势，再次抓住了两个台风之间的窗口期，见缝插针地进行了 E13 管节的安装。

E33 管节位于东人工岛岛头区，施工水域狭窄，施工周期长。2016 年的 19 号台风"艾利"在南海活动，保障系统于 7 月 4 日提前 3 d 正确预报出 10 月 7~8 日的天气条件以满足管节施工要求，确保了 E33 管节的按期施工（图 10）。

2017 年最终接头的安装，受到龙口放大效应和超大浮吊振华 30 的挑流效应的影响。在安装前的 1 年，工程就对最终接头的位置的流速进行了流场数值模拟和受力分析，从而保障了最终接头的成功安装。

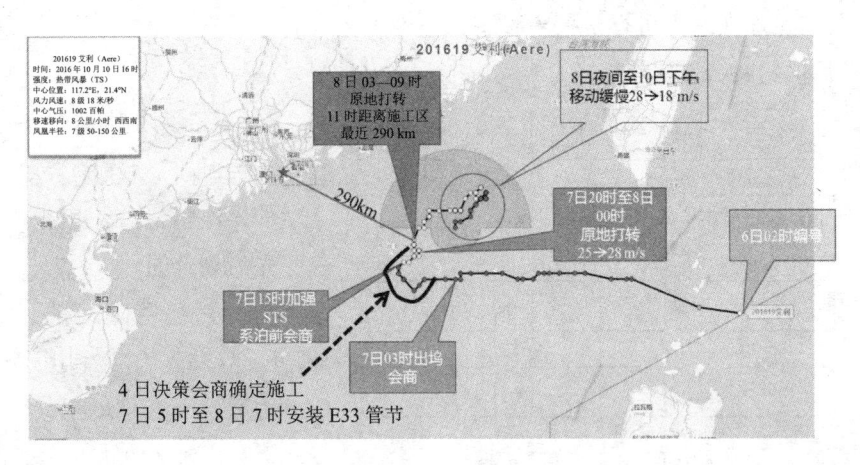

图 10　台风路径

舾 装

沉管隧道在岸上分段预制完成后，还需要通过运输、沉放、对接等几道工序在水下进行拼接。舾装就是为了安装的可行和顺畅而在管节上设置必要的辅助设施。

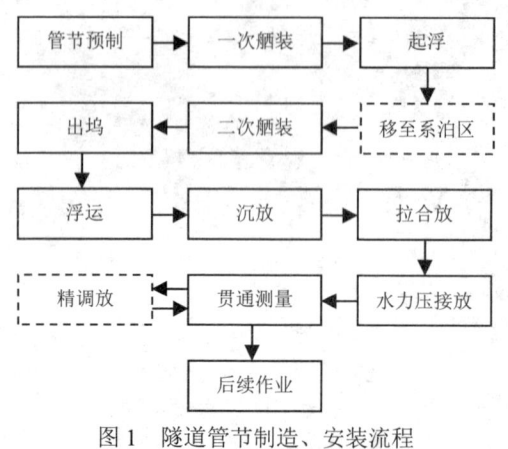

舾装工作通常被分为管节起浮前的一次舾装和之后的二次舾装。这是按照工序先后划分的。

前文《沉管隧道的设计》已述，沉管隧道利用水的浮力运输、利用水的重力下沉、利用水的推力连接。如果按照用途来划分，舾装可被分为以下工序。

图 1 隧道管节制造、安装流程

①止水。需要端封门，以及临时或永久的 GINA 止水带。

②操控。管节在起浮、绞移、出坞、浮运、沉放、对接、拉合这些安装阶段其姿态需受控，所以需要设置系缆柱、导缆器、吊点，以便能与安装船、岸上的绞车或拖轮连接。

③定位与线形。管节外通常需要测量塔、管顶测量仪器的支架等仪器。管节内需要预埋测量点。此内容将在《线形管理》中进行详述。

④压重。需要压载水系统。有时需要管顶干舷调节混凝土，甚至管

内干舷调节混凝土，前者可兼作防护。

　　管节沉放时的操控方式会影响管节顶部的舾装布置，应根据工程条件设置。两种常用的沉放方式见图2：①浮筒+安装塔法（pontoon-tower method）较常见，通常缆索的操控绞车和测量系统都在安装塔上，因此估计安装塔需要一定的刚度来满足操控的需求。并且，在管节安装前需要在上面放置浮筒，提供管节沉放时的浮力。②安装船法（catamaran method）的缆索操控绞车在安装船上，安装船也提供管节沉放时的浮力。

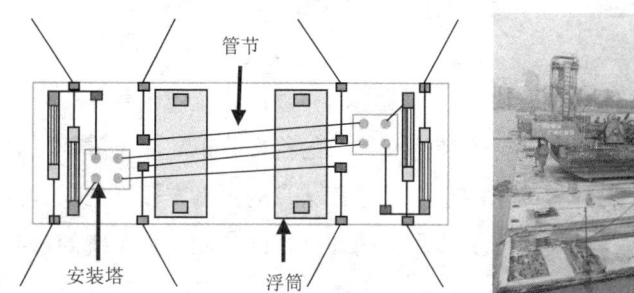

（a）浮筒+安装塔法：洲头咀沉管隧道考察记录（系泊缆未示）

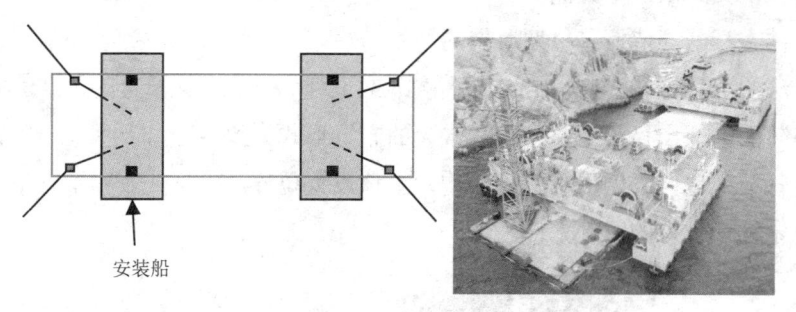

（b）安装船法：博斯普鲁斯马尔马雷接线沉管隧道及港珠澳大桥沉管隧道等使用（系泊缆未示）

图2　两种沉放方式的布置

压载水系统

总体布置

压载水系统总体布置取决于：①横断面布置；②所需压载量；③压载的位置越靠近管节的两端，安装期间管节的稳性就越高；④降低临时工况的纵向弯矩，局部压载水的重心设置在吊点的正下方较好；⑤管内物资运输的便利性；⑥隧道内贯通测量的通视性；⑦压载水系统的水泵与水管、电线及信号线的连接。

下文给出三个案例。

土耳其的博斯普鲁斯海峡的马尔马雷接线沉管隧道，拥有当前水深最深的沉管管节。长约 135 m、宽 15.3 m、高 8.6 m。管节重约 18 000 t，横断面是两个行车孔。水箱和水管的布置形式大致见图 1。水箱一侧借助管节外墙，一侧用临时钢结构，上部设置拉杆。可见其兼顾了管节的稳定性和管内的通行方便。

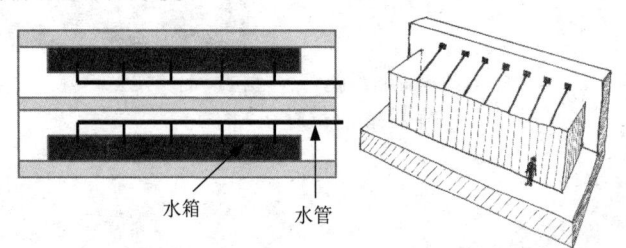

图 1 马尔马雷接线沉管隧道的水箱和水管的布置形式

日本东京湾临海公路隧道管节长 135 m、宽 32 m、高 10 m，单个管节重量约为 40 000 t。其横断面形式是两个行车孔+两个服务廊道（图 2）。压载水箱布置在两侧的服务廊道中，因而水箱侧壁完全借助已有管节墙体结构。水箱间用钢挡墙隔开。两条主水管及压载水泵置于行车通道内。

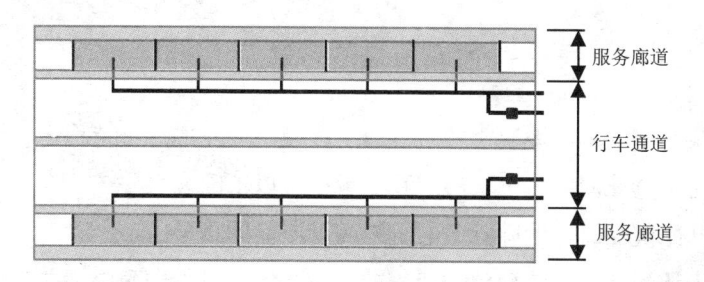

图 2　日本东京湾临海公路隧道管节横断面形式

港珠澳大桥沉管隧道典型管节长度 180 m、宽 37.95 m、高 11.4 m，单个管节重量约为 78 000 t。横断面形式是两个行车孔+一个服务廊道。压载水箱布置在两侧的行车通道中，也利用了沉管管节主体结构的侧壁作为水箱的侧壁（图 3）。主供水管只有一条，不同于上述日本东京湾临

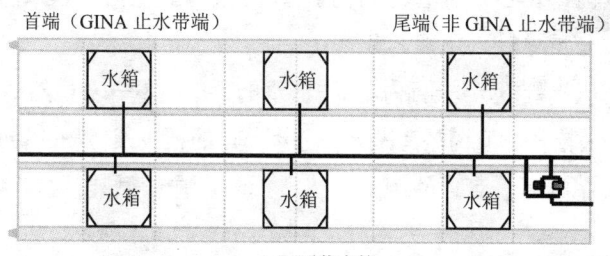

(a) 压载水箱

(b) 水泵

图 3　港珠澳大桥沉管隧道管节的压载水管和水泵

海公路隧道的两条,这样压载系统失灵的风险得以降低。水泵置于管节尾端,从而便于管内的供电电缆和信号线通过管节尾端的端封门的水下接头穿出,不会影响管节的对接作业。

水箱所需的容量

压载水箱的容积取决于管节沉放阶段及沉放完成后维持稳定所需的重量,对于港珠澳大桥沉管隧道我们考虑了以下因素:

①开始沉放时,消除管节的干舷高度所需的重量;

②为达到 1%~2%负浮力所需的重量(实际操作的负浮力并未按此控制);

③沉放过程中,克服表层和底层水密度差异所需的重量;

④调整管节的纵向坡度对水箱一侧的水位增高的影响;

⑤沉放过程中,水箱里的水晃荡对水箱高度的影响;

⑥沉放完成后,为维持管节的稳定性,额外增加的重量;

⑦沉放前,由于水管管件的构造,压载水箱里存在难以排出的残留水,将这部分重量计入水箱容积之中;

⑧水力压接阶段,结合腔排出去的水的补偿重量——虽然结合腔的水能直接排入水箱内,但仍需考虑该部分水重量的损失或体积的转移;

⑨沉放完成后,管顶的舾装件将被拆除,补偿舾装件被拆除部分的重量。

上述因素构成 2 个工况:一是沉放工况,等于①+②+③+④+⑤+⑦;二是沉放之后的维持稳定性的工况,等于①+③+④+⑥+⑦+⑧+⑨。在港珠澳大桥沉管隧道控制工况属于后者,决定了所需的压载水的重量,也就决定了水箱的容积。

港珠澳大桥沉管的压载水系统的三种运行模式

考虑系统的冗余,有两种进水模式。工程设置了两台水泵,一台使用，一台备用。考虑管节的重新起浮，还设置了排水模式。通过管道上阀门的开启和关闭来完成模式间的转换（图4）。

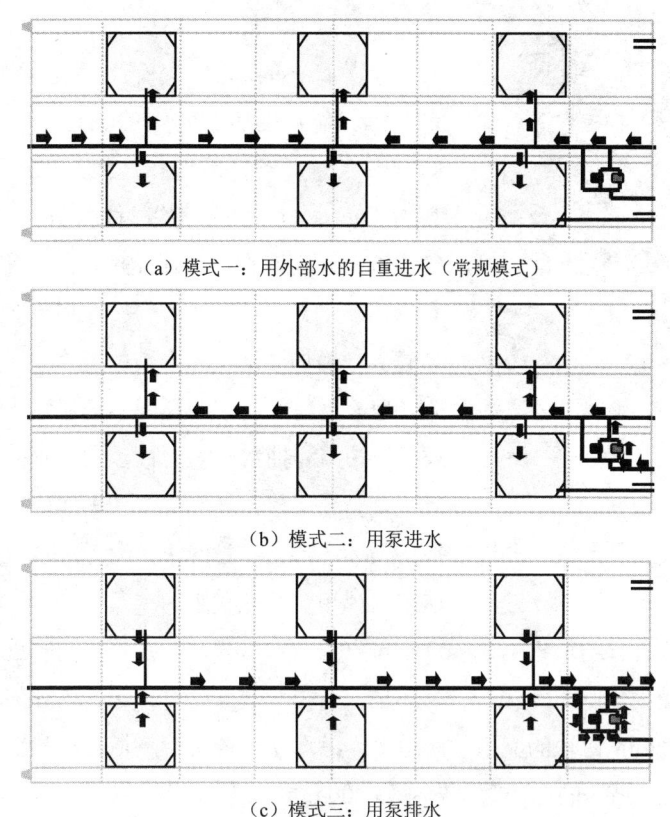

（a）模式一：用外部水的自重进水（常规模式）

（b）模式二：用泵进水

（c）模式三：用泵排水

图4　压载水系统的三种运行模式

水　　管

水管的布置在前文总体布置中已经有讨论。这里讨论港珠澳大桥沉管隧道设置水管时考虑的四个细节。

主水管和支水管的具体位置，由人员和物资运输的方便性来决定。主水管偏向一侧，从而留出中管廊的通行空间。支水管横在人员必经的路上，所以支水管的高度应便于腿跨过去，同时有些管内作业设施如精调千斤顶可以从其下方通过（图5）。

有关管径的选择。决定因素是：①管径决定了沉放作业的压载时间的长短，进而可能影响天气窗口条件的选择。但是也可以边压载边进行系泊作业，所以只在管径小到了一定程度时才有影响；②管径越大，水管、阀门和阀门驱动器（若使用）的尺寸和单件的重量就越大，增加了运输和安装的难度；③管径越大，越需要更大功率的阀门驱动器和压载水泵来开闭阀门和抽水；④管径越大，阀门关闭瞬间导致水管强烈震动的水锤效应就会越明显，其产生的冲击作用可能引起管线的破裂甚至阀门和固定件的损坏；⑤支水管的管径应考虑总流量的分配，并与主水管的相匹配，通常选择相对管径较小的水管；例如，韩国釜山—巨济沉管隧道采用了400 mm内径的主水管，可在两侧同时进水，支水管内径为200~250 mm；日本的沉管隧道多采用200 mm内径的主水管搭配150 mm内径的支水管。综上，港珠澳大桥沉管隧道工程最终选用了内径为250 mm的主水管、内径为200 mm的支水管。

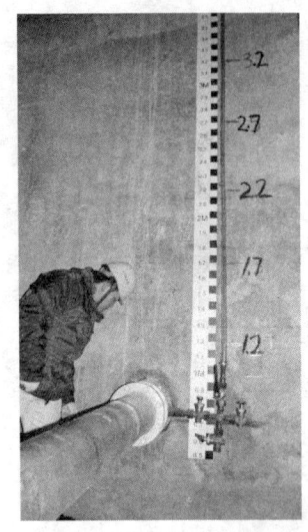

图5 水管安装位置

连接方式及分段长度。管节数量较多时可以考虑构件的周转，即水管在已沉放的管节内使用完毕后，拆卸下来用于后续安装的管节。因而采用分段拼装的水管，连接方式多为法兰式或卡箍式（图6）。两种连接方式各有优缺点。法兰式可较好地抵抗阀门关闭瞬间水锤效应的影响，避免管节内部在沉放阶段出现接头部位的漏水。而卡箍式较容易安装，在一次舾装阶段安装时的效率较高。港珠澳大桥沉管隧道的水深大，水锤效应明显，因此选择了更为牢固的法兰式连接。此外，当往水箱内进水时，为了防止水流力作用于水箱底的反力对支水管的结构造成破坏，在支管出水口的下方焊接一块钢板，与支水管连接。分段长度取决于方便拆卸、转运和再安装。

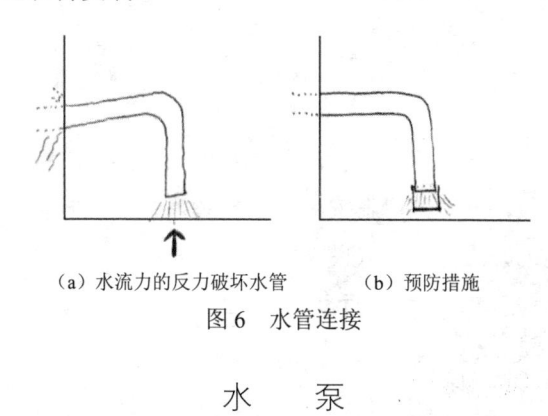

(a) 水流力的反力破坏水管　　(b) 预防措施
图 6　水管连接

水　泵

选择水泵应特别注意以下几个问题。

可靠性。管节沉放作业决定工程的成败。在沉放时，如果水泵失效，则意味着管节的负浮力无法被控制，产生的后果将不堪设想。尤其对于深水沉放的管节，发生故障时甚至无法将维修人员送入管内进行检查和维修。因而选用高质量、高可靠度的水泵是管节沉放顺利进行的必备条件之一。港珠澳大桥沉管隧道设置了备用水泵。

扬程（lift）。扬程取决于沉放现场的水位与管节水箱内的水位的高差，以及被抽出的水通过压载水管时的水头损失。控制工况可以是管节已沉放至接近基槽底部时，为了重新将管节拉起来或为了减轻管节着床的负浮力，需要排出压载水箱内的水。然而对于长沉管隧道还有一种使用情况，此情况发生在拆除水箱之前，当且仅当从两端的洞口排出水箱中的水不如直接从管节的尾端排到海里的时候。这个工况是，在第 $n+2$ 个管节安装完成以后，拆除第 n 个管节内的水箱，从第 $n+2$ 个管节的尾端将第 n 个管节内的压载水排出（对于离洞口近的管节当然也可用其他方式排水，如用泵车）。因此，需确定水泵扬程时，应在第一个工况的前提下再加经过 2 个管节长度的水头损失。

流量。流量的大小决定了抽水时间的长短，因而需要核定流量是否满足施工计划的时间要求。

阀门和阀门驱动器

在主水管、分支水管和连接压载水泵的管路上设置蝶阀。通过装在阀门上的驱动器，该蝶阀可在安装船的指挥室内的计算机上进行远程遥控，实现阀门的开启和关闭（图7）。

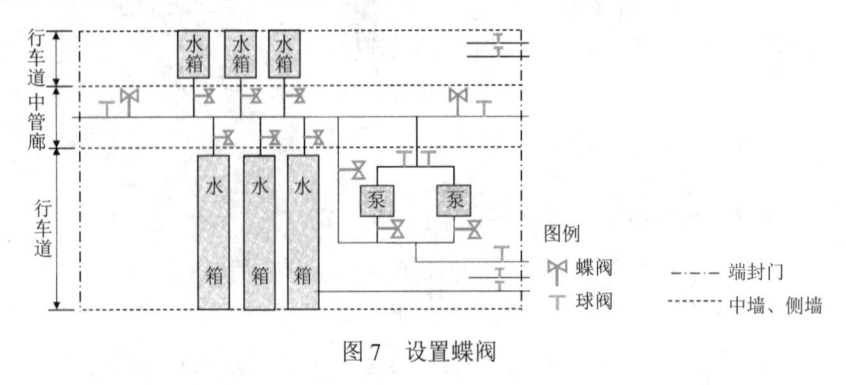

图7 设置蝶阀

除了高度可靠，驱动器的选择应特别注意一点：系统故障时，它可自动将阀门关闭。沉管管节沉放期间，当电缆或通信缆由于某种原因断开，或发生无法对阀门驱动器供电或下指令的情况时，如果阀门仍处于打开的状态，则等同于沉管管节出现了一个漏洞，海水将灌入管节的内部。因此，为避免风险，阀门驱动器的通信或供电被中断时必须能够关闭阀门。土耳其博斯普鲁斯海峡马尔马雷接线沉管隧道的解决方案是选用内置弹簧的阀门驱动器，当供电中断时，弹簧将自动复位关闭阀门；当通信异常，无法远程操控关闭阀门时，则可以人为中断对驱动器的供电，进而将阀门关闭。

其 他 设 施

直尺、水位管、液位传感器和摄像机等。为了掌握每个水箱内实际的水的方量,在分支水管上安装透明管并标记水位刻度,以便于从通行的中管廊进行读数。此外,在沉放期间,人员无法进入管节内,解决办法是在水箱底部安装液位传感器。根据压力值可换算水位高度,进而计算压载水的方量。考虑管节沉放时可能出现纵倾的姿态,水箱内的水位并非总是水平的,因而将液位传感器安装在水箱的纵向的中间部位,测量水箱实际的平均储水高度。并在管内设置若干带云台的可旋转的监视摄像机,读取水位刻度与液位传感器的数据并进行相互比对。摄像机也用于监视管内的漏水(包括水箱和水管等关键部位)和设备的运行情况。

压力表和压力计。为了监视压载泵的工作情况,在泵的两侧可设置压力表。同样,为了检查水管在管节外侧是否由于回淤等原因被堵塞,或是为了判断管节对接拉合阶段 GINA 止水带是否已完全封闭,在管节内部靠近端封门的水管上设置压力表。也可使用压力计,通过信号线将数据传输至管外的指挥室。

辅助设施。管节内部的临时照明、倾斜仪(采用远程操控时可将管节纵倾、横倾值集合至压载水的监视数据中)、控制柜、将管内的电缆与信号缆接至管外的水下密封接头等。此处不赘述。

供电与通信

沉管管节起浮后,除顶面外四周被海水包围,因而管内的供电与通信是必须尽早考虑的问题。对于港珠澳大桥沉管隧道,浅坞区进行一次舾装时将缆线通过管节顶面的人孔接入管内;在二次舾装阶段,沉放安装船与管节连接后,由于浮运及后续工序的供电和控制都在安装船上,将转换缆线连接,从管节尾端的临时钢结构端封门接入。

在沉放期间,由于港珠澳大桥沉管隧道洋流作用及沉放深度较大,缆线在水流力和自重的作用下可能被拉断,或可能发生与管节沉放安装所使用的钢丝缆绞缠的情况。因此,必要时应对缆线进行加强处理,包括附加钢丝网,增强缆线的抗拉能力,或在缆线上悬挂浮体,降低缆线自重产生的拉力。

周 转 使 用

对于有 33 个沉管管节的长隧道，如果每个管节内都独立安装和使用一套压载水结构和设备，显然将花费一笔可观的施工费用。因而压载水系统的周转使用可有效地节省工程费用（图 8）。将周转件分为以下两类。

第一类：对于水箱结构、水管、水管上的阀门和压载水泵，由于体积较大，需要在管节两端的端封门完全封闭前运至管内进行安装，即在一次舾装时端封门完全封闭前就要进行安装。而拆除只能在隧道内的端封门已被部分拆除，具备空间供施工车辆进入时才能进行；拆水箱的排水前还要考虑隧道内压载混凝土的重量置换，保证抗浮。

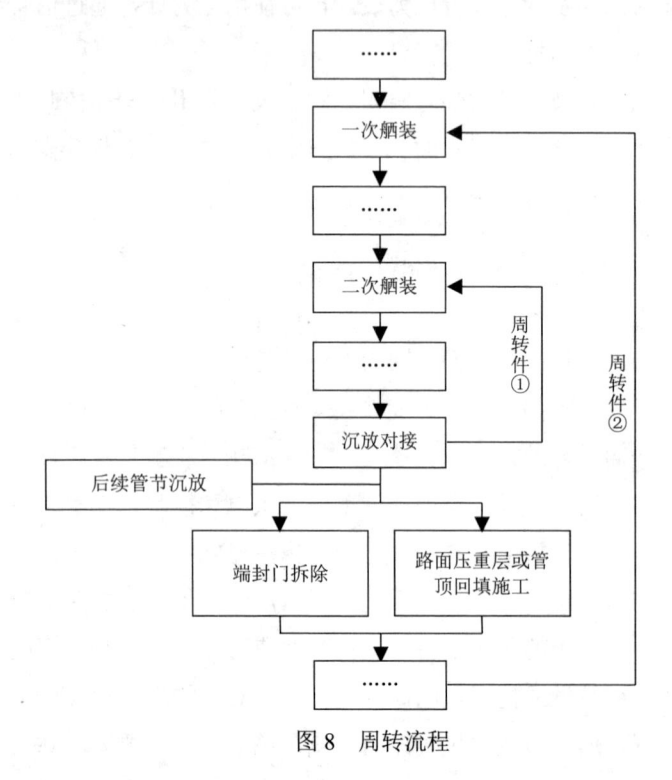

图 8 周转流程

第二类：对于管节内安装的阀门驱动器、控制柜、倾斜仪、压力计、液位传感器和缆线等精密仪器和设备，因为体积较小，重量较轻，人力可搬运，而且仪器费用较贵，所以最好考虑更频繁地周转：以管节为单位当然是最经济的。在二次舾装阶段通过管顶的人孔运输至管节内进行组装；管节沉放后，即拆除并通过端封门上的人孔舱门运出。

综上，第一类周转件尺寸大，受端封门拆除、重量置换和预制场地的端封门安装工序的影响，在港珠澳大桥沉管隧道工程中是以 5～6 个管节为周期进行周转；第二类周转件多是仪器，尺寸小，可通过人孔井和端封门上的小门，不受其他工序的制约，基本可以以一个管节为单位周转。

端 封 门

从已有两种形式中受启发，开发了第三种端封门形式

沉管隧道的端封门是管节安装时用来止水的临时构件，如果建造一座（群）沉管隧道所需的管节数量较少，则一个管节对应一套端封门（一对一）；类似地，如果管节在干坞内仅一批次预制，如日本 Ohio 干坞一次预制 11 个管节来建设一条 1 km 长的沉管隧道，所有管节在起浮前都必须配备端封门，这种情况也是一对一。对于其他情况，为了可持续发展或工程的经济性需要，应考虑端封门的反复使用（周转），即管节在水下安装完成以后，从隧道内拆除端封门，转运至沉管管节预制场，装在下一批的管节上（图1）。

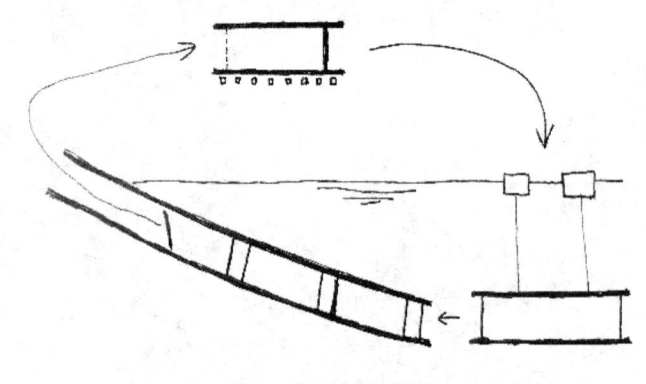

图1 端封门的周转

对于不周转的端封门，其主体结构形式可采用混凝土结构或焊接式

钢结构。前者的案例很多。后者的案例包括所有 20 世纪 80 年代以后日本建设的沉管隧道及当今水深第一的土耳其博斯普鲁斯海峡马尔马雷接线沉管隧道。不论哪种形式，止水作用的实现都需要同时满足水密性与抗力这两个要求。水密性要求是针对端封门与管节接触部位；如果因施工可行性，端封门本身需要分块进行预制、运输与安装，则块与块的接触部位也要满足水密性要求。抗力指的是端封门结构自身及其与管节连接部位需要具备足够的刚度与强度来抵抗水压力。对于焊接式钢端封门，焊缝起到的作用是将端封门上的水压力传递至管节。

厄勒海峡沉管隧道的端封门考虑了周转，而 E13 管节事故，是因端封门失效引起的。西区隧道的端封门通过拆除后重置可周转一次。釜山—巨济沉管隧道采用拼装式端封门实现了多次利用，其止水通过受拉结构压紧橡胶实现。釜山—巨济沉管隧道端封门的止水概念见图 2。

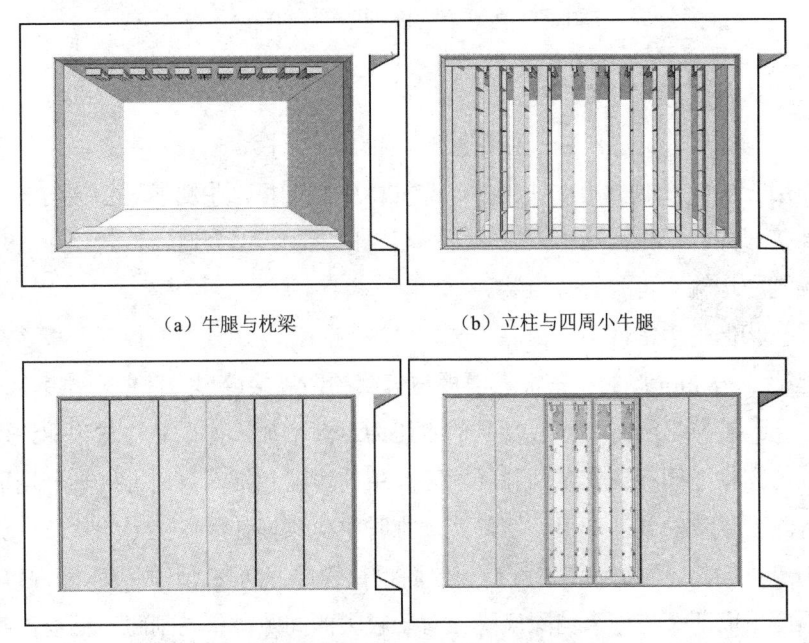

（a）牛腿与枕梁　　（b）立柱与四周小牛腿

（c）面板；面板背面贴有橡胶　　（d）拉杆连接立柱与面板，压紧橡胶；实现每块面板的水密

图 2　釜山—巨济沉管隧道端封门的止水概念

受到拼装式端封门与焊接式钢端封门两种截然不同的理念的启发，港珠澳大桥岛隧工程开发了拼装+焊接的端封门（图3）。

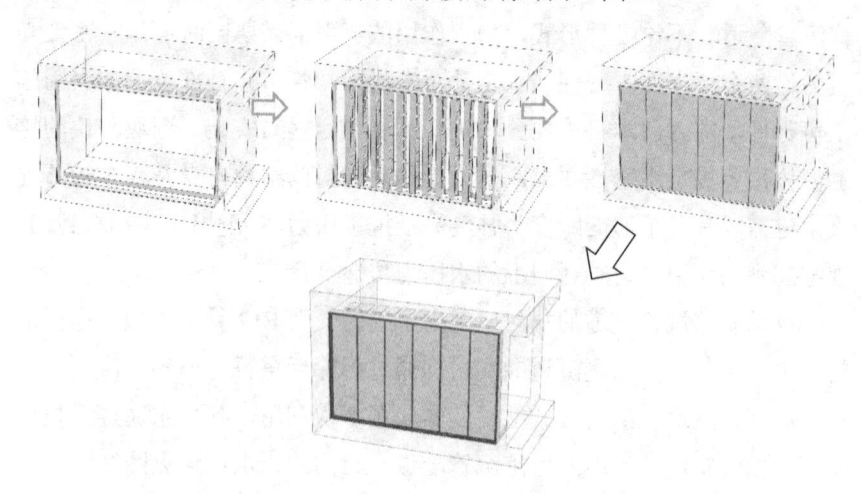

图3 港珠澳大桥岛隧工程的理念

这种新形式的要点是：

①端封门的主结构类似拼装式，仍然是面板、立柱和牛腿。水压力作用于面板，面板由立柱支撑，立柱由牛腿支撑，牛腿通过栓接与管节连接。并且，根据施工设施（如吊车）的能力，必要时，端封门可分块预制与运输，再与管节组装。

②但是水密性不再依靠拼装式的橡胶，而是通过在面板与面板之间焊接5~8 mm厚的板条，在面板与管廊的四周接缝焊接薄壁圆弧钢板。

③管节下沉时，面板受到的水压力逐渐增加，如果立柱与牛腿、面板与立柱之间存在安装间隙（间隙产生的可能包括端封门为周转利用而拆除时导致的额外变形、钢筋笼顶推时牛腿预埋件因惯性力的移位、施工定位偏差、预制偏差）就会导致面板往管内方向移动，撕裂水密焊缝。因此采取两个措施来消除风险：对于较大的间隙，垫高刚度的钢板；对面板与立柱、立柱与牛腿分别设置钢棒预拉，直到获得满意的预拉力来消除微小间隙。

此外，圆弧钢板发生 2 cm 位移时都能保证水密性，见图 4。

图 4　试验照片

这种新形式的优势是：

①除了水密焊接用的薄钢板，构件几乎全部可周转。港珠澳大桥岛隧工程的沉管管节端封门周转了 5～6 次。

②安装快、拆除快。因为分块预制，重量可控，搬运、吊装及拆除不需额外设备；承力结构形式采用栓接，比焊接连接耗时短。

③施工简单。因为采用焊接止水，相比橡胶止水对钢结构加工（总体尺寸及表面平整度）、预埋件定位，以及安装的精度要求都不需要很高，从而提高了工效；不需受拉构造来保证橡胶达到足够的水密压缩量。

④水密保障。焊接止水自身可适应较大的变形，且端封门为刚性连接，变形较小。相比橡胶止水而言，消除了因结构变形或平整度不达标而漏水的风险。而对于全装配式端封门，管节沉放以后，如果遇到特殊情况需要将管节重新拉起时，可能存在橡胶压缩后松弛漏水的风险。

值得改进的地方

拉条的设置与装配式的不同。因为拉条的目的仅仅是固定面板，而不是压缩橡胶以求止水，所以拉条的数量可适当减少，甚至取消，用机械式的方式来代替。

要防止水绕过端封门（仅对于混凝土结构的沉管）

E1、E2 管节漏水检查时，发现端封门的底部有进水。现场查找了很久的原因，没有发现端封门自身的渗水点，水究竟是从哪里进来的？最后终于发现了症结，只把端封门自身水密性做好是不够的。端封门最下方的预埋板的背面与混凝土的结合面，也要处理好。因为混凝土在浇筑后一定会收缩，所以钢板与混凝土表面的结合一定存在缝隙。当水压力大时，水就会透过缝隙进来，从而绕过了端封门的阻挡，如图 5 所示。解决的办法是在端封门的内、外两侧注入环氧树脂，一侧注入，直到在另一侧看见浆涌出，就说明将缝隙填补满了。

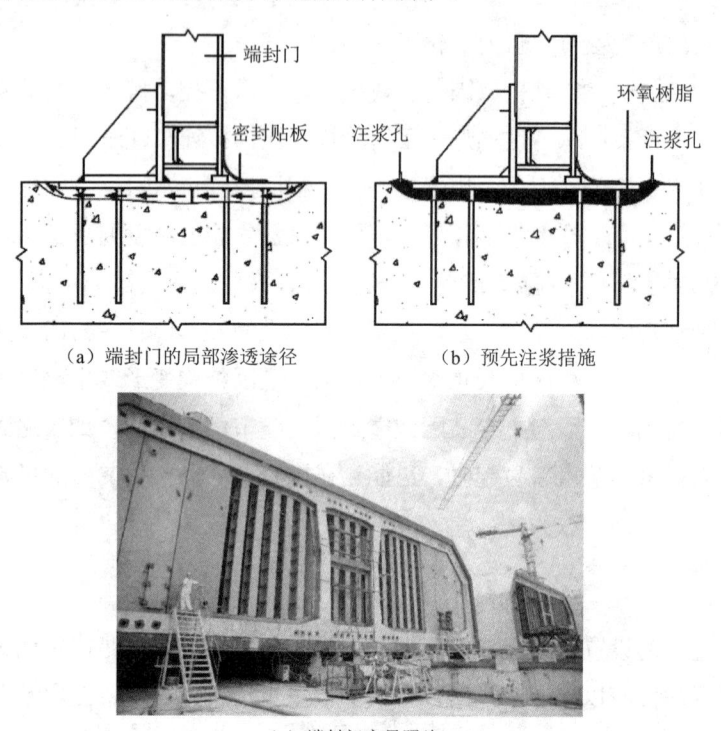

（a）端封门的局部渗透途径　　（b）预先注浆措施

（c）端封门实景照片

图 5　E3 管节安装中的端封门

水密门的开门方向

另外一个问题是端封门上的小门,这个门当然是水密的。如果这个门从两侧都能打开,则没有讨论的必要。如果只能单侧开启,在设计时,就需要仔细考虑究竟从哪一侧开门较方便,以避免开门时的不便利。例如,港珠澳大桥岛隧工程沉管管节从 E1 管节到 E30 管节都是从西往东安装,考虑经济性选择了单开的门。开门方向的变更与思考见图 6。

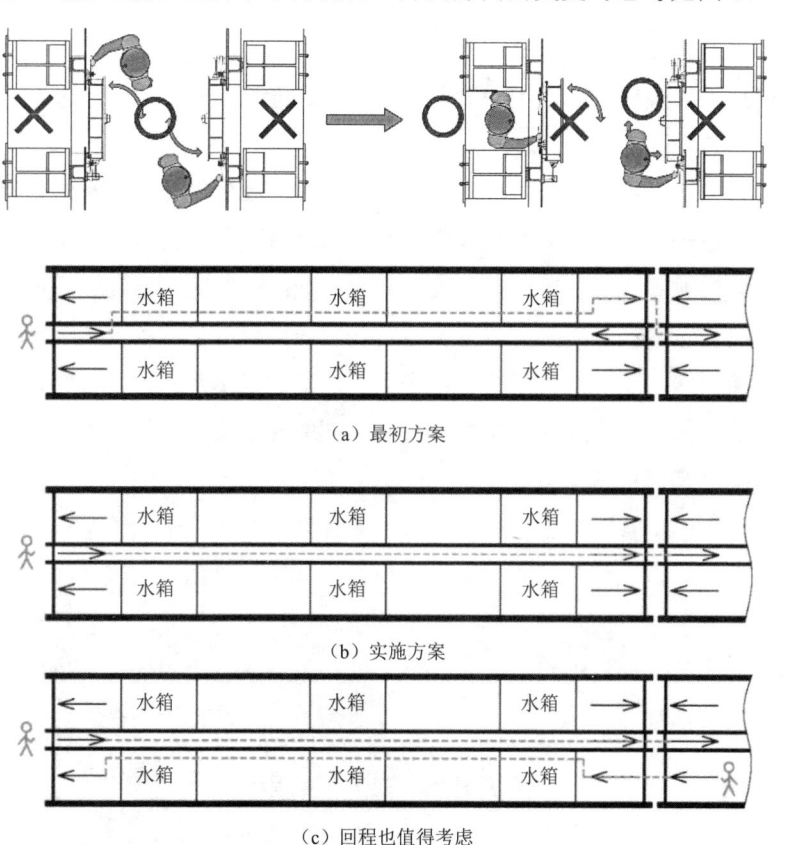

(a) 最初方案

(b) 实施方案

(c) 回程也值得考虑

图 6　开门方向的变更与思考

人 孔 井

人孔井需要吗？

人孔井的基本作用是让人和物资从等于或高于沉管管节顶面高程的入口进去。换句话说，如果没有人孔井，沉管管节起浮后，就没有办法进入管节内了。

为什么要进入管节内？现代的数字化与可视化施工要求在沉管管节里面安置一些设备和仪器。以港珠澳大桥岛隧工程沉管隧道为例，为了用无人沉放系统，在管节内安装压载水系统的阀门驱动器、管内监控摄像机与云台，浮态安装仪器意味着这些仪器以每个管节的安装为单位可以快速周转。这样对控制工程投资有利，节省成本。此外，一些调试工作，比如压载水系统的控制柜，管节内部的倾斜仪，钢封门的应变，节段接头的张开也是浮态进行。

早期的沉管隧道工程师，他们被允许穿着潜水服进入管节内，与沉管管节一同被沉放，用人力来实现仪器的功能。比如用手直接拧阀门操作压载水系统，而不是在阀门上安装驱动器。即便如此，沉管管节在安装前漂浮的时间可能很长，仍然需要留一条进入管内的通道，以便于工程师进行巡视。

长人孔井，短人孔井？

这里长与短的划分依据是沉管管节着床后，人孔井是否露出水面。相应地，短人孔井只在管节下沉之前使用。长人孔井可以在任何时候使用。当然，从安全角度考虑，通常要求在浮运、沉放阶段人孔井处于关闭、水密的状态。

短人孔井可以实现仪器与设备以管节为单位的周转，用于除沉放阶段以外的管节内的人员的巡视。

长人孔井除了实现短人孔井的所有功能外，还有 4 个额外作用：

①管节沉放、着床时，仍然提供从水上进入水下管节内的通道。

②由于人孔井的端部露出水面，可以被当作测量塔使用，放置全站仪的棱镜或 GPS 定位设备。

③管节安装完成后，从人孔井可以向下看，且看到管节内，形成了测量的通视，因此可以用来精确地测量管节的线形（位置）。在港珠澳大桥岛隧工程沉管隧道，这种"投点法"被作为测量的校核方式。

④长人孔井也许能用作灌水试验。

下面举例说明。

2012 年对港珠澳大桥岛隧工程的沉管安装方案攻关。韩国釜山—巨济沉管隧道的安装水深近 50 m。我们从一张考察时的照片推测可能的布置形式（图 1a），管节一端是测量塔、一端是人孔井。人孔井的顶端也许装了定位用的 GPS。但是，对于水浅的区段，如果管节的首尾定位都要用 GPS，则可以设置两个测量塔，再设置一个短人孔井。需要人进去的时候可以把管节拉起来（图 1b）。

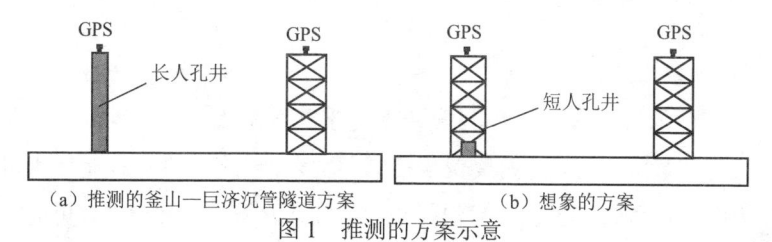

图 1 推测的方案示意
(a) 推测的釜山—巨济沉管隧道方案　　(b) 想象的方案

临时的人孔井置于临时的端封门

沉管管节的内部是封闭的，人孔井的一端进入管节，要从哪里开洞进去？包括港珠澳大桥岛隧工程沉管隧道、厄勒海峡沉管隧道、釜山—巨济沉管隧道在内的大多数沉管工程选择从管顶开洞。主体结构顶板上预留的孔洞只用一个临时的钢盖板封堵，在管节安装完成后，直到用注浆封堵空洞期间，这个部位是工程的一个风险点。因为在隧道顶面回填块石等都有可能砸坏钢板。即便注浆封堵空洞，封堵部位作为永久结构，与周围一次浇筑的混凝土毕竟不同，相对较薄弱。

日本设计的一些沉管隧道的人孔井设置在沉管管节尾端的端封门上，这消除了在沉管顶部的永久结构上开洞的必要。只是管节起浮时的重量平衡的设计会复杂一些，而且，在下一个管节安装前，人孔井需要从水中拆除（图 2）。

(a) 管顶开洞后从隧道内注浆填补　　(b) 马尔马雷接线沉管管节

图 2　人孔井的示例

人孔井的尺寸

人孔井的尺寸取决于在沉管管节起浮以后需从人孔井运输进入管节内的物资的最大尺寸，这些物资包括阀门驱动器与控制柜，控制柜也可以不从人孔井进入，而是在端封门封闭前就放入。但是如此一来，可能需要采购更多的控制柜。比如，放入 E1 管节的控制柜，只能被安装在 E6 管节甚至更后面的管节中。可能的情况是，控制柜无法从已安管节中被取出，它既不能通过人孔井，又不能通过端封门上的水密门，只能等待端封门被部分拆除时才能运出去。而水下的端封门需要保持三道,这是一个原则。

所以,在设备选型时充分考虑设备的尺寸对人孔井尺寸的优化是非常必要的。

随着科技进步,设备尺寸越来越小。未来的人孔井将如其名,以人能进入的需要来确定其尺寸。

休 息 平 台

爬竖直的梯子是很消耗体力的。设计竖向爬梯时需要每隔一段垂向距离设置一个休息平台,供人歇脚。比如每隔 20 m 设置一道。休息平台可以是一块可折叠的板,尺寸大小能歇脚就够。吊物资时收起来,需要休息时用脚踏开(图3)。

图 3　港珠澳大桥岛隧工程人孔井

港珠澳大桥岛隧工程的 E24 管节沉放水深近 50 m;定位由于首端采用无线声呐定位,仅在尾端采用测量塔,塔顶设置 GPS。长人孔井设在尾端测量塔的内部,与测量塔一起分节拼装

线形管理

问 题

与盾构法或钻爆法建设隧道不同,沉管隧道不是在地层里掘进,而是在岸上分段预制,再依次地将每个预制段(管节)运输至隧址,在水下拼装(安装)。所以预制、定位、拼装的方法与管理都会影响线形的结果。而且安装时水作为介质,与空气不同,其能见度差,无法进行光学测量,也无法传递电波。如果管节安装暴露于外海环境,水动力还可能会影响管节定位的精度。再者,当沉管隧道较长,如果不去主动控制线形的误差,误差就会以管节安装为周期而逐渐累积。总之,建设较长的沉管隧道需要回答三个问题:

①怎样让隧道的轴线接近理论的轴线?

②怎样控制沉管隧道的管节之间的错边?错边可能带来隧道内部的净空损失。

③如何控制沉管隧道的龙口的形状?龙口的错边或偏角会导致最终接头无法安装或不便于安装。

本篇旨在回答这三个问题。

港珠澳大桥岛隧工程沉管段安装了 33 个管节与 1 个最终接头,实际平面线形达到的精度结果见图 1。最终接头安装前,龙口的错边与转角见图 2,为最终接头的安装提供了一个理想的条件。

沉管隧道的最终安装结果与线形管理的策略和执行密不可分!

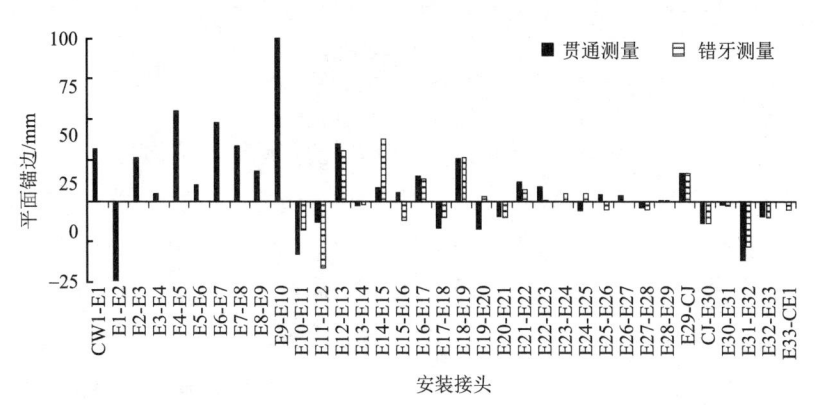

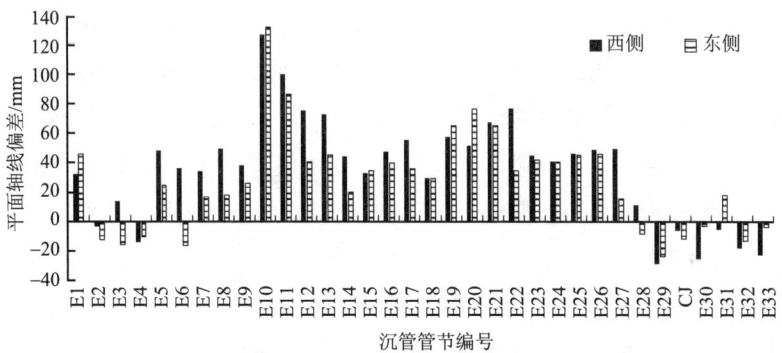

图1 管节与最终接头实际平面线形达到的精度

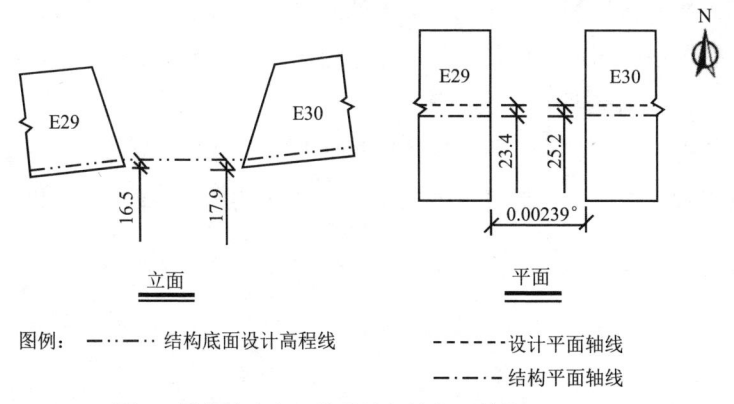

图2 最终接头龙口的错边与转角（单位：mm）

原　　则

从港珠澳大桥岛隧工程的实践中归纳了两点原则，或称策略。

第一，应系统地提高测量的精度与定位的精度。精度的提高不仅需要从测量本身努力，还需要从沉管工法的制定、管节安装装备的制造（改造）、舾装件的设计，以及风险管理这些方面努力。仅从测量本身努力是不可能显著提高测量精度的，这一点容易被忽略。因为，管节预制和拼装在空间上不连续，全方面地、系统地看待问题可以避免测量的系统错误，降低测量的系统误差。港珠澳大桥岛隧工程的沉管管节预制采用工厂法。两条生产线，分别由两个团队承担，而沉管管节的安装由另一个团队承担，三个团队意味着线形管理在组织与管理上不是一个整体。因此，工程组建了中心测量队这样一个特别的机构，负责沉管隧道所有的测量工作，从而将测量的组织一体化，将测量错误或误差过大的风险降至最低；而且，要求中心测量队的技术负责人从项目初期就参与所有工法的讨论、所有工艺与设备的研发，进而将测量的精度尽可能地提高。

第二，使用极简的管控手段。具体是，不为线形调节而改变沉管管节的外轮廓（预制要求与线形管理独立化）；也尽量不在沉管管节对接后对管节进行纠偏，而是基于线形预测在管节对接的过程中使用既有的安装设施主动地调节管节的姿态。

线形管理可分为高程线形管理与平面线形管理，两者相对独立，高程线形管理的问题相对简单，但是一旦出现问题，后果极其严重，下文将首先对其进行讨论。

高程线形管理

（1）为抵消沉降，预先抬高沉管管节的安装高程

预先抬高沉管管节的安装高程（即预抬高），是为了让管节在安装

线形管理   95

与发生沉降后，其实际高程与理论高程基本一致。如果采用后铺法的地基处理安装工艺，管节尾端的高程可在贯通测量后通过竖向千斤顶略微调整，管节首端的高程取决于前一个已安管节的鼻托的高度，是否需要预先抬高取决于地基是否会沉降。如果采用先铺法，预抬高的量值不仅需要考虑瞬时沉降量，还要考虑（地基的）随着时间缓慢发展的沉降量（图3a）。即预抬高量为碎石垫层的预抬高量与整体预抬高量之和；前者用来抵消瞬时沉降，控制相邻管节的竖向错边（图3b、图3c；港珠澳大桥岛隧工程沉管的"组合基床"未示出）；后者用来抵消工后沉降[图3（c、d）]。

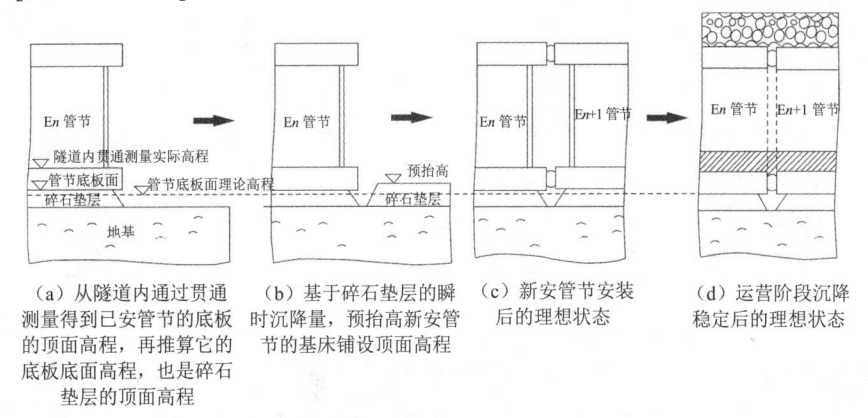

（a）从隧道内通过贯通测量得到已安管节的底板的顶面高程，再推算它的底板底面高程，也是碎石垫层的顶面高程

（b）基于碎石垫层的瞬时沉降量，预抬高新安管节的基床铺设顶面高程

（c）新安管节安装后的理想状态

（d）运营阶段沉降稳定后的理想状态

图3　高程线形管理的机制

安装后的沉管管节的高程难免与目标存在偏差，如果偏差较小，下一个管节的安装目标仍然不变。因为管节接头的设计通常允许一定量的竖向错边，在隧道路面施工也将覆盖竖向错边的影响。如果偏差较大，制定预抬高量的目标时就需要兼顾对竖向错边的控制。

港珠澳大桥岛隧工程沉管的工后沉降假定为50 mm，整体预抬高量的目标就定为50 mm。为了确认预抬高量，对不同地基处理段及碎石垫层，进行大量原位试验与陆上的足尺试验。

需要注意，高程管理的精度与水下碎石垫层的铺设精度直接关联。

港珠澳大桥岛隧工程开发了碎石垫层铺设平台，适用于该项目 50 m 水深的碎石垫层铺设作业，高程精度控制在±50 cm。

（2）控制沉降及回淤的影响

沉降会改变隧道的高程，如果管节的竖向位移尚未被锁定，那么差异沉降会改变管节间的错边量。前面已讨论预抬高可以抵消沉降，但是不规则的或不收敛的沉降是无法通过预抬高来避免的。笔者认为这种沉降发生的原因主要来自地基表层土的扰动与回淤（《沉管隧道的基础》有专门篇幅讨论）。所以线形管理应包括对基础设计方案与实施质量的控制。港珠澳大桥岛隧工程沉管隧道施工期的沉降监测结果表明，绝大多数管节的沉降被控制在 5~6 cm，差异沉降为 1 cm 左右，为线形管理提供了一个较稳定的环境。

此外，回淤会使沉管隧道的沉降规律变复杂（同时还带来安装的风险）。这种工程环境下的沉管安装需要经常做是否清淤的决策。港珠澳大桥岛隧工程沉管隧道有长达 4 km 的一段在近 30 m 深的深槽内安装管节，暴露于较强的回淤环境，基槽内的淤泥累积速度很快。为了降低风险，笔者从设计角度提出了复合基床，以提供一个良好的"基准面"清淤；施工方面工程开发了专用清淤船、整平平台一体化的专用清淤头（可以清淤但又不扰动碎石垫层）、防淤屏；从管理方面采用 GO/NO GO 决策及回淤预警与预报系统来减少沉管坐落在夹杂淤泥的基床上的可能性。通过以上这些综合方式的应用使回淤的影响与风险最小化。

（3）端钢壳竖向角与碎石垫层坡度的匹配

必须强调，对于先铺法施工的沉管，一个致命且隐蔽的问题是每个管节基床的纵坡与管节预制端面俯仰角度的匹配，如图 4 所示。如果不匹配，管节的安装一定会失败。在港珠澳大桥岛隧工程中，碎石垫层水下铺设的坡度决定了沉管管节安装后的纵坡，而管节两个端面的俯仰角度在预制场已被确定，对这个致命环节，笔者制定了"检查三遍"的管理流程来保证不出错：设计者负责比较设计数据与实际数据的差异，同时比较实测碎石垫层的纵坡与管节端面俯仰角的匹配性；中心测量队与沉管安装的团队也分别"背对背"地核查一遍。

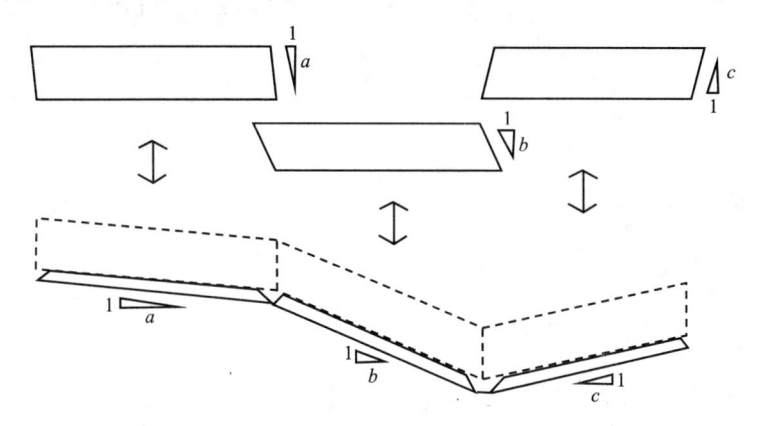

图 4 管节基床的纵坡与管节预制端面俯仰角度的匹配示意

（4）每个管节安装后更新一次信息，并相应调整线形目标

最后需强调，高程（及平面）线形管理的过程是基于每个管节安装后测量信息的更新而动态调整的。每次安装后都需要对下一个管节安装的高程的目标值进行重新定义，从而对下一个管节碎石垫层的铺设的实际高程提出要求——当前流行的建筑信息模型化（BIM）思想与高程管理思想不谋而合。港珠澳大桥岛隧工程的 33 个管节的碎石基床铺设的目标高程与安装完成后的初始贯通测量高程见图 5a。

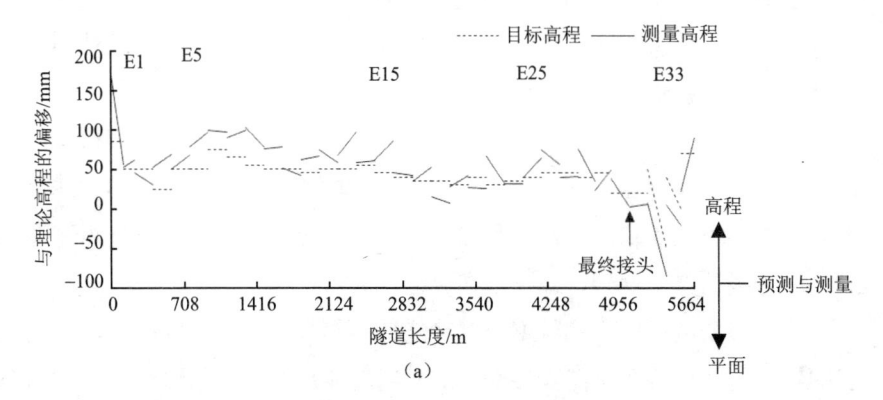

(a)

98　沉　　管

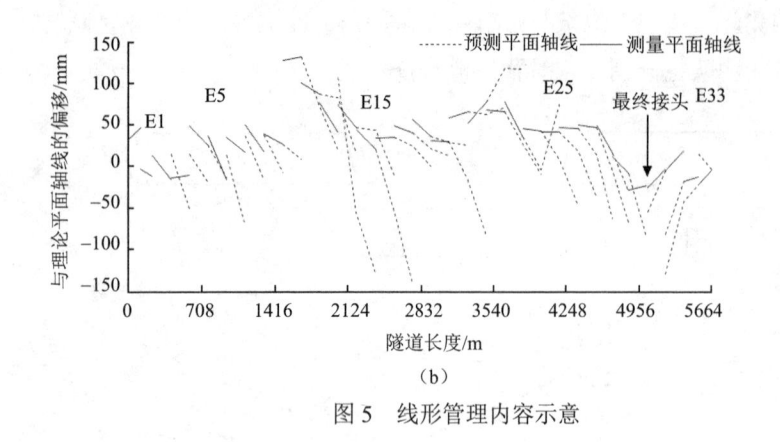

(b)

图 5　线形管理内容示意

平面线形管理

平面线形管理的总流程与高程线形管理的类似，都是由预测、实施、测量反馈与目标调整四个步骤构成，并以单个管节的安装周期为循环。图 5b 反映了这个过程，每次安装完成后管节轴线距离理论位置的偏移量的测量结果是图中的实线，实线尾端紧接着的虚线是对下一个甚至两个管节的安装轴线位置的预测。管理内容如下：

①测量已安管节的实际位置。

②测量已预制的、即将安装的管节的几何特征。

③基于①和②预测已预制的管节安装后的位置，该工作在港珠澳大桥岛隧工程中被称为线形拟合。

④基于③的预测结果的指导，制定下一个安装的管节的纠偏措施。由图 5 可见，刚开始的一些管节试图通过平面错边来调节管节的轴线位置。后来不再依靠错边，而是预测管节尾端的位置，在安装时适当往理论平面轴线的方向偏转，此在后文会详述。

⑤管节安装时的定位精度是沉管隧道工程师水下的一双眼睛，不仅影响纠偏的效果，还可能直接影响沉管隧道线形的偏差与错边。

可见，这个管理过程环环相扣，任何误差都将累积至最终的隧道线形偏差。所以后文的三个小节都是讨论精度的控制及对偏差累积的修正。

隧道线形的测量与平面线形的预测

（1）贯通测量

沉管管节安装之后，从隧道内进行贯通测量。必须将该测量的精度控制得足够高，以反映已安装的隧道部分在水下的实际位置。因为贯通测量的结果不得不被假定为隧道的实际位置。由于港珠澳大桥岛隧工程的海中隧道段长 6.7 km，而单侧行车廊道的宽度仅为 14.55 m，从西人工岛到最终接头的长度约为 4 km，贯通测量网呈长条形状。为了加强该测量网的健壮性，经过测量人员的多轮优化，测量网用"锁网"的布置方式。在锁网中，隧道长度方向每隔 720 m 借用隧道中隔墙上预留的人员逃生孔洞来横向通视，连接两个行车廊道（图6）。

（2）端钢壳测量

隧道轴线的走向取决于每个沉管管节两端端面的平面偏转角度，而且已安管节端面的竖向角度也是关键，所以在沉管管节预制时就需要管理管节两端端面的形状。管节的端面是端钢壳，所以端钢壳的安装精度决定了管节的端面形状，也就基本决定了管节在水下安装以后的线形（用"基本"这个词是因为可以通过对接时的 GINA 止水带的不均匀压缩来略微调整，此在后文详述）。港珠澳大桥岛隧工程沉管隧道一端的端钢壳的环向长度近 100 m，在端钢壳上等间距地布置了 96 个测点，每隔约 0.5 m 布置一个，用于全站仪的测量。因为管节采用工厂法预制，端钢壳的形态在管节生产的流水线上会有所改变，所以需要多次的测量。在港珠澳大桥岛隧工程中，第一次测量是为了端钢壳的放样，而且边测量边调整端钢壳的位置。第二次测量是在管节主体结构的混凝土浇筑完成以后。第三次测量是在管节顶推以后。最后一次测量是预应力张拉以后，管节起浮之前。最后一次测量的同时也是为了后续一次、二次舾装设备的放样，要对整个管节的顶部、内部，以及轴线进行标定来建立相互联系，在港珠澳大桥岛隧工程中被称为建立"管节坐标系"，后文也会谈及。

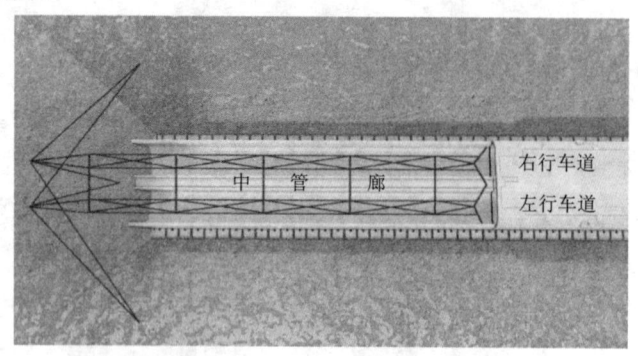

图 6 港珠澳大桥岛隧工程沉管贯通测量"锁网"

（3）线形拟合

将管节平面转角与已安管节的测量数据联系起来，就可预测出预制好的、待安管节在理想对接时的平面偏转的角度与偏移量，如图 7 所示。

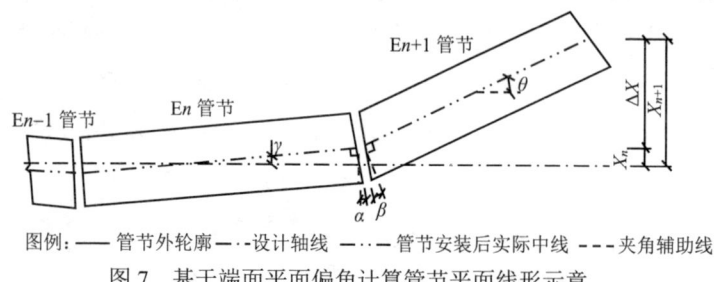

图例：—— 管节外轮廓 — · — 设计轴线 — · · — 管节安装后实际中线 — — — 夹角辅助线
图 7 基于端面平面偏角计算管节平面线形示意

根据图 7，假定 GINA 止水带均匀压缩，En+1 管节对接后，En+1 管节的平面轴线偏角与尾端轴线偏差分别为

$$\theta = \alpha - \beta + \gamma \tag{1}$$

$$X_{n+1} = X_n + \Delta X = X_n + L \times \sin\theta \tag{2}$$

式中，α 为 En 管节尾端的实际平面与理论平面夹角，逆时针方向为正；

β 为 En+1 管节首端的实际平面与理论平面夹角，逆时针方向为正；γ 为 En 管节实际轴线与设计轴线的平面夹角，逆时针方向为正；L 为 En+1 管节平面投影长度。

管节与管节之间还有一道柔性的 GINA 止水带，GINA 止水带允许一定量的不均匀压缩，使得管节在接头部位可以适应一定量的平面转角，进而管节的轴线方向角及管节的非对接端或自由端可以通过控制 GINA 止水带的不均匀压缩量而进行一定程度的调节。

沉管管节平面线形的纠偏

上一节的管理目标是为了线形预测的准确性。基于准确的预测结果，本节讨论线形调节。调节工作也被称为"纠偏"（下文用该名称）或"方向调节"。以往的沉管管节纠偏方法可以归纳为两类，第一类是在管节预制时就调整管节端面的形状，或者在管节舾装时或安装前调节导向装置；第二类是在管节对接以后，进入新安管节内，根据实时的贯通测量的结果，调节新安管节尾端的方向。

港珠澳大桥岛隧工程沉管隧道的所有管节都按照设计的理论形状来进行预制，因而不进行第一类纠偏。E4、E5 管节安装后根据贯通测量的结果进行了管内的纠偏，花了 3 d 的时间。纠偏的过程中需要降低管节底部的摩擦力，所以管节的上方仍然需要连接安装船，以提供吊力，安装船在海上长时间系泊的风险较大。

为此，在 33 个管节安装的实践中有了第三类纠偏方法，只在沉管管节安装的拉合阶段中利用管节尾端的缆绳的拉力进行纠偏。笔者在 E5 管节以后安装的 27 个管节均采用了这个方法并在现场指挥，结果均达到了线形管理的目标，从而再也没有使用前两类纠偏方法。可见，这是一种极简的纠偏理念。

下文将依次讨论沉管工程已有的三类四种纠偏方法。

(1) 通过端钢壳的平面方向角纠偏

图 8a 的端钢壳便于调节管节端部的方向。但是前文已述港珠澳大桥岛隧工程执行的理念是不改变端钢壳的角度，管节的预制就按照理论的设计形状来做。工程采用图 8b 的一次成型构造（厄勒海峡沉管隧道据说也是采用该构造），不仅提高了工效，还避免了端钢壳预制复杂化而带来的额外的线形风险。

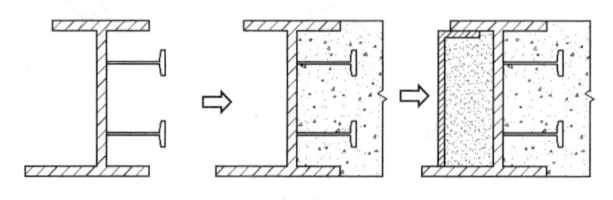

(a) 二次成型端钢壳：端部的钢壳与主体混凝土连接以后，根据线形预测情况，还可以通过焊接二次端钢壳并在背后注浆来调节管节端部的平面方向角

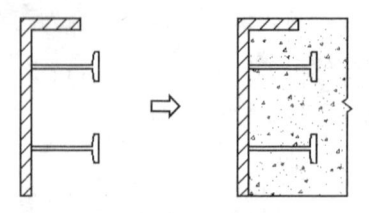

(b) 一次成型端钢壳：无法进行第二次调节，但是工效相对较高

图 8 两种端钢壳

(2) 通过导向装置纠偏

通过导向装置纠偏也属于第一类纠偏。导向装置的安装位置决定了沉管隧道管节之间的平面错边。对于长隧道，建议是尽量不利用横向错边来调节隧道的线形。因为对横向错边的利用意味着对施工横向错边允许容差的缩减。而且，即便利用了横向错边，如果管节轴线的平面角度或隧道的总体走向没有被纠正，错边对隧道线形的长远影响微小，平面线形仍然会朝着远离理论设计轴线的方向发展。所以关键问题仍然是改变新安管节的平面方向角。

图 9 为港珠澳大桥岛隧工程沉管隧道使用的导向托架，该装置安装

在管节的非对接端，另一端即管节的对接端安装导向杆。沉管隧道在安装前，导向托架的初始间隙比导向杆的外径宽约 10 cm，当导向杆进入导向托架以后，将新安管节的定位居中，潜水员在水下将导向托架两端的螺母拧紧。这个工序确保了导向杆可以顺利地进入导向托架而不会被卡住，同时也保证管节间的平面错边在允许的范围内。导向托架用不同颜色是为了帮助潜水员在水下辨别南北。

图 9　导向托架：导向杆在管节顶部的另一端

（3）贯通测量后通过千斤顶纠偏

第二类纠偏是通过千斤顶，根据已有的形式可分为管内纠偏和管外纠偏（图 10a）。管内纠偏在日本 20 世纪 90 年代的几个沉管隧道的建设中均有所采用，港珠澳大桥岛隧工程的 E4、E5 管节也采用了这个方法，如图 10b 所示，但是因工程的沉管管节坐落在碎石的垫层上，摩擦力远大于后铺法的沉管管节，纠偏的效果并不理想，且耗时 3 d，花费较大；而且管节的安装船在纠偏过程中不能撤离，如果遭遇台风等恶劣天气，存在安全风险。另外还有两种管外纠偏的方法，土耳其博斯普鲁斯海峡马尔马雷接线沉管隧道使用反力架与千斤顶，照片如图 10c 所示；釜山—巨济沉管隧道使用体外精调系统（EPS）。这两种方法的设备均需要在水中使用，设备的维护可能是控制性的问题。

以上两类纠偏方法的纠偏量都取决于隧道内的贯通测量的结果。而贯通测量的前提是要将管节对接部位即结合腔的水排掉，并打开端封门上的水密门，形成已安管节与新安管节间的通视。在调节过程中，如果不关闭舱门，则意味着可以继续贯通测量，但是存在纠偏导致 GINA 止水带张开量过大而漏水的风险。如果关闭舱门，则调节的精确程度无法控制，只能通过水上的定位系统判断，或通过千斤顶的行程来估计管节轴线的转角与自由端的移动量。港珠澳大桥岛隧工程是采用关闭舱门的方法纠偏，通过比较千斤顶的行程与管节尾端位移的水上 GPS 测量数据，发现两者的发展规律性不强，这说明管节不是刚体，也说明纠偏千斤顶所发生的行程不能近似地等同于管节端部的运动量，也可能是管节结构的变形或两者之和。

（a）管内、管外两种千斤顶纠偏的示意

（c）土耳其博斯普鲁斯海峡马尔马雷接线沉管隧道纠偏设施，该设施置于被安装的管节的尾端的底部，同管节一起安装，之后根据贯通测量结果，确认是否使用及在哪边安装纠偏千斤顶

（b）岛隧工程的 E4 管节的管内纠偏作业时结合腔内的顶推端的千斤顶，千斤顶的后面是 GINA 止水带

图 10　通过千斤顶纠偏

（4）利用尾缆与定位系统纠偏

前节已述，笔者从 E5 管节以后不再进行贯通测量后的纠偏，而是通过拉合过程控制。方法是在拉合过程中通过控制尾缆的拉力来调节管节尾端的横向移动趋势，如图 11 所示。但是这种方式成立的前提是掌握正在安装的管节的精确的位置，即管节安装时精准的实时定位，特别是管节尾端的位置。所以在港珠澳大桥岛隧工程的沉管管节的下沉与对接过程中，采用首端+尾端同时定位的方式。而令笔者惊讶的是，其他很多沉管工程只采用首端定位。为沉管管节安装而做的定位管理将在下一节讨论。

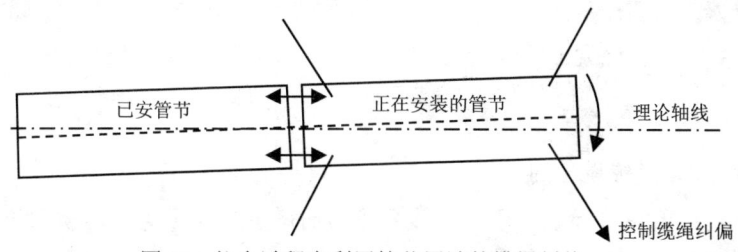

图 11　拉合过程中利用管节尾端的缆绳纠偏

为沉管管节安装而做的测量与定位

沉管管节安装时的现场定位是为了掌握管节每时每刻所在的绝对位置及与在水下的已安管节的相对位置。为了获得满意的精度，定位设备及工法是关键，此外还需控制定位设备的放样精度。

（1）定位设备

港珠澳大桥岛隧工程沉管管节的首端采用无线声呐系统，与已安管节被对接端的端面建立相对的定位，尾端采用测量塔与 GPS 绝对定位（图 12）。管节的倾斜度通过管内的倾斜仪进行监测。为了兼顾前文描述的第三类纠偏，管节的非对接端的平面定位精度控制在 5 cm 以内。为了让导向杆进入导向托架，新安管节首端与已安管节的相对平面定位精度控制在 10 cm 以内。无线声呐及其固定支架也要预先安装在已安管节的被对接端，为确保支架在水下不被移动或破坏，在管节安装前通过潜水员来安装支架。支架的定位的精度也是线形管理的一部分。类似地，测量塔的定位精度及它在海流作用下的挠度都会影响测量精度，测量塔的结构刚度设计也需要结合线形管理的目标来权衡。

(a) 首端无线声呐，相对定位　　(b) 尾端测量塔 GPS 定位系统，绝对定位

图 12　管节沉放时用的定位设备

（2）定位设备的放样

定位的精度还取决于定位设备安装时的放样精度。港珠澳大桥岛隧工程受限于工程条件，导向装置、测量塔均在管节漂浮的状态下进行安装，所以需要在沉管管节起浮前通过测量建立管节的顶部、内部与轴线（或端面）的几何关联，其特征点布置如图 13 所示。

管节顶板的测量塔、导向装置、无线声呐的固定架在漂浮的状态下安装。为避免管节漂浮的倾斜度影响这些装置安装时的精度，直接在管节的顶部用全站仪来放样，放样的测量是基于沉管管节漂浮前已经确认的特征点（图 13b）。而且，全站仪需要关闭倾斜补偿，即转换为漂浮测量模式。

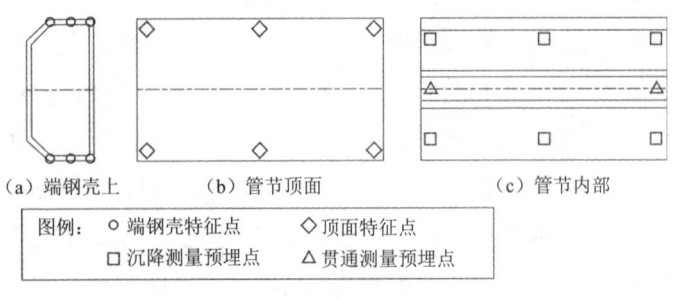

(a) 端钢壳上　　(b) 管节顶面　　(c) 管节内部

图例：○ 端钢壳特征点　◇ 顶面特征点
　　　□ 沉降测量预埋点　△ 贯通测量预埋点

图 13　管节起浮前建立的特征点

在漂浮的管节内部安装倾斜仪,该倾斜仪的归零,是通过管节顶部的水准仪结合管节内部的压载水箱来完成。

管节长度的变化

贯通测量结果显示管节接头的里程偏差呈现系统性(图14)。因此,对于长隧道而言,管节设计或预制时需要适当地考虑沉放后两端受到的水压所造成的管节长度的缩短。

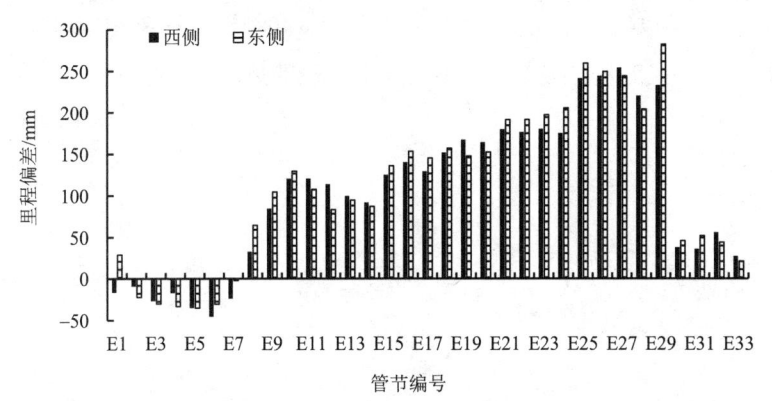

图14 沉管管节接头的里程偏差

在港珠澳大桥岛隧工程,管节缩短的长度是厘米级的。首先永久纵向预应力会将管节压缩,管节安装后的尾端的水压力会进一步压缩管节的长度(如果仔细考虑水压力在隧道贯通后成为GINA止水带的反力,反力因橡胶松弛有部分减小)。这两部分的压缩量应被当作每个管节结构长度设计时的补偿值。对于长隧道,这个问题无法忽略,否则就需要用最终接头的预制长度来补偿。

小 结

线形管理是制定目标、接近目标、测量反馈、再定目标的过程。过程的有效性取决于测量的准确率。在测量工作中，管节的安装定位，是沉管隧道工程师水下的一双眼睛，其精度不仅取决于设备，更取决于它们的位置与对代表管节内外轮廓的特征点的几何关系的准确的描述。所以为了提高精度，标定工作要尽量在管节起浮前就完成。

  基于上述认识，在世界最长的公路沉管隧道的线形管理的实践与反思中，逐渐发展了三个亮点：①可调节的导向装置以提高管节对接端的精度；②管节的定位。在管节的对接端用水下声呐相对定位引导新安管节的导向杆进入已安管节的导向托架；在管节的非对接端采用测量塔法绝对定位，精度在 5 cm 以内以实现免纠偏；③测量本身及其与测量有关的工程设计、工艺、装备均被纳入线形管理的风险管理中。

沉　　放

　　沉放的结果，是对之前所有的工作和所有的准备工作的验证，包括基础、结构、预制、舾装、预报、预警、定位和测量。

　　如果以管节为主体描述沉放，包括下沉、着床、拉合（对于 GINA 止水带而言是初步压缩或第一次压缩）、结合腔排水（对于 GINA 止水带而言是永久压缩或第二次压缩）。结合腔排水后，工程师就能走进隧道，检查安装情况，并进行精确测量。如果对新沉放的管节的位置不满意，就要对其进行精调。结果满意后，可对新安管节进行回填，回填将在下一篇讨论。沉放前的工作见《从系泊到系泊》。

　　如果以问题为主线描述沉放，问题包括：如何挑选适宜沉放的好日子，以及如何在选定的好日子，挑选出上面所述的每项工作的好时机（工程中一般用"气象窗口"），如何让管节从漂浮状态转变成下沉状态（也叫提供负浮力），如何知道水下的管节的位置（定位），如何让管节通过首尾相接永久地连接在一起（拉合和水力压结），如何确保管节安装的位置与规划的隧道轴线的位置是一致的，如果不一致该怎么办（见《线形管理》）。这段话提出的问题，建议读者先看一遍，留个印象，等看完了这本书，建议再回到这里，把这些问题梳理一遍。

回 填

需 求

沉管隧道在使用时需满足抗浮、稳定、防锚的需求。

按国际隧道与地下空间协会第 11 工作组的准则（ITA-WG11），隧道的总重量除以它的浮力在使用阶段需达到 1.15（即抗浮安全系数）。其中，回填提供的压重大约占隧道重量的 10%。

稳定是指隧道不会因波、流作用而发生水平的移动。要确保这一点就是要令隧道有足够的运动阻力。在隧道的两侧回填是增加其被动土压力；在隧道的顶部回填是增加隧道底面的摩擦力。

防锚包括防落锚和防拖锚。防落锚是指船舶经过隧道的上方时，锚链断裂使锚落下而意外地砸在隧道结构的顶面，属于冲击荷载；作用在结构上的力的估算可参考 ITA-WG11。

沉管隧道在施工时可能存在稳定、止浆和简化工序的需求。

稳定含意与上述相同，可通过隧道两侧的锁定回填来满足。

止浆的需求仅在于注浆法基础垫层的沉管。锁定回填可兼用于止浆。止浆除了可用回填来实现，还可用挂在管节两侧底部的围幕来实现。

隧道顶部的回填还起到简化隧道内的临时压重和永久压重的体系转换的作用。因为隧道在施工期也要抗浮，而隧道内的压载水的排出、水箱的拆除、与压重（路面）混凝土的浇筑，这些施工导致的重量变化要一并考虑，以确保施工过程中隧道始终满足 1.06 的抗浮安全系数（1997年国际隧道与地下室间协会工作小组报告）；此外隧道内是受限的空间，这些因素都可能导致以上工序变得很复杂。图 1 是笔者曾经为港珠澳大桥沉管隧道 E1 管节编排的工序（E1 管节只有 4 个压载水箱，而不是标准管节的 6 个，后者更复杂）。如果能够先实施隧道顶面的回填，隧道内的工序就会变得简单得多，理论上可把隧道内的水箱和水全部卸载了再来浇筑压载混凝土，这样也便于施工车辆的到达。

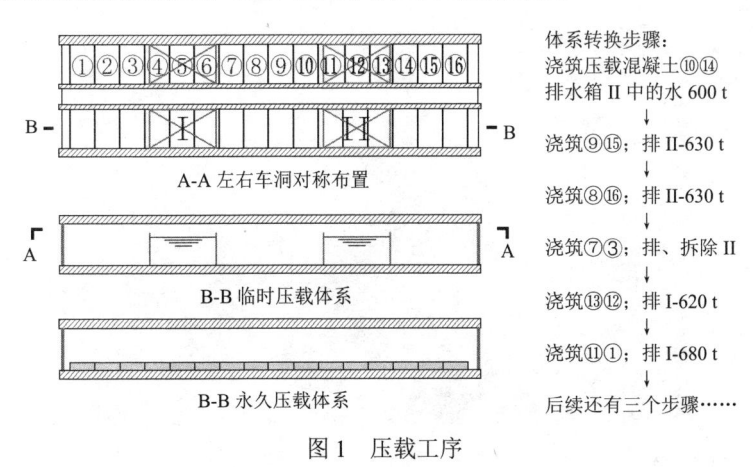

图 1 压载工序

当上述设计与施工的需求皆不存在，又或者用其他的办法就能满足以上的需求时，隧道就不需要回填。

当需要回填时，回填自身的存在又将有新的需求（或核查），包括：①整体稳定性；②单个块体在波、流、螺旋桨洗刷下的稳定性；③构造；④防止地震时液化；⑤重量对基础沉降的影响。

简述有关的理论和实用公式。整体稳定性可采用边坡的分析理论；波、流共同作用下的单个块体的稳定性也许可参考美国《海岸工程手册》（Coastal Engineering Manual，CEM）的希尔德（Shield）验算，从而得到块体稳定的理论最小粒径（或重量）；靠近海面区域的波浪影响较强，也许可以参考《海岸工程手册》给出的范德梅尔（van der Meer）公式计算；露出海面的回填可用常见的哈得逊（Hudson）公式计算；当有大型船舶在回填的上方通过时，可通过国际航运协会（The World Association for Waterborne Transport Infrastructure，PIANC）于 1997 年发布的指南来确认螺旋桨的冲刷作用与块石粒径的关系。理论分析得到的粒径，再通过水槽的断面物模型试验来进行最终验证或优化（图 2）。此外，为避免地震时的液化，回填材料选择需具有良好的级配，通常回填的重量对地基的影响较小。

图 2　港珠澳大桥的波浪模型断面水槽试验

形　　式

通过需求理解回填的形式。港珠澳大桥沉管隧道早期回填方案见图 3a。为减少用量、提高工效，回填的两侧是弯折的。弯折也可能起到释锚的作用。回填的侧宽要考虑锚爪勾不到隧道的宽度，以及海上作业的施工偏差，还有构造要求，如肩宽不小于 2 倍表面块石粒径。隧道顶面突出海床面时，不受控的船舶在撞击隧道前不会搁浅，因此回填的设计还要兼顾防撞，这时侧宽通常取决于隧道结构设计能够承受的撞击力，以及回填的宽度对应消耗船舶撞击动能的量级。两侧的坡角是一般回填料的自然休止角，并满足前文所述回填自稳的需求。

另一种断面形式见图 3b，为避免拖锚工况的锚爪勾住隧道而损伤结构，在隧道两侧设置块石带，用来释放锚。

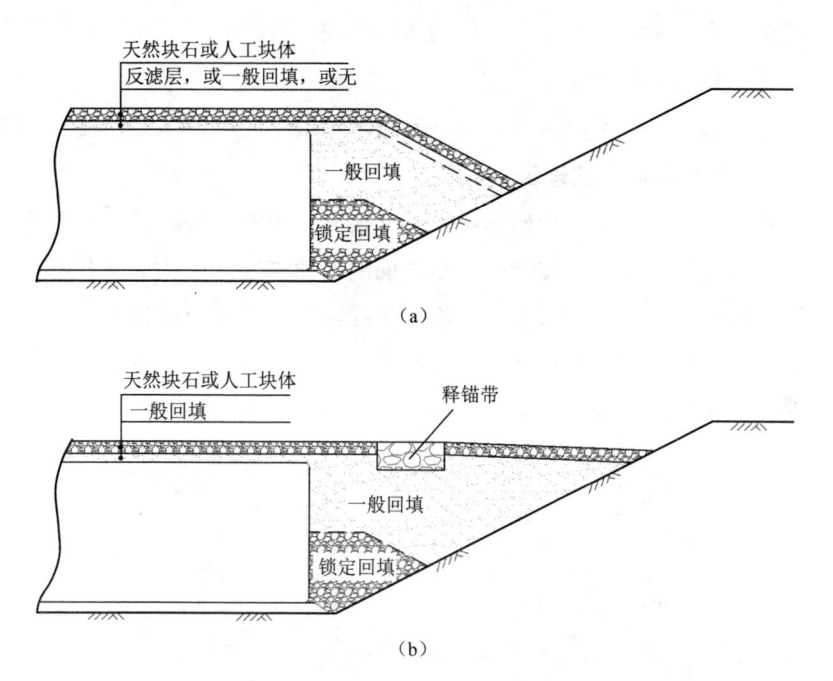

图 3　沉管隧道回填的两种形式

一般回填料的粒径通常较小，在波流作用下就有可能从面层块体的空隙中被淘出，因此必要时需在面层块体和一般回填间设置反滤层。反滤层用于防止内层更细的颗粒从其自身的空隙中析出，同时又不能从外层更大的块体的空隙中析出；由此可知，其粒径介于面层块体和一般回填之间。另外，如果认为在隧道顶上直接安放块体会损伤隧道，也需先铺设一层粒径更小的垫层（材料可与一般回填料相同）来当作上层施工时的缓冲垫。考虑工效，当然希望在隧道顶上只铺同一种粒径的块体。

隧道顶面的回填厚度

回填厚度可分三个步骤确认：

第一步，在隧道的纵向将回填设计分区。分区的依据是隧道的水深及隧道是否在主航道的下方。因为水深不同，波流影响不同，而航道所在位置的螺旋桨洗刷作用较强。

第二步，针对不同区段，分别确认理论最小回填块体的粒径，如图4所示。可参考前文的理论分析。

第三步，根据材料调研情况，确认实际可用的回填粒径，进而基于构造要求可确认各区段实际的隧道顶面的回填高度。在此基础上还要预留回填的竖向施工误差。并且，经确认的方案可用水槽试验来验证和调整。此外，不同厚度的连接部位可能需要平缓的过渡，以避免因荷载突变引起的地基的不均匀沉降。以上步骤如图4所示。

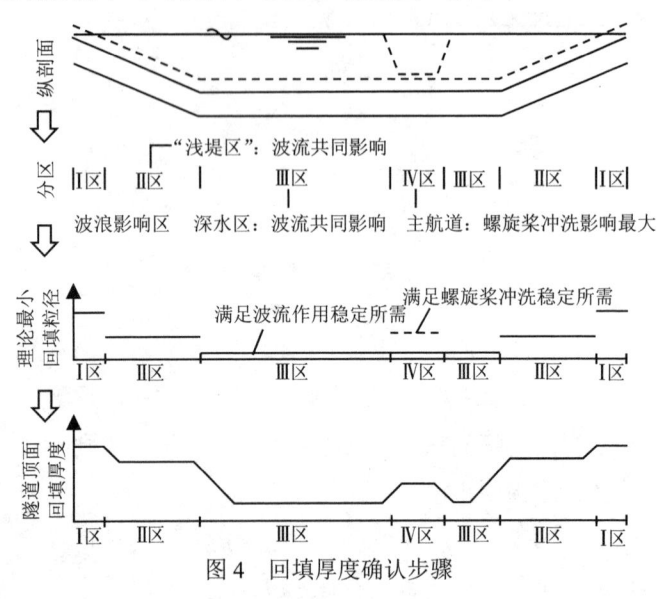

图 4 回填厚度确认步骤

施 工

回填施工可用开底驳、皮带船、溜管船、网兜等不同等设备和施工方式。应避免由单侧回填带来的主动土压力导致隧道线形的移位，除非刻意为之。

参 考 文 献

中华人民共和国交通部，1998. 防波堤设计与施工规范：JTJ 298—98[S]. 北京：人民交通出版社.

Berry J G，1997. Guidelines for the Design of Armored Slopes under Open Piled Quay Walls[M]. Belgium：PIANC General Secretariat.

Housley J G，Thompson E F，2002. Coastal Engineering Manual[M]. Washington DC：U.S. Army Corps of Engineers.

Larsen O D，1993. Ship Collision with Bridges the Interaction between Vessel Traffic and Bridge Structures[M]. Switzerland：IABSE.

路　　面

　　港珠澳大桥岛隧工程所做的一切努力，都是为了一条路。建造水下隧道也是为了将这条路与自然环境隔离。克服了重重困难以后，就好像《西游记》里的最后一个劫，路也要修好。

　　隧道路面不暴露于日照与雨水，通常以为，从耐久与寿命角度，路面在隧道环境中比在开敞的环境有利。所以原路面方案，桥梁段是 13 cm 厚的复合沥青路面层，隧道段是 10 cm 厚的同类路面层（图 1）。

图 1　隧道内的三车道 13 m 宽的路面中层全幅铺设（拍摄于 2017 年 10 月）

　　隧道底板是钢筋混凝土，上面是压重及约 30 cm 厚的调平层混凝土，所以隧道的路基是类似刚性的，再往上就是 10 cm 厚的复合沥青路面层。路面结构的设计是专业的，但可以理解的是，与建筑或结构的设计相比较，路面设计对公共安全的隐患似乎较小，更多的是经济风险，即材料与施工中是否投入得过多或过少的问题。而对于 55 km 长的港珠澳跨海通道，隧道是海中的必经之路，如果因为路面使用不到几年甚至半年就需要修补，造成的经济损失和社会影响是很大的。而路面面层结构的合理设计是路面的寿命与预想功能不可分割的要素；面层的厚度是一个关键的设计参数。

建设过程中，我们重新审视了路面结构与周边环境，有如下发现：

①经隧道内的长期观察，每年的 5~9 月的潮湿季节（回南天），隧道内壁及施工路面处于持续潮湿状态。经查找原因，其是由冷凝水造成的，即隧道内温度低于环境温度，且当地环境湿度在 80%左右，所以热空气进入隧道内冷凝。

②管节接头张合问题。尽管沉管管节四周的回填碎石对它表面的运动起到一定的约束作用，监测发现管节接头张合量每年往复变化，可达 2 cm，隧道两端的沉管管节变化幅值比中间略大，原因是 180 m 长的管节结构随着温度的升高与降低，会发生膨胀与收缩。

③差异沉降。考虑港珠澳大桥沉管隧道的路面施工之后，在未来的几年隧道会逐渐因顶部回淤而加载，虽然基础处理得较好（《沉管隧道的基础》专篇讨论），但仍然要考虑差异沉降的可能，而差异沉降可能带来路面的反射裂缝，进而减少路面寿命。差异沉降最有可能发生的部位是管节接头与节段接头处。值得一提的是，半刚性结构令节段接头部位的摩擦力先发挥作用，记忆支座令管节接头在自身被破坏前不那么容易发生差异沉降，这两个措施对防止反射裂缝有一定的帮助。

暗埋段和敞开段的路面较隧道路面而言，温度变化更剧烈。而且敞开段暴露在大气条件下，直接受到雨水影响，通行车辆刹车更频繁。

带着这些思考和发现，我们调研了近期建成的其他项目（表 1），发现这个问题有一定的普遍性。

表 1 对其他建成项目的调研

隧道名称	路面描述	发现的问题
青岛胶州湾海底隧道	4 cm SMA10+6 mm SMA13 24 cm 水泥混凝土基层	在洞口外近收费大棚附近发现沥青路面局部存在裂缝
韩国釜山—巨济沉管隧道	7 cm 双层改性沥青 SMA	2010 年 12 月开通,目前路面局部病害,已进行养护处治
青祁隧道 蠡湖隧道 金城隧道	以蠡湖隧道为例: 4 cm SBS 改性沥青 SMA13 5 cm 中粒式沥青 混凝土 14.5~26 cm C30 水泥混凝土找平层	2011 年通车,隧道竣工投入运营后约 1 年在结构伸缩变形缝处出现沥青路面横向开裂,同时伴有水渗出
龙城大道隧道	9 cm 沥青铺装 柔性防水层 C40 防水混凝土铺装	2012 年开通,运营 1 年结构伸缩缝处面出现裂缝,聚集雨水,导致局部路面沥青出现破损

综上,我们不得不谨慎思考以下问题:

①潮湿向来是沥青路面最大的问题。施工期观察的隧道内 5 个月的潮湿相当于连续下雨 5 个月的路面设计工况。如何确保路面的寿命?

②隧道的路面修补环境不如开敞路面的修补环境便利。考虑封闭空间的通风、排烟等问题,路面修补时,如果环境恶劣,整个隧道可能需要被封闭,而开敞路面只需封闭几个车道。

③不同于内陆的隧道,该隧道处于全长 55 km 的外海通道的海中央,无替代通道。一旦隧道封闭,意味着整个通道的切断。如何确保路面不会因过早大修而导致 55 km 的跨海通道的不通畅或停运?

④大桥设计的时速为 100 km/h,运营期路面如果也像施工期一样,长期处于非常潮湿的状态,前方行驶的车辆可能会带起水雾,令后方车辆视线受损,再加上隧道内的路面的平面线形有一段 1 km 的曲线段,行车安全是否有隐患?

路面结构的重新构想

路面结构方案按性能从高到低分四档(图 2)。

第一档是原设计方案,即 10 cm 厚的沥青复合路面层。

第二档是为减缓反射裂缝,在原设计方案的路面层多垫一层 30 mm

厚的改性沥青 AC10。这样可让路基的不均匀沉降或变形更均匀地传递到面层，延缓面层在长期潮湿环境中受到的损坏。

第三档是为了提高路面的使用寿命，将中间一层改成浇筑式。浇筑式结构层因韧性好，强度高，路面在较长时间（可能长达 20～30 年）不用重铺。这是一个提高全寿命成本的方案。

第四档是为提高交通的安全，将面层做成透水性路面，此做法有利于防止水膜反光、水雾、打滑的问题，还能起到降噪的作用。

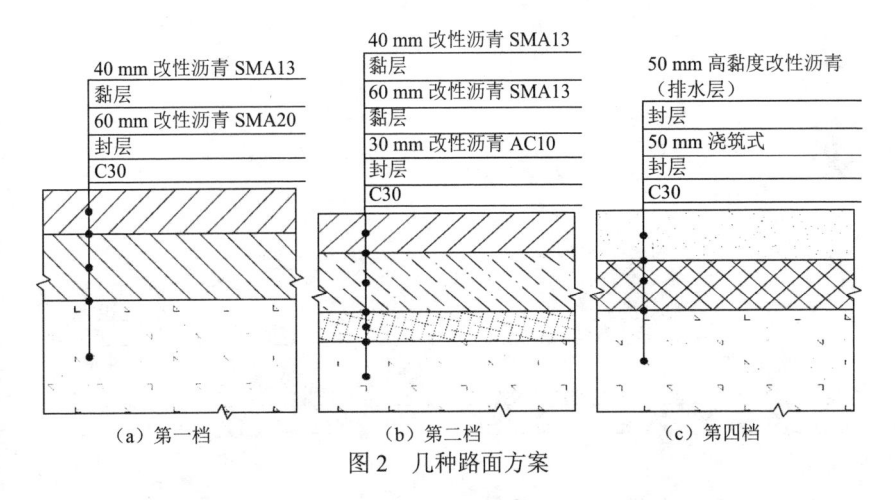

图 2　几种路面方案

接头部位路面伸缩缝的解决方案

对于管节接头与暗埋段、敞开段的伸缩缝，为了适应接头 2 cm 的张合运动与预计最大 1 cm 的竖向相对运动，并同时兼顾行车的舒适感，采用了沥青伸缩缝接头，见图 3。该接头的施工是先在管节接头正上方的路面施工缝部位开槽，再填料。

纵向间距为 22.5 m 的节段接头也可采用与管节接头类似的处理方式。但节段接头数量高达 219 个，从经济性角度不能承受，所以在路面的下面层通过增加防反射裂缝构造的措施来降低节段接头部位路面层损坏风险。图 4 为几个替换解决方案。这几个方案的出发点，都是利用构造和材料来分散接头的张合作用，将基层发生的水平位移更均匀和更广泛地传递给路面。

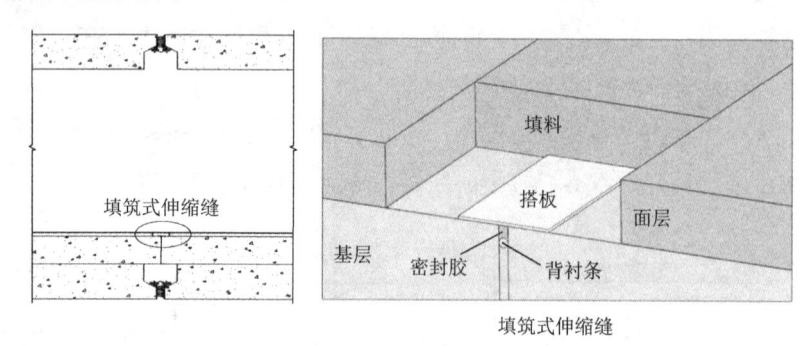

图 3 沥青伸缩缝接头

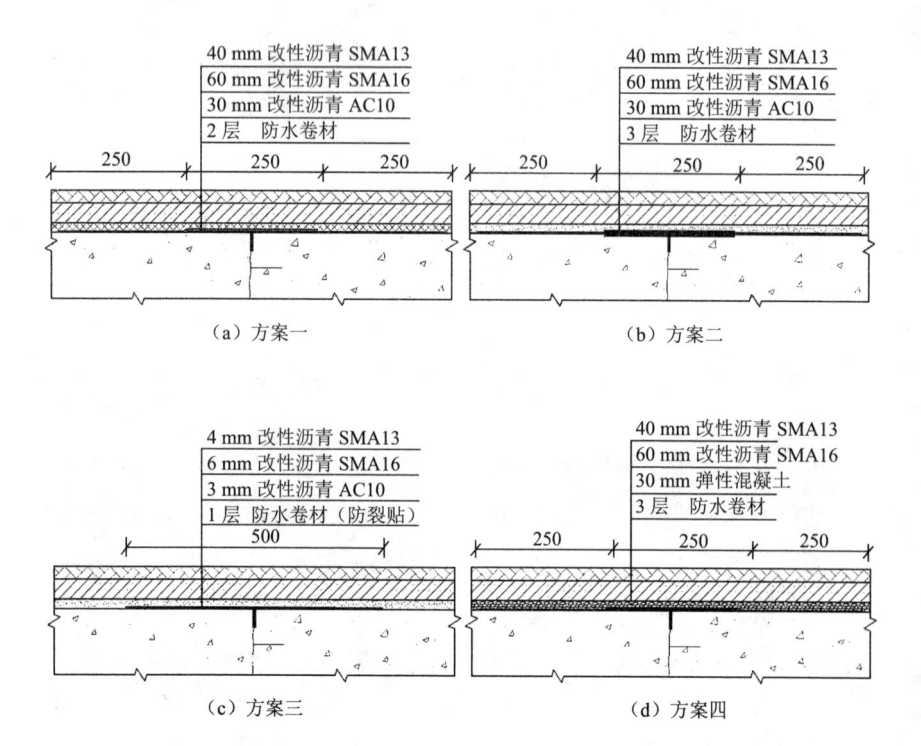

(a) 方案一

(b) 方案二

(c) 方案三

(d) 方案四

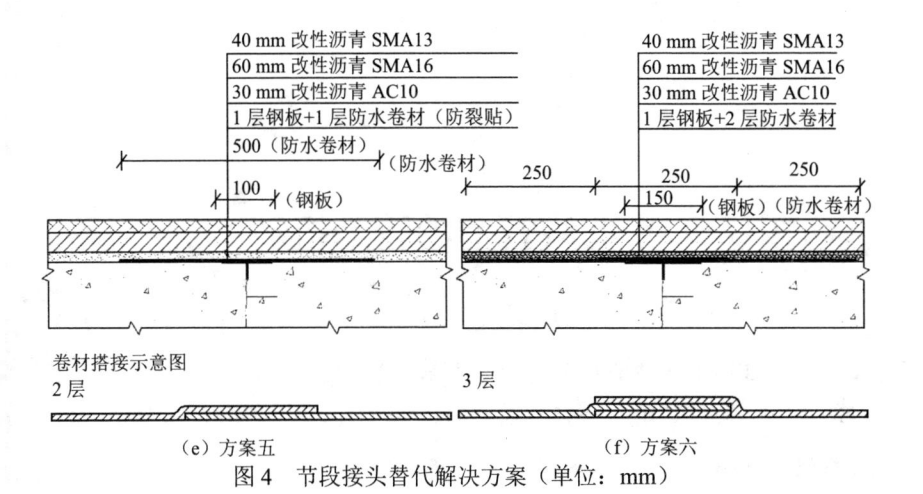

(e)方案五　　　　　　　　　(f)方案六
图 4　节段接头替代解决方案（单位：mm）

参 考 文 献

中华人民共和国交通运输部, 2017. 公路沥青路面设计规范：JTG D50-2014[S]. 北京：人民交通出版社.

ASTM D6297, 2012. Standard Specification for Asphaltic Plug Joints for Bridges [S].

Lavin P, 2014. Asphalt Pavements: A Practical Guide to Design, Production, and Maintenance for Engineers and Architects[M]. London: CRC Press.

平曲线管节的管节扭转

如果有两个曲线的管节，将它们置于斜坡上，第一个管节安装完成后，第二个管节与第一个管节对接时，两个管节的端面就会形成一个相对的扭角（图1）。

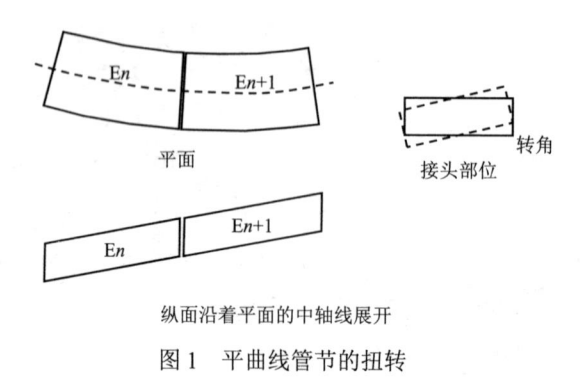

图1　平曲线管节的扭转

这个扭角大到一定程度时，会带来一系列问题。可以预料的问题有：拉合千斤顶在水下挂钩的适应能力问题；对于采用鼻托进行竖向定位的管节，鼻托的高度在安装前需要修正；管节接头的竖向剪力键的偏差修正；OMEGA 止水带的安装的偏差。而对于港珠澳大桥岛隧工程，由于沉管隧道的曲线半径是 5500 m，上面这些问题都不需担心。后面笔者会用数学公式推导扭转角度（测量也是一个不可忽略的因素）。

为什么会扭转？让我们用想象来证明，有一个管节，自身在平面上转了 90°，即开车经过这个管节时需要控制方向盘转 90°的弯。现在我们把这个管节放在平地上，然后再把平地的一端抬高，就会发现，管节的一端确实扭转了，见图2。

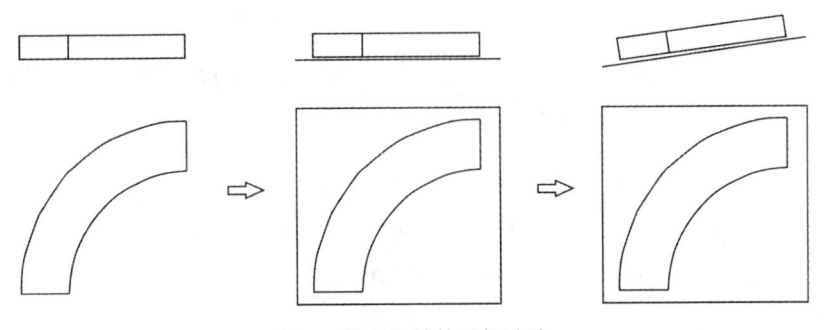

图 2　管节扭转的思想试验

关于扭转，作为工程师或普通读者只需对这段话中的几个关键点留个印象：①本文的标题；②扭转的前提是至少有一个管节是曲线的，而且该管节在斜坡上；③扭角的大小随着管节首端、尾端平面转角的增加而增加，还随着纵坡坡度的增加而增加（因为工程问题通常是小角度的，所以上述关系的互相增长是近似于线性的）；④当管节一端不扭时，意味着扭转转移到了其另一端。或者，只需理解笔者是如何推导出扭转的数学表达式的（图3）。

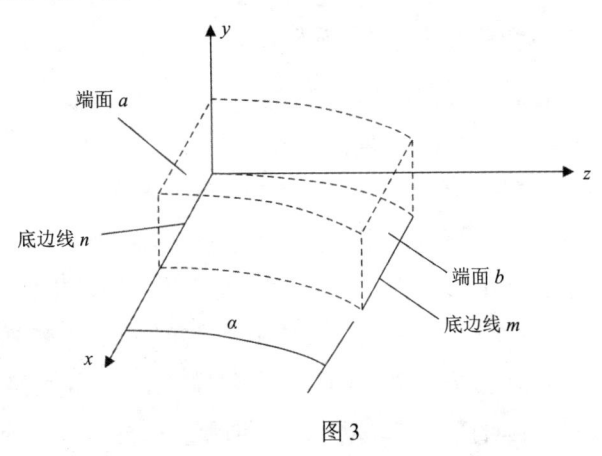

图 3

用数学方式推导。设曲线管节两个端面的平面转角是 α。

令其中一个端面平行于 yx 面,则另一个端面的底边线 m 的向量是 $[1\ 0\ \tan\alpha]$。

碎石垫层的坡角是 β,管节也需绕 x 轴旋转 β 角度。旋转 β 角度后,底边线 m 的方向向量变为

$$\begin{bmatrix} 1 \\ 0 \\ \tan\alpha \end{bmatrix}^T \begin{Bmatrix} 1 & 0 & 0 \\ 0 & \cos\beta & \sin\beta \\ 0 & \sin\beta & \cos\beta \end{Bmatrix} = \begin{bmatrix} 1 \\ \tan\alpha \cdot \sin\beta \\ \tan\alpha \cdot \cos\beta \end{bmatrix}^T \quad (1)$$

由该方向向量可知,m 相对 n 绕 z 轴旋转了 γ 度,即端面 b 相对端面 a 绕 z 轴旋转了 γ 度:

$$\tan\gamma = \tan a = \tan\alpha\sin\beta \quad (2)$$

所以单个管节任意两个横截面的相对扭转角度 γ 等于:

$$\gamma = \arctan\{\tan\alpha \cdot \sin\beta\} \quad (3)$$

公式(3)可以说明一切问题,代表前一段话中的意思。由(3)可见,当 α 和 β 都很小时:

$$\gamma \approx \alpha \cdot \beta \quad (4)$$

以港珠澳大桥岛隧工程靠近东人工岛的管节为例。根据长度和曲率半径可计算出管节平面的扭转角度;管节的纵坡是已知的,所以可分别算出每个管节的扭转角度。理论上,如果 E33 管节和暗埋段的端面不扭转,则 E33 管节的 0.04°的扭转全部积累到了它与 E32 管节的端面;如果 E32 管节与 E31 管节的端面不扭转,也是同样的。那么 E32~E33 部位的扭转角度就是 0.08°。所以,在实际工作中,我们让每个管节的扭转往两边均分,也就是确定碎石垫层的具体高程时,让碎石垫层沿着垂直于管节腰部(正中间)的平面线转动,这样也就将扭转的影响降到最低,其结果列于表 1 的最后一行。

表 1 扭转角度的计算

管节编号	E33	E32	E31	E30	E29	E28
管节长度 L/m	135	135	180	180	169	157.5
曲率半径 R/m	5500	5500	5500	5500	5500	直线管节
管节端部偏转角度 $\alpha = L/R$/(°)	1.406	1.406	1.875	1.875	1.761	0.000
碎石垫层坡率/%	3.01	2.70	2.20	2.18	2.28	—
碎石垫层坡角 β/(°)	1.726	1.547	1.261	1.250	1.307	—
端面扭转角度 γ/(°)	E33~E32	E32~E31	E31~E30	E30~E29	E29~E28	—
	0.040	0.040	0.041	0.041	0.020	—

注：管节的实际长度变更过一次，这个计算是最早的一次。

在平曲线段的 E29~E33 管节的施工图设计开始之初，有两位沉管隧道工程师提醒了笔者这个问题，他们年龄超过 70 岁，第一位工程师花田幸生先生说，在日本，了解这个问题的人，不到 5 位。第二位工程师马丁·范得博齐先生是荷兰的沉管隧道测量工程师，也专门发了邮件提醒笔者注意这个问题。

这是个纯粹的立体几何问题，一说就透。但是有的时候工程师需要有人提醒，且保持警觉。如果忽略了这个问题再去挽救，可能就会产生某种程度的损失，甚至无法挽救！在沉管隧道的英文文献中笔者没有发现任何一段话涉及这个问题，所以在此处写出来。

平曲线管节的管节拉合

笛卡儿用纯理论证明了我们正在思考的时候我们是存在的。

——布莱克

问　题

《线形管理》一文已述管节拉合时的姿态对线形有影响,那么沉管曲线管节在碎石垫层上的拉合是否会发生偏转,偏转的程度如何?

分析目的

目的是分析曲线管节对接施工中由曲线管节形状特点而引起的运动轨迹及额外偏转量。

前　提

为将注意力集中在分析管节对接时由曲线形状造成的额外偏转,有必要作出如下假设:

①不存在施工偏差,即碎石垫层平整度、管节形状、拉合千斤顶位置等都是理想的。

②碎石垫层与管节底面的摩擦力分布是均匀的。

③在这种情况下,如果拉合的是直线管节,拉合过程中不会出现偏转。

为便于计算，以及保证查看结果时的直观性，还需几条假设。这几条假设需保证计算结果比实际情况不利。

④在拉合过程中，拉合千斤顶作用力合力的大小保持不变。千斤顶合力的方向垂直于被拉管节拉合端的端面，且过端面线的中点。

⑤管节在拉合过程中有两个动自由度。由于千斤顶限位认为管节绕其首端旋转。

⑥静摩擦力和动摩擦力理想化为：

a. 静摩擦力≥动摩擦力；

b. 静摩擦系数 = 恒定值1；

c. 动摩擦系数 = 恒定值2。

⑦忽略平面范围内其他可能的力，如管节运动产生的水阻力。

⑧拉合后期，管节与GINA止水带鼻尖接触后，GINA止水带反力是有利纠正偏转的，并且压缩GINA止水带鼻尖过程的拉合行程相对总的拉合行程很短，因此这个过程产生的偏转量相对总偏转量不大。计算时不考虑GINA止水带鼻尖压力。

⑨对于水力压接，静水压力对于曲线管节是完全垂直且对称分布于对接端端面的，不会产生偏转力矩。GINA止水带反力总体起到有利作用；同样水力压接过程时间快，而管节发生偏转需要时间，因此水力压接阶段管节可能发生的偏转量，相对于拉合阶段可能发生的偏转量，是少量的，甚至是反向的（有利的），在此暂不分析。

综上，我们主要研究从开始拉合到接触GINA止水带鼻尖这段时间的最大偏转量，因为这个阶段行程最长，耗时长，偏转力最大，主要偏转量是在这个阶段完成。

方 法 概 述

曲线管节对接偏转是因为管节的惯性力作用点（质心），以及与管节摩擦力合力作用点（接近形心），它们不在平行于管节运动方向并经过拉合千斤顶合力作用点的线上。

采用公式推导及时间分步两种方法计算。

公式推导计算可得到的偏移量的参数化结果，帮助思考引起偏转的原因及预防方法。但是对于管节摩擦力方向的变化，以及拉合千斤顶行程、力的双控特点，都无法用一个连续的公式表达，因此计算结果只能作为参考。

时间分步计算可有效考虑摩擦力方向的不断变化，以及拉合千斤顶的行程、压力双控的特点。计算结果应更接近实际情况。

公 式 推 导

（1）静止阶段

管节作为隔离体，在被拉动前（图1a），受力平衡方程是

$$F_{千斤顶拉力}(t)=F_{静摩擦力} \quad 0<t<t_1 \tag{1}$$

当管节处于被拉动的临界状态时（图1b），千斤顶拉力等于最大静摩擦力。受力平衡方程是

$$F_{千斤顶拉力}(t_1)=F_{最大静摩擦力} \tag{2}$$

（2）初始加速阶段

一旦管节被拉动，静摩擦力由动摩擦力代替，管节受到的千斤顶拉力等于或大于已消失的最大静摩擦力（图1b）。

$$F_{千斤顶拉力} \geqslant F_{最大静摩擦力} \quad t>t_1 \tag{3}$$

因而受力体系出现不平衡力，不平衡力被惯性力平衡。管节隔离体力平衡方程变为

$$F_{千斤顶拉力}-F_{动摩擦力}=F_{惯性力} \tag{4}$$

(a) 静止阶段   (b) 运动阶段

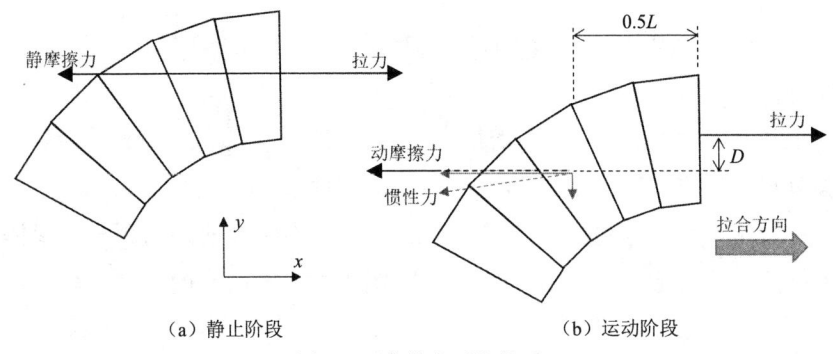

图 1   隔离体力平衡体系

如图 1b 所示，惯性力向量由 x,y（平行于拉合方向及垂直于拉合方向）两个方向的分力代替，由公式（4）可知惯性力沿管节运动方向的分力是

$$F_{惯性力,x} = F_{千斤顶拉力} - F_{动摩擦力} \tag{5}$$

需注意，惯性力过管节的质心，而动摩擦力过管节底板的形心，为简化计算，假设两个心同心，再对千斤顶拉力的合力作用点取矩，建立弯矩平衡方程。

$$(F_{惯性力,x} + F_{动摩擦力}) \cdot D = F_{惯性力,y} \cdot 0.5L \tag{6}$$

式中，D 是管节质心到拉合千斤顶合力的横向距离；L 是管节质心到拉合端端面的水平向距离。

将公式（6）的惯性力的横向分力移到公式左边，并将公式（5）代入，得到垂直于管节运动方向（即图 1 的 y 方向）的力平衡方程：

$$F_{惯性力,y} = \frac{2D}{L} \cdot F_{千斤顶拉力} \tag{7}$$

拉合千斤顶是拉力和行程双控，为了得到连续的参数化公式，需考虑两种情况，即管节完全被拉力控制，以及管节完全被位移控制。

管节完全被拉力控制时的公式计算偏移量

假定千斤顶作用于管节的拉力是一个定值 $F_{千斤顶拉力}$，这个假设会导致管节和千斤顶一起加速运动，设拉合总行程为 $L_{总行程}$。

设 M 为管节质量；a 为管节加速度；x 为管节前进的距离。根据牛顿第二定律建立管节拉合方向（即图 1 的 x 方向）的运动方程：

$$F_{惯性力,x} = Ma(t) = M\frac{\mathrm{d}^2 x(t)}{\mathrm{d}t^2} \tag{8}$$

而且有

$\dfrac{\mathrm{d}x(t=0)}{\mathrm{d}t} = 0$，管节沿拉合方向的初始速度为零；

$x(t=0) = 0$，管节沿拉合方向的初始位移为零。

可求出千斤顶完全由压力控制时，管节沿拉合方向的速度方程和位移方程：

$$v(t) = \frac{F_{惯性力,x} \cdot t}{M} \tag{9}$$

$$x(t) = \frac{F_{惯性力,x} \cdot t^2}{2 \cdot M} \tag{10}$$

根据求得的位移方程(10)及已知的总拉合行程 $L_{总行程}$，结合公式(5)，可求出拉合力控制下的管节拉合总时长：

$$t_{拉合时长} = \sqrt{\frac{2 \cdot M \cdot L_{总行程}}{F_{惯性力,x}}} = \sqrt{\frac{2 \cdot M \cdot L_{总行程}}{F_{千斤顶拉力} - F_{动摩擦力}}} \tag{11}$$

求出拉合总时长后，只要知道管节垂直于拉合方向的位移方程，就可计算最大偏移量，下面计算 y 方向的位移方程。

同理，建立偏转运动方程。理应绕着两个拉合千斤顶的作用点的中心建立转角方程，但为了简洁和直观，采用过管节的质心建立垂直于拉合方向的直线方程。因为转角小可忽略 x、y 两个运动方向的相互影响。

$$F_{惯性力,y} = M\frac{\mathrm{d}^2 x(t)}{\mathrm{d}t^2} \quad 0 \leqslant t \leqslant t_{拉合时长} \quad (12)$$

将公式（7）代入公式（12）：

$$M\frac{\mathrm{d}^2 x(t)}{\mathrm{d}t^2} = \frac{2D(t)}{L(t)} \cdot F_{千斤顶} \quad 0 \leqslant t \leqslant t_{拉合时长} \quad (13)$$

参考图 1b，简化公式（13），忽略管节拉合方向投影长度的变化，即力臂 L 为常数。另外一条力臂 $D(t)$ 随时间的变化可简化为 $D-y(t)$。因此，公式（13）可写为

$$M\frac{\mathrm{d}^2 x(t)}{\mathrm{d}t^2} = \frac{2[D-y(t)]}{L} \cdot F_{千斤顶} \quad 0 \leqslant t \leqslant t_{拉合时长} \quad (14)$$

初始条件：

$\frac{\mathrm{d}y(t=0)}{\mathrm{d}t} = 0$，管节垂直于拉合方向初始速度为零；

$y(t=0) = 0$，管节垂直于拉合方向初始位移为零；

解方程，可得到管节在 y 方向的运动方程 $y(t)$：

$$y(t) = D \cdot t - \frac{\sqrt{2}}{2} D \cdot \sqrt{\frac{LM}{F_{千斤顶}}} \sin\left(\sqrt{\frac{2F_{千斤顶}}{LM}} \cdot t\right) \quad 0 \leqslant t \leqslant t_{拉合时长} \quad (15)$$

将公式（12）代入公式（15），得到拉合千斤顶仅拉力控制时，曲线引起的管节质心偏移量：

$$y(t_{拉合时长}) = D\sqrt{\frac{2L_{总行程}M}{F_{千斤顶} - F_{动摩擦力}}}$$
$$- D\sqrt{\frac{LM}{2F_{千斤顶}}} \sin\left(2\sqrt{\frac{L_{总行程}}{L} \cdot \frac{F_{千斤顶}}{F_{千斤顶} - F_{动摩擦力}}}\right) \quad (16)$$

管节完全被拉力控制时的公式计算偏移量

管节完全被位移控制时,忽略初始加速度的速度变化,设千斤顶速度是一个定值 $V_{千斤顶}$。为确保速度恒定,沿拉合方向的加速度必须是零,因此千斤顶作用于管节的拉力必须等于管节沿着拉合方向的摩擦力的分力。设拉合总行程为 $L_{总行程}$。该情况管节作为隔离体的力平衡见图2。

拉合的总时长是

$$t_{拉合时长} = \frac{L_{总行程}}{V_{千斤顶}} \quad (17)$$

同上文,建立管节运动方程(12)并解方程,不同点是惯性力等于动摩擦力,因此有

$$y(t) = D \cdot t - \frac{\sqrt{2}}{2} D \cdot \sqrt{\frac{LM}{F_{动摩擦力}}} \sin\left(\sqrt{\frac{2F_{动摩擦力}}{LM}} \cdot t\right); \quad 0 \leq t \leq t_{拉合时长} \quad (18)$$

将公式(18)代入公式(17),得到拉合千斤顶仅位移控制时,曲线引起的管节质心位置的偏移量:

$$y(t_{拉合时长}) = D \cdot \frac{L_{总行程}}{V_{千斤顶}} - \frac{\sqrt{2}}{2} D \cdot \sqrt{\frac{LM}{F_{动摩擦力}}} \sin\left(2\sqrt{\frac{2F_{动摩擦力}}{LM}} \cdot \frac{L_{总行程}}{V_{千斤顶}}\right) \quad (19)$$

平曲线管节的管节拉合　　133

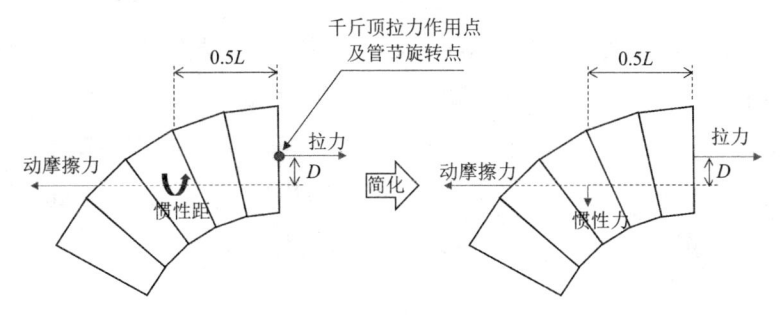

图 2　计算简化示意图

拉合千斤顶完全位移控制时的管节受力平衡

表 1 是对公式推导的计算方法进行总结。

表 1　公式推导的计算方法总结

千斤顶	管节质心偏移量-时间方程 $y(t)$，以及管节尾端最大偏移量 $y_{max} \approx 2 \cdot y(t_{拉合时长})$	主要影响因素
恒定拉力控制	$y(t) = D \cdot t - \sqrt{\dfrac{LM}{2F_{动摩擦力}}} \sin\left(\sqrt{\dfrac{2F_{动摩擦力}}{LM}} \cdot t\right)$；$0 \leqslant t \leqslant t_{拉合时长}$ $y_{尾端偏移} = 2D\sqrt{\dfrac{2L_{总行程}M}{F_{千斤顶} - F_{动摩擦力}}}$ $- D\sqrt{\dfrac{2LM}{F_{千斤顶}}} \sin\left(2\sqrt{\dfrac{L_{总行程}}{L} \cdot \dfrac{F_{千斤顶}}{F_{千斤顶} - F_{动摩擦力}}}\right)$	共同：0.5L 质心 D
恒定行程控制	$y(t) = D \cdot t - D\sqrt{\dfrac{LM}{2F_{动摩擦力}}} \sin\left(\sqrt{\dfrac{2F_{动摩擦力}}{LM}} \cdot t\right)$；$0 \leqslant t \leqslant t_{拉合时长}$ $y_{尾端偏移} = 2D\dfrac{L_{总行程}}{V_{千斤顶}}$ $- D\sqrt{\dfrac{2LM}{F_{动摩擦力}}} \sin\left(\sqrt{\dfrac{2F_{动摩擦力}}{L \cdot M}} \cdot \dfrac{L_{总行程}}{V_{千斤顶}}\right)$	拉力控制：千斤顶拉力，动摩擦力 位移控制：拉合速度

下面试算。参数取值如下：质心（及摩擦力合力作用点）到千斤顶

作用力中心垂直于拉合方向的投影距离为 0.3 m；千斤顶拉力为 6 000 000 N；管节质量为 56 000 000 kg；管节长度为 135 m；拉合总行程为 1.2 m；拉合速度为 1.67×10^{-3} m/s。

管节两种运动状态的计算结果：完全受拉力控制时管节尾端最大偏移量为 0.05 m；完全受位移控制时管节尾端最大偏移量大于 0.6 m；即管节的质心将完全偏移到拉合作用线上，见图 3。

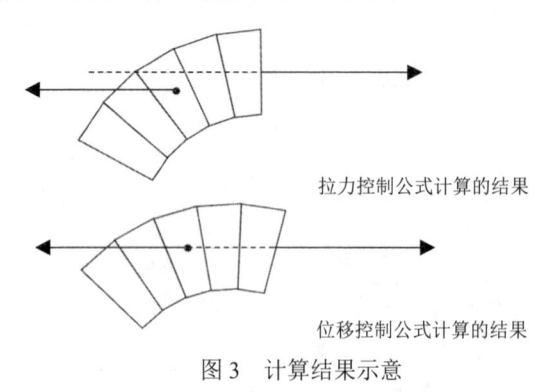

拉力控制公式计算的结果

位移控制公式计算的结果

图 3 计算结果示意

分　　析

如果管节完全受千斤顶的位移控制，与拉合千斤顶同步运动。从前文的推导公式可看出，由于存在弯矩，管节会一直加速扭转，在拉合过程完成前就能令管节的质心（假设也是摩擦力合力作用点）完全地偏移至管节运动线上，与拉合中心的连线完全地平行于拉合方向。但是这种情况是不存在的，可以反证：假设管节能和拉合千斤顶同步运动，说明管节的拉合向受力是平衡的，拉合力也就等于拉合方向的摩擦分力。千斤顶的拉合力控制在恒定值，拉合向的摩擦分力也是恒定值。这种状态下已知管节有偏转，而动摩擦力合力方向与管节速度方向反向，因此摩擦力的方向是一直变化的。摩擦力大小不变，方向一直在变，因此平行于拉合方向的拉合分力不可能是个恒定力，也就不可能与拉合千斤顶平衡，管节不可能匀速运动。因此前提假设不成立。第二种拉合状态不存在。

第一种运动状态的受力是可能的，即管节完全受千斤顶拉力控制，但管节不可能一直加速运动，因为千斤顶是匀速运动，管节的位移超过千斤顶后不再受到拉合力控制，会逐渐减速。因此管节的实际运动状态只可能是先加速，减速，被千斤顶追上，再加速。这种较真实情况的计算见后文所述。

时 间 分 步

前一节用公式推导方法计算了管节拉合后尾端产生的最大偏移量。公式计算无法考虑两个因素：首先，拉合千斤顶的双控特点是无法用单个连续的数学公式表达的，因此计算假设了拉合千斤顶的两种理想情况，分别是纯被拉力控制及纯被行程控制。其次，公式计算还难以考虑管节底面摩擦力方向的变化，因此公式计算的结果将偏大。下面采用时间分步的方法来完善公式计算考虑不到的因素。

建 立 方 程

管节拉合过程的任意时刻，受力可用一个带向量的方程表示：

$$m \cdot \vec{a} = \vec{F}_{千斤顶} + \vec{F}_{摩擦力} \tag{20-1}$$

式中，m 是管节的质量；$\vec{a}$ 是管节加速度，等于速度对时间的导数 $\dfrac{\mathrm{d}\vec{v}}{\mathrm{d}t}$，也等于位移对时间的二次导数 $\dfrac{\mathrm{d}^2\vec{x}}{\mathrm{d}t^2}$；$\vec{F}_{千斤顶}$ 的大小等于千斤顶作用力，$\vec{F}_{千斤顶}$ 的方向被认为一直平行于拉合方向；$\vec{F}_{摩擦力}$ 的大小等于最大动摩擦力，合力方向与管节速度的方向相反，合力作用点一般情况下是管节底面形心，与质心基本同心，但是如果拉合过程用吊缆减小了管节尾端的摩擦力，摩擦力的合力作用点会向管节首端移动，见图4。

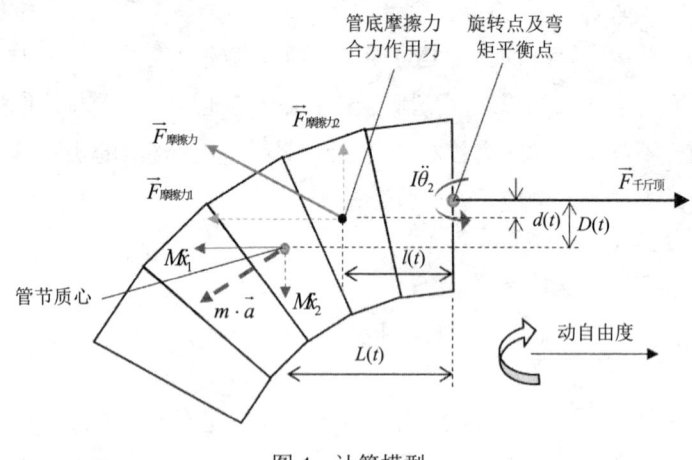

图 4 计算模型

因为管节有向前和旋转两个动自由度，为便于后面的计算，将向量表示为矩阵。即建立两个力平衡：拉合方向的力平衡方程，以及绕管节首端端面线中点旋转的扭矩平衡方程：

$$\begin{bmatrix} M & 0 \\ 0 & I \end{bmatrix} \cdot \begin{Bmatrix} \ddot{x}_1 \\ \ddot{\theta}_2 \end{Bmatrix} = \begin{Bmatrix} F_{千斤顶} \\ 0 \end{Bmatrix} + \begin{Bmatrix} -F_{摩擦力1} \\ M\ddot{x}_1 \cdot D(t) + F_{摩擦力1} \cdot d(t) + F_{摩擦力2} \cdot l(t) \end{Bmatrix}$$

（20-2）

式中，M 是管节的质量；$F_{千斤顶}$ 是拉合千斤顶的合力，当千斤顶与管节接触时才存在，否则为零；假设摩擦力的合力是个定值：$\sqrt{F_{摩擦力1}^2 + F_{摩擦力2}^2} = |\vec{F}_{摩擦力}|$；$D(t)$是管节的质心与拉合端端面中心的垂直拉合向的投影距离。设初始距离为D：$D(t) = D - x_2(t)$；$L(t)$是管节的质心与拉合端端面中心在拉合方向的投影距离。$L(t) \approx$管节长度的一半$\approx L/2$；$d(t)$是管节底面摩擦力合力中心与拉合端端面中心的垂直拉合向的投影距离。设初始距离为d：$d(t) = d - x_2(t)$；$l(t)$是管节底面摩擦力合力中心与拉合端端面中心在拉合方向的投影距离。管节拉合过程中变化很小，可

认为是一个定值：$l(t) = l$；$\ddot{x}_2, \ddot{\theta}_2$ 分别是管节沿两个动自由度方向的线加速度和角加速度；$\ddot{\theta}_2 \approx \ddot{x}_2 / L(t) = 2\ddot{x}_2 / L$；$I$ 是管节绕首端中点旋转的惯性矩，$I = M \cdot [L(t)^2 + D(t)^2] \approx M \cdot \{(L/2)^2 + [D-x_2(t)]^2\}$。

碎石基床试验（专篇讨论）不能获得管节旋转时的摩擦力系数，因此需要整理矩阵方程的第二排，将管节的弯矩平衡方程等同于横向摩擦力的平衡方程：

$$I \cdot \ddot{\theta}_2 = M\ddot{x}_1 \cdot D(t) + F_{摩擦力1} \cdot d(t) + F_{摩擦力2} \cdot l(t)$$

$$\rightarrow M \cdot \left\{ \left(\frac{L}{2}\right)^2 + [D-x_2(t)]^2 \right\}(2\ddot{x}_2 / L)$$

$$= M\ddot{x}_1 \cdot [D-x_2(t)] + F_{摩擦力1} \cdot [d-x_2(t)] + F_{摩擦力2} \cdot l$$

$$\rightarrow M \cdot \left\{ L/2 + 2/L \cdot [D-x_2(t)]^2 \right\} \ddot{x}_2$$

$$- M[D-x_2(t)] \cdot \ddot{x}_1 = F_{摩擦力1} \cdot [d-x_2(t)] + F_{摩擦力2} \cdot l$$

将矩阵方程的第一排，即管节力的平衡方程 $M \cdot \ddot{x}_1 = F_{千斤顶} - F_{摩擦力1}$ 两边同时乘以 $[D-x_2(t)]$，再与上式相加：

$$M \cdot \left\{ \frac{L}{2} + \frac{2}{L \cdot [D-x_2(t)]^2} \right\} \ddot{x}_2 = F_{千斤顶}[D-x_2(t)] - F_{摩擦力1} \cdot [D-x_2(t)]$$

$$+ F_{摩擦力1} \cdot [d-x_2(t)] + F_{摩擦力2} \cdot l$$

$$\rightarrow M \cdot \left\{ L/2 + 2/L \cdot [D-x_2(t)]^2 \right\} \ddot{x}_2$$

$$= F_{千斤顶}[D-x_2(t)] - F_{摩擦力1} \cdot [D-x_2(t) - d + x_2(t)] + F_{摩擦力2} \cdot l$$

$$\rightarrow M \cdot \left\{ L/2 + 2/L \cdot [D-x_2(t)]^2 \right\} \ddot{x}_2$$

$$= F_{千斤顶}[D-x_2(t)] - F_{摩擦力1} \cdot (D-d) + F_{摩擦力2} \cdot l$$

$$\rightarrow M\ddot{x}_2 = F_{千斤顶} \cdot \frac{D-x_2(t)}{L/2 + 2/L \cdot [D-x_2(t)]^2} - F_{摩擦力1} \cdot \frac{D-d}{L/2 + 2/L \cdot [D-x_2(t)]^2}$$

$$+ F_{摩擦力2} \cdot \frac{l}{L/2 + 2/L \cdot [D-x_2(t)]^2}$$

当管节的质心与管节底面的摩擦力合力作用点同心时，即尾端千斤顶在拉合时不抬高管节，$l \approx \dfrac{L}{2}$；$D \approx d$。且 $\dfrac{2}{L} \cdot [D - x_2(t)]^2 \approx 0$；上式可简化为 $M \cdot \ddot{x}_2 = F_{千斤顶} \cdot \dfrac{2(D - x_2)}{L} + F_{摩擦力2}$

因此，管节力平衡的矩阵方程，在第二排更新后是

$$\begin{bmatrix} M & 0 \\ 0 & M \end{bmatrix} \cdot \begin{Bmatrix} \ddot{x}_1 \\ \ddot{\theta}_2 \end{Bmatrix} = \begin{Bmatrix} F_{千斤顶} \\ F_{千斤顶} \cdot \dfrac{D - x_2(t)}{\dfrac{L}{2} + \dfrac{2}{L} \cdot [D - x_2(t)]^2} \end{Bmatrix}$$

$$- \begin{Bmatrix} F_{摩擦力1} \\ F_{摩擦力2} \cdot \dfrac{l}{L/2 + 2/L \cdot [D - x_2(t)]^2} - F_{摩擦力1} \cdot \dfrac{D - d}{L/2 + 2/L \cdot [D - x_2(t)]^2} \end{Bmatrix}$$
（21）

当计算的初始状况 $t = 0$ 时，管节速度为零，即 $\dot{x}_2 = 0$，位移为零时，可认为此时的摩擦力是静摩擦力。根据已讨论的定理静摩擦力方向与其他作用力的合力反向，可知 $F_{摩擦力2} = 0$；得到初始状态时的管节力平衡方程：

$$\begin{bmatrix} M & 0 \\ 0 & M \end{bmatrix} \cdot \begin{Bmatrix} \ddot{x}_1 \\ \ddot{\theta}_2 \end{Bmatrix} = F_{千斤顶} \begin{Bmatrix} 1 \\ \dfrac{D}{L/2 + 2/L \cdot (D)^2} \end{Bmatrix}$$

$$- \begin{Bmatrix} F_{静摩擦力} \\ -F_{静摩擦力} \cdot \dfrac{D - d}{L/2 + 2/L \cdot (D)^2} \end{Bmatrix} t = 0$$
（21-1）

随后当 $t > 0$ 时，动摩擦力替代静摩擦力，前文已说明动摩擦力与速度方向相反。如果认为动摩擦力的方向可以改变，其合力大小不变并绕合力点转动，方程可进一步细化为

$$\begin{bmatrix} M & 0 \\ 0 & M \end{bmatrix} \cdot \begin{Bmatrix} \ddot{x}_1 \\ \ddot{x}_2 \end{Bmatrix} = F_{千斤顶} \begin{Bmatrix} \dfrac{1}{\dfrac{L}{2}+\dfrac{L}{2}\cdot[D-x_2(t)]^2} \\ \dfrac{D-x_2(t)}{\dfrac{L}{2}+\dfrac{L}{2}\cdot[D-x_2(t)]^2} \end{Bmatrix} - F_{静摩擦力} \begin{Bmatrix} \dfrac{\dot{x}_2}{\sqrt{\dot{x}_1^2+\dot{x}_2^2}} \end{Bmatrix}$$

$$\cdot \begin{Bmatrix} \dfrac{\dfrac{\dot{x}_1}{\sqrt{\dot{x}_1^2+\dot{x}_2^2}}}{\dfrac{L}{2}+\dfrac{2}{L}\cdot[D-x_2(t)]^2} - \dfrac{\dot{x}_1}{\sqrt{\dot{x}_1^2+\dot{x}_2^2}} \cdot \dfrac{D-d}{\dfrac{L}{2}+\dfrac{2}{L\cdot[D-x_2(t)]^2}} \end{Bmatrix} t>0$$

(21-2)

将方程中与时间 t 有关的函数显明：

$$\begin{bmatrix} M & 0 \\ 0 & M \end{bmatrix} \cdot \begin{Bmatrix} \ddot{x}_1 \\ \ddot{x}_2 \end{Bmatrix} = F_{千斤顶}(t) \begin{Bmatrix} \dfrac{1}{\dfrac{L}{2}+\dfrac{2}{L}\cdot[D-x_2(t)]^2} \\ \dfrac{D-x_2(t)}{\dfrac{L}{2}+\dfrac{2}{L}\cdot[D-x_2(t)]^2} \end{Bmatrix} - F_{动摩擦力} \begin{Bmatrix} \dfrac{\dot{x}_2(t)}{\sqrt{\dot{x}_1(t)^2+\dot{x}_2(t)^2}} \end{Bmatrix}$$

$$\cdot \begin{Bmatrix} \dfrac{\dfrac{\dot{x}_1(t)}{\sqrt{\dot{x}_1(t)^2+\dot{x}_2(t)^2}}}{\dfrac{L}{2}+\dfrac{2}{L}\cdot[D-x_2(t)]^2} - \dfrac{\dot{x}_1(t)}{\sqrt{\dot{x}_1(t)^2+\dot{x}_2(t)^2}} \cdot \dfrac{D-d}{\dfrac{L}{2}+\dfrac{2}{L\cdot[D-x_2(t)]^2}} \end{Bmatrix}$$

$t>0$

(21-3)

$$F_{摩擦力2}=0 \quad F_{千斤顶}(t)=\begin{cases} F_{千斤顶}, & |x_1(t)| \leqslant V_{千斤顶}\cdot t; \text{即管节行程落后千斤顶控制行程} \\ & \text{时将受到拉合力} \\ 0, & |x_1(t)| > V_{千斤顶}\cdot t; \text{即管节行程领先千斤顶时不受拉} \\ & \text{合力} \end{cases}$$

式中，$\ddot{x}_1(t)$、$\dot{x}_1(t)$、$x_1(t)$ 分别是管节沿拉合方向加速度、速度、位移。$\dot{x}_1(t) \geqslant 0$；$x_1(t) \geqslant 0$，如果速度或位移在计算过程中出现负数，则强制令其为 0；$\ddot{x}_2(t)$、$\dot{x}_2(t)$、$x_2(t)$ 分别是管节垂直于拉合方向加速度、速度、位

移。$\dot{x}_2(t) \geqslant 0$；$x_2(t) \geqslant 0$，如果速度或位移在计算过程中出现负数，则强制令其为 0。（以上推导过程有一步存在误差，望读者知悉）

分时间步求解

首先，管节初始状态：

管节初始位移 $x(0) = \begin{Bmatrix} 0 \\ 0 \end{Bmatrix}$；

管节初始速度 $\dot{x}(0) = \begin{Bmatrix} 0 \\ 0 \end{Bmatrix}$；

管节初始加速度，用式（21-1）计算：

$$\ddot{x}(0) = \begin{bmatrix} M & 0 \\ 0 & M \end{bmatrix}^{-1} \cdot \left\{ F_{千斤顶} \cdot \begin{bmatrix} 1 \\ D \\ L/2 + 2/L \cdot (D)^2 \end{bmatrix} - F_{静摩擦力} \cdot \begin{bmatrix} 1 \\ D-d \\ -L/2 + 2/L \cdot (D)^2 \end{bmatrix} \right\}$$

然后，管节之后的位移、速度、加速度状态用方程（21-3）及下面两个公式计算：

$$\dot{x}(t + \Delta t) = \dot{x}(t) + \ddot{x}(t) \cdot \Delta t \tag{22}$$

$$x(t + \Delta t) = x(t) + \frac{1}{2} \cdot \Delta t \cdot [\dot{x}(t) + \dot{x}(t + \Delta t)] \tag{23}$$

由于式（22）、式（23）对速度和加速度的估计值存在误差，所以需要将时间切分得足够细小。方法是将计算结果与将时间切分得更细的计算结果比较，如果两个结果几乎没有差异，说明误差是可接受的。

下面试算。计算参数是管节千斤顶拉合总行程为 1.2 m；拉合速度为 10 cm/min 即 1.67×10^{-7} m/s；拉合时间为 1200 s；E33 管节质量为 56 000 000 kg，静摩擦力为 5 000 000 N，动摩擦力为 2 000 000 N；拉合初始状态质心与对接端中点在垂直拉合方向的平面投影距离 D 为 0.3 m；管节长度 L 为 135 m；拉合初始状态，摩擦力合力作用点与对接端中点在垂直拉合方向的平面投影距离 d 为 0.3 m；初始状态摩擦力作用点与对接端中点在平行拉合方向的平面投影距离 l 为 67.5 m。计算结果是当摩擦力合力作用点与管节质心同心时，管节尾端最大偏位为 1.1 cm；摩擦力合力作用点向管节首端移动约 1/4 个管节长度时，管节尾端最大偏位为 2.2 cm。

Matlab 的输出结果见图 5。

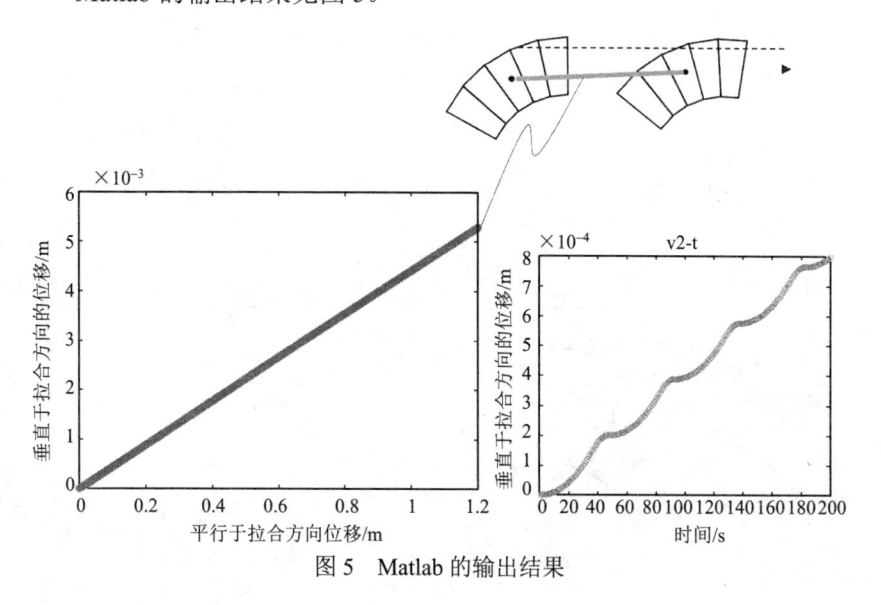

图 5　Matlab 的输出结果

小　　结

运动模式：虽然拉合千斤顶是行程和压力双控，但是曲线管节不可能与千斤顶同速运动。曲线管节只存在一种运动模式：加速，减速，被千斤顶追上，再加速，反复这个运动过程直至接触止水带。

拉合时 E33 管节的尾端最大偏移量：由于曲线形状造成的尾端最大偏移量计算结果是 1 cm；如果因尾端吊缆操作而减轻管节尾端压力，导致管节底面摩擦力的合力作用点从形心向前移 1/4 个管节长度，尾端最大偏移量可增加至 2 cm。这些计算考虑了碎石基床横向摩擦力分力的有利作用，如果不考虑，简化计算时管节尾端偏移量大概是 5 cm。通过这个计算，后续曲线管节实际安装时，采用了尾端的压载水箱多加水的措施来控制更好的线形。

影响尾端最大偏移量的因素。曲线造成的尾端最大偏移量，主要受三个因素影响：拉合总行程，质心相对位置，动摩擦力作用点相对位置。拉合总行程与偏移量几乎成 1∶1 线性增长关系。管节就位后，在拉合前的初始位置，D 越大（图6），尾端偏移量就越大，接近平方关系增长；L 越大，尾端偏移量偏转略微减小。管节被拉合往前运动时，d 越大（图6），偏转越小，几乎成 1∶1 线性关系；l 越大，偏转越小，几乎成 1∶1 线性关系。反之，完全可以忽略的因素有：拉合速度，拉合力大小，管节质量。

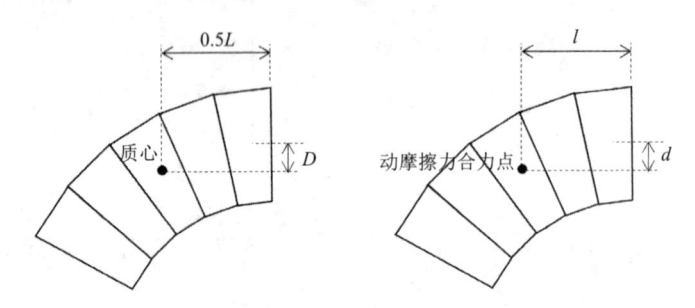

图 6 影响因素

参 考 文 献

林巍，刘晓东，2016. 沉管隧道曲线段管节水力压接 GINA 不均匀压缩分析[J]. 中国港湾建设，36(4)：51-53，76.

Gross D，2013. Engineering Mechanics. 1，Statics (Second ed.，Springer textbook)[M]. Berlin，New York：Springer.

Sucuoğlu H，Akkar S，2014. Basic Earthquake Engineering from Seismology to Analysis and Design[M]. New York：Springer.

附件一　理论公式推导matlab语句

```
syms D Fj Fd M L Lg Vj Fi t;
x(D, t, M, L, Fi)=D*t-D*sqrt(L*M/2/Fi)*sin(sqrt(2*Fi/L/M)*t);
x1(D, Fj, Fd, M, L, Lg) = 2*D*sqrt(2*M*Lg/(Fj-Fd))-
D*sqrt(2*L*M/Fj)*sin(2*sqrt(Lg/L*Fj/(Fj-Fd)));
x2(D, Vj, Fd, M, L, Lg) = 2*D*Lg/Vj-
D*sqrt(2*L*M/Fd)*sin(sqrt(2*Fd/L/M)*Lg/Vj);
t=0:1: round(sqrt(2*56000e3*1.2/(600e3-300e3)),0);
plot(t, eval(x(0.3,t,56000e3,135,600e3*9.81)))
maximum_movement_force_control = eval(x1(0.3,
600e3*9.81,300e3*9.81,56000e3,135,1.2))
maximum_movement_displacement_control =
eval(x2(0.2,1/60,300e3*9.81,75000e3,135,2))
```

附件二　时间分步法matlab语句

```
clear all; close all; clc;
Lg=1.2; % pushing total distance, in metres
Vj=1/600; % jack velocity, in metres per second
time=Lg/Vj;
delta_t=0.005;

n_t_steps=round(time/delta_t,0);
delta_t = time / n_t_steps;
```

```
fj=600e3*9.81;%jack pulling force
fs=500e3*9.81;%static frictional force
fk=200e3*9.81;%kinetic frictional force
D = 0.3; % horizontal projection length between
mass centre and rotation centre, maximum
d = 0.3; % horizontal projection length between
friction force centre and rotation centre, maximum
L = 135; % element length, approximately
l = 135/2;

m =56000*1000;
M =[m 0;0 m];

% initial conditions
x = zeros(2,1); % displacement
v = zeros(2,1); % velocity
Fj = fj.*[1;D/(L/2+2/L*D^2)]; % Jack force and
additional force due to rotation
Fs = fs.*[1;-(D-d)/(L/2+2/L*D^2)];    % static
friction
Fk = zeros(2,1); % displacement
F = Fj-Fs; % initial condition
% compute the initial acceleration
a = M\F;
% store the history data
```

```
x_his = zeros(2,n_t_steps+1);
v_his = zeros(2,n_t_steps+1);
a_his = zeros(2,n_t_steps+1);

x_his(:,1)=x;
v_his(:,1)=v;
a_his(:,1)=a;

for nn = 2:n_t_steps
  % update velocity
    v = v + delta_t.*a;
  % enforcely modify the velocity not to be minus
    if v(1)<0
    v(1)=1e-20;
    end
    if v(2)<0
    v(2)=0;
    end
  % update displacement
    x=x+1/2*delta_t.*(v_his(:,1)+v);
% update jack force accordingly
    % made judgement of fj
    if Vj*delta_t*nn>=x
        fjj =fj;
    else
```

```
        fjj =0;
    end
% calculate Fj
Fj(1)= fjj;
    Fj(2)=fjj.*(D-x(2))/(L/2+2/L*(D-x(2))^2);
    % calculate kinetic friction force
        Fk(1)=fk*v(1)/sqrt(v(1)^2+v(2)^2);
    Fk(2)=fk*v(2)/sqrt(v(1)^2+v(2)^2)*1/(L/2+2/L*(D-x(2))^2)-fk*v(1)/sqrt(v(1)^2+v(2)^2)*(D-d)/(L/2+2/L/(D-x(2))^2);

    % combine the above two
    F = Fj - Fk;

    % update acceleration
    a = M\F;

    % store solutions
    x_his(:,nn) = x;
    v_his(:,nn) = v;
    a_his(:,nn) = a;
end

%% post processing
n = 1:1:n_t_steps;
figure;
plot(x_his(1,n),x_his(2,n),'-o');
```

```
grid on;
title x-versus-y

n = 1:1:n_t_steps;
figure;
plot(n,v_his(1,n),'-o');
grid on;
title v-t

n = 1:1:n_t_steps;
figure;
plot(n,v_his(2,n),'-o');
grid on;
title v2-t

n = 1:1:n_t_steps;
figure;
plot(n,x_his(1,n),'-o');
grid on;
title x-t

deviation=2*x(2) % deviation at secondary end of immersed tunnel element
```

快速成岛 1：深插钢圆筒与副格的筑岛概念

创意的产生

港珠澳大桥岛隧工程建成了两个面积为 10 万 m² 的人工岛（图 1）。两个人工岛的建设位置在外海，地基软土深厚，达 30~50 m。岛上有建筑和隧道的现浇段，后者连接沉管段，需要控制沉降。

图 1　人工岛图片

港珠澳大桥岛隧工程的两个人工岛，中间连接沉管隧道，2018 年初完工，东人工岛的地质剖面见图 2。

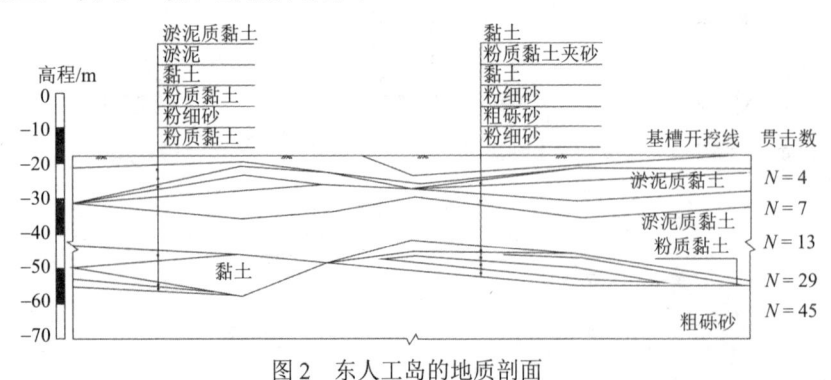

图 2　东人工岛的地质剖面

挤密砂桩（SCP）与抛石斜坡堤工法曾被作为筑岛方案（图3）。该工法通航安全的风险大，工程水域每天的通航船舶超过4000艘。开敞海域作业时遇到恶劣天气无掩护，而工程区域台风等恶劣天气高发，施工风险大。该工法的配套设施，在做隧道现浇段时，岛内需要超过千米长度的地连墙，形成深基坑作维护结构，并需要打设近万根的桩作基础。总之，该工法在此工程环境下需要花费巨额的投资，施工周期长。

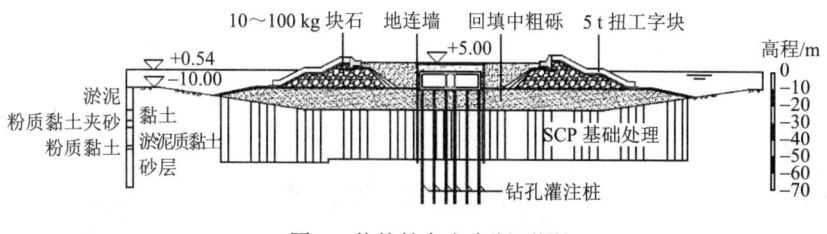

图3　传统筑岛方案断面图

港珠澳大桥岛隧工程的两个人工岛加上6.7 km的海底隧道，计划总工期是7年。如果不设法从工法方面寻求突破，仅筑岛就要消耗数年的工期，整体工期将不可能实现。

2000年，笔者参观日本东京湾横断工程，该工程采用格型钢板桩的钢圆筒建造海中人工岛，给笔者留下了极其深刻的印象。2005年港珠澳大桥岛隧工程前期准备时，笔者一直在思考突破工期的出路，直到2007年，笔者注意到岛隧工程的这两个岛的地基的软土不仅深厚，还具有易插入、不透水的特点，遂形成了深插钢圆筒筑岛的构想。钢圆筒可实现工厂化制造，其直径只要足够大，并在打设后及时进行筒内回填，就能做一个"活"一个，令工期有保证。而且，大型船舶作业的应用减少了对通航的干扰，施工安全更有保障。

2009年初开始进行方案论证，第一阶段进行了三个月的否定论证，结论是无法否定，但是提出了设计与分析、可打性与打设这三个难题。第二阶段用了半年的时间解决了这三个难题。之后，正式的设计在此基础上进行。第一个钢圆筒的打设在 2011 年 5 月 15 日进行。

方案的结果是加快了施工进度,降低了施工风险,减小了施工对中华白海豚生存环境的影响,降低了工程造价。

如何实现快

钢圆筒快速成岛工法能够将成岛的速度提高数倍,原因可归纳为以下三点。

①岛体施工快。通过工业化提高预制速度,通过大型化缩减现场海上作业的时间。施工的控制工序是钢圆筒与副格的制造与运输。为确保这个环节的速度,项目比选了多家钢结构加工厂,最终选择了上海振华重工对钢圆筒进行加工和运输。上海振华重工可提供六万多平方米的厂房进行板单元的加工。两台 500 t 的移动式岸吊可实现钢圆筒在厂区内的整体转运。每个月能制造 25 个钢圆筒。

东、西两个人工岛总共需要打设 120 个钢圆筒,每两个钢圆筒之间连接两个副格(图 4)。

(a) 东人工岛　　(b) 西人工岛

图 4　岛体结构平面图

②基础施工快。通过大超载比联合降水堆载预压(图 5),并打设塑料排水板,能够快速地完成人工岛下方土体的排水固结。港珠澳大桥岛隧工程的基础处理用时约 100 d。比较而言,传统筑岛方法需要大量的水上基础处理作业时间。

③完成基础处理后,岛内的工后沉降可直接满足岛上建筑的设计沉

降要求，因而取消了岛上建筑及隧道现浇段的桩基础。此外，隧道现浇段的一部分施工需要在人工岛上开挖−18 m 的基坑。钢圆筒直接兼做了基坑围护结构（图6），既避免了超过千米长度的地连墙工程的施工，降低了风险，又优化了工序。

需注意的是，排水固结的高效取决于钢圆筒形成的岛壁对水的阻断能力。钢圆筒与副格及它们的连接部位能够阻水，它们底部的不透水层（低渗透率地层）也能隔水。此效果的前提是岛壁自稳且不被破坏。

图 5 大超载比联合降水堆载预压

图 6 钢圆筒兼做深基坑

将工程不利条件转化为有利条件

图 7 描述了钢圆筒快速成岛的工法概念，以及与常规工法的比较。

152　沉　管

从中可发现快速成岛的特点：

①软土被最大限度地保留了，并加以利用在两方面。一是不透水（或渗透系数低）；二是可以被钢圆筒深插，使得钢圆筒在外海环境下的稳定性有保障。

②钢圆筒与副格组成的岛壁，既将海水隔离在岛外，又将永久岛壁的施工与岛内的施工隔离，实现了平行施工。

③因为上述第二个特点，成岛的速度不再取决于永久岛壁及削浪结构的施工速度，只取决于钢圆筒与副格的制造与安装的速度。

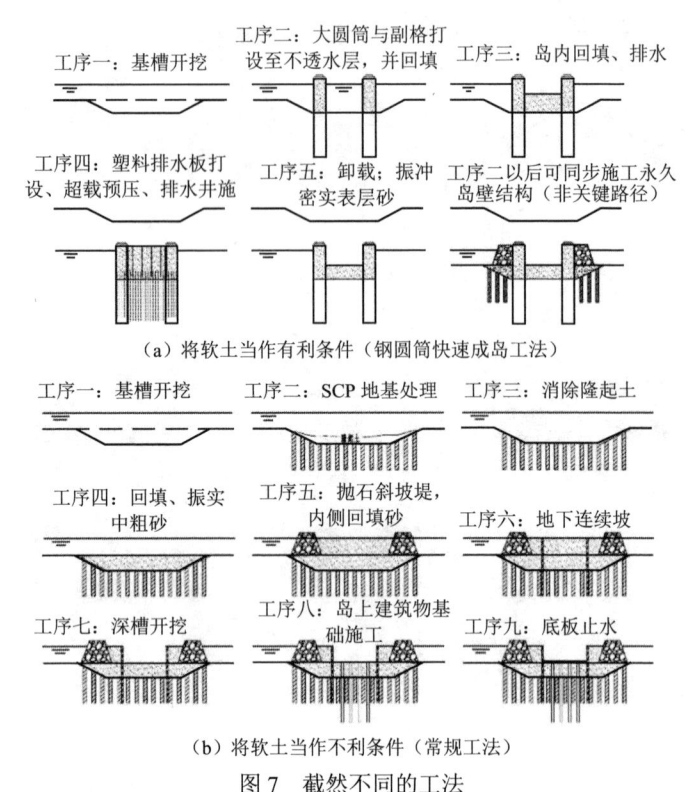

（a）将软土当作有利条件（钢圆筒快速成岛工法）

（b）将软土当作不利条件（常规工法）

图 7　截然不同的工法

对前文小结，这一构想是建立在将不利条件转变为有利条件的思维的基础上，其核心是跳出惯性思维。遇到水下深厚软土的情况，不是膝跳反射般地着手研究如何改良软土，而是思考软土的有利条件，能否与软土共存？最终发现软土的缺点就是软土的优点：软土的软，不仅使得钢圆筒可以深插入来获得外海施工环境下的稳固，而且插入到了不透水层，为岛内进行基础快速处理提供了条件。

关 于 用 途

在深厚软土环境下，深插钢圆筒与副格可作为永久性结构，直接用作直立式的码头、护岸和防波堤。形成的岛壁能够做到密不透水，如果被用作垃圾收纳场，既可解决垃圾存放难题，亦可围海造地，创造空间。在港珠澳大桥岛隧工程中，深插钢圆筒还被用作施工桥墩的临时围堰。在后来的一些工程中，钢圆筒的直径已经达到了 28~30 m，因此这个结构还可用作采油平台、防撞结构、风电平台等独立基础。

在下一篇，将讨论该工法的关键技术与决定成败的细节。

参 考 文 献

日経コンストラクション，1997. 东京湾横断道路すべて [M]. 东京：花上光治：72.

快速成岛 2：深插钢圆筒与副格的关键问题

钢 圆 筒

钢圆筒的特点，是在外海环境下能够生存。生存的关键是它作为薄壁结构在海流作用下能够保持稳定。钢圆筒的稳定既依靠筒内填充物的重量，又依靠底部的持力土层，所以钢圆筒的稳定性取决于它的直径、插入土层的深度，以及土层的物理参数。由此可知需要两个措施来确保钢圆筒的稳定，一是在钢圆筒施工安全窗口期内及时完成筒内填砂，二是回填砂的顶面需要设置临时反滤措施避免桶内的砂被海浪掏空。在海南三亚某工程打设的钢圆筒未覆盖反滤层，遭遇异常天气导致砂被掏蚀，从而导致钢圆筒的损坏。这是一个具有警示意义的经验。其他需要关注的影响因素包括岛内的回填、降水、超载及卸载过程中产生的内外的不平衡的侧向土压力的变化。

关于钢圆筒的尺寸的设计，应注意以下几点。

①从工业化、大型化的角度考虑，钢圆筒的直径越大，需要的钢圆筒数量就越少，则现场打设的次数越少，作业的效率越高。

②从风险角度考虑，钢圆筒的直径越大，稳定性就越好，所插入深度的要求可以相应降低。浅插利于打设，且可降低钢圆筒打偏的地质风险。但是，直径越大，地基刚度的变异性与地基的不确定性也会增加。直径大，回填量也大，则要求回填窗口期长，也会增加工程风险。

③从用钢量角度考虑，钢圆筒直径越大，为得到同等水平的刚度，壁厚需加厚，则用钢量较多。

所以，钢圆筒构造尺寸的确定，是一个不断优化的过程。

港珠澳大桥岛隧工程的钢圆筒构造见图1。

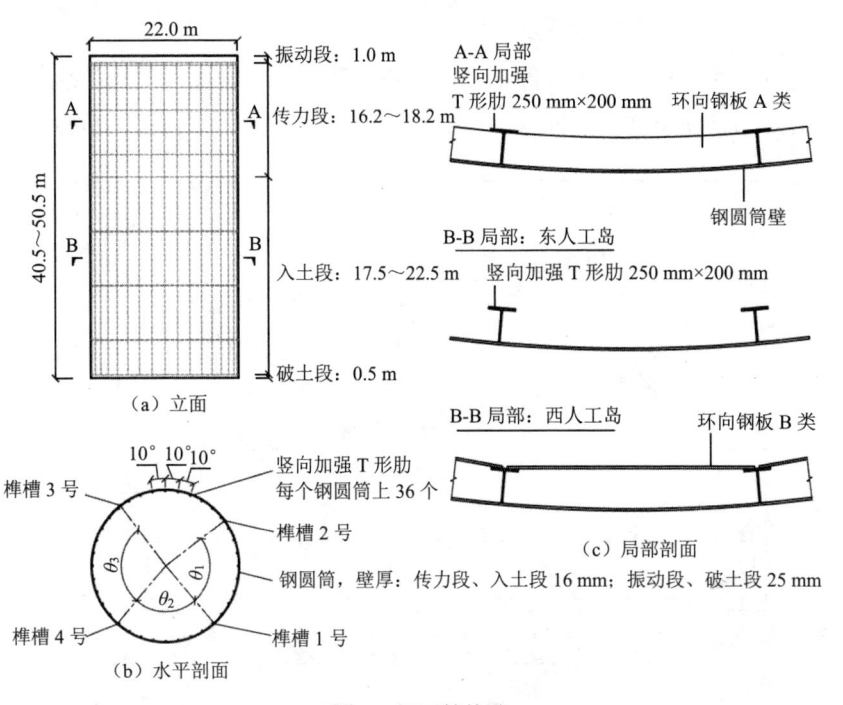

图 1 钢圆筒构造

钢圆筒高度 40.5～50.5 m，直径 22.0 m（通过计算稳定所需最小直径为 20 m），打入后筒顶的高程+3.5 m，筒底高程−37.0～−47.0 m。筒壁厚度 16 mm，除了局部加厚以外。单个钢圆筒的质量为 445～507 t。打入时，为了竖向传力，钢圆筒顶部设置竖向型钢与环向钢板——这部分不入土。为避免钢圆筒的顶部靠近振动锤的部位产生屈服，顶部竖向 1 m 范围的筒壁加厚。为了破土，底部竖向 0.5 m 范围的筒壁也加厚。

中交第四航务工程勘察设计院有限公司基于 OCDI 的经验公式验算单个钢圆筒的稳定性，并用 Plaxis 软件验算整体稳定性（图 2）；整体稳定性的验算考虑了每一步施工荷载的变化。钢圆筒的结构验算工况是打入产生的动荷载，以及回填产生的侧土压力。此外，钢圆筒在运输过程中，需要具备一定的刚度。由于钢圆筒在港珠澳大桥岛隧工程中只是临时设施，未做预留腐蚀厚度等防腐蚀处理。

港珠澳大桥岛隧工程的钢圆筒之间的净间距被设置为 2 m，其主要目的是为了便于副格的插入，且副格的插入需要适应钢圆筒打设的偏差。

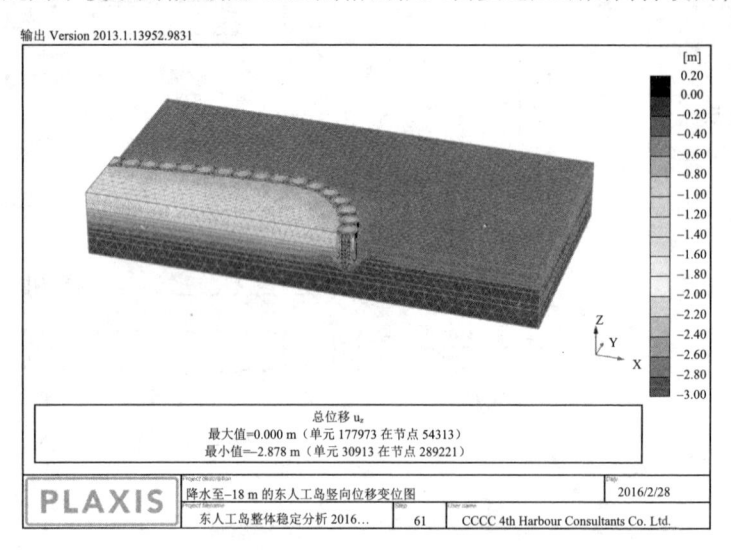

图 2 Plaxis 软件验算岛体整体稳定性

副格或整体式圆弧钢板

副格的作用，是通过与钢圆筒的连接，将岛壁连成一个整体，将内外的水隔开。所以，需要将副格插入至不透水地层。当然，钢圆筒也需要被插入至不透水层，但是港珠澳大桥岛隧工程的海况恶劣，为了存活（稳定），钢圆筒需被插入更深的地层。

为了实现最高的施工效率我们提出并创造了整体式的圆弧钢板。之前已有的结构有格形钢板桩、V 形钢板桩或锁口钢板桩。副格的打设是一个挑战，而且副格的打设还需要适应先打设的钢圆筒的偏差，偏差产生的原因是钢圆筒的扭转、倾斜,以及平面偏位。因此,为了验证副格打设方案的可行性,在天津的陆地上做了一个足尺试验,这在后文详述。副格结构见图3,与钢圆筒类似,需要具备一定的刚度来完成运输和打设。

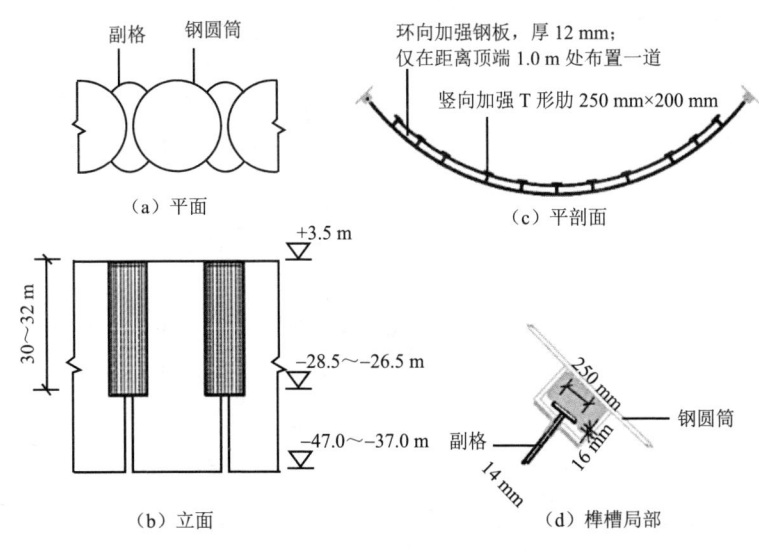

图 3 副格结构

连接与止水构造

钢圆筒与副格的连接目的是实现副格对钢圆筒的插入及插入后的止水。通过比选大榫槽、锁口桩、小榫槽三种连接构造,见图4,考虑钢圆筒的打设偏差的适应性与止水效果,选择了图4a。

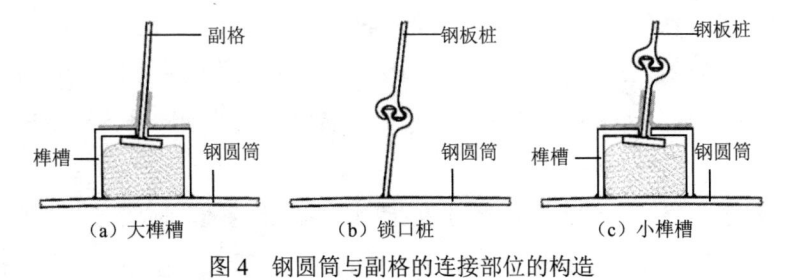

图 4 钢圆筒与副格的连接部位的构造

在钢圆筒之间的两个副格的内部填砂以后，副格上的侧压力令连接部位受拉，副格端部的 T 形端头在榫槽内后退，腾出空间来实施止水构造。通过观察渗水量比选止水填料，最终选择了膜袋+膨胀砂浆的方式，见图 5。防渗胶皮也能阻挡止水材料渗出榫槽。

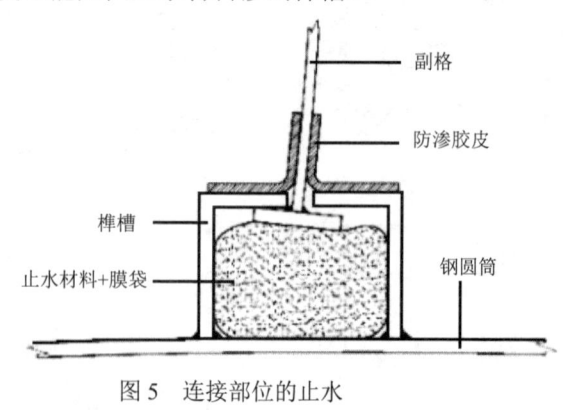

图 5　连接部位的止水

天津副格试验

副格作为圆弧薄壁的新颖结构，能否被顺利地插入榫槽与打入地层是关键因素。港珠澳大桥岛隧工程的工作原则是试验先行，因此在副格打设之前先在天津的陆地上做了一个试验。

试验的首要目的是验证副格的插与打的可行性，通过监测副格的应变，确保在打设过程与体内填砂过程中结构的安全度。其次，试验还达到以下目的：通过比选两种尺寸的榫槽验证防渗胶皮与榫槽打入后的完好性；比较超细水泥、沥青及膨润土的止水效果；比较了 12 mm、14 mm、16 mm 三种壁厚的副格；分析副格穿过不同土层时的打设效率；通过测量榫槽的渗水量来确定在人工岛的地基处理期间岛内需要的抽水能力。

对于副格插入的土层，通过地质勘查将试验场地的地质与工程现场做比较，确保副格在试验场地打设时受到的土体摩擦力不小于它在工程现场打设时受到的摩擦力，即选择的地质条件比工程现场的更不利。

　　基于上述原则，足尺试验的总体布置见图6（a、b）。布置成等边三角形打入三根长30m钢管桩，从而可进行三组对比试验。为了模拟实际打设时会出现的钢圆筒的打设偏差，打桩时设置了平面偏位与倾斜，见图6c。但是，因为地质不均东人工岛部分钢圆筒的倾斜度远超出了天津试验对倾斜度上限的假设，因此补充了大倾斜度试验，这在后文叙述。钢管桩被打入前，每根桩上都预先焊接好榫槽并装好防渗胶皮。

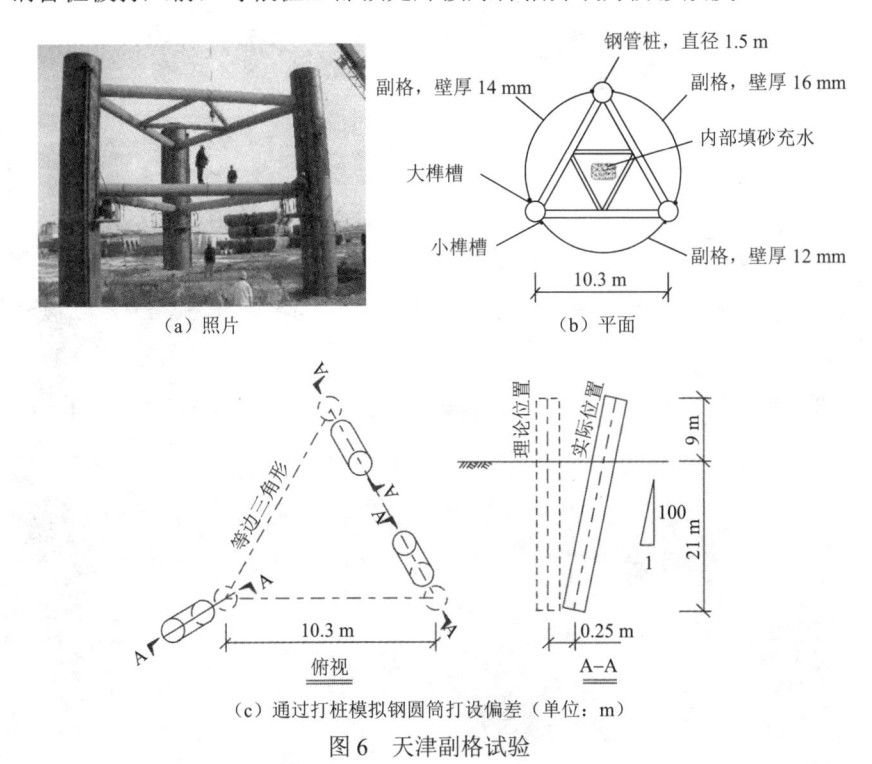

图6　天津副格试验

　　为了确保副格打设时钢管桩的水平位置是固定的，用水平钢管将三根桩连接在一起（图7）。副格的打设深度设置为21 m，涵盖了港珠澳大桥岛隧工程的副格打入不透水层所需要的最大深度。为增加打设难度，还在地表铺设2 m厚碎石层，碎石粒径为30～50 mm。

图 7　副格陆上打设试验

三片副格全部打设完以后，它们围成了一个封闭的筒，往筒内填砂。填砂后副格受拉，检查副格在最大侧土压力下的结构应变。再在连接部位的空档内实施止水填充。往副格中间灌水（图 8a），以检查副格与钢管桩连接部位的止水效果；通过在副格外设置连通的透明管观察水位（图 8b），基于水位的变化速率了解连接部位单位时间的渗透量。

（a）灌水 　　　　　　　　　（b）水位检查测试
图 8　止水效果试验

试验观察到三片不同厚度的副格振沉的用时均较短，为 11～18 min。16 mm 壁厚的副格的打设记录见表 1。12 mm 壁厚的副格打设时，底部的挡水胶皮与钢板摩擦后燃烧。16 mm 厚的副格打设完成的 2 d 之后又

对它进行上拔试验，上拔高度 1.8 m，用时 7 min，验证了设备上拔副格的能力。

表1 副格打设记录

土层	持续时间	下沉高度/m	下沉速度/(m/min)	吊重/t	平均振幅/mm	发动机转速/(r/min)	振频/vpm	宽榫槽温度/℃
碎石层	45 s	2	2.660	21	3.5	1200	986	15
黏土	2 min 14 s	3	1.343	18.5	3.2	1300	1068	29
粉土	3 min 10 s	1.8	0.568	20.5	2	1600	1314	56
粉质黏土	5 min 11 s	5.2	1.003	19.5	4.5	1800	1478	85
合计	11 min 20 s	12	—	—	—	—	—	—

注：副格的壁厚 16 mm、质量 42.57 t，自由下沉 0.05 min，振沉时间 2011 年 3 月 1 日 13 点 52 分 30 秒至同日 14 点 3 分 50 秒。

制　　造

钢圆筒的制造是决定成岛效率的关键工序。它被分为上、下两段筒体分别组装，再整体拼装，之后可被整体倒运（图9）。单段筒体竖向等分成 6 块板单元，每块宽约 11.5 m。下段筒体固定高度 20.9 m；上段筒体的高度可调节。考虑它自身的可打性，以及连接它的副格的可插入性，钢圆筒制造时，要求将它的整体垂直度控制在 0.1% 以内。

　　（a）单元制造　　　　　　　（b）组装

162 沉 管

（c）整体倒运
图 9 钢圆筒的制造

运 输

运输钢圆筒的船舶的受风面积大（图 10a），需要确保船舶能顶风航行。钢圆筒在运输期间需要封固，运输前在每个钢圆筒的底部焊接 36 块加固板，间距为环向 10°（图 10b）。并且，通过验算船舶的运动惯性力及在风力的作用下钢圆筒及封固的结构应力，分析结果表明运输时船舶可接受的最大风速是 8 级（17.2～20.7 m/s）。运输时基于一个全球海运服务的天气预报系统，选择适宜的运输路径，绕开途中不满足气象与海况要求的区域。

（a）运输　　　　　　　　　　（b）封固
图 10 钢圆筒的运输与封固

关于副格的装船，通过选择适宜的起重机械、吊杆与吊索，避免副格在搬运过程中发生塑性变形，见图11。

图 11　副格起吊

钢圆筒运输船在打设现场的驻位

8 万 t 的运输船需配合工程施工，其定位是一个难点。运输船体型巨大，钢圆筒卸载前，受风面积大，采用常规系泊走锚的风险极大。另一个不利条件是人工岛周围水浅，而运输船吃水深。

综上考虑，运输船改为在固定位置驻位，每个人工岛选择一个位置，打设船施工时通过铰移来取钢圆筒[图 12（a、b）]。为了确保水深，在人工岛附近专门开挖一个供运输船驻位的水下基槽。4 个 165 t 的素混凝土块被放入槽底，并被覆盖 5 m 厚的砂来确保足够的锚定力。每个混凝土块通过约 500 m 长的锚链连接至海上的浮筒。浮筒上设置拉环。运输船到位以后，船上的多根缆绳与 4 个浮筒的拉环连接（图 12c）。

然而，在一次大风时锚定仍然失效了，运输船被风刮至外海，幸好未造成损失。在后续工作中将混凝土块的质量增大至 225 t，并将它的埋深增至 10 m。

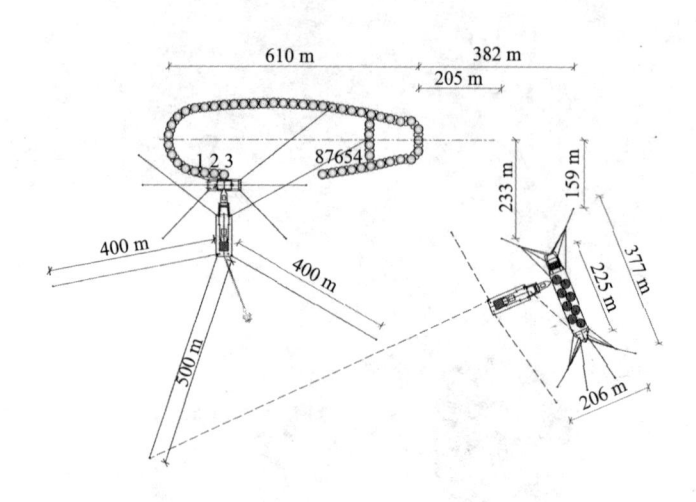

（a）典型铰移方法平面示意

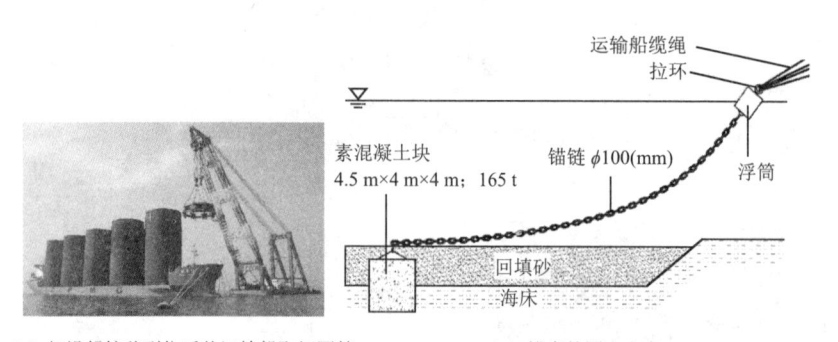

（b）打设船铰移到位后从运输船取钢圆筒　　　　（c）锚点的固定方案

图 12　运输船的驻位

钢圆筒及副格的打设

打设顺序是先打设钢圆筒（图 13a），再在钢圆筒之间插打副格（图 13b）。

(a) 钢圆筒　　　　　　　　　(b) 副格

图 13　振沉施工

将直径 22 m、高度大于 40 m 的钢圆筒打入土层为世界上首次。前文已述钢圆筒为了稳固需要被深插，在港珠澳大桥岛隧工程的地质条件下，钢圆筒打入既定高程需要克服约 20 000 kN 的侧壁摩阻力（钢圆筒下沉的端部阻力小，因为它是薄壁结构，用少量的自重就可克服端部阻力），为了克服侧壁摩阻力，采用了 8 个 APE600 型液压振动锤进行钢圆筒的打设，总的激振力达到 38 640 kN；副格的打设采用 2 个液压振动锤，配置见表 2。在东、西两个人工岛的钢圆筒的打设过程中，根据动力柜发动机范围实际转速推算的激振力统计见图 14，可见与预计的总激振力比较仍有一些安全富余。东人工岛由于地质条件差异大，激振力分布比西人工岛不均匀。而且，东人工岛北侧的钢圆筒的打设普遍较困难，有一个钢圆筒的高程比设想值高了 3 m。东人工岛、西人工岛钢圆筒打设的平均时间统计见表 3。

西人工岛的副格的打设速率平均为 1.2～1.8 m/min，东人工岛为

0.4～1.6 m/min。

表 2 液压振动锤系统参数表

主要项目	2 台 APE200 打设副格	8 台 APE600 打设钢圆筒
激振力/kN	4 550	38 640
功率/kW	—	5 371.2
偏心矩/(kg·m)	150	1 840
重量/t	20	184

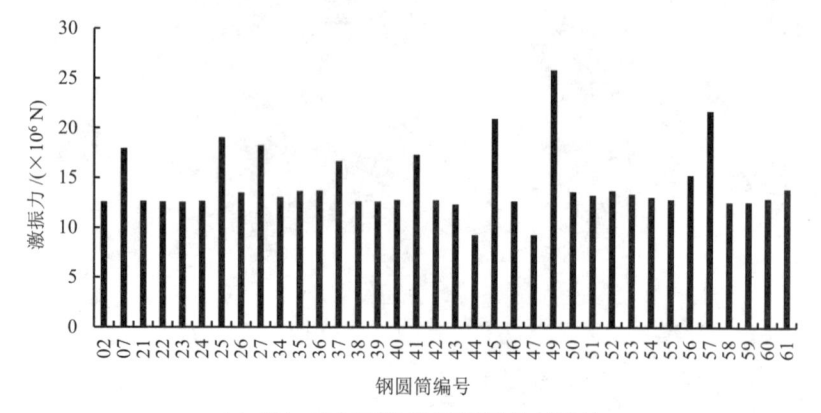

（a）西人工岛钢圆筒打设记录到的最大激振力

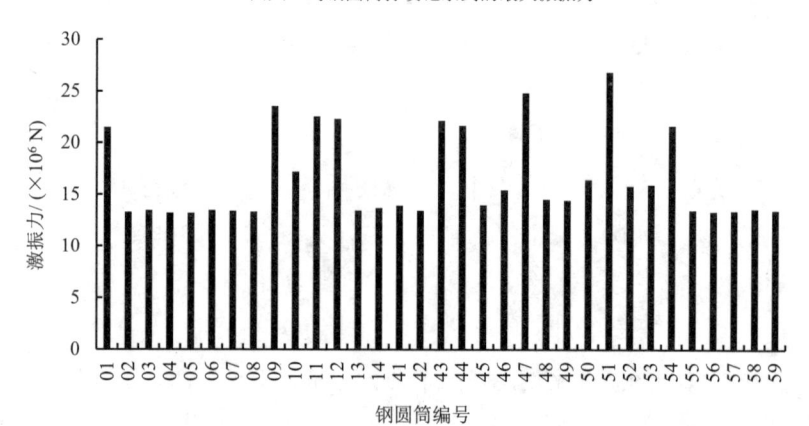

（b）东人工岛部分钢圆筒打设记录到的最大激振力

图 14 激振力统计

表3　单个钢圆筒平均施工时间统计　　（单位：min）

移船	起吊	定位	自沉	振沉	合计
65	61	87	54	7	274

考虑副格的可插入性及连接部位的止水需要，钢圆筒的竖向倾斜度需要控制，策略是减压打设：在钢圆筒打设过程中，钩头始终保持较大的吊力，这部分力与钢圆筒的大部分的自重平衡，起到导向作用。钢圆筒剩余的自重用来破土，即克服钢圆筒底端的土阻力。在西人工岛位置，地基土层相对均匀，打设时的倾斜度控制在0.2%以内。但是，在东人工岛位置，由于土层不均——该地质更有普遍性与代表性——且含透晶体，即使减压打设（甚至在每个钢圆筒打设前根据地质条件钻孔设置预倾斜量）也难以将倾斜度控制在0.2%以内。该问题在深圳—中山通道项目通过绞地基方式获得了一个更均匀的地层，更好地控制了倾斜度。

在钢圆筒打设过程中要控制它的姿态。港珠澳大桥岛隧工程的人工岛处于外海环境，为了定位钢圆筒与副格，使用了一艘专门的定位驳。测量定位方法平面示意见图15。

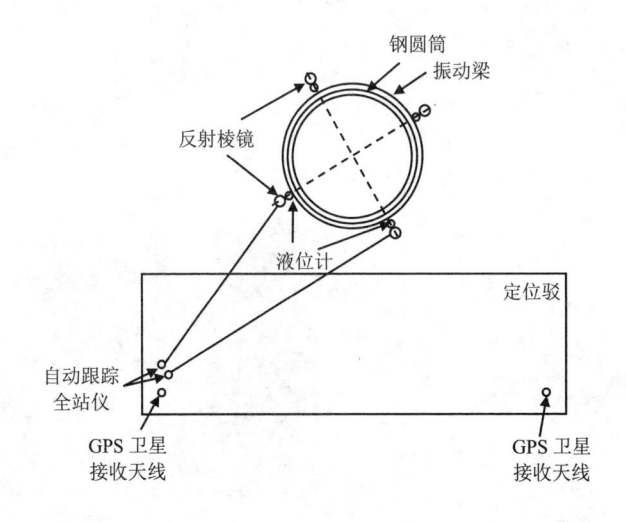

图15　测量定位方法平面示意

定位的主要方法是：

①用定位驳上的 GPS 来掌握船的绝对位置；

②在钢圆筒上设置棱镜，通过定位驳上的自动追踪全站仪，定位钢圆筒与船的相对位置；

③通过①、②换算钢圆筒的位置，包括扭转、高程、平面；

④通过在钢圆筒上设置液位传感器获得钢圆筒的倾斜度。

多锤同步

多锤同步是钢圆筒振沉的必要条件，通过以下三个同步实现。

电同步：操作主控台，保证动力站和锤的同时启动与停机。

液压同步：保证每个锤获得相同的液压与流量；动力柜液压油管互相连通，确保它们的液压油面一致。

机械同步：通过同步轴的传递，保证多台液压振动锤在启动和停止阶段，偏心块位置相同。

岛隧工程实现了 8 锤同步，后来的工程又实现了 12 锤同步。

多锤联动原理见图 16。

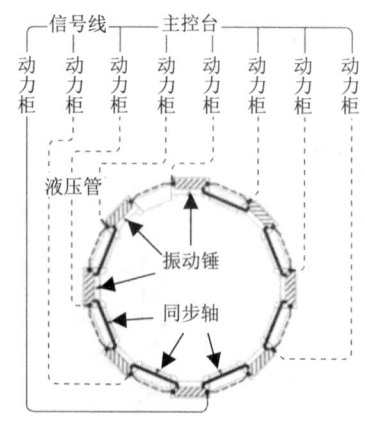

（a）8 台振动锤系统　　　　（b）8 锤联动原理

图 16　多锤联动原理

新会1∶20副格模型倾斜插入试验

东人工岛钢圆筒 D50 打设后，竖向倾斜度达到了 5.9%，超出了原先设定的 0.5%的极限。为验证副格是否仍能顺利插入，在陆地按照 1∶20 的比例，模拟 D50 两边的钢圆筒的倾斜状况，进行小比例副格插入试验（图17）。采用 2 mm 钢板制作副格模型，结果表明副格仍然可以插入榫槽。实际施工时，副格插入性及止水效果也表现良好。副格作为一种薄壁的圆弧钢板，对偏差的适应能力比预期好。

图17　新会副格倾斜插入试验

副 格 撕 裂

东人工岛 D47～D48 号钢圆筒之间靠近岛内侧的副格在回填砂的过程中发生了撕裂（图18），因而丧失了连接及止水功能。为了恢复损坏的副格的功能，在开裂副格的内部打设钢管桩，并与两边的钢圆筒设置横撑连接，起到支撑作用。同时对施工深层搅拌桩起到地基隔水的作用。由此获得的经验是副格设计时应充分评估薄壁结构与连接部位在填砂过程中的强度，施工时要控制填砂的速度，避免侧土压力突增。

图 18　因副格内填砂而发生撕裂的一片副格

后续作业及监测

钢圆筒与副格的临时岛壁施工完成后，后续作业是排水固结、超载（图 19）与卸载。为了安全，应定期观测岛壁的位移，并检查岛壁是否开裂。通过土层取样与标准贯入试验的击数观测地表沉降情况，并与理论的土体固结计算结果进行比较，来确保土体达到相应固结度。

港珠澳大桥岛隧工程观察到表层沉降 2.1～2.8 m，根据表层沉降随时间变化关系推算满载预压 120～150 d 沉降固结度大于 85%，满足沉降控制所需的固结度。人工岛回填砂经深井降水密实后，它的标准贯入试验的击数（简称标贯击数）从降水前的 6～18 击提高到 25～45 击。同时采用了标准贯入试验和十字板剪切试验对加固后原状土进行检测，淤泥和淤泥质土标贯击数由 0 击增大到 4～8 击，平均增大了 5 击，下部粉质黏土的标贯击数由原来的 8 击提高到 11～15 击；淤泥和淤泥质土的十字板剪切强度由原来的 19.7～45.6 kPa 增加为 43.6～82.5 kPa，平均值由 32.1 kPa 增加至 63.0 kPa，下方粉质黏土的十字板剪切强度由 60.2～87.6 kPa 增加为 81.8～102.8 kPa。

(a）排水板　　　　　　　　　　（b）岛内填砂与排水井

图 19　超载预压

参 考 文 献

林鸣，卢永昌，李一勇，等，2016. 港珠澳大桥主体工程岛隧工程外海深插钢圆筒快速筑岛技术科技成果鉴定会总结报告[R]. 珠海：中交第四航务工程勘察设计院有限公司.

孟凡利，孔令磊，刘昊槟，等，2015. 大直径钢圆筒振动下沉工艺及设备的开发与应用[J]. 中国港湾建设，35(7)：116-119.

The overseas coastal area development institute of Japan，2002. Technical Standards and Commentaries for Port and Harbour Facilities in Japan[Z]. Japan：Daikousha Printing Co.，Ltd.

快速成岛 3：更好的构想

由前两篇可知，钢圆筒利用大型化安装，将海上作业时间大幅度地缩减。但是这个方案的效果与土质的关联度较强。

是否存在其他的快速筑岛方式？我们构想了装配式人工岛。

装配式人工岛的施工近似沉管隧道：施工时，在岸上（分段）预制，预制好后，利用水的浮力运输，利用水的重力下沉，利用水的推力连接；使用时，往预制段内加载碎石（或砂、块石等）以确保稳定性，通过加、减荷载来调节地基的压力。

如果该构想能实现，不仅可以做到快速成岛，甚至在一些工程条件下可以比深插钢圆筒的方案更优。

岛体预制段基本形式见图 1a，中部的大空腔用来实现功能；两侧的小空腔用来调节重量。

预制段之间的拼接见图 1b，可采用 U 形的 GINA 止水带，或者采用类似钢圆筒之间的副格连接。

当采用 GINA 止水带时，预制段的定位、拉合及水力压接都在开敞的、水上的、可到达、可见的地方进行，与沉管管节的对接相比简单得多。

用这种方式拼接而成的人工岛，一端可接沉管隧道，一端可接桥梁，见图 1c。

(a) 人工岛预制段

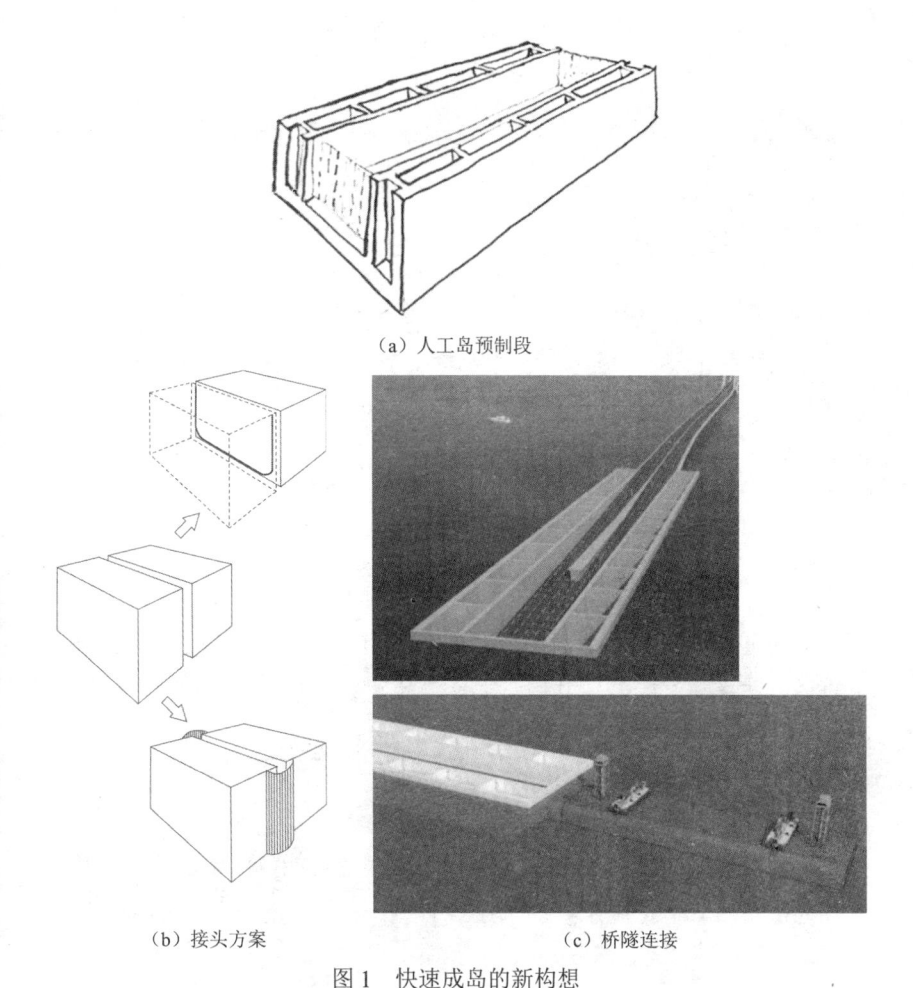

(b) 接头方案　　　　（c) 桥隧连接

图 1　快速成岛的新构想

纵向长度与分段

下文以案例来说明这个新构想。

设建设期的水面是 0（海平面）；设与岛的一端相接的隧道结构底面高程是 −10 m，另一端桥是 +4 m；设最大路面纵坡 4%。

由以上三个数值可得到人工岛的最短长度为（图 2）：

$$\frac{4-(-10)}{4\%}=350(\text{m})$$

将岛沿长度方向均分成 5 个预制段,则每段长 70 m。

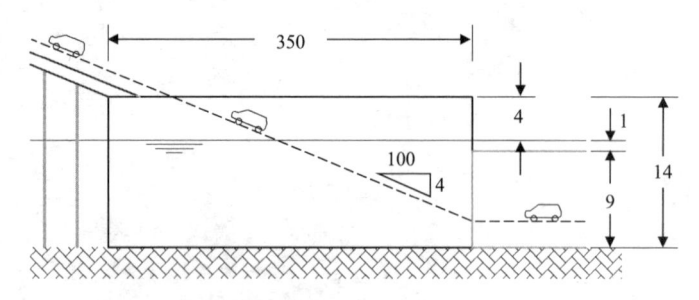

图 2 人工岛长度拟定示意(纵高比 1∶10,单位:m)

结构选型与预制方法

结构可采用混凝土结构,也可采用三明治结构;预制方式可采用传统的干坞法(与沉管隧道共用干坞),也可在半潜驳上预制。

横　断　面

前文已述横断面的中部的大空腔用来实现功能,两侧的小空腔用来调节重量。后者包括施工期的水压载和调平,以及运营期的砂或碎石的回填。

近似《沉管隧道的设计》,人工岛的横断面的拟定需要权衡以下因素。

①中部的大空腔实现功能所需的最小宽度。在这里设为 30 m;该宽度基本可与双向 6 车道的沉管隧道相衔接。

②岛体的高度取决于使用期间的最高水位,需要考虑的因素包括海平面上升、涨潮、风暴潮、风增水等;这里设为水面上+4 m。

③预制段浮运时的吃水。为降低临时航道及水下基槽开挖的用量,

预制段浮运时的吃水应尽量浅，或者至少等同于与其相接的沉管管节的吃水。参考图2，这里设为10 m。

④两侧小空腔结构的宽度既决定了岛体预制段起浮时的吃水，又决定了岛体预制段在下沉时的压载容量，以及使用期间的最大压重量。两侧的小空腔越宽，预制段的排水量越大，吃水就减小，但是施工及运营期可加的压载重量就越多；总体上，两侧越宽，岛体结构的空腔浪费就越大，除非空腔还另有其他用途。

考虑以上因素，拟定的基本横断面如图3所示，宽46 m、高14 m。

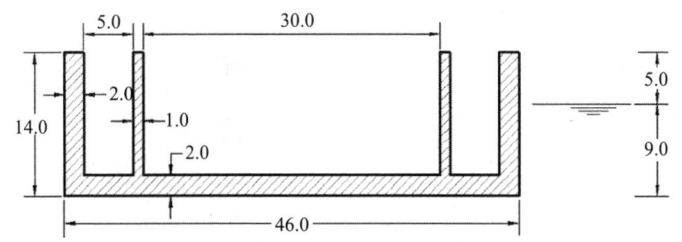

图3 拟定的基本横断面（水位显示为预制段浮运时期，单位：m）

重量平衡验算

（1）计算可以施加的最大压重

两侧空腔加满水的质量增加量 $M_{11} \approx 2 \times [5 \times (11-0.5) \times 70] \times 1 = 7350$ t（图4）。

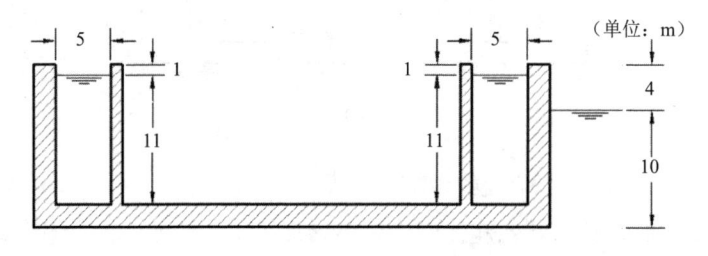

图4

两侧空腔加满碎石质量增加量 $M_{12} \approx M_{11} + 2 \times (5 \times 11 \times 70) \times 1.72 = 20594$ t（图5）。

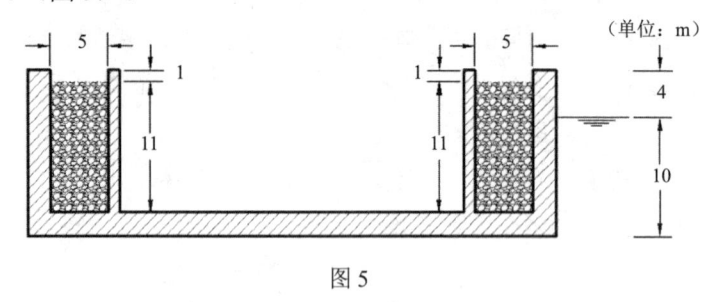

图5

当设置墙趾，额外质量增加量 $M_{13} \approx 2 \times (2 \times 6 \times 70) \times 1.12 = 1881.6$ t（图6）。

图6

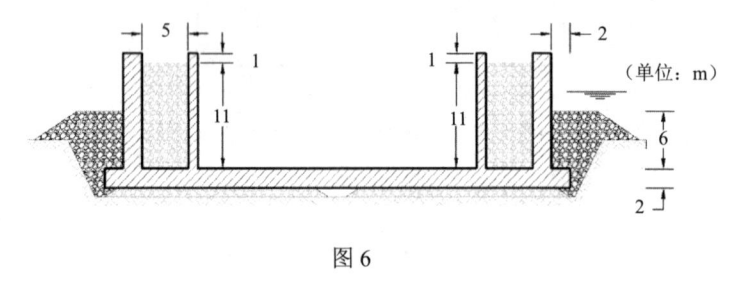

厚的路面层质量增加量 $M_{14} \approx (1 \times 30 \times 70) \times 2.3 = 4830$ t（图7）。

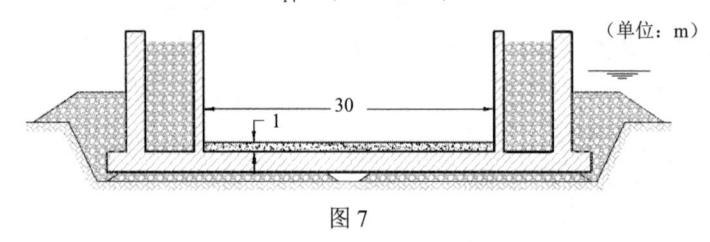

图7

（2）计算各个阶段的预制段的浮力的增量

安装时，着床状态相比浮运状态增加了 1 m 吃水，对应预制段增加的浮力 $M_{21} \approx 1 \times (46 \times 70) = 3220$ t。

施工期，20 年一遇的高潮位+风暴潮水涨 1.4 m，对应预制段增加的

浮力是 $M_{22} \approx M_{21}+1.4\times(46\times70)=7728$ t。

使用阶段，120 年一遇的海平面上升+高潮位+风暴潮水涨高合计 2.75 m，对应预制段增加的浮力 $M_{23} \approx M_{21}+2.75\times(46\times70)=12075$ t。

（3）基于（1）和（2）的结果，验算各个工况的抗浮及稳定性

下沉工况：压载水所需高度 $\approx M_{21}/(2\times5\times70)=4.6$ m（图 8）；该水位低于海平面，因此可通过水的重力自流实现下沉。

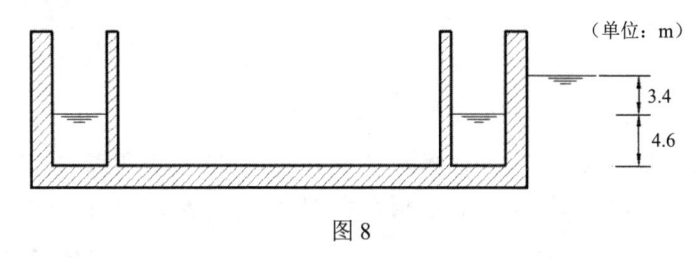

图 8

着床工况：1.05 抗浮安全所需的压载水质量 $M_{31} \approx 30000\times5\%+M_{21}=4720$ t<7300 t；1.05 抗浮安全要求对应压载水高度 $\approx 4720/(2\times5\times70)\times1=6.7$ m（图 9）；所需的空腔水位低于海平面，因此可通过简单设置连通管来确保空腔内的水位。

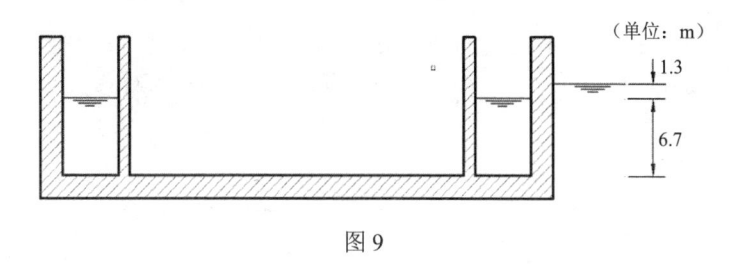

图 9

施工抗浮工况：1.15 抗浮安全所需压载水质量 $M_{32}=30000\times15\%+M_{22}=12228$ t<13200 t；1.15 抗浮安全对应碎石高度 $\approx 12228/(2\times5\times70)\times1.72=30.4$ m（图 10）。

施工止推工况：预制段连接时的压载水质量 $M_{33} \approx (0.5\times10\times1)\times(10\times46) = 2300$ t。摩擦系数取 0.4，考虑 1.5 富余量，所需压载水质量 $M'_{33} \approx$

(2300/0.4)×1.5 = 8625 t< M_{32}= 13200 t，故非控制工况。

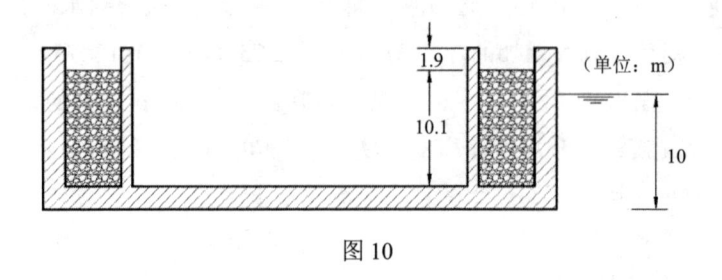

图 10

抗流工况：10 年重现期最大水流 0.6 m/s；水流垂直作用于人工岛一个预制段的长边方向，预计水流力 315 t，小于 M'_{33} 故非控制工况。

运营期抗浮工况：考虑 120 年一遇高水位 M_{23}。1.2 抗浮安全所需压载水质量 M_{34} ≈ 30000×20%+M_{23}=18075 t≤M_{12}+M_{14}=13244+4830，所以满足。

抗倾覆满足。

岛内永久工程

人工岛的路面结构层的两种做法如图 11 所示。图 11a 中的路面下方的结构可预制，也可现浇；多出的空间可供利用；图 11b 要在现场施工。

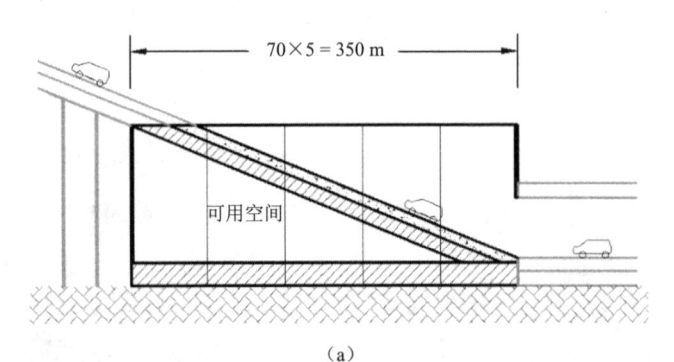

(a)

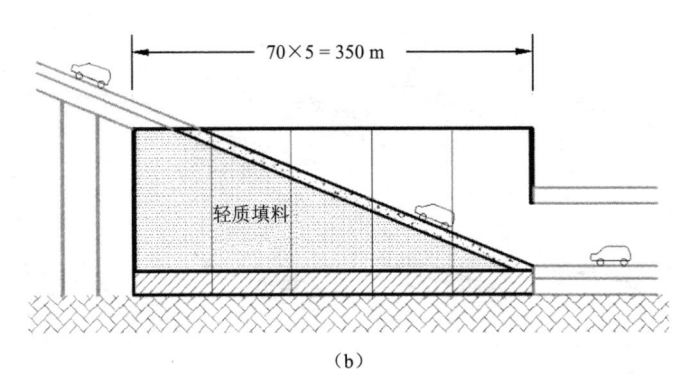

图 11 人工岛路面结构层做法

地基压力控制

岛内施工带来地基压力的增加，为了将该压力控制为较小值，可以将两侧空腔中预先填上的碎石根据增重来相应卸载，见图 12。

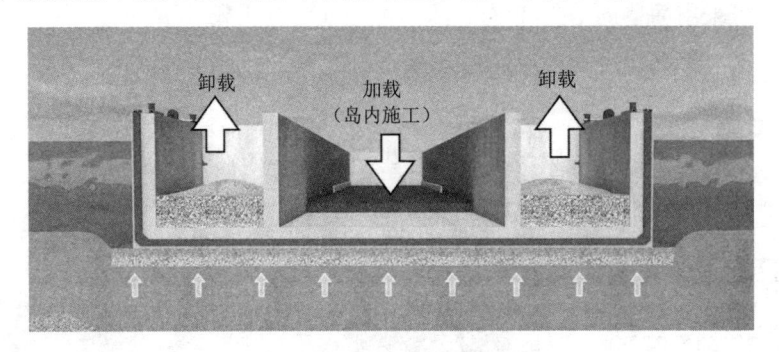

图 12 地基减载示意图

总 体 工 序

图 13 中，第一个顺序是先沉放人工岛与隧道连接部位的预制段，从而创造了两个工作面，一边继续对接人工岛预制段，一边对接沉管管节。第二个顺序是先筑岛，再做沉管隧道。

(a) 第一个顺序

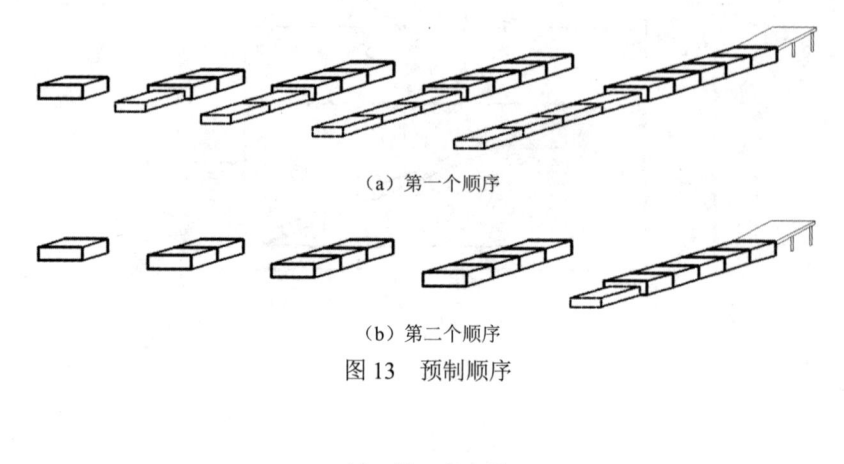

(b) 第二个顺序

图 13 预制顺序

其 他 考 量

①横断面的双边墙结构从受力和止水角度考虑都较好，人工岛预制段也可采用简单的 U 形断面。两侧可额外设置压载水箱。

②人工岛宽度近 50 m，如采用碎石垫层铺设，可分区铺设，船位示意见图 14a。

③必要时可在敞口顶缘设置一些临时的或永久的横撑（图 14b），以加强预制段的刚度和整体性。

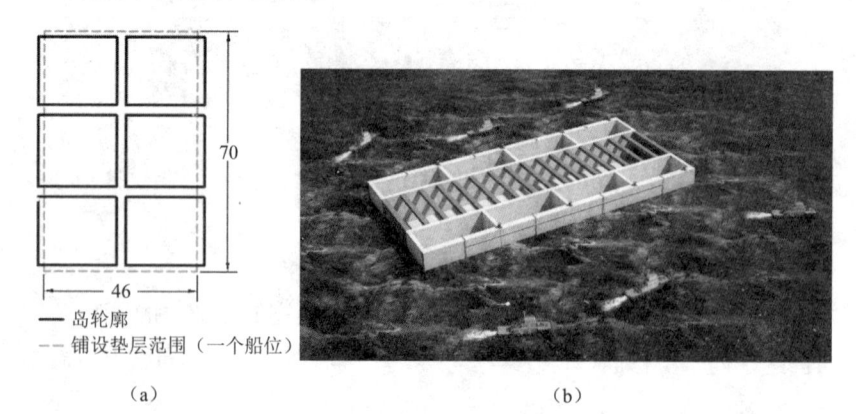

— 岛轮廓
-- 铺设垫层范围（一个船位）

(a)　　　　　　　　　　　　(b)

图 14 船位示意与横撑

小　　结

这个快速成岛方案如能实施将获得以下优势。①大型化安装，将大量的水上工作转移到陆地进行；②对地基的压力小，且可通过压重和减载调节，具有减小水下地基处理需求、减少开挖量两点好处；③水利影响（阻水率）低；④取消了深基坑；⑤快速成岛；⑥取消岛上隧道段的基础处理，进而减少桩基础等施工噪声；⑦环境影响最小化；⑧无需专门的施工码头，只需在预制结构的外侧加护舷；⑨方便连接桥梁与沉管隧道；因地基压力和沉管隧道接近，容易实现与沉管段的地基刚度的协调，避免了岸边接头的差异沉降风险（相比其他筑岛方式独有的优势）；⑩人工岛的预制段可与沉管管节共用干坞，减少大型临时设施的投资。

沉管隧道的基础 1：真实的复杂、理论的简单

观察一个事物时，如果它带给我们的感觉是复杂的，说明它是（接近）真实的，我们没有做梦。该原则也被用来证明多重世界的存在。沉管隧道的基础是复杂的。格伦茨在 2001 年描述了导致沉管隧道沉降的 8 个因素。7 年前，对于港珠澳大桥岛隧工程沉管隧道的基础方案的研究进行得非常谨慎。其中有三个问题最受关注：隧道基槽开挖后的基槽底部土体的回弹再压缩，碎石垫层的变形，以及回淤的影响。我们针对这三个问题开展了长年的、大量的试验与分析。

然后与然而，为学日增，为道日损。

有时，我们需要方法来解决问题，需要对观察做出解释，遇到这种情况我们会寻找或创造一个理论。这段话也是本书对"理论"的定义。

如果有一个理论，它的解释比它的同类的解释要少，它就可能成为主流理论，因为它顺应了真实世界的脉络。在伽利略的日心说之前，地心说的学者设置很多"解释"来描述星星的走位。在爱因斯坦的相对论之前，牛顿借用万有引力来将经典力学体系"自圆其说"，而现在的科学家的梦想是找到统一所有力的理论。

所以，与第一段讲的"事物越复杂越真实"相反，如果一个理论令我们感觉复杂，这个理论迟早会被更优的理论所替代。因为越简单的理论就越能被广泛地使用，就越深刻。

沉管隧道的基础问题在建设条件复杂的港珠澳大桥岛隧工程初期显得格外复杂，问题的复杂性来自 30 m 厚的软土，隧道的深埋线形，荷载

的不均匀，大水深及结构与地基沉降的耦合。最终我们把问题解开了，还获得了"谜一般"的实施结果，早前的计算与实际观测的差异令基础工程师和地质工程师们大吃了一惊。自最初研究基础问题到7年后的今天，沉管隧道的基础问题从一开始的复杂，到现在已经变得十分清晰与简单。

在下一篇《沉管隧道的基础2：理论》中，将讲述我们在经历过最复杂的问题后领悟而得的最简单的答案。

沉管隧道的基础 2：理论

原　　则

均匀是沉管隧道基础的控制原则，其原因如下。

如果一座沉管隧道的上覆荷载、地基刚度及沉降都是均匀的，那么该沉管隧道的结构绝不会因为沉降而发生任何的变形。

均匀的沉降只会影响沉管隧道的高程，而沉管隧道的高程是可以通过预先抬高来补偿的，具体叙述见前文《线形管理》。

地基承载力通常不是沉管隧道基础的控制性问题。因为沉管隧道在水中很轻，后续的加载只有路面、交通和顶部回填（港珠澳大桥岛隧工程还有厚达 20 m 的回淤）。最不利的工况是整个沉管隧道水淹。

沉管隧道自身及其与岸边段的地基刚度与沉降的过渡，可以利用空间来实现均匀。

均匀的原则，就是弱化时间的影响并利用空间来实现对沉管隧道及相邻岸边结构的地基刚度和沉降的平缓的过渡。下面分三步来说明：①控制表层沉降；②定义临界荷载或辨识地基无固结沉降的区段；③实现均匀的过渡。

控制表层沉降

为了便于讨论需要区分沉管隧道基础的横向要素，见图 1。

从空间上沉管的总沉降可分为三部分，基床沉降、地基表层沉降及深层沉降。其中，地基表层沉降即表层土的压缩是不均匀沉降的主要来源。因为表层土的受力-压缩规律具有很强的不确定性，我们总结此不确定性来自三个方面：

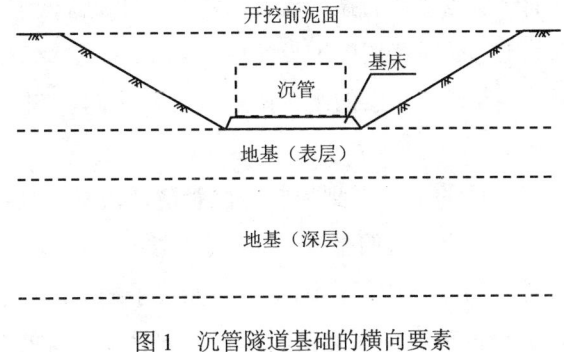

图1　沉管隧道基础的横向要素

①水下疏浚作业对表层土的扰动：原状土层被扰动后，容易被压缩，在外海环境开挖45 m深的基槽对原状土的扰动更加难以避免。

②回淤：回淤累积形成软弱的土层。该土层的力学性能比原状土层要弱，因为后者的历史应力比前者的大得多。而在水下，特别是深水区域，回淤土层与原状土层很难区别，因为多波束扫测较难区分，潜水员探摸通常也只能测量局部。

③土的"保鲜"时间：基槽开挖以后或者说海床被打开以后，槽底的表层土在水中浸泡变软，由新鲜的状态变为不新鲜。而基槽开挖以后管节的安装时间不会是等长的，所以表层土的浸泡时间有所不同，从而其力学性能也有差异，由此造成管节与管节之间的差异沉降。

为了降低以上三个方面的影响，我们提出在碎石垫层的下方再额外铺一层块石，并对深水段的块石进行强夯。此三个方面的影响得以消除的原因是：①通过使用液压振动锤向块石层及表层土输入能量，以消除开挖扰动；②使用粒径30～50 cm的块石，使得回淤易被多波束扫测区分，即块石层为清淤提供了一个清晰的基准面；而且块石的单体重量大，在其上方清淤也不会被扰动，这也增加了隧道基床纳淤能力；③块石层对表层土可能会起到"保鲜"作用，我们要求块石层的施工紧接着基槽开挖后进行，以确保每个管节的晾槽时间基本无差异。而块石层上方的碎石垫层的施工取决于管节的安装时间。

我们称下面一层为"块石振冲层"，块石振冲层降低了水下施工的不确定性，为其上方碎石垫层的铺设及后续着床的沉管管节提供了一个硬底。块石振冲层和碎石垫层的结合在港珠澳大桥岛隧工程被称为沉管隧道的"组合基床"。

当以上三个方面的影响得到控制；沉管隧道沉降的规律就成了瞬时沉降（论证见《沉管隧道的基础 3：实施方案与沉降观测》），即加载后沉降在短时间内就完成了，沉降和时间成了弱关联或者说基本没有关联。这为工程带来了极大的便利：首先，管节自身的沉降是均匀的；再者，管节与管节或管节与岸边结构的差异沉降可通过预先抬高其中一个的基床来调节。需要说明的是，管节的接头也能适应管节连接以后再发生的因差异沉降而产生的相对竖向错边，因为管节接头上的一圈 GINA 止水带可允许相对的滑移。反之，沉管隧道沉降的规律就显得复杂，因为沉降与时间建立了关联。

定义临界荷载或辨识地基无固结沉降的区段

第一步解决了表层沉降的问题。接下来解决深层沉降的问题。

基础的理论告诉我们，如果沉管隧道建成后，运营时地基土所受到的最大应力小于它曾经受到过的最大历史应力（其前提是它没有被水下施工作业扰动），即没有固结沉降，最多只有一点回弹再压缩的沉降。反之，则有固结沉降。沉管隧道的情况通常都是前者。因为沉管隧道的重量通常小于挖槽时被挖掉的土的自重，见图 2。因此可以定义"临界荷载"来区分这两种情况。临界荷载就是沉管隧道全部加载以后，从沉降结果预知，固结沉降不存在或基本可以忽略的区段与不能忽略的区段的界限。

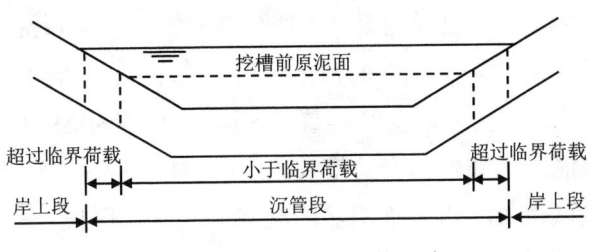

图 2 沉管隧道基础纵向要素

这个定义将地基沉降的问题分成了两种情况，参考图 2：

① 沉管隧道的重量超过临界荷载时，需要将地基的刚度在纵向上做得均匀。这在下一个步骤讨论。

② 沉管隧道的重量小于临界荷载时，地基往往不需要处理。回弹再压缩的影响是可以忽略的，也不需要实施地基处理措施。

港珠澳大桥岛隧工程沉管隧道有超过 3.5 km 的深水段（图 3），尽管基槽开挖高度 30 多米，沉管隧道下方仍然有一些软土，原先的方案是将软土挖除，并换填成中粗砂并在水下振冲密实，这种做法的案例有我国的香港西区隧道与比利时的安特卫普隧道。但是，因为沉管隧道未来的使用荷载远低于临界荷载，所以我们决定不换填，保留原状土。只要不被扰动，这些大约百万年的沉积土自身也是很好的地基。

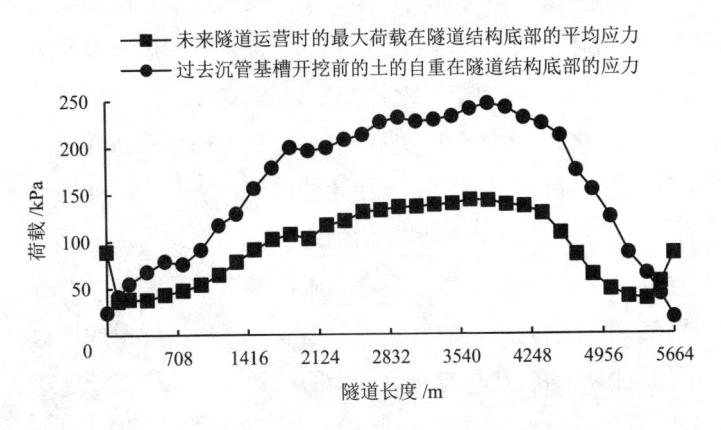

图 3 港珠澳大桥岛隧工程沉管隧道的纵向荷载分布

前两步实施后，其结果是，沉降的量级只在 5～6 cm，远小于考虑了回弹再压缩的沉降计算的预测结果 15～20 cm。而且至 2018 年 2 月沉管隧道顶部的回淤已经覆盖了 5 m，增加了约 25 kPa 的地基应力，但是监测显示随着回淤的增长，沉降-时间曲线仍然呈现收敛的趋势，沉管隧道并未再发生明显的沉降。沉管隧道长 3.5 km 的深水段的沉降监测结果说明回弹再压缩可能并不存在，或者小到可以被忽略。

沉管隧道地基沉降小的观点其实早已被提出，只不过历史上按照这个观点施工的沉管隧道的沉降的实测结果比理论预测值偏大，甚至带来了麻烦。因而才会用回弹再压缩的理论来填补这个差异。但是这样可能反而掩盖了更重要的表层沉降的处理问题，也就是前面强调的第一步的工作。以往的沉管隧道沉降监测与原因分析可见格伦茨的 2001 年的论文、拉斯马森和龙希尔德（Rasmussen & Ronhild）的 1990 年的论文及施密特和格伦茨（Schmidt & Grantz）的 1979 年的论文。

即便真的存在回弹再压缩的情况，从工程意义上可能也无需处理，用均匀的原则很容易证实出这个观点：地基土的回弹再压缩在空间上的变化是均匀的，这个均匀是相对于隧道结构的尺寸而言。在隧道结构的横向上回弹再压缩值，即便有，也几乎是不变的。而在隧道结构的纵向上，虽然基槽的高度从 10 m 过渡到 30 m，但是基槽的高度是随着隧道的纵坡（不到 0.3%）而平缓地改变，所以回弹再压缩值在隧道结构的纵向上也是均匀变化的；类似地，我们对隧道下方的地质条件及隧道内部与顶上的加载进行研究也可以得出相同的结论。所以，即便回弹再压缩是存在的，对于沉管隧道而言也是均匀的压缩和均匀的沉降，是可以被忽略的。最后，通过一个比较来思考。盾构隧道也是在深厚的软土中穿行，但是我们不会因为地基的回弹再压缩而处理盾构隧道的地基，而是只做表层的支护，这一点与前面第一步的理念——处理沉管隧道的表层沉降，是一致的。

实现均匀的过渡

不够均匀的过渡可能发生在岸边的接头及临界荷载所在之处：①岸边接头，即沉管段与暗埋段（现浇隧道段或建筑）衔接的部位；②超出临界荷载的区段也会发生固结沉降，该区段就可能与不超出临界荷载的区段发生差异沉降。为了实现这些部位的均匀过渡，就是要确保地基刚度均匀、荷载均匀、沉降也均匀。下文以港珠澳大桥岛隧工程为例说明。

桥梁段的基础是嵌入基岩的桩，地基刚度很大；沉管段的中间段是天然地基，地基刚度小；因而从水下的沉管段的中间段，到沉管段的斜坡段，到岸上的现浇段（又分为暗埋段和敞开段），再到水上的桥梁段，地基刚度需要均匀的过渡。

首先，沉管段的中间段与斜坡段，是通过大体积碎石的水下堆载预压及挤密砂桩改良来实现过渡的。水下堆载预压这个工法的灵感来源于沉箱的施工，见图4。

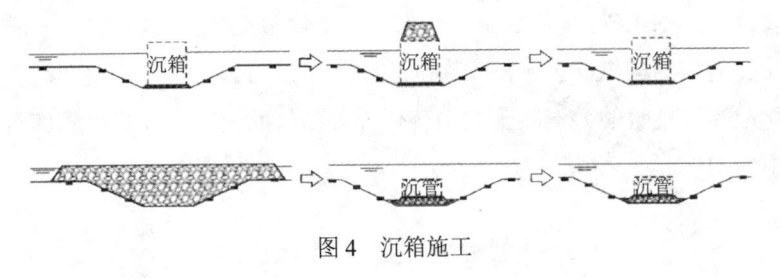

图4 沉箱施工

关于暗埋段与沉管段的斜坡段的衔接，两者都是使用复合地基。暗埋段使用PHC桩复合地基，混凝土桩并未嵌入基岩，起到置换部分软土、控制沉降与调节地基刚度的作用。相邻沉管段使用的是SCP复合地基。

暗埋段的施工还有一个施工过程荷载控制的问题。因为暗埋段是在陆地上的现浇结构，尽管施工完成后岛体内会回水，其重量会被浮力抵消，但是在施工过程中结构的重量全部作用于基础。这一点与沉管管节的安装不同，管节借助了水的浮力，地基承受的重量几乎可以忽略。意识到这一点，我们要求暗埋段一边施工一边回水，始终将暗埋段结构底部的压强控制在 50 kPa 以下。采用这个控制措施，以确保暗埋段的地基刚度不会因施工过程中结构干重量的预压而变得很大，而是与相邻沉管管节的地基刚度保持在相同水平。

敞开段没有设置任何基础，直接置于大超载比达 3.0 的预压排水处理过的人工岛地基上（见《快速成岛》相应内容）。关于敞开段还有一个抗浮的问题，最初的方案是设置抗拔桩，考虑方案的简化，降低人工岛上工序的复杂性，并且考虑 120 年使用寿命期的坚固，经我们提议，抗拔桩被全部取消，改成了墙体 3 m 厚的重力式结构的暗埋段。

最后，用减载来确保沉管隧道局部荷载的均匀过渡。长约 5.7 km 沉管隧道的 33 个管节的顶部回填大部分是用 2 m 厚的碎石，少部分在浅水区使用的是 3.1 m 厚的块石或者 2 层 5 t 重的扭工字块，这些在总体上是均匀的。但是 E1 管节和 E33 管节各有一段在人工岛的内部，隧道顶部有几米厚的填砂，填砂的上面还有永久的混凝土挡浪墙结构作为岛壁。因此在隧道结构纵向上 E1 管节和 E33 管节的荷载存在一个突变。我们用陶粒和（透水的）混凝土空箱替代部分岛体的填砂，以减小局部荷载的不均匀性。

小结：沉管隧道基础的极简理论

如何考虑沉管基础的实施方案？因为沉管管节在水中零重，所以固结沉降可忽略，回弹再压缩不仅微小而且均匀，所以也可以忽略。以往的沉管隧道工程发现实际沉降比理论预计值大，从而夸大回弹再压缩的沉降来填补这个差异。这个差异实际是来自表层地基的沉降。表层地基的沉降是（唯一）需要被控制的因素。表层地基的沉降的不确定性来自三个方面，施工对表层土的扰动，软弱回淤土的累积，以及开挖后到管节沉放前暴露时间的不均。特别是前两个方面，表层土只要受到轻微的荷载就会发生不规律的、大量的压缩，与其原状土时的表现截然不同。因此只要处理好表层土的沉降，沉管隧道的基础沉降问题就变得很简单。由于剩下的沉降只有基床层的压缩，而基床层通常是散体材料，所以沉管隧道的沉降成了瞬时的沉降，摆脱了与时间的纠缠。

  进而，该理论将沉管隧道基础的问题净化成了一个静态的问题。注意这里不使用简化，是因为这个过程并没有设置任何额外的条件来降低问题的真实性，但同时这个过程确实令沉降与时间、加载方式及土层参数的关联得以削弱甚至解除。

参 考 文 献

Grantz W C，2001a. Immersed tunnel settlements. Part 1：nature of settlements[J]. Tunnelling and Underground Space Technology，16(3)：195-201.

Grantz W C，2001b. Immersed tunnel settlements：Part 2：case histories[J]. Tunnelling and Underground Space Technology，16(3)：203-210.

Rasmussen N S，Ronhild C J，1990. Settlement of immersed tunnels[J]. Journal of the Geotechnical Engineering Division，(2)：455-462.

Schmidt B，Grantz W C，1979. Settlements of immersed tunnels[J]. Journal of Geotechnical and Geoenvironmental Engineering，105(ASCE 14811 Proceeding).

沉管隧道的基础 3：实施方案与沉降观测

地 质 条 件

港珠澳大桥岛隧工程沉管隧道下方的地基的主要组成由上自下依次是淤泥、淤泥质软土、黏土、粉质黏土夹砂，这些软土层的厚度为 0～20 m。再往下是 10～20 m 厚的砂层，再次是基岩，如图 1 所示。

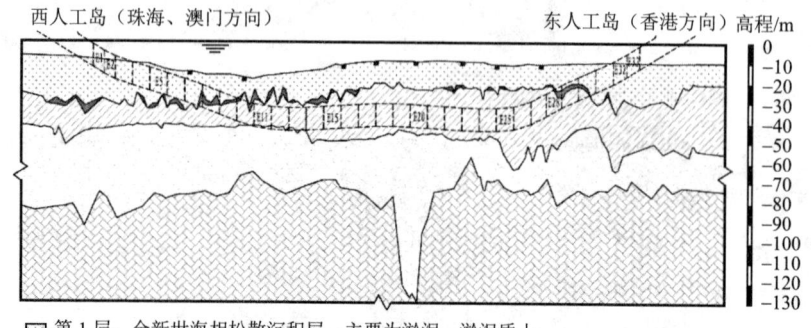

☐ 第 1 层：全新世海相松散沉积层，主要为淤泥、淤泥质土
■ 第 2 层：晚更新世陆相松散沉积层，主要为黏土
☐ 第 3 层：晚更新世海陆交互相松散沉积层，主要为淤泥质土、黏土、粉质黏土及粉质、黏土夹砂等
☐ 第 4 层：晚更新世河流相冲洪积松散沉积层，岩性主要为粉细砂、中砂、粗砂、砾砂等砂层
☐ 第 7 和 8 层：震旦纪变质岩层，主要为全风化混合片岩、强风化混合片岩、全风化混合花岗岩、强风化混合花岗岩等

图 1　隧道地质纵剖面

原先的方案

原先的基础处理方案总结见表 1。

表1 原先的基础处理方案

区段	长度/km	地基处理	基础处理
暗埋段+敞开段（岛上段）	—	支撑桩	1. 水下铺设碎石垫层； 2. 局部换填中粗砂
沉管段 E1~E4（西侧） 沉管段 E31、E33（东侧）	0.70	支撑桩 桩长 40~60 m	
沉管段 E5、E6（西侧） 沉管段 E24、E30（东侧）	0.23	减沉桩 桩长 17~29 m	
沉管段 E7~E24	3.60	不处理	

关于地基。岛上的现浇隧道段及 E1~E4 管节采用支撑桩。往隧道中间段的方向采用减沉桩（settlement reduction piles，SRP），逐渐缩短桩底的高程。桩长取决于地质条件与隧道的纵向结构分析。再往中间走，减沉桩段逐渐过渡到无桩基段（不处理段），该段的水深超过 40 m，长度约 3.6 km。但是中间段的局部有几米厚的软土需要被换填成中粗砂，而且需要被振冲密实。

关于基床。为了与桩基础方案匹配，采用碎石垫层+桩帽的传力构造，见图2。

该方案已进入施工筹备阶段，并在海中进行了试桩试验。但是，在一次设计参数取值试验中，意外地发现桩顶与碎石垫层的组合构造在受压后不收敛。该方案被废止。

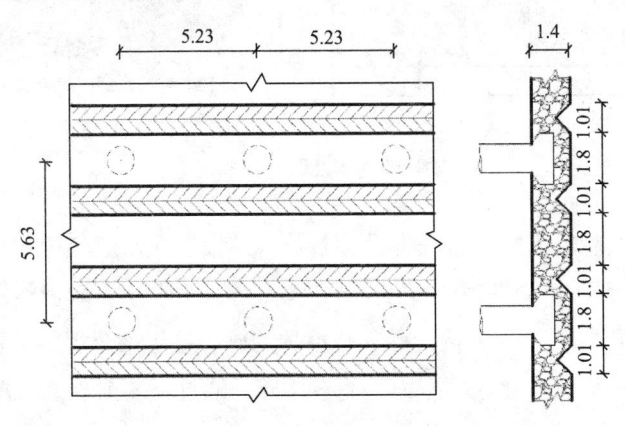

图2 原先方案碎石带桩基的碎石垫层的平面图与剖面图（单位：m）

碎石垫层与桩顶共同传力试验

碎石垫层传力至桩顶的案例非常少，只找到挪威的比约维卡（Bjørvika）隧道。为了获得碎石垫层与支撑桩组合传力的设计参数，做了如图 3 所示的试验。为了接近实际情况，两边的 1/2 碎石垒与侧壁的接触面保证光滑。在无桩部位的试验盒底面铺上软板，模拟地基的刚度。试验加载至 160 kPa，分 10 级，再一次卸载。考虑水下的打桩误差，做了 4 个工况：

①工况一：理想状态；
②工况二：平面偏位 0.5 m；
③工况三：倾斜 4%；
④工况四：平面偏位 0.5 m+倾斜 4%。

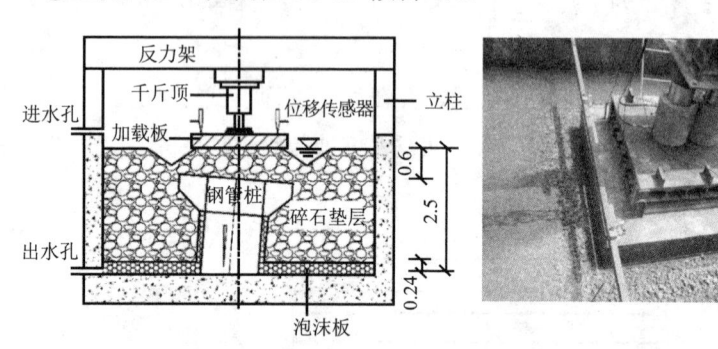

图 3　试验断面图及照片（单位：m）

这个试验原本是为了获得设计参数，结果发现，达到运营期的最大荷载时其荷载-沉降曲线不收敛。一加载就沉降，继续加载仍然发生等量的沉降，见图 4a。经分析，原因是桩顶的碎石垫层部分坍塌、被挤出，剩余的部分承担大部分的压力进而被压碎。通过试验前后的级配筛分试验，结果的改变也证明了碎石的粒径有改变，见图 4b。而且从图 4a 还可发现是桩的平面偏位对试验结果的影响很敏感。

考虑港珠澳大桥岛隧工程沉管隧道的荷载是深埋荷载，桩顶随着回淤土荷载的增加会持续地发生沉降，这是不可接受的。因此不得不考虑其他可行的方案，最后采用复合地基的方案替代桩基的方案。

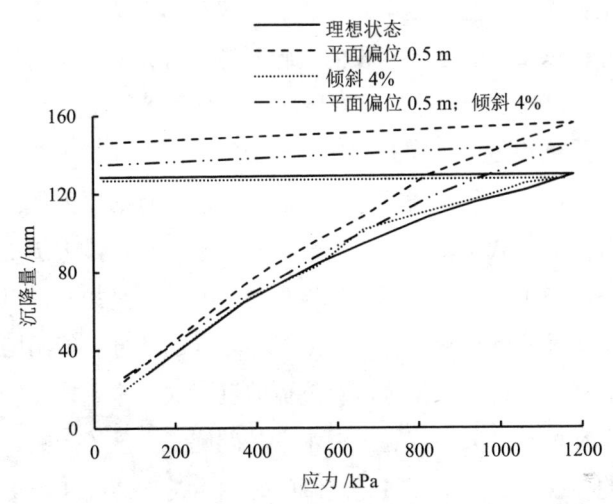

(a) 碎石与桩帽的荷载-压缩曲线（卸载曲线说明碎石垫层的回弹量很小）

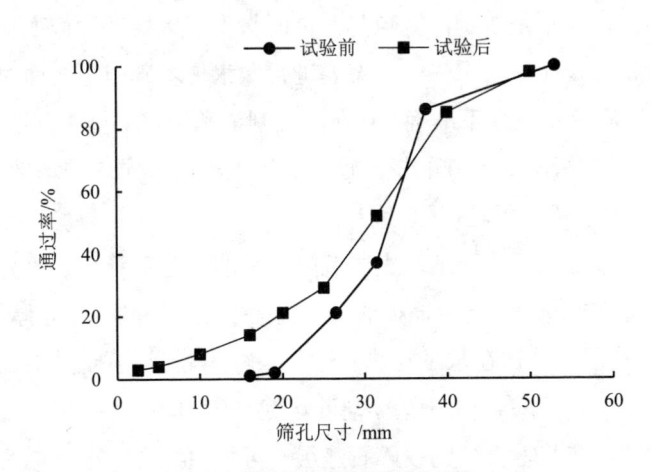

(b) 试验前后桩顶碎石筛分比较

图 4　碎石与桩帽共同作用机理试验

实施的方案

《沉管隧道的基础 2：理论》已述，我们对沉管隧道沉降的判断是沉降主要发生在表层。基于这个判断我们提议在碎石垫层的下面再垫一层块石层，并得以实施。之前建设的沉管隧道未有先例。块石层的作用在《沉管隧道的基础 2：理论》已解释，简单而言就是提供了一个硬底。

对于不受沉管隧道基槽开挖扰动影响的地基的深层土的压缩问题，从工程角度考虑应当是矛盾的次要方面，所以没有必要处理。其原因是沉管隧道自身的荷载小，与其他荷载一起也不会超过最大历史荷载。而港珠澳大桥岛隧工程因水下开挖边坡高达 30 m 更是如此。以往的沉管隧道在发现实际沉降量超出计算预期时，差异的部分可能用回弹再压缩的理论来解释。该解释不仅令沉管隧道的沉降成了难题，还容易令工程师分心从而忘记一个关键问题——水下基础施工质量的影响。即使回弹再压缩真的存在，其对沉管隧道沉降的影响也是均匀的和可接受的。

图 5 比较了实施方案与原先的方案，发现实施方案偏重于控制的是沉降的均匀，而不是控制沉降自身，进而水下基础处理工作变得更有可实施性。相比较而言，原先的方案要进行深水桩基础施工，而对于水下支撑桩，地质信息往往不准确，存在海上割桩和接桩的施工问题；而且，原先的方案还要在水下 50 m 挖土换砂。综上考虑，实施的基础方案是：组合基床+水下超载预压+复合地基。

组合基床是为了消除地基表层沉降的影响和避免管节的"鞋子里进砂"。在沉管隧道的纵向上，对于非堆载预压段，先抛填 2 m 厚的块石，再用 APE 液压振动锤在水下对块石进行强夯，再在块石垫层上铺设碎石垫层找平；对于水下堆载预压段，清除堆载预压的块石后，保留 2～3.5 m 厚的块石层，在其上直接铺设碎石垫层。可见，组合基床下层的块石层是控制其下的地基的沉降，上层的碎石层是确保其上的隧道结构不脱空和无硬点。

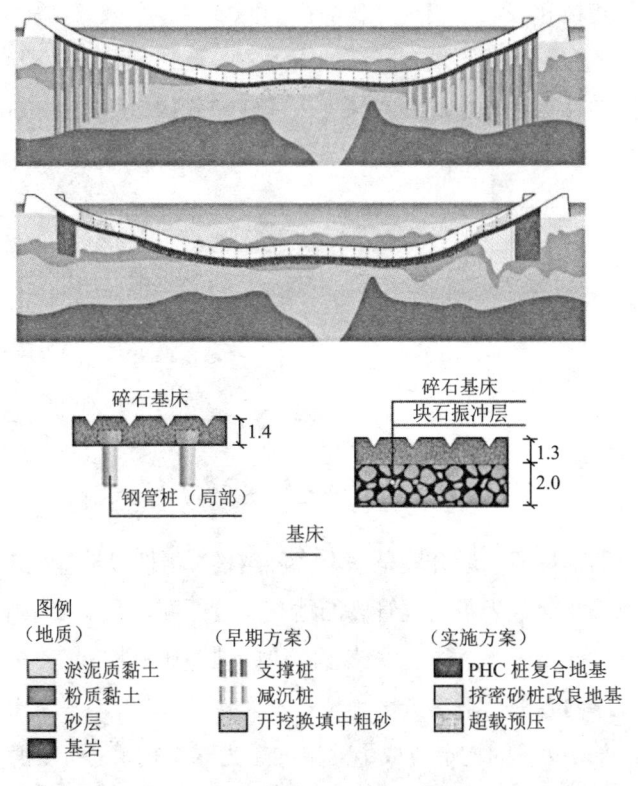

图 5　原先方案与实施方案（单位：m）

水下超载预压是为了沉管隧道地基刚度的均匀过渡。过渡从沉管隧道中间的地基不处理的深槽段，到斜坡段，再到岛上现浇的暗埋段和敞开段，再到隧道两头的桥梁，超载比是 1.3。地基土的固结度达到 90% 后进行卸载。堆载料采用碎石和块石，堆载的宽度同隧道回填防护的顶面宽度一致；最宽的部位 120 m，与隧道两端的回填防撞构造同宽。

复合地基是为了改良厚软土。根据荷载及软土层厚度的变化，设置了 70%、55% 及 42% 三种置换率的挤密砂桩。部分挤密砂桩段还兼做超载预压的竖向排水通道。

对岛头局部荷载特别大的 E1 管节和 E33 管节下方的地基进行了减载，采用陶粒和减载空箱来替代岛内的回填砂。东人工岛岛头减载方案见图 6。该布置形式不仅在隧道的正上方，还在其两边。因为荷载的分布广度影响其在地基中传递的深度；横向减载构造范围约 100 m。

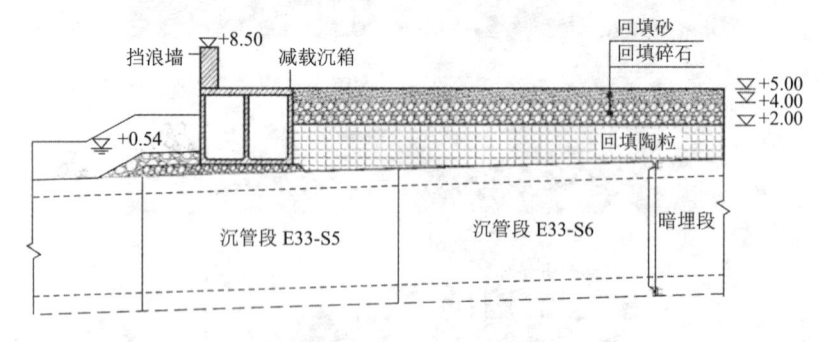

图 6　东人工岛岛头减载方案

隧道的暗埋段和敞开段是岛上现浇结构。暗埋段地基处理采用 PHC 桩复合地基。而且为了与沉管段的地基刚度匹配，我们要求暗埋段的结构在施工时同步回水，进而将施工阶段的地基压力控制在 50 kPa 以内。敞开段抗浮问题的原解决方案是抗拔桩，这会导致人工岛上的施工很复杂。我们将敞开段的构造改成了简单的重力式结构，进而取消了抗拔桩，大幅度地简化了人工岛上的施工。而且敞开段结构因壁厚大幅度加厚比原解决方案更加健壮。

实施的结果

从 2013 年 5 月 E1 管节安装至今，对沉管隧道的荷载情况、沉降情况一直有持续地记录和监测。沉降监测用贯通测量，沉降测点在管节预制时就已经预埋并与管节建立联系。在管节安装以后，以第一次打开水密门的监测数据作为沉降监测的零点。在隧道开通前，以最短一天、最长一周的频率监测一次纵向间隔 22.5 m 的沉降的数据。图 7 仅提取了每个管节的首、中、尾的数据，并附上了对应的加载时间。

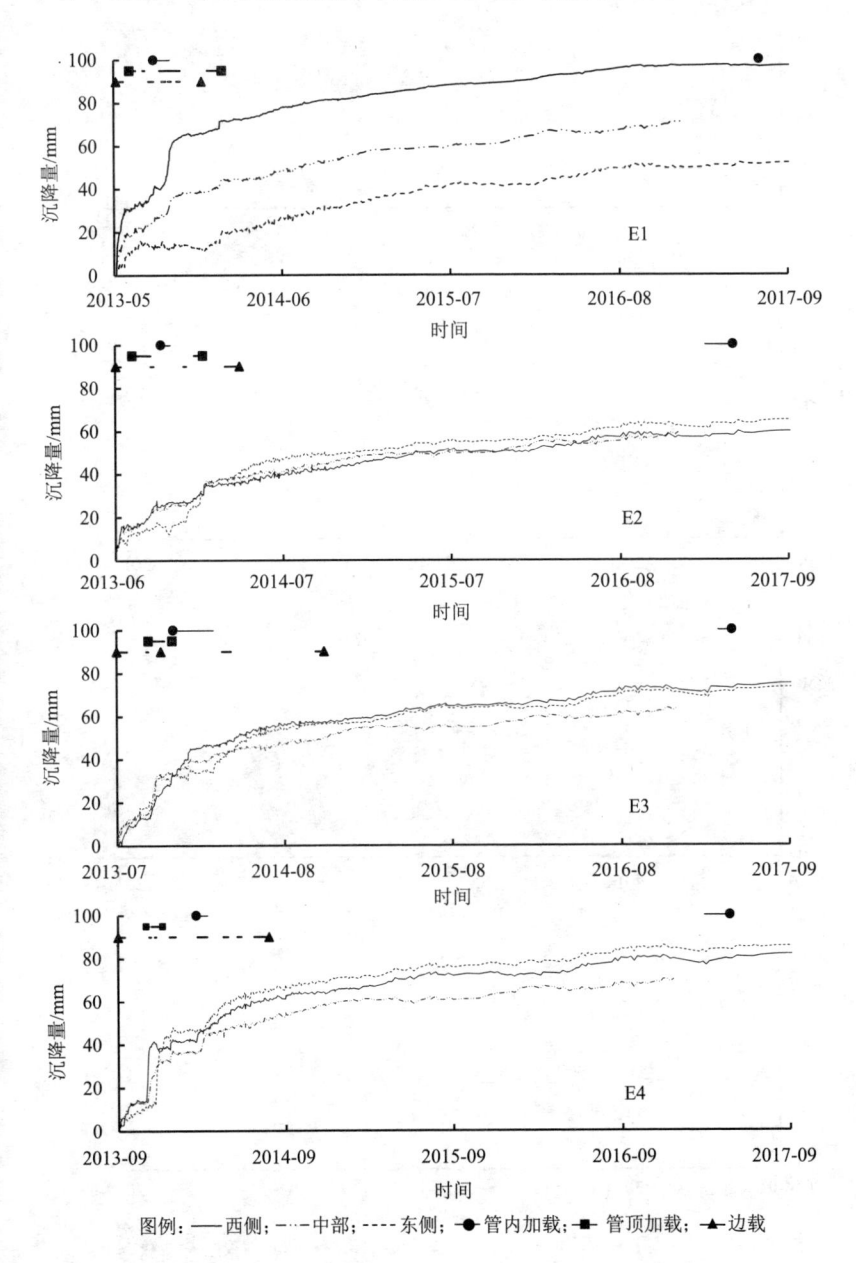

图例：——西侧；—·—中部；-----东侧；●管内加载；■管顶加载；▲边载

200 沉　管

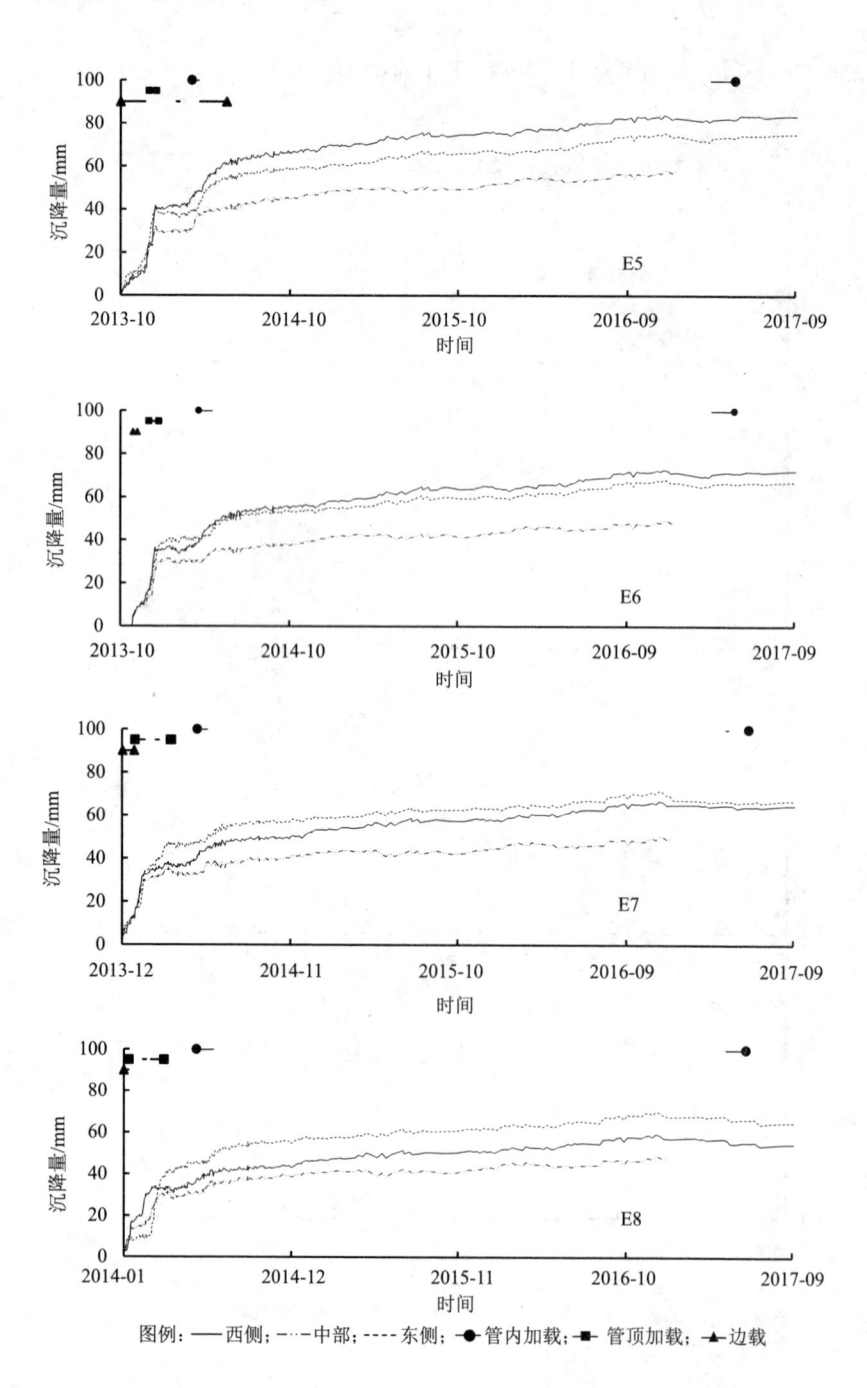

图例：──西侧；─·─中部；----东侧；●管内加载；■管顶加载；▲边载

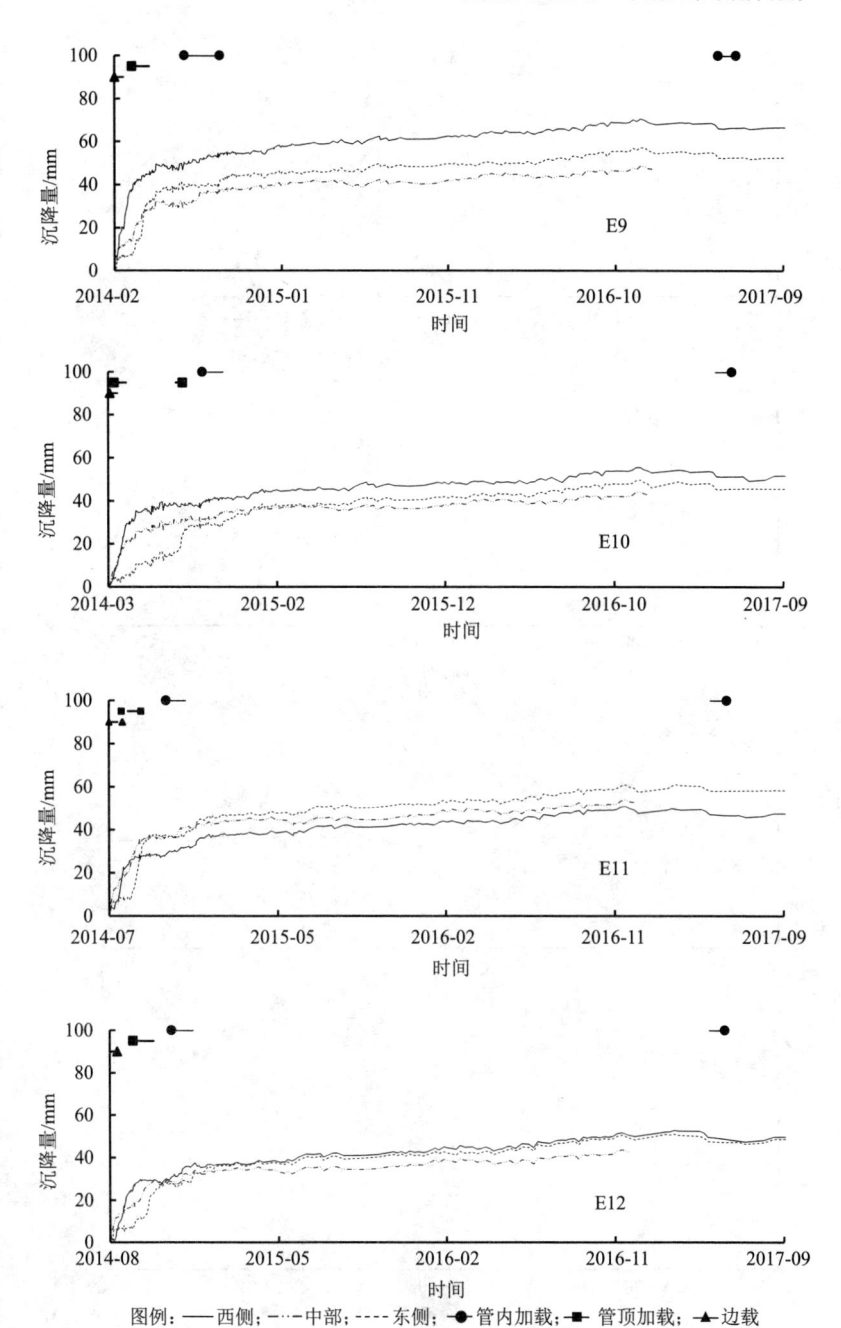

图例：——西侧；—·—中部；----东侧；●管内加载；■管顶加载；▲边载

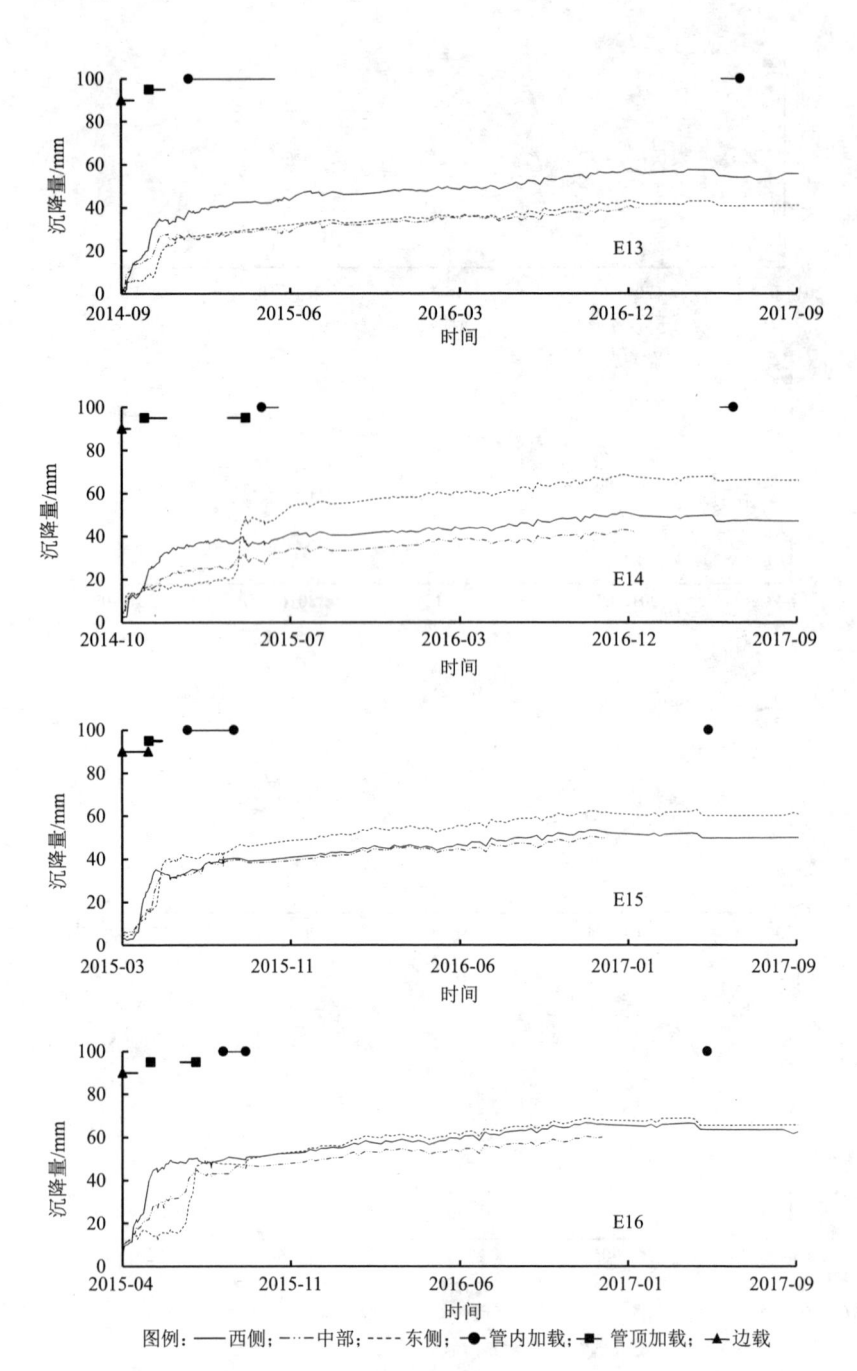

图例：——西侧；-·-·中部；----东侧；●管内加载；■管顶加载；▲边载

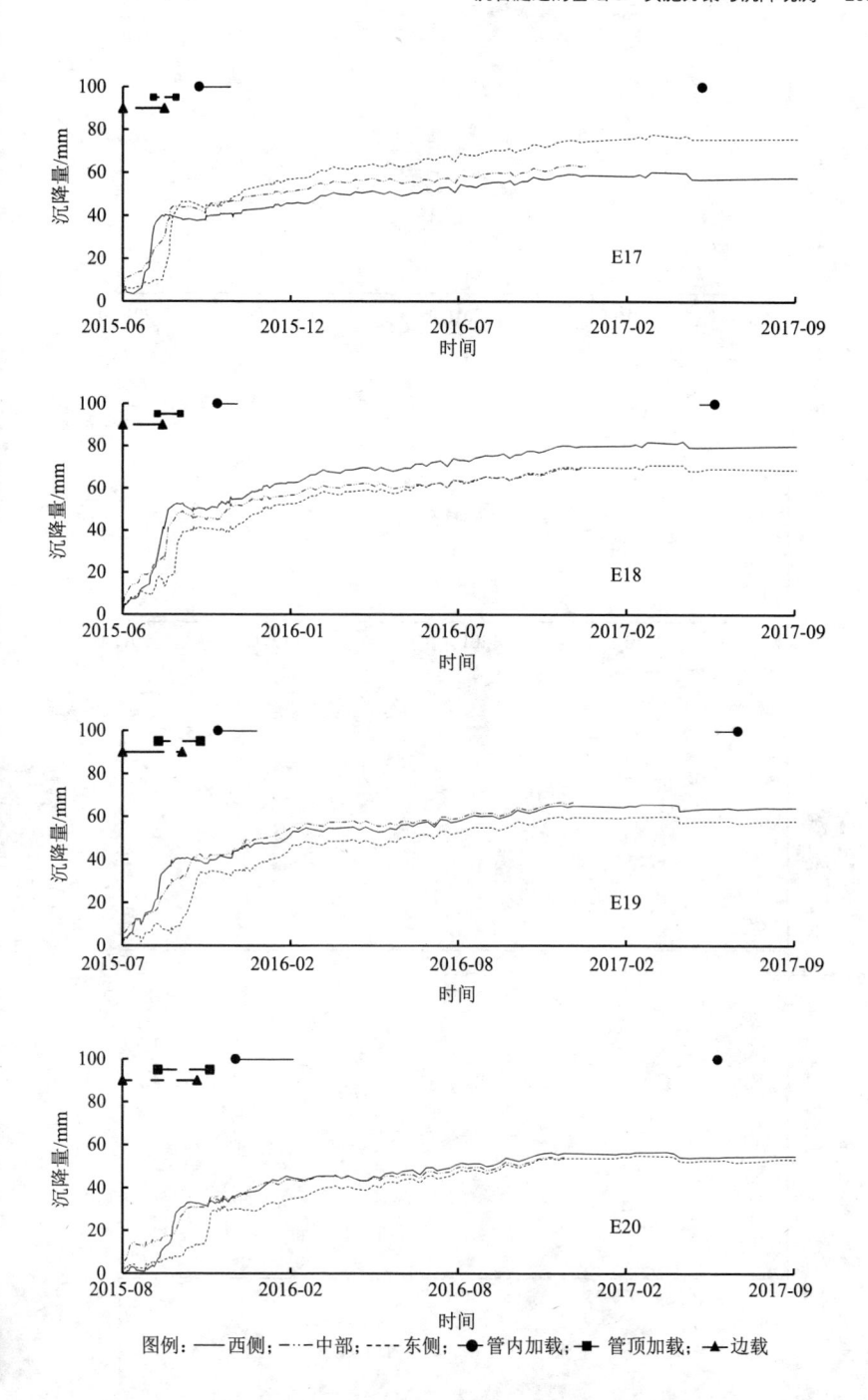

沉管隧道的基础 3：实施方案与沉降观测   203

E17

E18

E19

E20

图例：—— 西侧；—·— 中部；----- 东侧；● 管内加载；■ 管顶加载；▲ 边载

204 沉 管

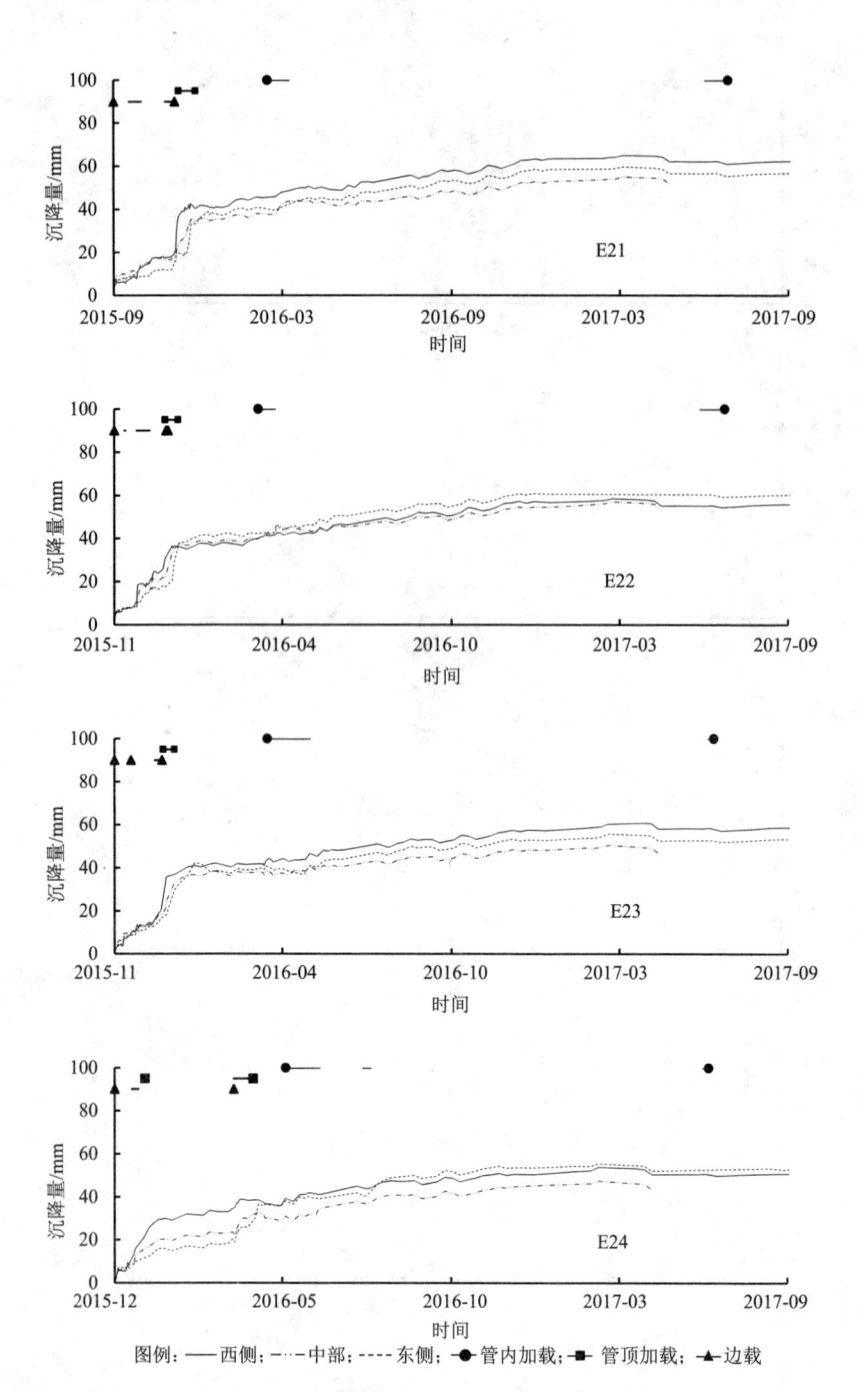

图例：——西侧；-·-·中部；----东侧；-●-管内加载；-■-管顶加载；-▲-边载

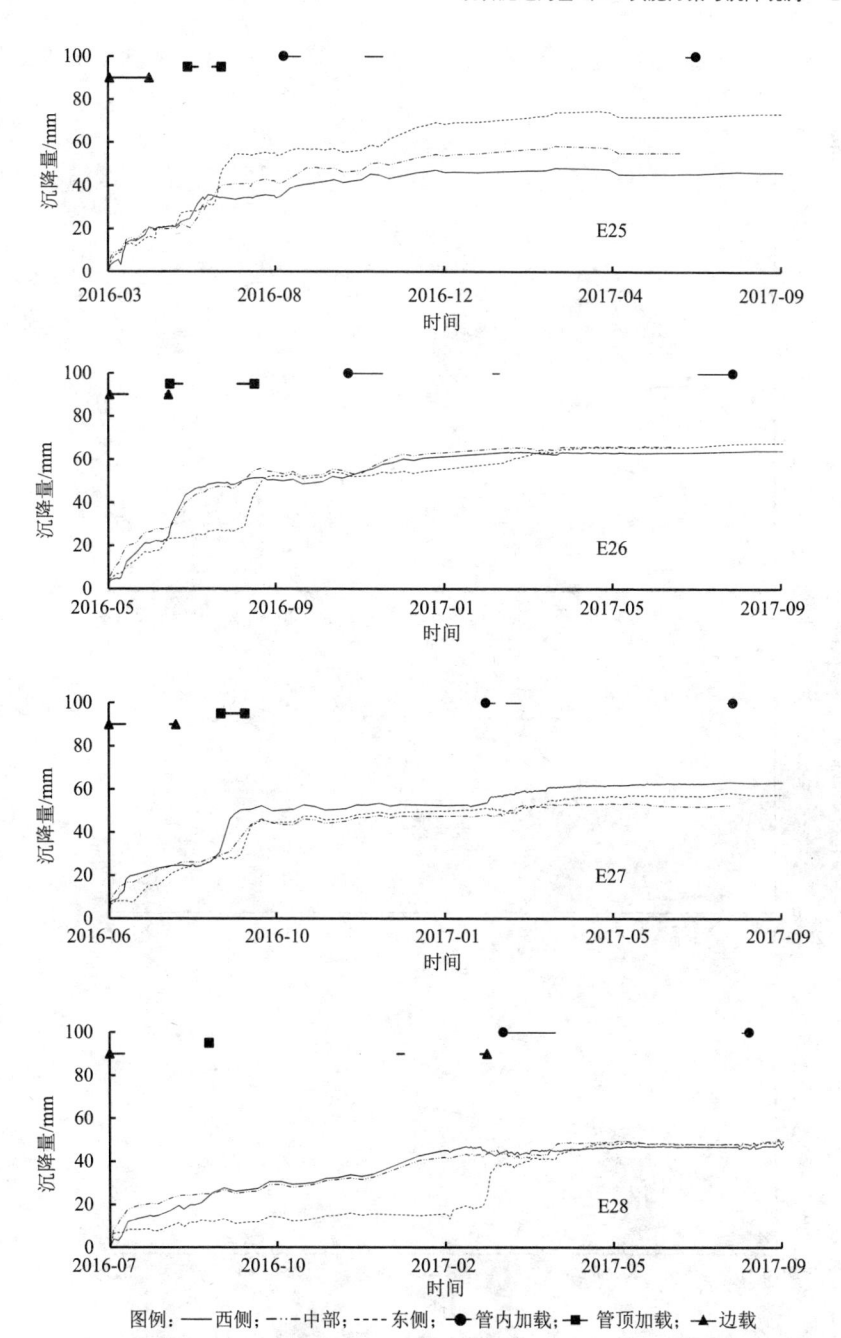

沉管隧道的基础 3：实施方案与沉降观测　　205

图例：——西侧；—·—中部；-----东侧；●管内加载；■管顶加载；▲边载

206　沉　管

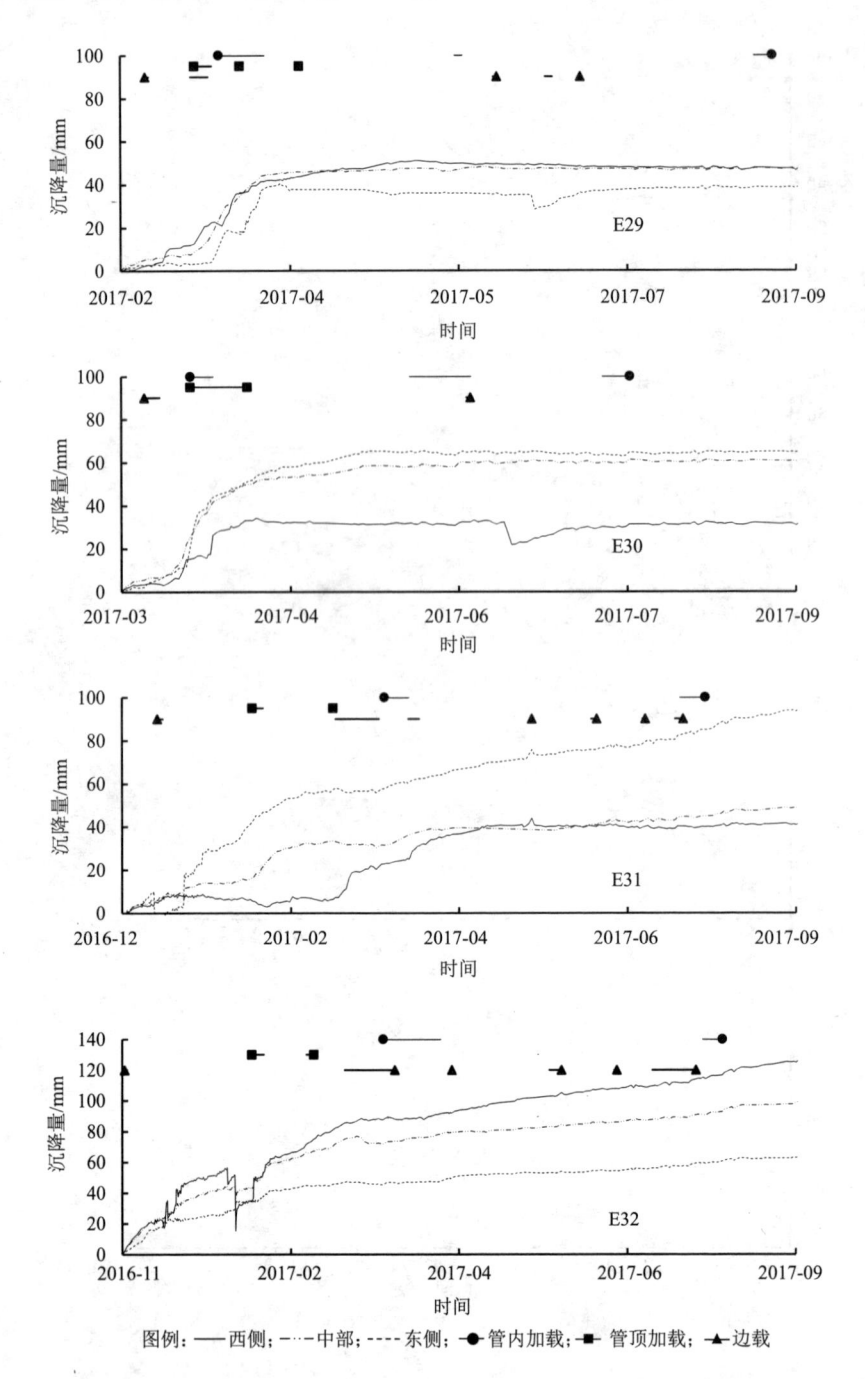

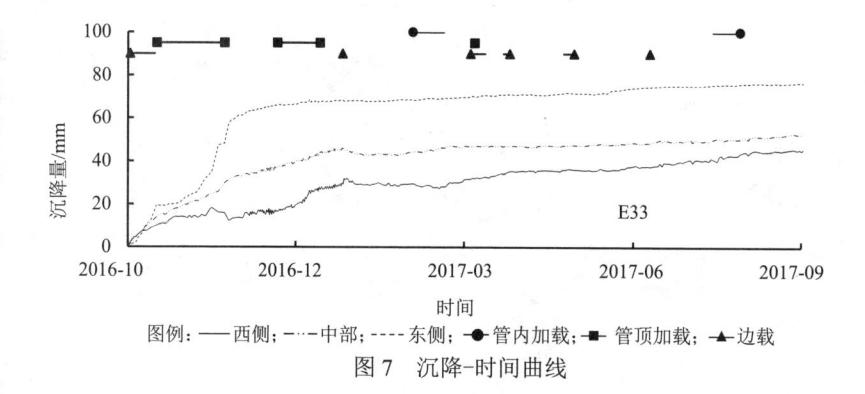

图例：——西侧；—·—中部；----东侧；—●—管内加载；—■—管顶加载；—▲—边载

图7 沉降-时间曲线

当前施工期荷载已全部完成，隧道顶部已累积了 5 m 厚的回淤。荷载分布、沉降、差异沉降沿着隧道纵向的分布见图 8～图 10。

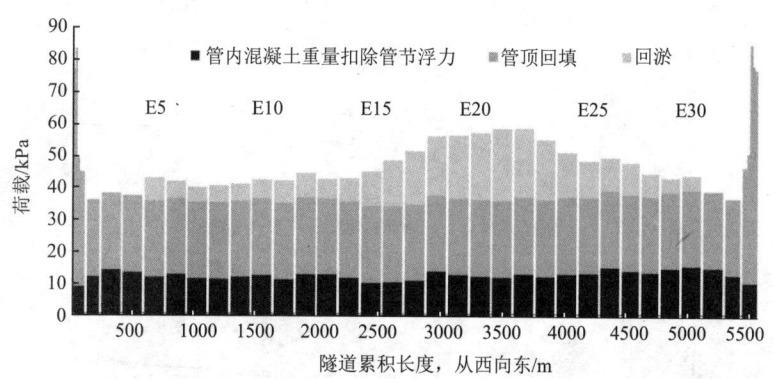

图8 沉管管节底部平均压强，统计时间至 2017 年 9 月

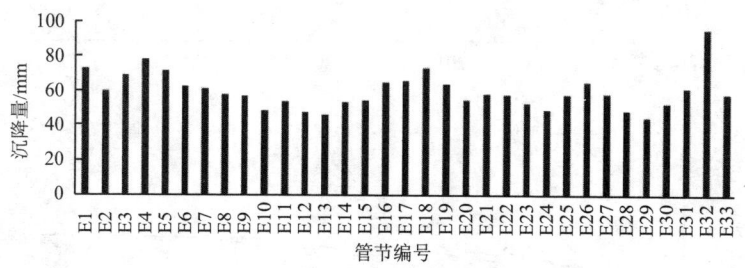

图9 沉管管节沉降

统计时间 E1～E22 管节至 2016 年 12 月，E23、E24 管节至 2017 年 4 月，E27 管节至 2017 年 7 月，E28～E33 管节至 2017 年 8 月

图 10 沉管管节沉降，统计时间至 2017 年 9 月

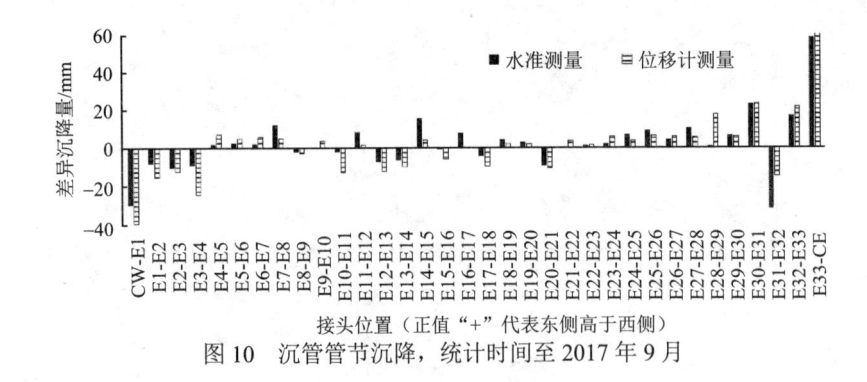

西人工岛暗埋段与敞开段，与东人工岛暗埋段与敞开段的沉降依次见图 11。

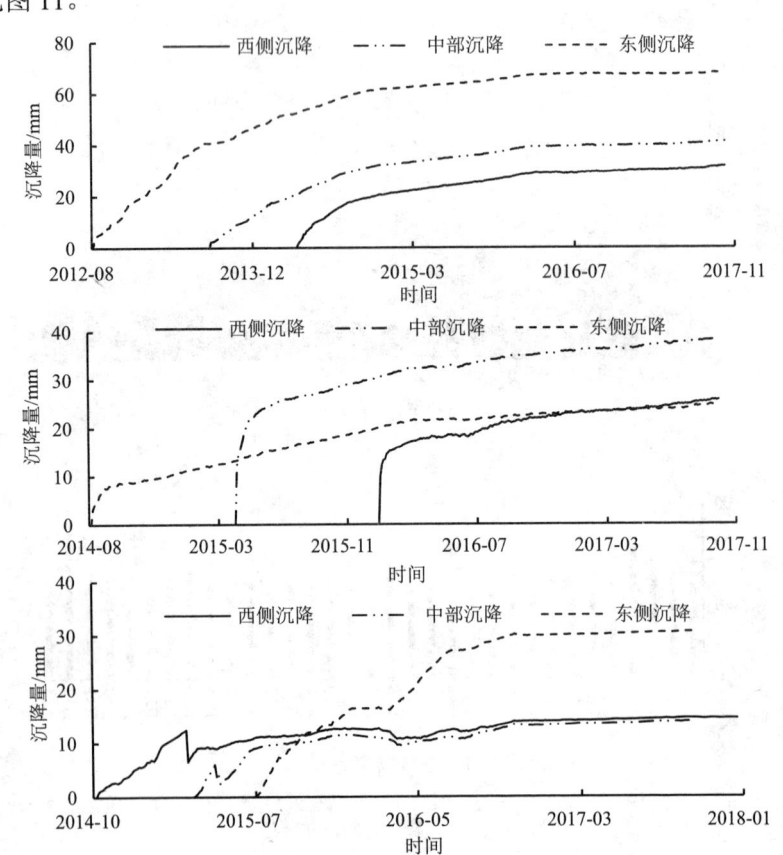

图 11　东人工岛、西人工岛暗埋段与敞开段的沉降

小　　结

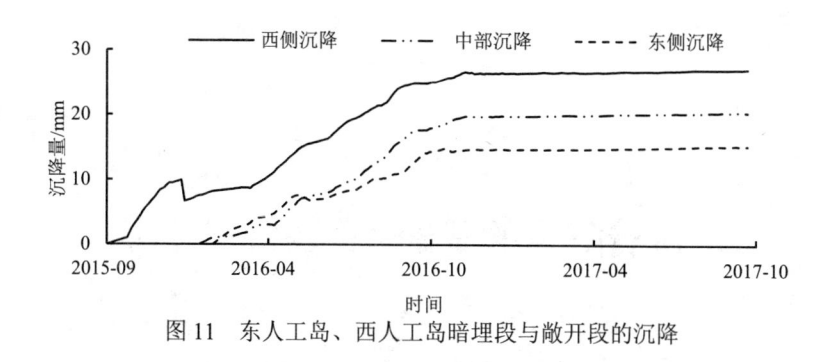

港珠澳大桥岛隧工程的基础实施方案是组合基床+水下超载预压+复合地基。

该沉管隧道的沉降大多数呈现收敛趋势。

管节接头的差异沉降值在 1 cm 以下，且已经收敛。收敛后才进行管节间的竖向锁定。

人工岛上的暗埋段与敞开段的沉降也基本收敛，从量级上可以判断从桥到隧的过渡在纵向上实现了均匀。

关于沉管隧道的沉降，值得注意的是，一些厚软土的部位按照理论计算沉降需要达到 15~20 cm，实际上除了 E31~E32，其他管节的沉降远达不到这个数量级。差异的主要原因是计算模型考虑了回弹再压缩。而实际上，这部分的沉降不应是回弹再压缩，而是表层土的压缩。唯一与早前计算结果接近的只有管节 E31~E32 的接头部位。这个部位的沉降过大是由于超载并卸载以后，施工石料短缺而延后了管节安装的时间，基床暴露时间过长，淤泥夹入基床的块石层中，从而导致这一段的沉降规律与其他段不同。这也从反面证明了《沉管隧道的基础 2：原理》提出的沉管隧道基础理论。

从 33 个沉管管节的沉降-时间曲线可发现沉管段的沉降规律基本是瞬时沉降，固结沉降所占的比例很小。

沉管隧道的基础 4：装备支撑

港珠澳大桥岛隧工程开发了一系列专用设施来实现沉管隧道基础新方案，并保障沉管隧道基础的施工质量。

基槽开挖

基槽底部开挖的精度决定了沉管隧道地基刚度的均匀程度，所以要求竖向的开挖精度控制在 ±50 cm 以内。沉管隧道的基槽开挖分为粗挖、精挖，粗挖保证工效，精挖保证质量。粗挖船与一般疏浚作业类似，此处不再赘述。精挖船要满足在 50 m 水深作业的精度，我们对一艘非自航抓斗式挖泥船进行了改造，主要是改造抓斗：一是选择仓容达到 30 m³ 的重斗以减小水流影响；二是将抓斗的抓土方式改造成平挖式，见图 1。精挖船施工时需要系泊锚定。

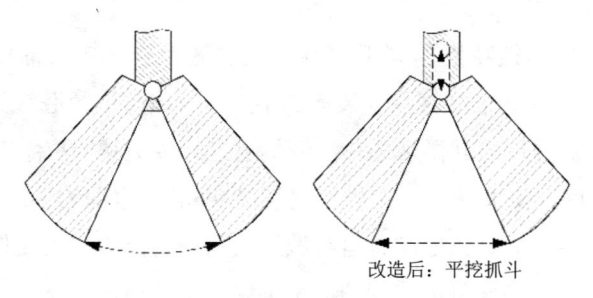

图 1　抓斗改造

盖章式清淤船

由于港珠澳大桥岛隧工程沉管隧道区域的回淤强度很大。从隧道基槽开挖后到碎石垫层铺设前的这一段时间，基槽的底部有时会产生局部的淤积，基槽的边坡上也会累积淤泥，而且累积到一定程度可能会滑塌。而一般的挖泥船的耙头在靠近沉管隧道的端封门的地方清淤时，易发生碰撞，碰撞的后果对于沉管隧道或者挖泥船而言都很严重。因此，对一艘 3000 m^3/h 的绞吸式挖泥船进行改造，增加了桥梁杆与吸头用来"盖章"清淤。根据工程需求挖泥船可适应水下 50 m 的清淤作业，桥梁杆长近 80 m，吸头直径 1.2 m。对桥梁杆的"盖章"动作的控制是通过操作 6 根钢丝缆，该船通过 6 锚的定位与绞移来满足平面定位（图 2）。

图 2　盖章式清淤船

该船经历的最特别的施工案例是沉管隧道最终接头部位的清淤。2017年4月中旬，最终接头安装前的半个月，该部位经潜水员取样与检查，发现有板结性的回淤现象。沉管隧道最终接头基床位于E29管节与E30管节之间，清淤是在一个槽底宽度仅9.6 m，水深约30 m的水下龙口中进行（图3）。该船结合自身改造后的稳定能力与天气保障系统数据，在外海水文条件复杂多变的情况下完成了该项作业。

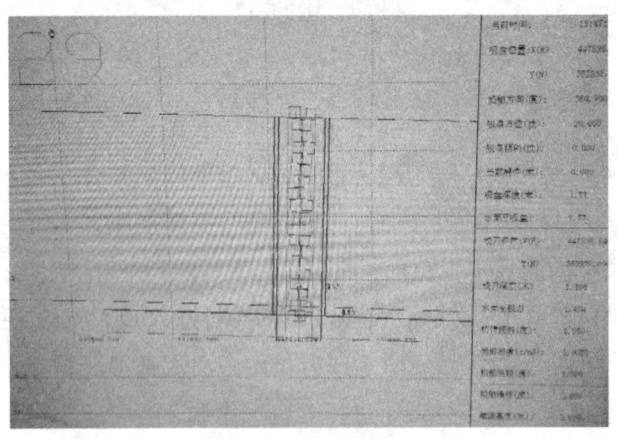

图3 在沉管隧道最终接头位置的清淤作业显示

抛石夯平船

开发抛石夯平船是用于组合基床的下层施工即 2 m 厚的块石振冲层，起到消除表层土因施工不确定因素而受到的扰动的作用。抛石夯平船由一艘驳船改造（图4）。主要改造部件包括两个抛石溜管、一个液压振动锤（该锤之前用于钢圆筒的打设）及牵引设施与定位系统。抛石溜管与振动锤的高程与平面的移动由卷扬机和缆绳控制，平面定位与高程定位分别通过 GPS-RTK 与绳长计算实现。

在设备改造前，为确认夯实效果、平整度、振动锤数量、激振力与夯板尺寸，在陆地上进行了块石夯平工效试验（图5），并与自由落体夯锤的效果进行了比较，发现使用振动锤在水下作业十分节能与环保。

图4 抛石夯平船的效果图与实景相片

图5 在东人工岛岛面进行了块石夯平工效试验

碎石整平船

自升式碎石整平船用于铺设碎石垫层。作业水深 10～50 m，可整平基床宽度 48 m，碎石垫层整平精度控制在 ±40 mm 以内。碎石垫层典型宽度 41.95 m、厚 1.3 m，分两层施工，基床底层厚 1.0 m、顶层厚 0.3 m。对于一个长 180 m 的标准管节的碎石垫层，铺设效率要求在 8～10 个有效工作日内完成单节管节碎石基床的整平施工。为确保整平船连续作业，配置 1 艘石料储量为 2000 m^3 的石料供应船与 2 艘石料运输船。

为了尽量减少碎石垫层在回淤环境中的暴露时间，碎石整平船通常在沉管隧道管节安装前才铺设碎石垫层。所以碎石整平船的工效越高，碎石整平的时间就越短，碎石垫层上发生回淤的概率就越低。尽管如此，E15 与 E23 管节在碎石垫层铺设完成后发生了局部的骤淤。经调查和分析找到了三个主要原因，一是上游的采砂，二是根据内伶仃洋区域的海床演变规律此处属强淤积段，三是这两个管节的水下基槽深约 30 m，易纳淤。

解决淤积可行的做法是将碎石垫层清除，再重新铺设。但在铺设后仍然可能再次发生骤淤。碎石垫层的石料较轻，在碎石垫层表面清淤时碎石会与淤泥一同被带走，导致碎石垫层结构的破坏，即便使用盖章式清淤船也有同样的问题。因此，开发了可以直接在碎石垫层上清淤的吸淤头（图 6），详见下一节内容。

图 6　碎石整平船的效果图与实景相片

碎石整平船上的专用清淤头

专用清淤头可以吸除碎石垫层表面的 30~40 cm 厚的淤泥，而不扰动碎石，也能保护碎石垫层垄沟的形状。利用已有碎石整平船的平台与大小车实现固定与行走。清淤头设置在碎石铺设头旁，由 3 个头组成，一个头在垄的正上方，两个头在沟的正上方。清淤时顺着碎石垫层铺设的方式移动（图 7）。为了确保清淤的效率为 10 d 完成一个管节，要求大车、小车行走一遍就将碎石垫层上的淤泥清干净，同时控制碎石不被吸入设备。通过工艺试验确认了吸头距离垫层顶面的净距及功率，这两项是关键操作参数。

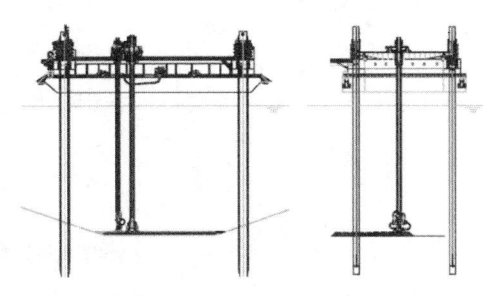

沉管隧道的基础4：装备支撑   215

(a) 整平船的立面、侧面示意图

(b) 落料管与清淤头

(c) 清淤工作照片    (d) 水下清淤示意图

(e) 清淤头近景

图7　清淤头

沉管隧道的基础 5：试验保障

介 绍

港珠澳大桥岛隧工程做了一系列的试验来测试、检验与更好地理解方案的实施情况。所有试验位置总结见图 1。

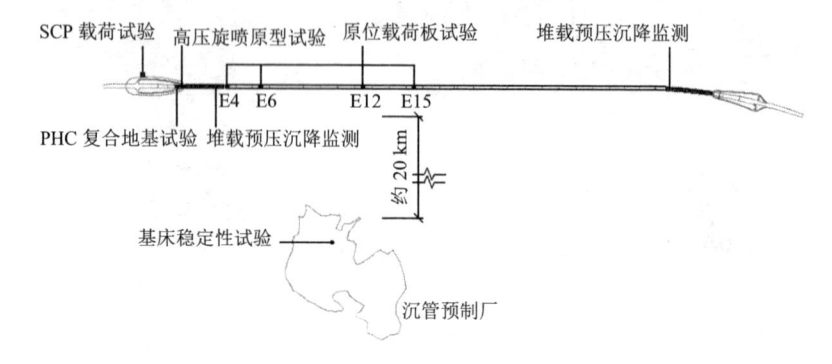

图 1 港珠澳大桥岛隧工程现场基础试验分布图

基床瞬时沉降试验

碎石基床与块石基床的沉降是瞬时沉降，这通过水下原位载荷板试验得到证实。首先，在几个选定的区域铺设基床。

试验原理见图 2。承压板尺寸 4.5 m×9 m。其上对应 60 kPa、100 kPa 的压强制造了两个载荷级别的混凝土块。为了测量承压板的沉降，压载块的两侧伸出两个吊架，吊架下方悬挂基准板。吊架需要离载荷板足够远以避免基准板下方的基床因加载而发生沉降。基准板与载荷板的竖向相对位移通过声波仪器测量。假设基准板不沉降，载荷板的沉降就是测得的竖向相对位移。沉降观测时长为 1~2 d。

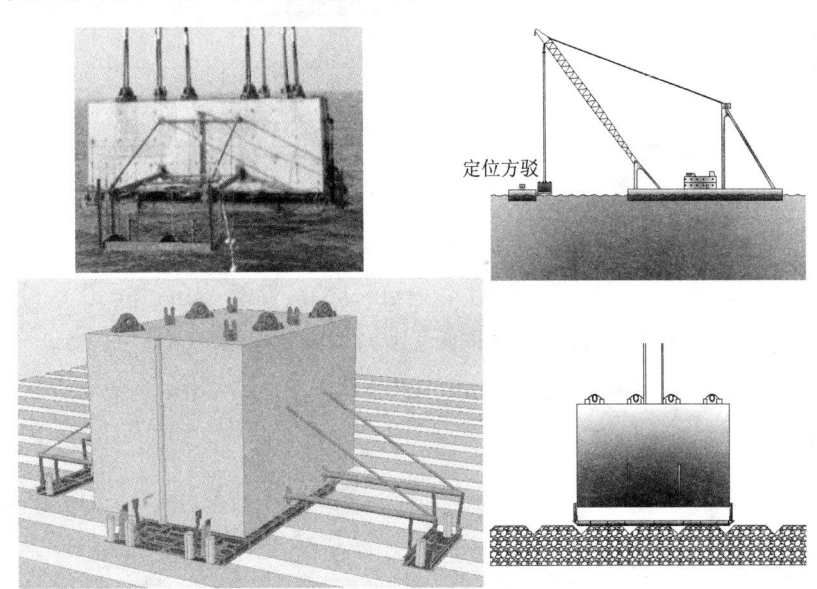

图 2 水下载荷板试验原理图及照片

试验工况与沉降结果汇总见表 1，共 12 组。不同地质段的基床的荷载与沉降的量级可用作估计基床的沉降量。

表 1 试验工况

试验位置	已处理过的基础条件	试验编号	荷载值/kPa	沉降量/mm
E4	堆载预压+挤密砂桩+碎石整平	4 号	60	44.99
		5 号	60	33.69
		11 号	100	72.75
		12 号	100	88.83
E6	挤密砂桩+抛石夯平+碎石整平	6 号	60	32.36
		7 号	60	32.13
		8 号	100	77.1

续表

试验位置	已处理过的基础条件	试验编号	荷载值/kPa	沉降量/mm
E12	天然地基+抛石夯平+碎石整平	1 号	60	32.58
		2 号	100	60.83
		3 号	100	83.59
E15		13 号	100	68.2
		14 号	100	71.3

根据沉降数据绘制 $s\text{-}\lg t$ 曲线（图3），沉降基本在半小时内完成，证明了基床加载后是瞬时沉降的规律。个别 $s\text{-}\lg t$ 曲线有台阶状，其原因可能是基床中夹了一些淤泥。而且，在桂山岛的沉管预制场的岸上做的最终接头碎石垫层的稳性试验同样证明了瞬时沉降的规律，详见下一节。

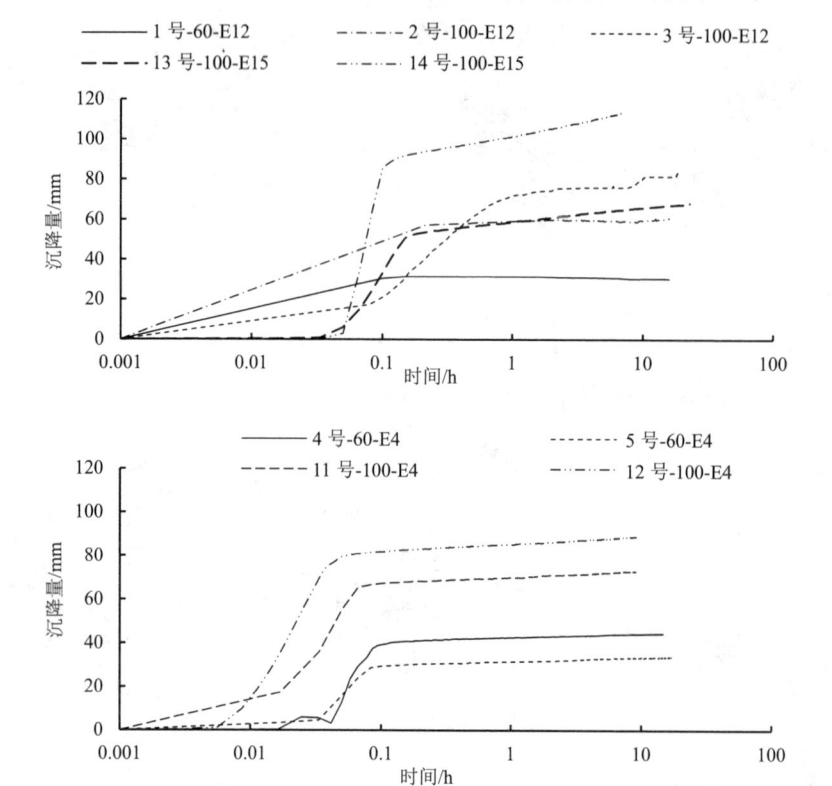

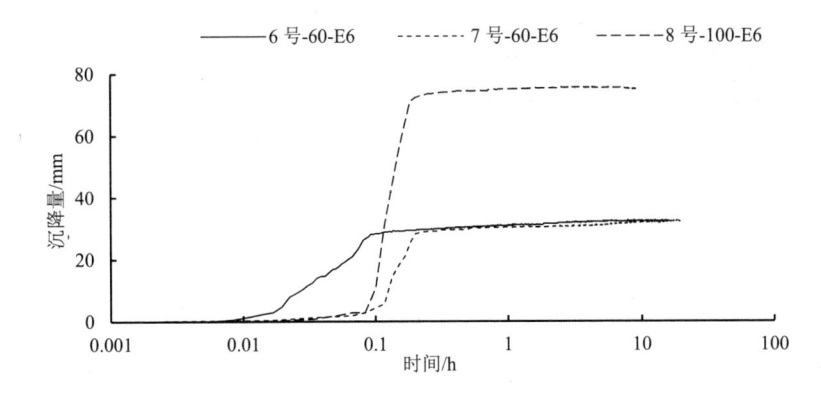

图 3 s-lg$t$ 曲线

图例中的数字分别代表"试验编号"-"荷载集度(kPa)"-"位置"

最终接头的碎石垫层稳性试验

最终接头的碎石垫层只有两垄。为了证明该垫层在受压时不会坍塌，在陆地上做了足尺试验，分三级加载。基床的沉降测量扣除了基础的沉降。试验获得的典型的沉降-时间曲线见图 4，呈现阶梯状，即加载就产生沉降，规律属于瞬时沉降。此外还发现，随着荷载的增加，沉降与荷载不是呈线性增长的关系，而是随着沉降的增加沉降的增量逐渐地减小，即基床的压缩模量随着荷载的增加而增大。这一点与前文的碎石垫层与桩顶共同传力试验的不收敛现象截然相反。

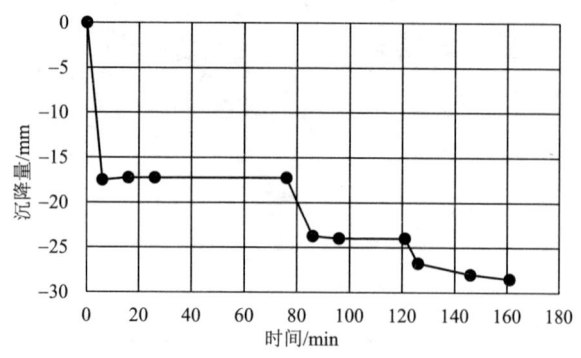

图 4　试验照片及典型的沉降-时间曲线

岛上隧道段的PHC桩复合地基试验

前文已述，为了实现与沉管段地基的均匀过渡，岛上隧道采用了 PHC 桩复合地基，工程开展现场试验来获得设计参数。试验内容包括：

①单桩竖向静载承载力试验：确认桩的极限承载力；
②桩的低应变完整性检测；
③地基静载试验：确认地基的承载力；
④单根桩的复合地基静载试验：确认桩与土的应力分布；
⑤4 根桩的复合地基静载试验：确认桩与土的应力分布。

其中，桩土应力比是一个关键参数。单根桩的复合地基静载试验平面布置见图 5。桩顶铺设 30 mm、50 mm、70 mm 三种厚度的碎石垫层。

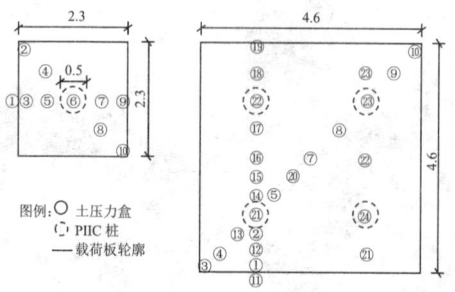

图 5　单根桩的复合地基静载试验（单位：m）

对于 70 mm 厚的碎石垫层，分级加载时的应力分布见图 6。

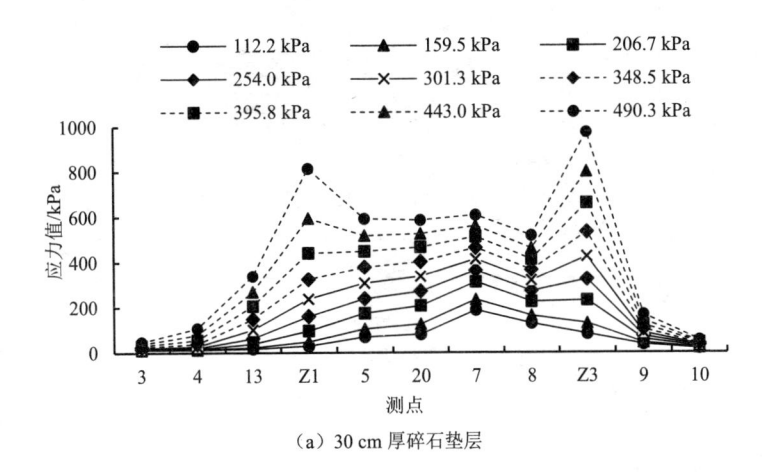

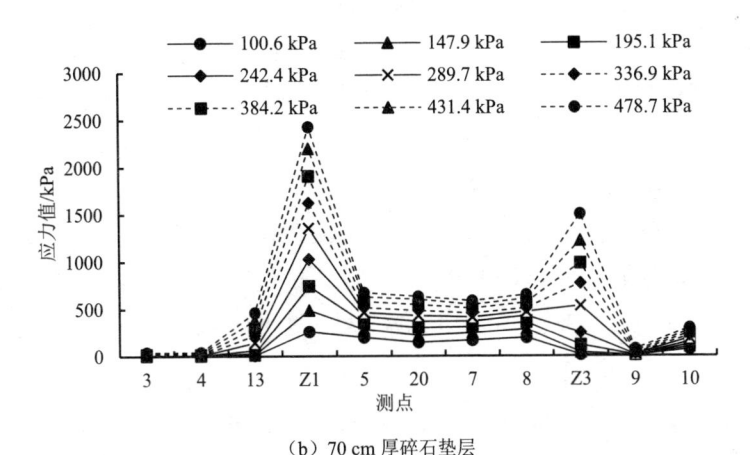

(a) 30 cm 厚碎石垫层

(b) 70 cm 厚碎石垫层

图 6 不同荷载集度时的测点的应力分布

由此可计算不同集度的桩土应力比。计算结果总结见图 7。可观察到：随着荷载的增加桩土应力比也加大；而且，垫层越薄，桩土应力比越大。

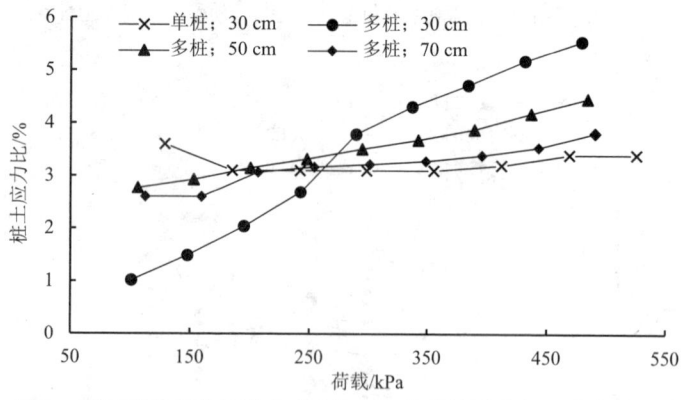

图 7 不同荷载集度的桩土应力比；一次单桩试验与三次多桩试验

高压旋喷桩改良地基检验

高压旋喷桩改良地基检验的目的是检验高压旋喷桩对地基的改良效果。选择了西人工岛岛内段来做试验，该区域在后续安装 E1 管节时会被水淹。先后用两种方法检验。第一种采用载荷板试验，板尺寸 4.6 m×4.6 m，荷载集度 300 kPa。试验结果证明改良后的地基承载力足够，而且改良后的地基变形模量适宜。但是，该试验结果被认为无法证明深层高压旋喷桩的地基改良效果。因此补充了第二种试验——原型堆载试验（图 8）。

原型堆载试验的堆载的平面尺寸 68 m×18 m。试验堆载与监测点的布置，堆载照片见图 8。

试验过程与结果简述如下。

从 2012 年 11 月 6 日开始试验，至试验结束用时一个月。前 8 d 进行加载。西人工岛的一端用临时钢圆筒和副格围成了不透水的深基坑，用于暗埋段施工。初始状态是开挖到–13 m。在这个高程上开始加载至运营期荷载设计值 165 kPa，分两级完成。之后的 24 d 等待沉降稳定，再卸载。

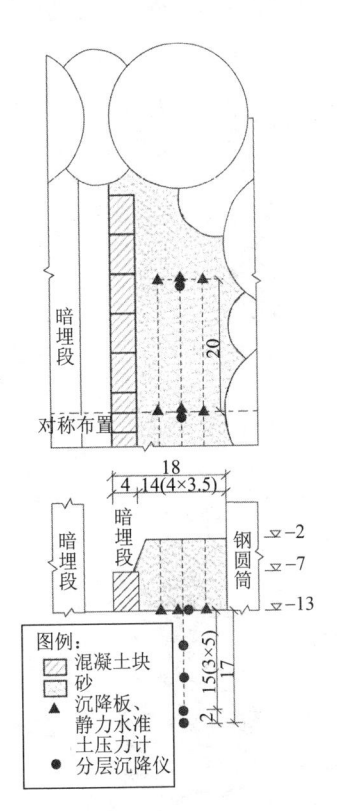

(a) 堆载方案与沉降、土压力监测点布置　　　　（d）满载

图 8　原型堆载试验

在加载过程中观测土压力与沉降。通过静力水准和沉降盘两种方法观测沉降。土压力、静力水准观测沉降与时间的曲线见图 9（测点编号按照从西向东、从北向南的顺序排列）。静力水准后期变形趋于平稳，沉降量在 19~25 mm，从 11 月 25 日至 12 月 5 日，即后 10 d，沉降的变形速率小于 0.1 mm/d。从观察结果易判断沉降量小于控制值 40 mm，满足设计要求。

值得思考的是，第二种试验的规模比第一种试验的大得多。同样也验证了已经施工完成的高压旋喷桩对地基的改良效果，但是能否只做第一种试验？

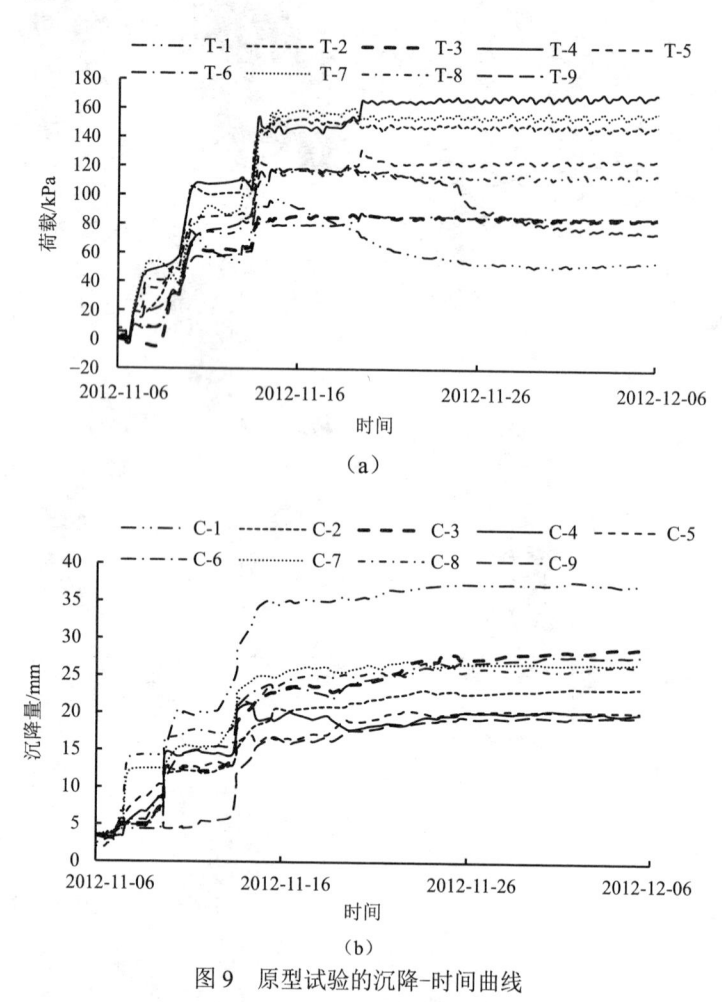

(a)

(b)

图 9 原型试验的沉降-时间曲线

挤密砂桩载荷板试验

试验目的是研究挤密砂桩复合地基的压缩变形机理，开展了置换率为 62%的挤密砂桩的复合地基水下载荷板试验。采用锚桩法，承压板尺寸为 5.4 m×5.4 m，最大加载 9900 kN。试验锚桩 4 根，正方形布置，间距 9.4 m；基准桩 2 根，间距 14 m。试验布置见图 10。试验前，在挤密砂桩顶面铺设 1 m 厚的碎石垫层。

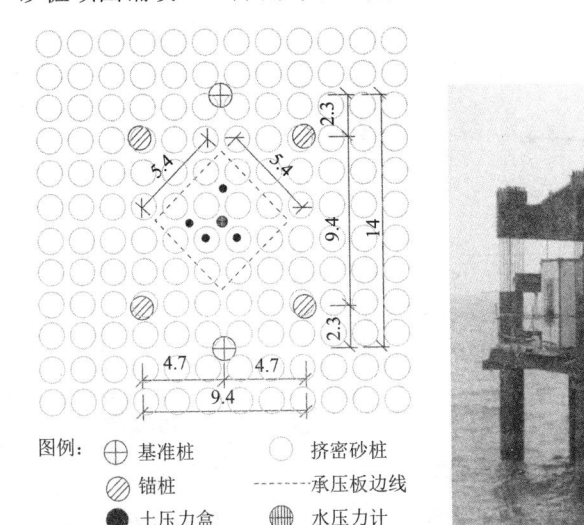

(a) 试验及监测点平面布置　　(b) 实景照片

图 10　载荷板试验

采用慢速维持荷载法进行加载，第一级 2000 kN，后续按每级 1000 kN 加载。为研究加载、超载后卸载再加载的沉降特性，本次试验进行两个加卸载循环，荷载加载至第 5 级 6000 kN 稳定后卸载至 0，再加载至第 17 级 9900 kN 稳定后卸载至 0，每级卸载量是加载量的 2 倍。

试验自 2012 年 1 月 7 日开始，一直持续至 2012 年 3 月 1 日，共计 54 d。完整试验的荷载沉降曲线见图 11。加载至 4000 kN 时（基底平均应力 137 kPa），累计沉降 23.3 mm；加载至 6000 kN 时（对应应力 205 kPa），累计沉降 53.7 mm；卸载后，回弹 5.8 mm；再加载至 9900 kN 时（对应应力 340 kPa），累计沉降 136.8 mm。

图 11 荷载-沉降曲线

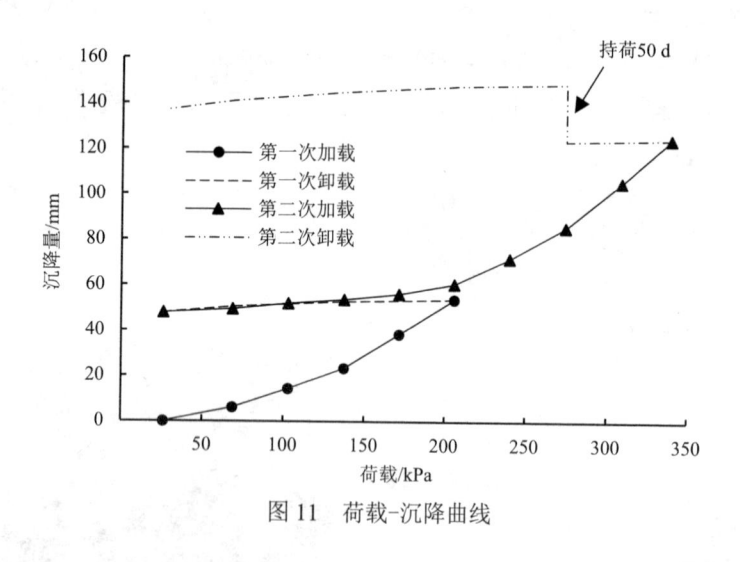

挤密砂桩复合地基大部分沉降在加载期间迅速完成，卸载作用导致的回弹再压缩量有限，约为累计沉降量的 1/10。根据双曲线法推算固结度为 91.1%，最终沉降 175 mm。说明挤密砂桩排水固结效果好，工后残余沉降小。

水下堆载预压监测

为更好地了解挤密砂桩复合地基的特性，掌握地基的总沉降量、固结度，并确定准确的预压卸载时间，对过渡段开敞水域的挤密砂桩堆载区进行了全过程监测。以下着重对沉管隧道西过渡段堆载区的监测情况进行论述。

堆载监测的区段为西人工岛附近的 E1、E2 和 E3 管节所在区段的 A1、A2 和 A3 区，设计挤密砂桩的置换率分别为 70%、55%和 42%。2012 年 5 月 19 日完成监测仪器埋设工作并启动监测工作，截至 8 月 9 日，满超载监测 54 d（图 12）。

(a) 挤密砂桩

(b) 水下堆载抛石预压
图 12　基础施工照片

监测的主要内容包括堆载区表层沉降和分层沉降,使用了 14 组表层液体压差式沉降仪与 6 组分层多点位移计进行监测。监测项目均在开敞海域水下,监测数据的采集使用长导线沿隧道轴向引至人工岛钢圆筒后进行陆上采集,数据采集处理设备采用分布式网络测量系统。

在堆载预压加固地基期间,A1 区各沉降盘发生的沉降在 33.4～37.3 mm,平均为 37.2 mm,平均固结度为 91.6%,平均残余沉降为 3.4 mm;A2 区各沉降监测点发生的沉降在 27.9～48.4 mm,平均为 38.9 mm,平均固结度为 85.1%,平均残余沉降为 6.8 mm;A3 区各沉降监测点发生的沉降在 45.6～68.9 mm,平均为 61.6 mm,平均固结度为 92.5%,平均残余沉降为 5 mm。

根据预压期间实测分层沉降资料可知，由挤密砂桩复合地基处理的淤泥及淤泥质土层性质得到明显改善，该部分土层每米压缩量在 1.3～2.3 mm，地基刚度较高；下卧层的沉降量在 6.4～11.1 mm，沉降量较小。

根据沉降监测结果，复合地基主要加固土层的沉降量较小，固结度接近 90%，且工后及残余沉降量较小，确定 54 d 满载后具备卸载条件，比原设计预期的 90 d 预压提前了 36 d（图 13）。

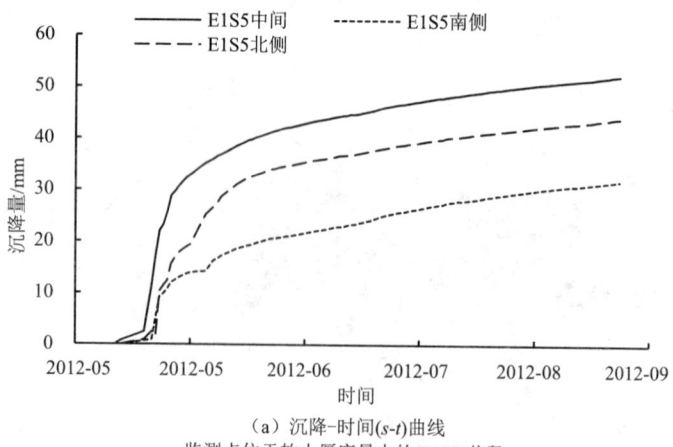

(a) 沉降-时间(s-t)曲线
监测点位于软土厚度最大的 E1S5 节段

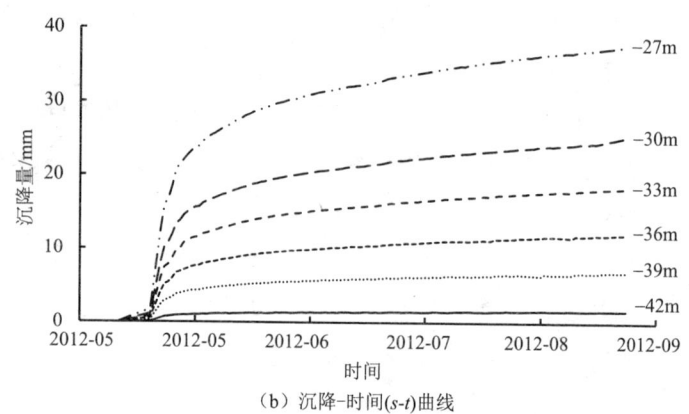

(b) 沉降-时间(s-t)曲线

图 13　E1S5 中间的分层沉降

密闭腔压浆抬升沉管管节

E32管节发生异常沉降

《沉管隧道的基础》中已述，长 5.664 km 的沉管隧道的沉降规律都是瞬时沉降，即沉降了 5~6 cm 后就开始收敛。但是唯独 E32 管节靠近 E31 一端（E31~E32）的沉降规律不同：安装之后，尚未加载时，E31~E32 就发生了近 50 mm 的沉降，且不收敛；在碎石整平船插、拔桩腿时，E32 管节的竖向姿态出现跳跃变动的反应，一端降一端升，像"跷跷板"。如不进行妥善处理，可以预见在 E32 管节加载过程中，E32 管节的沉降及其与 E31 管节的差异沉降将不在可接受范围内（图1）。

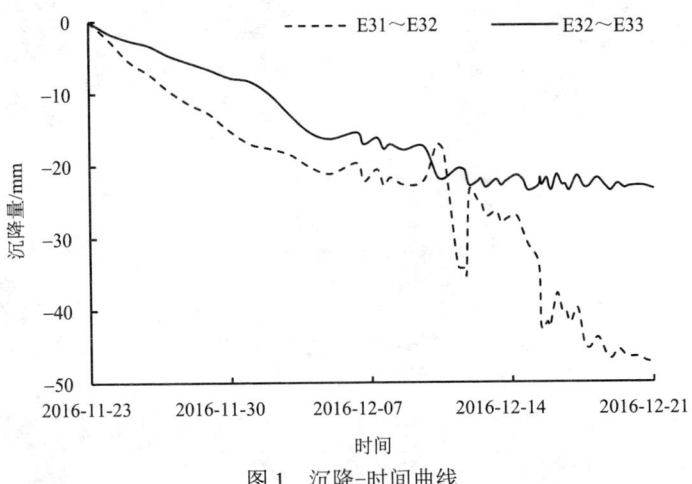

图 1　沉降-时间曲线

密闭腔压浆抬升管节的构想

E32 管节在预先开挖的基槽中,地基经过超载预压的处理,其历史应力远高于当时的荷载应力水平,从而判断异常沉降主要发生在地基表层。

因此,利用 E31~E32 接头部位的隧道的基槽、锁定回填、管节接头底部自然形成的空腔,通过压浆形成密闭腔,来协调接头沉降、预压密实基床、调节沉管竖向姿态(图2)。

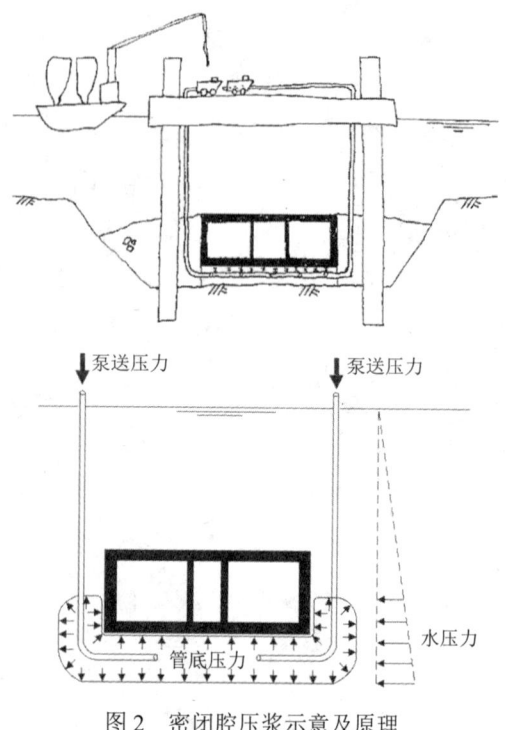

图 2 密闭腔压浆示意及原理

①压送浆体置换基床空隙中的水体,浆体凝结后形成固态垫层,填补可能存在的脱空空间,减少沉降及差异沉降。

②利用压浆过程中产生的浆体压力,对基床进行预压密实,预先完

成后期加载沉降。

③利用近似液压千斤顶的方法,即帕斯卡原理,通过密闭腔与带压浆液抬升管节,调节控制沉降量和姿态。

方 案 评 估

从浆液性能、抬升压力、压浆风险三个方面进行评估,完善了实施方案,让构想成真。

浆液应是一种超低强度水下不分散混凝土,原因如下。

①密闭腔形成压力是必要条件。这就要求浆液在水下能够长距离流动,并保持不分散的状态。

②为了让凝固后的浆液形成整体垫层,要求凝固后的浆液具有一定的强度,且体积稳定。

③考虑浆液形成的垫层与周围土体的协调性,要求浆液为超低强度等级混凝土。

此外,应控制混凝土的骨料粒径和用量,以保证浆体不向碎石孔隙中渗透析出,同时具备一定的自填充性能。

最后,还要考虑这个浆液能否适应长距离向下输送条件,适应混凝土的泵及泵送的要求,具有良好的工作性能。

基于上述需求总结的浆液性能见表 1。中心试验室设计配合比,调制了这种很特殊的浆液——超低强度水下不分散混凝土。

表1 混凝土要求

类别	性能要求
骨料最大粒径/mm	≤10(孔隙不渗透)
流动性:初始扩展度/mm	≥600
流动性(30 min 保留值)/mm	≥550
初凝时间/h	≥72
3 d 抗压强度/MPa	≤0.5

类别	性能要求
20 d 抗压强度/MPa	1.0～1.5
自密实效果	能填充于不平整的地基上，泌浆和地基渗透量少

为了抬升管节，估算抬升力。计算草图见图 3。计算得到 E32 管节抬升 E31～E32 部位所需的压力是 0.13 MPa，加上克服的水压就是 0.4 MPa。

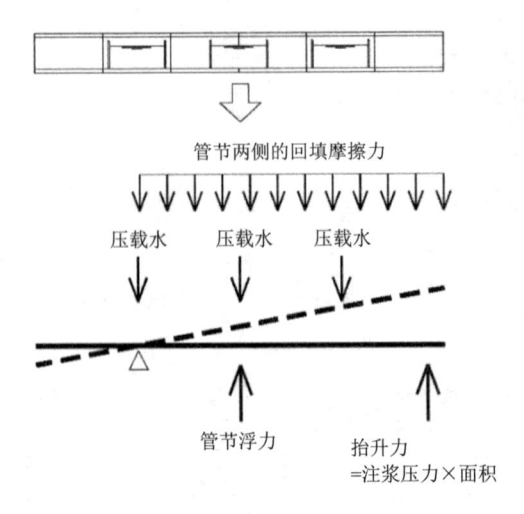

图 3 计算草图

以上解决了可行性的问题。还要评估该压浆工作的风险是否在可接受范围内。因而，对该操作可能导致的风险进行了评估。操作时的主要风险包括管节不受控起浮、管节接头张开、节段接头预应力损失；运营期的风险包括 GINA 止水带耐久性和管节接头伸缩受限。虽然计算的压浆压力不超过 0.4 MPa，评估时按照 1.0 MPa 来验算；管节张开风险计算输入值是 GINA 止水带压板外缘端钢壳的余宽、GINA 止水带的位移-压缩量曲线及浆体强度，计算结果说明风险均在可接受范围内。实施时，将以上评估结果作为施工过程及监控的参考数据。

实 施 过 程

压浆管需在 E31 管节安装前吊下水（图 4），直至 E31～E32 底部。

图 4　压浆管安装

为加强协调沉降效果，需在压浆管的上方安装纵向工字钢（图 5）。工字钢由潜水员在水下辅助安装。

图 5　压浆管细节

234　沉　管

为监控压浆过程中的浆体压力,顺着接头横向等间距地布置了5个土压力盒;顺着碎石基床纵向垄沟放置了4个土压力盒来监测浆液纵向流动的覆盖范围和压力(图6)。

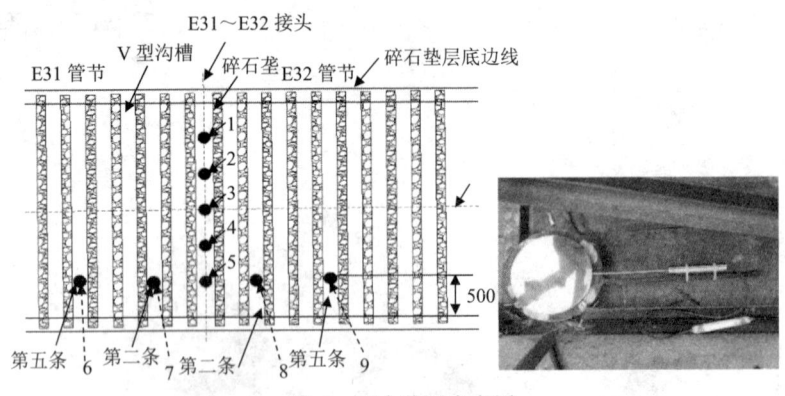

图6　压力监测点布置

为实时监测管节在压浆过程中的姿态变化,在沉管隧道管节内设置了静力水准仪。实际压浆时通过贯通测量也可监测姿态,但是获取数据有一些滞后。

安装竖管一端连接水平压浆管,另一端连接拖泵。考虑海上作业,利用碎石整平船作为工作平台固定拖泵,见图7。

图7　利用碎石整平船作为工作平台固定拖泵

施工 E31~E32 接头部位的锁定回填用作浆液的横向密闭格挡,并在底部 3 m 左右高度采用袋装回填料（图 8）。

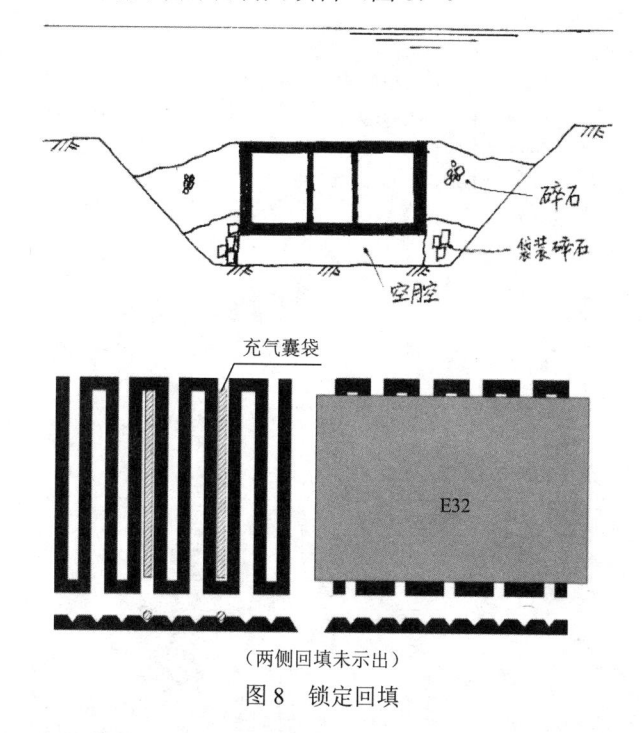

（两侧回填未示出）
图 8　锁定回填

采用搅拌船生产浆体，通过布料杆输送至注浆平台上的拖泵，经竖向管与水平管压入 E31～E32 的接头底部。

压浆过程需要确保施工安全及管节姿态可控，同时需要不间断压浆，避免混凝土堵塞在压浆管道中。这要求压浆施工技术人员具备丰富的经验和较好的能力。

实 施 结 果

压浆过程历时 17 h，压浆量总计 340.5 m³。

压浆过程中实时监测密闭腔内的压力变化及管节竖向位移的变化；监测记录的数据分别见图 9、图 10。

观察图9、图10，可将压浆过程分成三个明显不同的阶段：

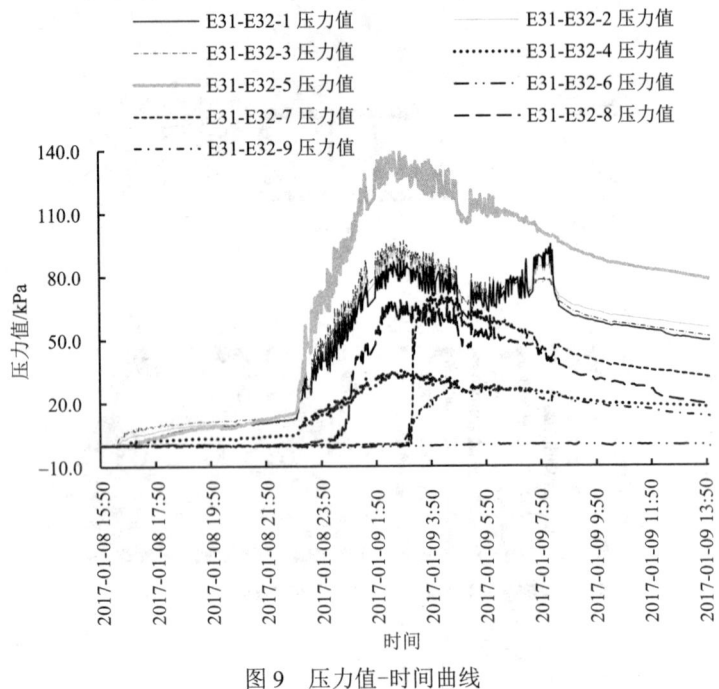

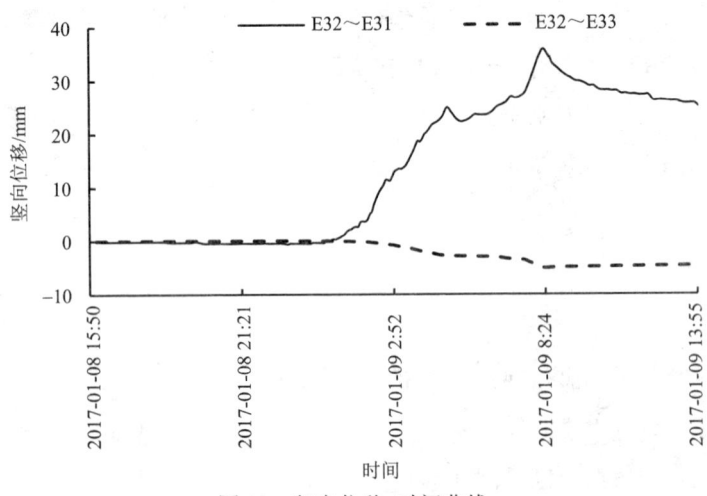

图9 压力值-时间曲线

图10 竖向位移-时间曲线

充填阶段。压浆量从 0~140 m³，管节姿态监测无变化，管底压力增长缓慢；如果在这个阶段我们信心动摇，认为不会出现下一个阶段，决定终止压浆，这个工法就不会成功实施！

压力密闭腔形成阶段。压浆量超过 140 m³ 以后，管底监测压力增速上升，压浆量直至约 220 m³。但是管节姿态并无明显变化；压力数据说明密闭空间已形成，基床被预压变形，并且被增加的浆液所充填。

管节顶升阶段。通过贯通测量及静力水准仪观察到 E32 管节尾端姿态的抬升，同时部分土压力盒的监测压力开始下降。其原因是抬升管节需要的总力是一定的，随着管节抬升，浆体与管节底面的接触面逐渐增加，总力不变，压力值就会减小。压浆至 340.5 m³ 时，管节最大抬升量 3.7 cm。停止压浆以后，浆液凝固，基底压力消散，管节姿态稳定后抬升 1.6 cm。

目标达成情况的分析

以下逐个分析预设的三个目标：协调沉降、预压密实、调控姿态。

压浆前 E32 管节相对 E31 管节偏低且不收敛，压浆过程中 E32 管节相对 E31 管节发生 4 cm 抬升，压浆后沉管回填荷载加载完成时 E32 与 E31 管节的差异沉降不再变化，这说明在水下压入的浆液凝固后（连同包裹在内的纵向工字钢）确实起到了协同 E31、E32 管节沉降的作用（图 11）。

压浆压力达到 0.14 MPa，超出运营期荷载压力 0.06 MPa。

浆体固结后，对 E32 管节进行回填加载作业，图 12 为后续管节沉降情况，加载过程发生 6 cm 沉降，随后趋于收敛。该沉降值仍大于其他管节，但是与之前相比压浆起到了预压并密实基床的作用，且效果显著。

E32 管节与 E31 管节接头端的管节竖向抬升了 3.7 cm，浆液固结后稳定在 1.6 cm，此工法也能实现调节管节竖向姿态的目标。

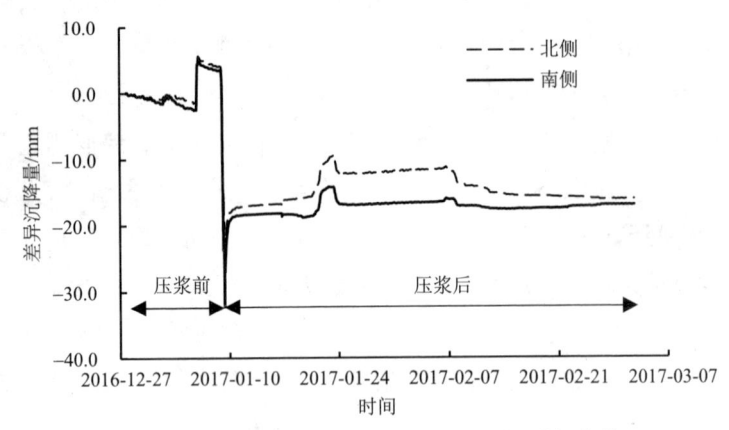

图 11 E31 与 E32 管节接头竖向差异沉降-时间曲线

正值"+"表示 E32 比 E31 向下沉降的更多

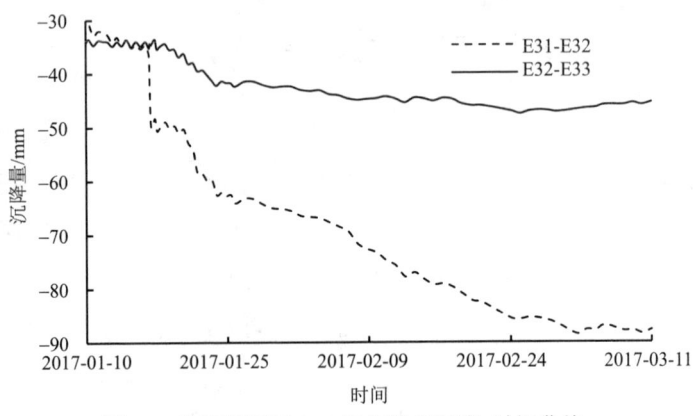

图 12 浆液凝固后 E32 管节端部沉降-时间曲线

讨 论

为避免异常沉降所造成的管节沉降失控，我们提出了密闭腔压浆抬升管节的构想，实践结果证明该方法能协调接头沉降、预压密实基床、调节沉管竖向姿态。从而沉管隧道基础处理又多了一种新方法。

该方法充分利用了工程自身条件：管节接头下方有一段不铺碎石基床的空间，恰好可作为上抬力的作用面；管节两侧的回填自然形成空腔（密闭空间），空腔是混凝土在水压力作用下产生额外压力的必要条件；管节因自身浮力不需要很大的额外压力就能被抬升。

为确保压浆过程风险的可控，对压浆总量进行了估算与控制，监测水密度以避免管节上浮，监测管节姿态及管节接头的相对运动。

该工法我们用了两次，第二次用于最终接头基础，详见《最终接头4：基础特殊问题及诊断和处置》。

我们觉得有几个地方可以做得更好：

根据具体情况合理选择混凝土的缓凝时间。凝固时间越长，压浆可填充的区域就越广泛，压浆速率就可控制得越缓慢；凝固时间短，其优点是管节抬升或压浆完成以后，姿态稳定的时间较短，预计抬升量的回复值较小。

如在碎石垄沟上设置纵向浆体通道，可能会使得浆液在管底的填充及压力更均匀。

半刚性管节 1：介绍

深埋带来的问题

由于预留了未来 30 万 t 油轮的通航的净空，港珠澳大桥沉管隧道是目前世界上唯一的深埋沉管隧道，将来隧道顶上会覆盖一层厚厚的回淤物。怎么理解？如果用下雪打比方，就是别人家的屋顶上只落了厚厚的一层雪，而我们家的屋顶上落了一座雪山。隧道受得了吗？

意外发生时，不容易受伤的两类人

什么样的人不容易受伤？平时，我们都不易受伤。而在危难时刻，有两类人不易受伤。一类是强壮有力的人，能通过力量来抵御外部冲撞；另一类是柔韧性好的人，可以通过避让来避免伤害。

在港珠澳大桥沉管隧道建设之前，世界上的沉管隧道可以分为整体式与节段式两类，可以分别被比喻成上述的两类人。而这两种结构类型，经测算，都无法抵抗深埋荷载——隧道在安装后，上面会逐渐淤积约 20 m 厚的淤积物。

关于两类结构类型沉管破坏模式的设想见图 1。

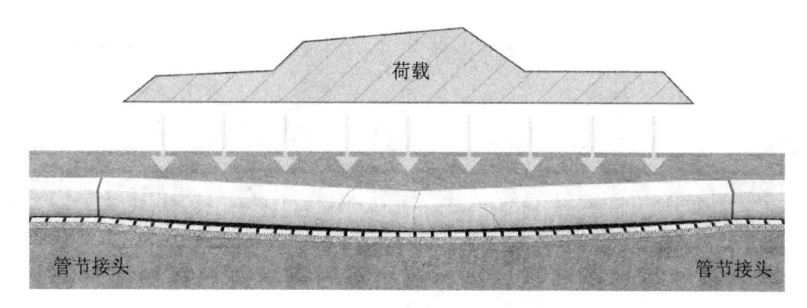

(a) 整体式管节的混凝土开裂，引起海水对混凝土内钢筋的侵蚀，降低沉管隧道寿命，甚至引起沉管隧道漏水

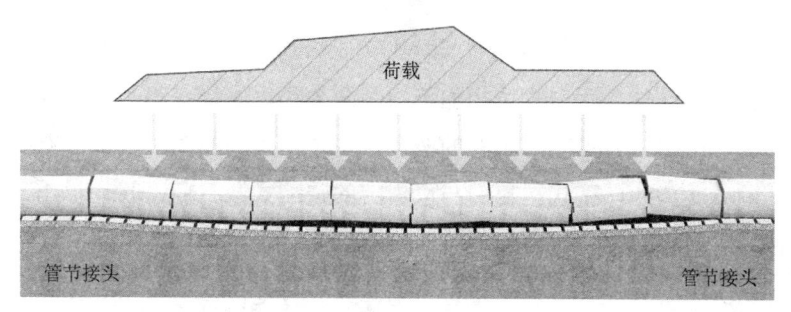

(b) 节段式管节的节段接头是薄弱环节，周边的混凝土也容易开裂；且节段接头张开量可能过大，导致沉管隧道漏水

图 1　两种结构类型沉管破坏模式设想

更不易受伤的人，或抵御风险能力更强的人

是否存在比前述两类人更不易受伤的人？有。就是既强壮又柔韧性好的人。半刚性管节就像这样的人，在深埋环境下它仍然能够生存（图 2）。

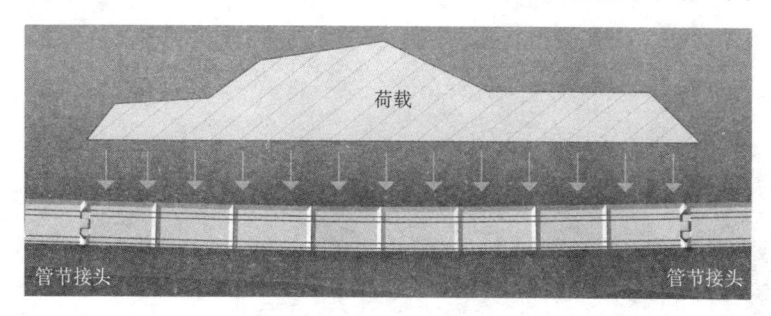

图 2　刚柔并济的半刚性管节

该构想自提出以后，港珠澳大桥岛隧工程花了半年的时间做试验，又花了半年的时间邀请了6家单位进行独立验算，一年以后，终于得到了业主及其咨询单位的认可，该方案得以实施。

实施的结果是直至笔者最后一次修改本书之日，隧道顶已有超过5 m的回淤，隧道管节保持一体，且整个隧道滴水不漏。

$$A+B=A+B+C$$

半刚性管节结合了柔性的节段式管节和刚性的整体式管节的优点。在物质的世界里，两个物体相加仍然是两个物体。但在思想的世界里，两个概念相加就有可能产生新的概念。这个结构的发明与端封门有些类似——从安全的焊接式端封门与可周转的装配式端封门，我们提出了既安全又可周转的拼装+焊接端封门，此已在《端封门》中论述。

该发明的另外一个灵感来自桥梁建设中对摩擦力的应用。在港珠澳大桥沉管隧道中我们运用了摩擦力的两个极端：对于半刚性问题我们增加与保障了摩擦力；对于78 000 t管节的顶推我们尽量减少摩擦力。

发明半刚性管节的动力来自工程强烈的需求。如果没有它，在未来的120年期间需要增加大量的海上扫"雪"工作，这对于海上交通繁忙，如今日通航量已达到4000艘的珠江口，可能是雪上加霜。

半刚性管节 2：机理

深埋问题的提出

在港珠澳大桥岛隧工程中，沉管隧道管节的节段接头因差异沉降而损坏或漏水的可能性较大。因为沉管隧道位于从浅到深的基槽里。安装以后，沉管隧道在运营期会被约 20 m 厚的回淤覆盖，回淤土的容重约 5 kN/m^3。部分回淤土在远期可能由于航道的规划而再次挖除。我们把以上称作深埋问题。而且，隧道下方的地层是沿着隧道轴向 0~30 m 厚的软土（图 1）。沉管隧道管节结构的原方案是节段式，每隔 22.5 m 的节段接头部位设有竖向混凝土剪力键。

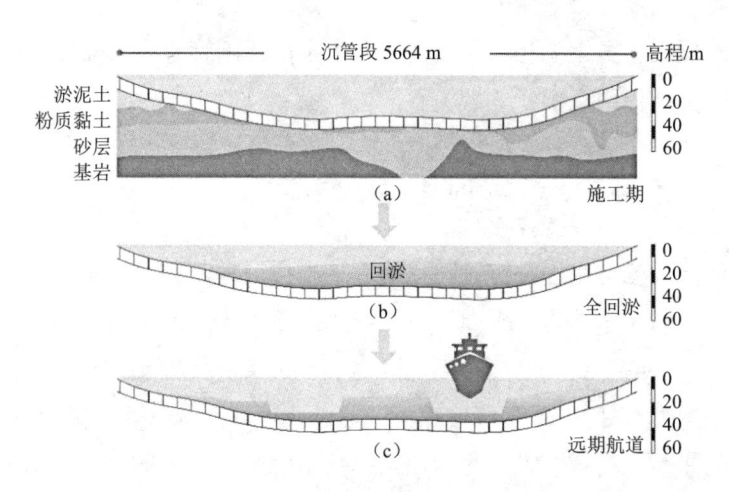

图 1 深埋问题：隧道顶部荷载大，且随着时间变化

节段接头剪力键的承载力不足，为解决这个由深埋带来的问题，工程曾提出两个减轻隧道上方的载荷的方案（图2）。一个是在未来120年的隧道运营期间，不断地疏浚，移除隧道上方的回淤；另一个是在施工期，在隧道上方预先填上轻质回填材料，轻质回填材料的容重与水接近。但是，这两个减载方案的花费巨大，且工期不可控。

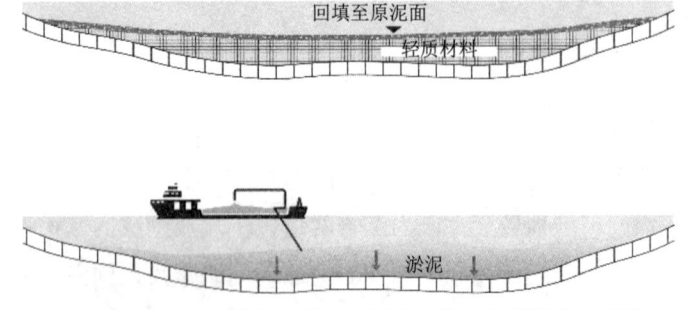

图2 对深埋问题的原先的两个解决方案：在隧道上方减载

与其改变隧道结构的外部环境，不如改变隧道本身的结构。我们提出了半刚性结构的概念来解决深埋问题，从而不需要减载。这个方案的投资费用比前两个方案的少得多，因为减少了大量的海上作业与风险，结构与原设计方案的相比主要变化只是不剪断沉管隧道的临时预应力，而是永久地使用它们。

半刚性管节的定义

半刚性管节是一种沉管隧道的管节结构形式，它利用节段接头竖向端面的压力和摩擦力来提高管节纵向结构的健壮性（robustness）与整体性（integrity）。健壮性的提高是因为节段接头通过摩擦力来抵抗全部或部分的剪力（图3a）。保障摩擦力即通过合理设置节段接头端部的压力，端部的压力来自管节纵向永久预应力及GINA止水带的反力，GINA止水带的反力来自管节对接施工时水力压接的静水压力（图3b）。

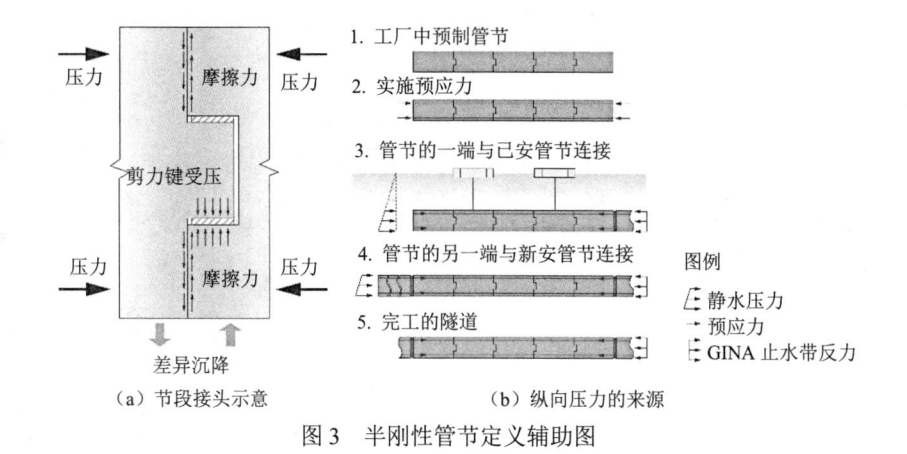

(a) 节段接头示意
压力　摩擦力　压力
剪力键受压
压力　摩擦力　压力
差异沉降

(b) 纵向压力的来源
1. 工厂中预制管节
2. 实施预应力
3. 管节的一端与已安管节连接
4. 管节的另一端与新安管节连接
5. 完工的隧道

图例
静水压力
预应力
GINA 止水带反力

图 3　半刚性管节定义辅助图

为了进一步说明半刚性管节的原理，下面首先回顾已有沉管管节结构形式，再通过半刚性管节结构与已有结构形式的比较来证明半刚性管节的优势。

已有沉管管节的结构形式回顾

已有的沉管管节结构形式可分为钢壳式和混凝土式。按时间发展顺序，钢壳式又分为双钢壳、单钢壳、三明治，这三种形式都是整体式管节；混凝土式又分为整体式、节段式。半刚性管节结构是基于混凝土节段式管节的基本构造，因港珠澳大桥岛隧工程的深埋问题而得以发展。所有管节结构形式见图 4。

下面主要回顾与本文内容关联较紧密的整体式管节与节段式管节的特点。整体式管节是连续的结构，中间不带柔性接头。为了避免开裂，分批浇筑，留有纵向与竖向的冷缝。竖向冷缝通常介于底板、墙体与顶板之间。为了避免混凝土结构渗水，整个管节通常被防水层包裹。比较而言，节段式管节只有竖向冷缝，即节段接头，每个长 20～25 m 的节段一次性浇筑。节段的混凝土可以做到自防水，外包防水层不再是必要的。

节段接头的防水通常采用可注浆止水带（其在港珠澳大桥岛隧工程的改良见《可注浆止水带的使用改良》）。管节安装时需要施加纵向预应力筋以令其成为一个整体，安装完成后，节段接头部位的预应力筋被剪断，进而让管节变柔以适应基础沉降。由以上可知在使用阶段整体式管节沿着纵向的整体抗弯刚度和抗剪刚度比节段式管节的大，即整体式管节呈刚性，节段式管节呈柔性。

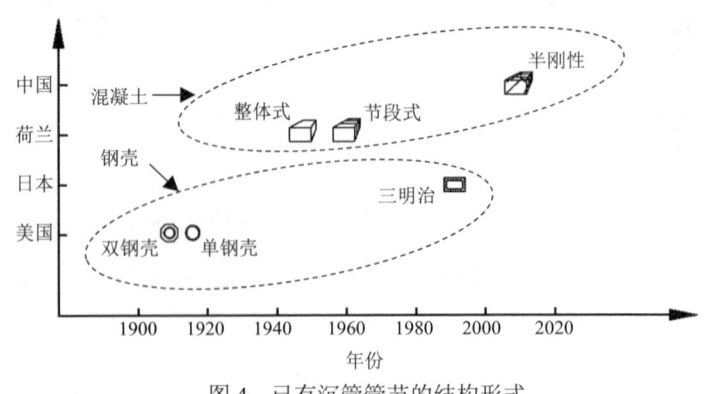

图4 已有沉管管节的结构形式

工 作 原 理

半刚性管节同节段式管节一样，采用纵向分段的构造，且节段之间允许一定程度的转动。但是半刚性管节的不同之处在于以下几点。

①结构的纵向上始终保持压力。

②保持压力令节段接头部位始终有摩擦力，从而节段接头部位的摩擦力和其他结构性的抗剪构造（下文的讨论均用"剪力键"）可以共同承担该部位的剪力。这种协同抗剪能力通过试验得到了证明，后文详述。

③半刚性管节结构沿着纵向的弯曲刚度是随着外部条件改变的。比如，当荷载较小或者差异沉降较小时，节段接头不张开，管节结构的弯曲刚度基本等于整体式管节的。当荷载（如"深埋"问题或地震、沉船等偶然工况）与差异沉降较大时，节段接头张开，弯曲刚度介于整体式

结构与节段式结构之间。

基于对半刚性管节、整体式管节和节段式管节之间的差异的认识，下文通过比较三者的健壮性来说明半刚性管节的工作原理。

首先说明，如果管节下方的地基刚度均匀、荷载均匀，即使地基软、荷载大，三种管节的纵向结构上都不会受力——荷载只会通过管节结构向下传递至地基，即属横向结构问题。该问题我们并不担心，因为可以通过配置足量的钢筋来解决；只有当地基刚度沿着管节纵向不均匀时，或上覆荷载沿着管节纵向不均匀时，或两者的不利组合，才可能导致管节的纵向结构受力与变形。整体式管节、半刚性管节与节段式管节的纵向结构抗力原理见图 5 的描述。

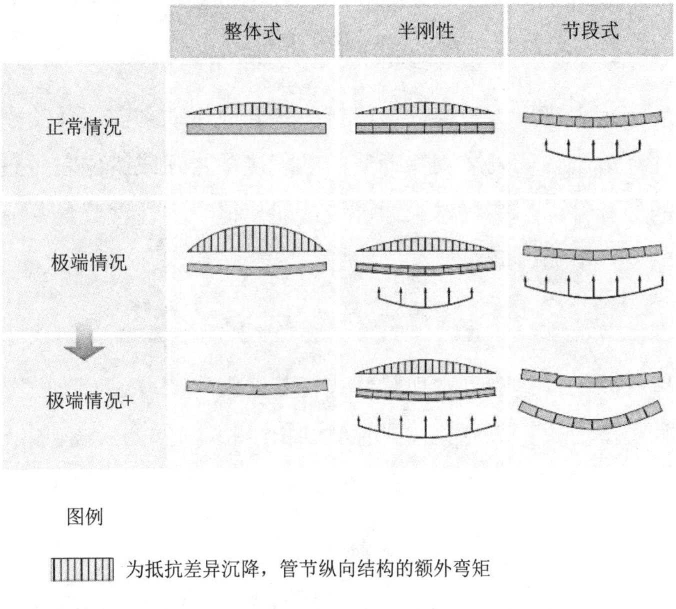
整体式
半刚性
节段式
正常情况
极端情况
极端情况+
图例
为抵抗差异沉降，管节纵向结构的额外弯矩
为抵抗差异沉降，沿纵向，地基提供的额外支撑力

图 5　三种结构形式的管节纵向应对不均匀沉降的表现

整体式管节主要靠自身的承载力来应对差异沉降，通过较大的纵向

弯曲刚度与剪切刚度，将不均匀载荷和地基刚度差异的作用转化为自身的纵向弯矩与剪力。与之不同的是，节段式管节应对差异沉降的方式主要是依靠变形，即通过允许节段与节段之间发生相对的位移（主要是转动）来获得额外的地基反力；或者说，将每个节段受到的外部荷载尽可能多地向下传递，而不是沿着隧道纵向传递，进而减少结构的纵向受力。半刚性管节的抵抗方式是两者兼施：首先，它的表现像整体式管节的一样，利用自身刚度来吸引外部荷载，让外部荷载沿着管节纵向传递；当荷载超出了能够令它的节段接头张开或错位的临界荷载时，对于超出的那一部分荷载，半刚性管节的表现像节段式管节一样，通过释放节段之间的相对变形，来获得地基反力的帮助，从而获得一个新的力的平衡。

用方程表达，半刚性管节的健壮性 $R_{semi\text{-}rigid}$ 来自两部分：

$$R_{semi\text{-}rigid} = R_{rigid} + R_{flexible} \tag{1}$$

式中，R_{rigid} 代表半刚性管节的节段接头张开或错动之前表现的刚性阶段的健壮性；$R_{flexible}$ 代表半刚性管节的节段接头张开或错位之后表现的柔性阶段的健壮性。后文将讨论通过设计能使得半刚性管节具备节段式管节同样的变形能力，即

$$R_{flexible} = R_{segmented} \tag{2}$$

从以往的工程案例可发现整体式管节通常比节段式管节做得短，所以可认为当节段式管节与整体式管节的长度相等时，两者的健壮性如下：

如果（1）与（2）成立，则可得到（3），即半刚性管节最健壮。

$$R_{segmented} > R_{monolithic} \tag{3}$$

将（2）、（3）代入（1），得到同等管节长度下，半刚性管节的健壮性高于节段式管节和整体式管节。

$$R_{semi\text{-}rigid} > R_{segmented} > R_{monolithic} \tag{4}$$

需注意，工程中管节长度的确定取决于诸多因素，在《沉管隧道的

设计》中已述；管节结构形式的选择也不止是比较健壮性，还有很多因地制宜的考虑，如管节预制方式、浮运条件、工期要求、传统与习惯、施工质量控制，以及可选择的止水带产品等。

讨　论

前文假设整体式管节、节段式管节、半刚性管节具有相同的长度、相同的荷载与相同的地基刚度差异，证明了相对而言半刚性管节最健壮。而本节从另一个角度——管节纵向结构的失效模式，证明半刚性管节纵向结构在较多情况下失效概率较低，并顺带地分析半刚性管节结构的整体表现。

首先，表1列举三种管节结构最可能出现的失效方式：整体式管节的失效模式是受拉侧的结构边缘的拉应力过大或开裂；节段式管节的失效模式是节段接头的抗剪失效，或节段接头张开量过大，参考图 5。半刚性管节的失效模式同节段式管节一致——当半刚性管节的预应力筋全部断裂以后，就会像节段式管节一样失效。下文对应每一项失效模式比较结构的安全度。

表1　节段式与整体式管节纵向结构失效的控制模式与相应工况

分类	编号	工况 项目	节段式管节破坏模式 模式A: 节段接头 抗剪失效	节段式管节破坏模式 模式B: 节段接头 过度张开	整体式管节破坏模式 模式C: 混凝土边缘 拉应力过大
管节安装	1	浮运：长周期波	—	弯矩引起	弯矩引起
管节安装	2	安装：长周期波	剪力引起	弯矩引起	弯矩引起
运营正常情况	3	上部荷载+地基刚度不均	剪力引起	弯矩引起	弯矩引起
运营正常情况	4	降温+混凝土收缩、徐变*	间接减小端面摩擦力	拉力引起	拉力引起
运营极端情况	5	沉船	剪力引起	弯矩引起	弯矩引起
运营极端情况	6	地震P波	—	惯性力引起	惯性力引起
运营极端情况	7	地震SV波	惯性力引起	—	—

*沿着管节轴向的拉力，是由于管节或节段变短引起的四周回填与基床的摩擦力。

半刚性管节在节段接头部位的抗剪安全度（对应表1模式A）比节段式管节更高。对于节段式管节，节段接头的抗剪能力源于两部分，地基反力与竖向剪力键。而对于半刚性管节，节段接头的抗剪能力不仅来自上述的两部分，还有另外一部分来自摩擦力。需要说明，前文已述半刚性管节的结构纵向刚度比节段式的大，但是两种管节结构受到的剪力是相等的，因为两种管节的变形能力相同，即利用等量的地基反力。对于变形后的半刚性管节，摩擦力在节段接头部位仍然会帮助抗剪；下一节会证明这一点。

再比较节段式管节与半刚性管节在节段接头部位的抗张开能力（对应表1模式B）。显而易见，半刚性管节因保留了预应力而不易张开。

最后，比较整体式管节与半刚性管节的抗开裂能力（对应表1模式C）。半刚性管节的节段接头等同于预先设置的"裂缝"，所以半刚性管节的纵向结构相比整体式管节的较不容易开裂。并且，对于表1的降温工况，整体式管节受到的截面拉力远大于半刚性管节，原因见图6，管节被回填与基床包裹，当管节降温收缩时，回填与基床产生的摩擦力方向与管节收缩的方向反向，截面最大的拉力出现在管节的中部。由于整体式管节的混凝土连续结构长度是半刚性管节的5~8倍，它的中间截面受到的摩擦力的合力也是半刚性管节截面的5~8倍。

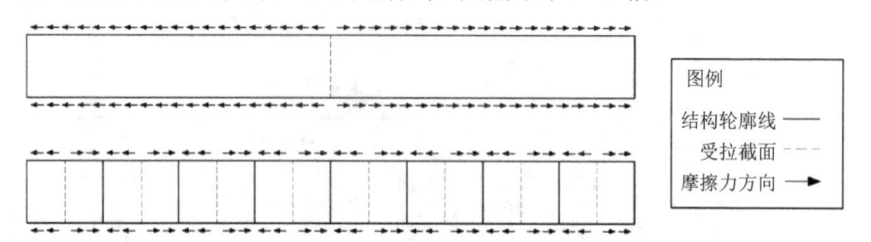

图6 整体式、半刚性（节段式）管节降温收缩工况的摩擦力

使用半刚性管节，预应力筋的断裂也许值得注意。预应力筋的断裂可能因为腐蚀。所以需要通过良好的预应力防水与防腐设计和施工质量控制来降低这个风险。断裂的另一个原因是预应力筋受力过大，可通过

预留预应力的使用的度，以及设置预应力的无黏结长度来调节节段接头的允许张开量。此外，一个有趣的想法是，当纵向预应力筋全部断裂以后，半刚性管节就转变成节段式管节。如果节段式管节在该条件下能够生存，转变成节段式管节的半刚性管节也能生存；如果节段式管节不能生存，转变成节段式管节的半刚性管节仍然比纯粹的节段式管节有更大的生存机会。因为在转变之前，半刚性管节"争取"了一段时间，这段时间使得隧道的外部环境趋于稳定，即远离外部荷载变化相对较大的施工期，靠近外部荷载较稳定的运营期，从而它在转变成节段式管节以后，保持完整性或生存的概率较大。

由于半刚性管节比节段式管节的纵向弯曲刚度大，半刚性管节获得的地基反力比节段式管节获得的少，所以管节接头竖向剪力键的受力比节段式管节的大。而管节接头的剪力键受到的剪力可通过延迟安装时间，甚至压载等方式抵消一部分，因此不应当是管节选型的主导问题。对于港珠澳大桥沉管隧道笔者还提出了"记忆支座"的概念，并付诸实施以保护管节接头的竖向剪力键及相邻的结构，详见本书中《记忆支座》。

半刚性管节的问题就讨论到这里，作一个回顾。为了提高节段接头的抗剪能力，半刚性管节的结构形式被提出，主要措施是不剪断纵向的预应力筋。这个改变在提高节段接头抗剪能力的同时，也会对整个结构的表现产生影响。因此我们需要确保管节纵向结构的纵向刚度变化引起的"连锁反应"不会造成管节其他部位的结构问题或"短板"。通过这一节的讨论我们顺带地澄清了这个问题。

参 考 文 献

林鸣，林巍，刘晓东，等，2017. 港珠澳大桥沉管隧道路面问题的探讨与改良构想[J]. 中国港湾建设，37(10)：1-5，73.

Akimoto K，Hashidate Y，Kitayama H，et al.，2002. Immersed tunnels in Japan：recent technological trends[C]//Underwater Technology, 2002. Proceedings of the 2002 International Symposium on. IEEE: 81-86.

Busby J, Marshall C, 2000. Design and construction of the Øresund tunnel[C]//Proceedings of the Institution of Civil Engineers-Civil Engineering. Thomas Telford Ltd, 138(4): 157-166.

Chris Hakkaart, 1997. Chapter 7 transportation[J]. Tunnelling and Underground Space Technology, 12(2): 149.

Glerum A, 1995. Developments in immersed tunnelling in Holland[J]. Tunnelling and Underground Space Technology, 10(4): 455-462

Grantz W C, 1997. Steel-shell immersed tunnels—forty years of experience[J]. Tunnelling and Underground Space Technology, 12(1): 23-31.

Grantz W C, Tan G L, Sørensen E A, et al., 1993. Chapter 4: waterproofing and maintenance[J]. Tunnelling and Underground Space Techologhogy, 8(2): 162-174.

Grantz W, Tan L, Sørensen E, et al., 1997. Waterproofing and maintenance[J]. Tunnelling and Underground Space Technology, 12(2): 111-124.

Janssen Ir W, 1978. Waterproofing of the tunnel structure[C]//Immersed tunnels: Delta Tunnelling Symposium. Amsterdam: Tunnelling Section of the Royal Institution of Engineers in the Netherlands: 34-38.

Lin M, et al., 2013. Patent, Number ZL 2013 1 0488492.9, Semi-rigid element used for immersed tunnel. Application date: October 17, 2013, Publication date: September 9, 2015.

Lin M, Lin W, Liu X D, et al., 2018. Over and under[J]. Tunnels and Tunnelling, International Edition, (4): 41, 43.

Lunniss R, Baber J, 2013. Immersed Tunnels[M]. Boca Raton: CRC Press: 5-44, 57.

Nestor S R, Walter G, 1997. Chapter 9 catalogue of immersed tunnels[J]. Tunnelling and Underground Space Technology, 12(2): 163-316.

Rasmussen N S, 1997. Concrete immersed tunnels—forty years of experience[J]. Tunnelling and Underground Space Technology, 12(1): 33-46.

半刚性管节 3：设计

预应力体系

沉管隧道的半刚性管节设计的关键是要让管节的纵向结构充分发挥刚柔并济来抵抗外部不利作用；其他方面的设计同节段式管节。"刚"就是通过设置预应力让节段接头尽量不张开，通过设置摩擦力让节段接头尽量不发生错边；"柔"就是允许预应力筋产生一定的伸长量从而允许节段接头发生一定量的张开。因此，预应力体系是半刚性管节设计的关键，见图 1。其中的关键因素是节段接头的正压力，正压力与管节安装水深及预应力筋的使用量与张拉度有关，分别在后面两节讨论。

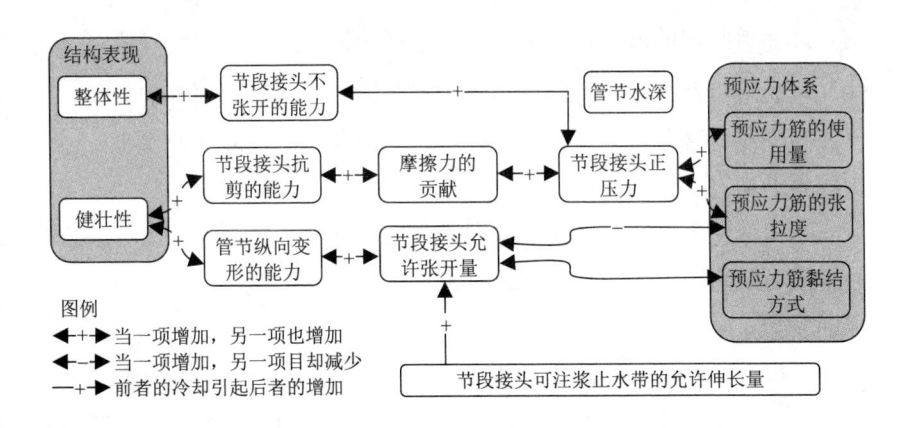

图 1 预应力体系对半刚性管节的结构行为的影响

水深的影响

沉管隧道管节的节段接头的正压力的大小与水深直接关联。我们通过观察一个管节施工的步骤来说明这一点，参考《半刚性管节2：机理》中的半刚性管节定义辅图：

①管节在起浮前，通过纵向预应力来确保管节在浮运与沉放阶段的整体性，即不允许节段接头张开，节段接头边缘不能因弯矩而产生拉应力。

②管节在沉放时，随着水深的增加，管节两端的水压力增加，如果忽略因水压力增加而引起的管节长度的变化，节段接头的正压力就等于管节端部的水压力与预应力的纵向力的合力。

③水力压接完成后，GINA止水带被压缩，该管节的对接端的水压力被GINA止水带的反力置换。GINA止水带的选型，包括橡胶的硬度与断面的尺寸，较大程度取决于水深。

④当下一个管节安装以后，管节另一端的水压力也被新安管节的GINA止水带的反力所置换。此时，该管节的节段接头的正压力基本等于GINA止水带的反力与预应力的纵向力之和。

⑤随着时间的流逝，节段接头的正压力因为三个原因而降低。一是GINA止水带的橡胶的松弛；二是混凝土的收缩与徐变导致管节在长度方向的缩短，管节接头部位张开，进而GINA止水带的反力减小；三是预应力的损失。

⑥随着四季循环，管节的长度也会周期性地改变。因此节段接头端面正压力随着GINA止水带的压缩量与反力的周期性的变化也发生周期性的变化。

值得一提的是，节段式管节由于在安装以后要剪断所有的纵向预应力筋，其正压力只由GINA止水带的反力提供；如果一个节段式管节在夏天安装，到了冬天，管节遇冷长度变短，导致正压力减小甚至消失。

但是，当节段式管节沉放的水深很大时，即使剪断了纵向预应力筋，因为水压力大，正压力也不会消失，所以节段式管节表现出的依然是《半刚性管节2：机理》中所述的半刚性管节的工作原理。

预应力筋的量与度

从上文可知水深越大，节段接头的正压力就越大，所需的预应力筋的量就越少。

预应力筋的度（即预应力筋的使用伸长量与允许伸长量之比）的设置是一个平衡的问题：预应力筋已使用的伸长量决定了节段接头张开的难易程度，即管节的刚性；尚可使用的伸长量决定了节段接头的允许张开量，即管节的柔性；这个问题需要结合水深及止水带的允许伸长量一同考量。如果预应力筋的度是固定的，预应力筋的量越大（在不导致混凝土受压破坏的合理范围内），管节的整体性与健壮性都会得到增强，但是工程投资也会相应增加。如果预应力筋的量是固定的，预应力筋的度越高，节段接头的承载力越大，管节整体性就越好，接头张开能力就越弱。

三 个 细 节

三个细节影响半刚性管节之于沉管隧道的使用效果：一是管节纵向预应力与管体的黏结布置及构造影响节段接头的张开能力、水密性和耐久性；二是节段接头剪力键垫层影响摩擦力协同抗剪工作的效果；三是管节接头的保护采用了特殊的支座。细节一和细节二见《半刚性管节4：案例》内容，细节三见《记忆支座》。

半刚性管节 4：案例

本篇介绍港珠澳大桥岛隧工程沉管隧道半刚性管节的方案及论证。一个新的结构体系从提出到实施的过程，转换关键是通过论证来获得认同，进而获得自由。

设 计 方 案

港珠澳大桥岛隧工程沉管隧道的纵向预应力的设计的控制工况是在运营期回淤荷载最大、不均匀沉降发生时，节段接头仍然不张开。预应力筋布置见图 1，每个预应力孔道设 25 束直径 15.2 mm 的钢绞线，标准强度 1860 MPa。受水深影响，预应力筋的张拉程度基本达到其抗拉标准强度的 60%～65%。节段接头采用混凝土剪力键，预制节段时整体浇筑；管节接头采用了钢剪力键，在管节水下对接以后再安装，而该剪力键的锁定是一直等到施工荷载完成及沉降稳定以后。节段接头部位设置双道止水，外圈和内圈分别为可注浆止水带与 OMEGA 止水带。

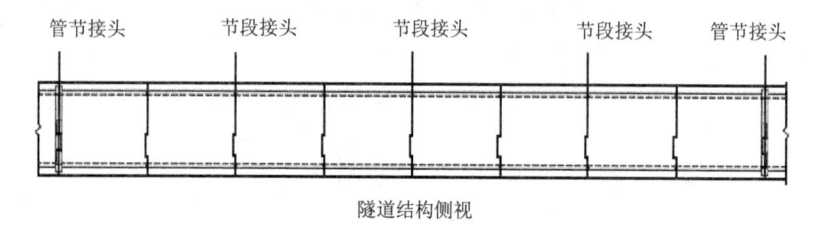

隧道结构侧视

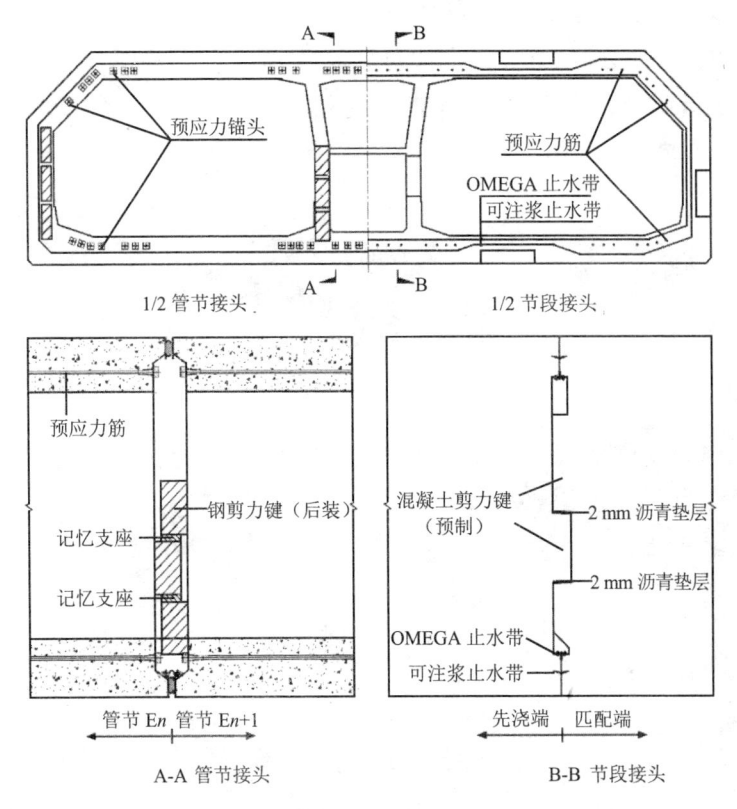

图 1　港珠澳大桥岛隧工程沉管隧道的半刚性管节构造

数 学 模 型

半刚性管节在施工期的验算内容与节段式管节相同，主要验算了管节起浮后节段接头受到的剪力与压应力。管节浮运时，纵向荷载来自压载水箱，端封门及管节端部凹进去的部位因不排水而导致局部浮力减弱，再叠加波浪、水流的影响。其他验算工况包括管节顶部浇筑干舷调节混凝土与管节的沉放。经验算，在施工期沉管管节的节段接头的边缘压应力始终保持 0.3 MPa 的正压力，并且节段接头的抗剪安全度富余。

项目部邀请清华大学、同济大学、日本 NCC 公司等 6 家单位的分析人员对运营的关键工况进行了"背靠背"计算。结果表明半刚性管节不仅满足运营期不利作用下的管节纵向结构的安全度，而且较节段式管节结构安全度更高（图 2）。

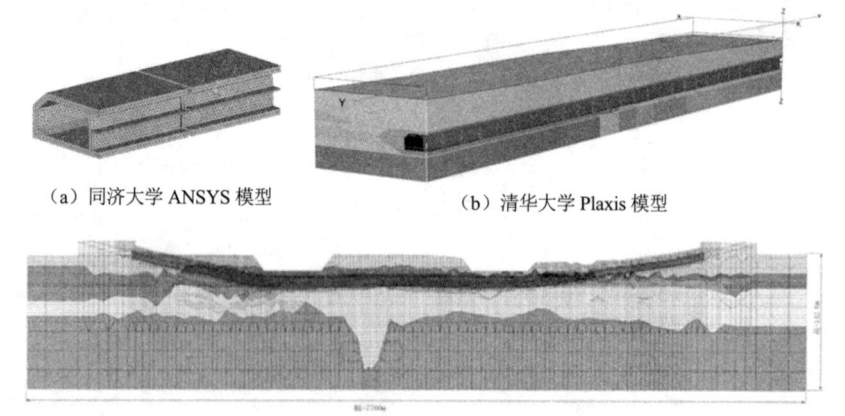

（a）同济大学 ANSYS 模型
（b）清华大学 Plaxis 模型
（c）日本 NCC 公司抗震分析有限元模型
图 2　数学模型

黏结方式与三件套

前文已述，半刚性管节的节段接头在必要时需要张开，以保证管节结构纵向具有一定的变形能力。节段接头的允许张开量除了取决于预应力筋的张拉度，还取决于预应力筋与管节的黏结方式。针对港珠澳大桥岛隧工程沉管隧道我们提出了四种连接方案（图 3a），VSL 公司对此进行了分析。基于分析结果我们对这四种黏结方式进行评分，见表 1。权衡利弊，最终我们选择了方案四。基于此方案，我们在节段接头部位特制了"三件套"来确保节段接头的预应力筋在 6 m 的纵向长度范围内无黏结（图 3b），并且在节段接头张开时三件套与本体是水密的；水密性通过设置 O 形橡胶止水环来确保。三件套的无黏结性和水密性在陆上做了验证试验见图 3（c、d）。

表 1　预应力筋四种黏结方式打分

关注点	方式一全黏结	方式二无黏结	方式三管节接头局部黏结	方式四节段接头局部黏结
节段接头张开量引起的预应力筋受力的增长幅度	大	小	小	适中
轴向力引起的接头张开量	小	大	大	适中
地基刚度不均引起的管节底部无支撑长度	大	小	小	适中
纵向结构顺遂沉降的能力	低	高	高	适中
腐蚀风险	低	高	可接受	可接受
施工便利性	中等	中等	中等	高

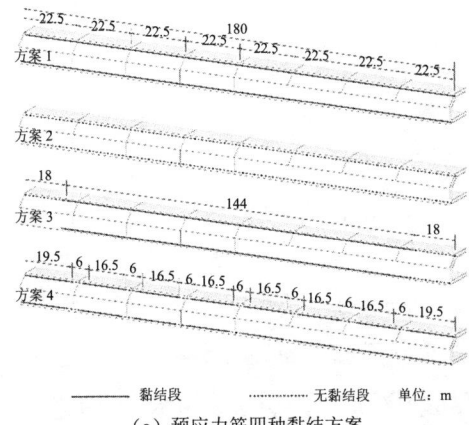

（a）预应力筋四种黏结方案

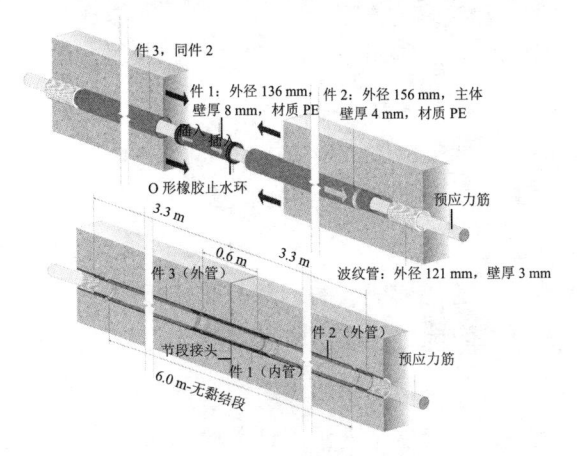

（b）三件套构造剖视图

(c) 节段接头张开时三件套的水密性验证试验　　(d) 三件套与混凝土的无黏结性验证试验

图3　预应力黏结布置与三件套

摩擦力与剪力键协同抗剪试验

对摩擦力的科学研究仍在持续，摩擦力的来源被分为犁、滑、切三部分。但是工程中已将摩擦力当作永久的抗力。如澳大利亚巴林贾克（Burrinjuck）坝，瑞士苏黎世火车站及阿克斯特拉斯（Axenstrasse）桥等。尽管如此，我们做了试验来验证摩擦力对节段接头的抗剪贡献，并指导了设计的细节。模型设计见图4，用来模拟港珠澳大桥沉管管节两个节段间的墙体。采用与工程相同的混凝土配合比及与工厂法预制相同的浇筑模式，即相邻的混凝土块之间，一块将另一块作为模板浇筑。

表2总结了试验的几个关键工况。工况1~2的试验设置见图4a。两个工况都是加载至剪力键周边出现0.5 mm的裂缝；工况1未设置正压力，所以测试的是剪力键的纯抗剪能力。工况2为了测试摩擦力的抗剪贡献，设置了正压力。工况3~5测试剪力键之间的不同厚度的沥青垫层对摩擦力抗剪协同能力的影响；通过在剪力键的正下方设置测力计，可将摩擦力的抗剪贡献与剪力键的抗剪贡献分开来读取。工况6、工况7测试了单侧受压、单侧无压力时的摩擦力的贡献，试验布置见图4b；工况8、工况9是为了测试节段接头的极限承载力，试验布置

见图 4c。

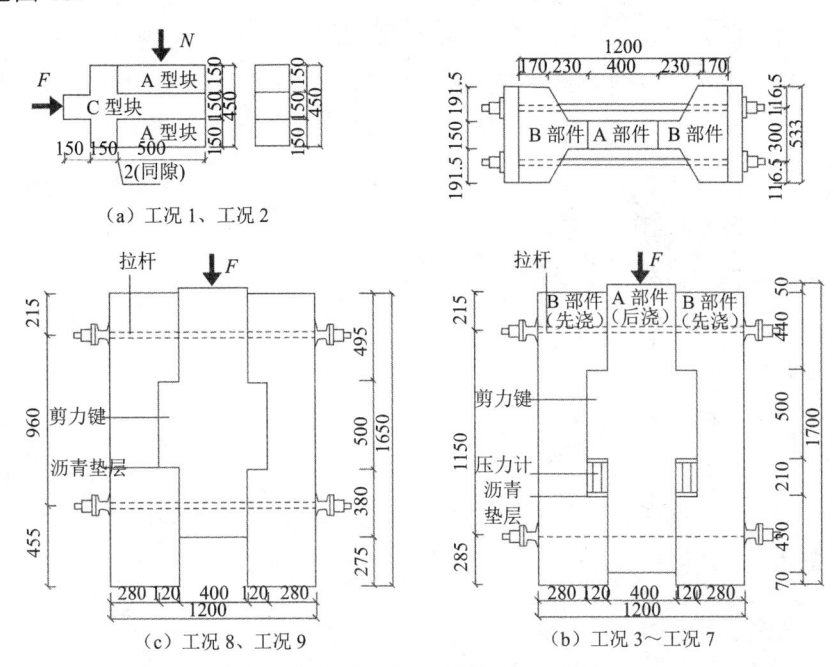

图 4 摩擦力与剪力键协同作业试验方案（单位：mm）

表 2 试验工况

工况	剪力键垫层	剪力加载	正压力	备注
1	无垫层，无间隙	加载至出现 0.5 mm 宽裂缝	无，即剪力键承担全部的剪力	图 4a
2	无垫层，2 mm 间隙	加载至出现 0.5 mm 宽裂缝	1.00 MPa	图 4a
3	4 mm 厚沥青	加载至 400 kN	0.75 MPa	
4	2 mm 厚沥青	加载至 400 kN	0.75 MPa	
5	1 mm 厚沥青	加载至 400 kN	0.75 MPa	
6	4 mm 厚沥青	加载至结构失效	上缘应力 1.5 MPa 下缘应力 0 MPa 平均 0.75 MPa	图 4b
7	4 mm 厚沥青	加载至结构失效	上缘应力 0 MPa 下缘应力 1.5 MPa 平均 0.75 MPa	
8、9	4 mm 厚沥青	加载至结构失效	1.00 MPa	图 4c

试验结果见图 5。比较工况 1 与工况 2 的结果，摩擦力提高了接头的抗剪能力，起到了保护剪力键的作用，即摩擦力先于剪力键抵抗剪力。比较工况 3~5 的结果，沥青垫层 1~4 mm 厚度基本不影响摩擦力对接头抗剪能力的贡献的比例；但是随着垫层厚度的减薄，剪力键参与受力的时机会提前，也就是说，沥青垫层越薄，激活剪力键的滑移距离就越短。工况 6、工况 7 的试验结果说明在接触面的一端失去正压力的情况下，摩擦力仍然能够与剪力键协同工作。即在管节通过节段之间的转动而变形时，摩擦力仍然参与抗剪。工况 8、工况 9 的试验结果说明，即便剪力键已经达到极限失效，摩擦力仍能抵抗一部分剪力。以上证明了摩擦力协同抗剪的作用。

此外进行了 130 次的素混凝土块的 1∶1 足尺的摩擦力系数测试，考虑了工程可能出现的正压力、干湿环境及同轨迹循环运动。在此不赘述。

隧道运行情况

从 2013 年 5 月 E1 管节安装到 2017 年 3 月 33 个管节安装完成，至今隧道已通车，施工荷载已全部完成，深埋段回淤厚度已超过 5 m，过渡段回淤全部完成，节段接头的位移计监测显示在管节安装期间及运营期间节段接头均未张开，隧道结构与 219 个节段接头和 34 个管节接头通过水压计监测及目测均未发生渗水。

小　结

关于沉管隧道半刚性管节结构的优势总结如下：①提高沉管管节纵向结构的健壮性，避免混凝土结构因外部作用过大而开裂，并保护数量众多的节段接头，港珠澳大桥岛隧工程沉管隧道的节段接头数量多达 219 个。②提高沉管管节纵向结构的整体性，进而改良了节段接头可注

半刚性管节4：案例

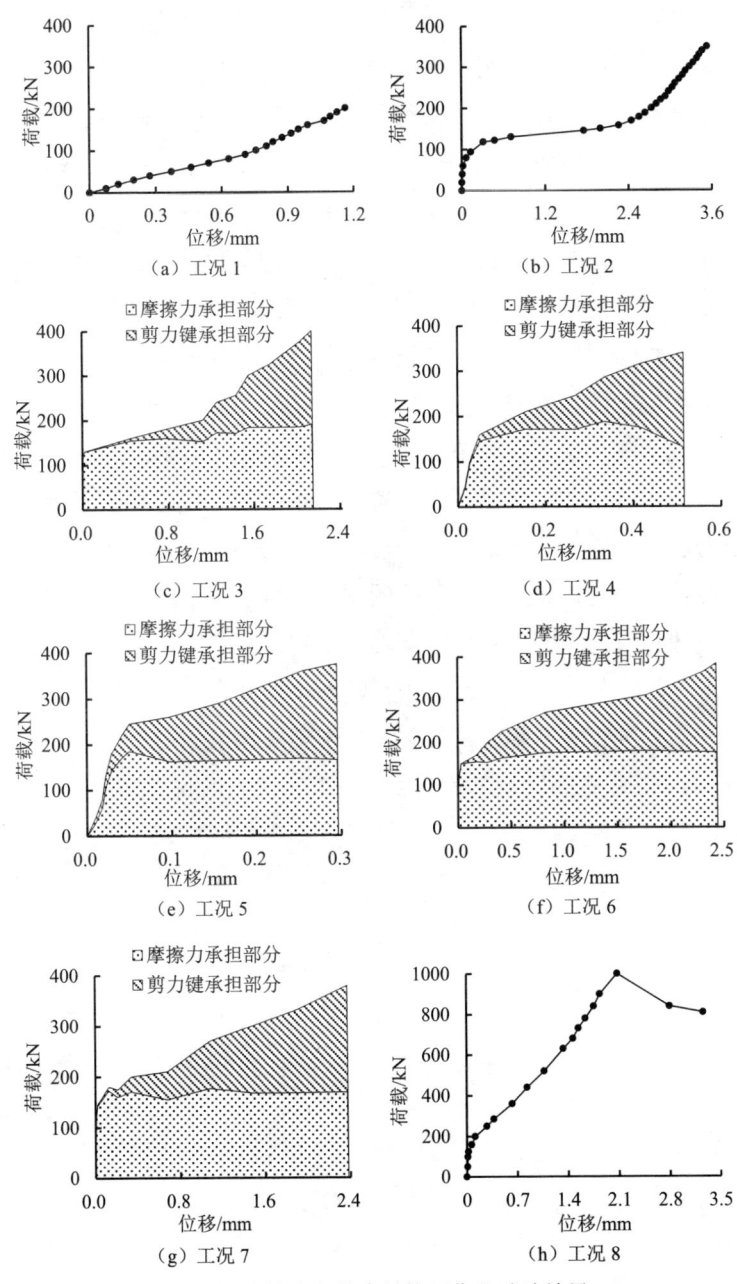

(a) 工况1

(b) 工况2

(c) 工况3

(d) 工况4

(e) 工况5

(f) 工况6

(g) 工况7

(h) 工况8

图5 摩擦力与剪力键协同作业试验结果

浆止水带的止水效果，此内容在《可注浆止水带的使用改良》讨论；并且降低了路面结构发生反射裂缝的概率。③半刚性管节的结构效率高。相比节段式管节将预应力筋使用得更充分，因为兼顾了施工期和运营期；相比整体式管节将混凝土用得更适宜，因为通过将混凝土沿着纵向分节，等同于预先设置了裂缝，降低了结构再开裂的可能性。

关于沉管隧道半刚性管节的设计，预应力张拉度有正反两方面的作用，所以其设置是一个平衡的问题，可比拟为管节的重量平衡设计。因而，设计过程难免需要经历一个反复优化的过程。前文所述的港珠澳大桥岛隧工程沉管隧道的案例也许可用作优化的起点。

关于沉管隧道半刚性管节的适用范围，从"沉管隧道安装阶段的海况及永久使用阶段的差异沉降这两者的更不利的一方决定了半刚性管节的预应力筋的用量"这一点得到的启发是：①如果有把握将沉管隧道的地基做得非常均匀，则运营期所需的预应力可以很少；否则，则最好是多预留一些预应力，因为对于沉管隧道工程，为了将基础质量提高而增加的海上作业的代价，往往远高于在陆地上多补充一些预应力所花费的代价。②如果沉管管节临时安装工况控制预应力筋的用量，则半刚性管节的永久预应力筋的用量基本等同于节段式管节的临时预应力筋的用量，所以半刚性管节比节段式管节的投资不会增加很多。因此，半刚性管节在很多情况下都是沉管管节结构的一个优选方案。

事故中被隐藏的信息

厄勒海峡沉管隧道的 E13 管节意外沉没后，对这个管节的结构能否继续使用做了评估。该隧道采用的是节段式管节，初步计算的预测是节段接头受损严重，然而实际检查发现只是轻微损伤。预测与实际的差别可能是由于尚未解除的预应力所带来的节段接头的摩擦力，可能正是无形的摩擦力保护了节段接头，拯救了厄勒海峡的这个工程。其实，这就是半刚性结构的功用体现。

参 考 文 献

长大桥梁建设施工技术交通行业重点实验室，中交第二航务工程局有限公司技术中心，2013. 港珠澳大桥岛隧工程沉管节段接头抗剪机理试验研究成果报告[Z]. 珠海：港珠澳大桥岛隧工程项目总经理部.

林鸣，林巍，刘晓东，等，2017. 港珠澳大桥沉管隧道路面问题的探讨与改良构想[J]. 中国港湾建设，37(10)：1-5，73.

Brian A，1997. Very high capacity ground anchors used in strengthening concrete gravity dams[C]//Ground Anchorages and Anchored Structures：Proceedings of the International Conference Organized by the Institution of Civil Engineers and Held in London，UK，on 20-21 March 1997. London：Thomas Telford：262.

Lars-Goran Nilsson，et al.，2000. Tunnel element 13[C]. Øresundskonsortiet Immersed tunnels. Copenhagen：Øresudskonsortiet：D10-5.

Stephen H S U，et al.，2014. The nature of friction：A critical assessment[J]. Friction，2(1)：1-26，doi：10.1007/s40544-013-0033-z.

记忆支座 1：概念设计

半刚性管节保护了 34 个管节接头；
记忆支座保护了 219 个节段接头。

——港珠澳大桥岛隧工程技术总结

四年才被填上的间隙

2013 年 5 月，E1 管节在伶仃洋的海底安装。之后，它与相邻隧道段的竖向剪力键也安装了，但是那时的剪力键并没有起到竖向锁定的作用，键与键之间还有 30 cm 左右的间隙，之后安装的 32 个管节也是如此，直到 4 年零 2 个月以后，这个间隙才被填上。

这 4 年多的时间是为了解决一个问题，什么样的传力垫层可以降低差异沉降的风险？半刚性管节只保护了连同节段接头在内的管节结构，管节接头仍然是一个薄弱环节。

我们最终提出了记忆支座的概念，经过两年试验，该概念转变成了现实。记忆支座已经制造并安装在沉管的 33 个管节竖向剪力键之间。

概　　念

记忆支座安放于沉管管节竖向剪力键之间，其作用是保护管节接头部位的结构免受剪切破坏，如混凝土开裂，它通过自身的压缩来释放管节之间的差异沉降，在压缩的同时连续地承受一个稳定的压力。该力被设定为不大于剪力键的或相邻结构的承载力。记忆支座的这种特性是通过特定材料的切削与断裂来实现的（图1）。

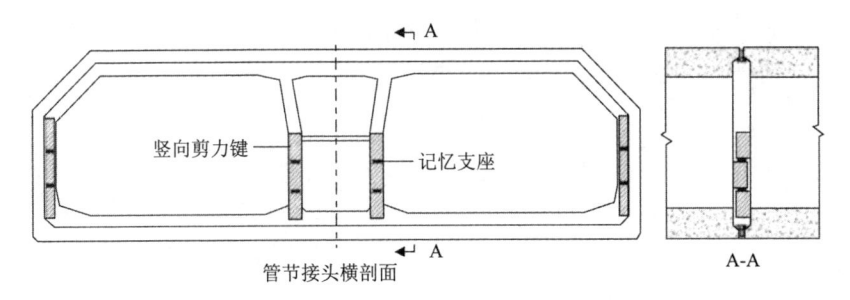

图 1 记忆支座安装的位置

记忆支座的功能，就好比在车上多装一个小零件，可对这个零件设定一个安全车速如 100 km/h。当车速小于这个速度时，它不起作用；但是，一旦驾驶人忘记了速度限制，车即将超速时，这个零件会将你的车速控制在 100 km/h——不论驾驶人多么用力地踩油门。保险丝为电器传递电流，记忆支座为结构传递力，类似结构的"保险丝"，也是通过破断自身来保护比它约大 4 万倍的结构。不同的是记忆支座这个结构的"保险丝"不会断掉，而是将它承受的力控制在一个恒定值。

性　　能

记忆支座受压时的力学行为分为三个阶段：

在第一阶段。支座的行为类似硬垫层，支座的力快速增长，伴随着次要的压缩量。一旦支座的力达到记忆值（图2中的 F_M），就进入第二阶段。

第二阶段是支座发挥记忆效用的阶段。支座的力维持在一个恒定值，同时支座被压缩，随之接头部位发生差异沉降（即接头两边的结构下方的地基发生不等量的变形），从而接头两边的结构获得有差异的地基反力，由此，接头部位的竖向力重获平衡。在正常情况下，记忆支座的最大压缩量（图 2 中的 δ_M）会大于预计的接头的最大差异沉降量，即支座的行为一直被控制在前两个阶段。

如果在第二阶段结构体系无法实现竖向受力的平衡，则支座的压缩量达到极限，进入第三阶段——支座的力增长而压缩量停止增长。到此阶段，记忆支座已失去记忆效用，它的主要功能变成限制过大的、意外的差异沉降，虽然结构有可能因受力过大而开裂。

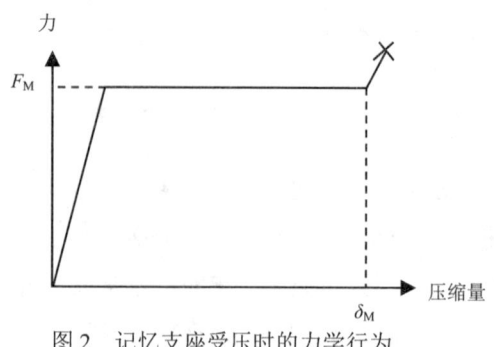

图 2　记忆支座受压时的力学行为

从全局的角度来看，记忆支座通过引导力的走向来保护结构。让我们想象一艘沉船落在了一个管节的端部，见图 3。这个支座能够"记住"结构的承载力，一旦该力被超过，它将超出的承载力导入结构正下方的地基（图 3 中 R_1），而避免通过剪力键导入相邻结构的基础（图 3 中 R_2）。通过这种方式，记忆支座能够做到允许结构发挥其最大的效用，而不危及自身。如果没有记忆支座，差异沉降引起结构开裂，进而影响结构寿命和使用的概率就更高。有了记忆支座，发生差异沉降以后，对于沉管隧道而言需要做的事情只是重新做部分路面的铺设。

地质信息的不确定性可通过结构的加强来得到补偿。而对于沉管隧道而言，结构承载力经常受制于墙体的尺寸，管节接头安全度有可能不足。记忆支座起到了补偿地质信息不确定性的作用，甚至将不确定性转变成确定的结构安全的冗余量。

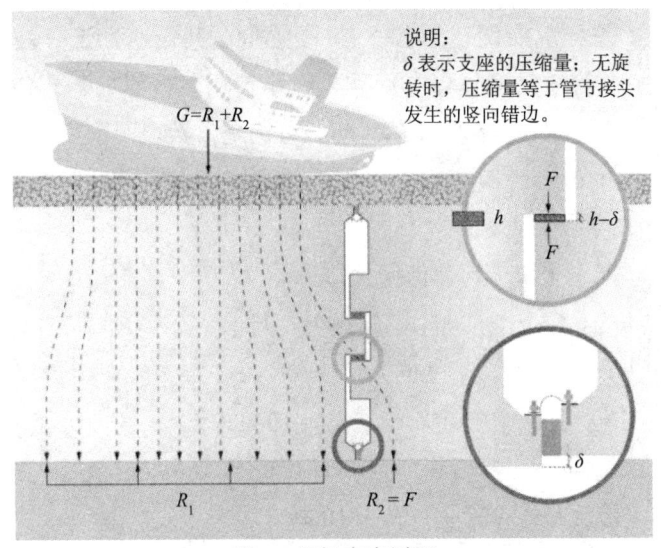

图 3　记忆支座原理

简化计算案例作为对记忆支座效用的附加说明

虽然这一节有很多的公式，可是如果能够大概理解上文的意思，这一节可直接跳过，此举不会错失任何内容。

为了定量地解释记忆支座的作用，我们做了一个假想模型，如图 4 所示。

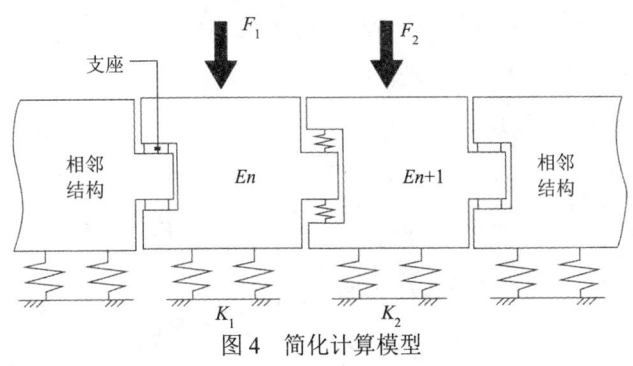

图 4　简化计算模型

假设：①有两个沉管管节，命名为 En、$En+1$，在竖向上由剪力键相互锁住，差异沉降仅存于 En、En+1 之间，其他地方没有差异沉降。②En、En+1 管节是刚体。③问题仅一个自由度：竖向。④En、En+1 管节下方的地基刚度分别为 K_1、K_2。它们是常数，即刚度不随荷载的大小或时间的改变而改变。⑤作用于 En、En+1 管节的竖向荷载用两个集中力 F_1 和 F_2 代表。

测试了四个工况，用作两两比较。

工况一。两个管节的基础刚度相同，而竖向荷载不同；即 $K_1 = K_2 = 100$（无量纲，下文同），$F_1 = 100$，$F_2 = 200$。竖向剪力键之间采用常规支座，刚度是一个定值：$K_B = 1000$。

工况二。同工况一，除了竖向剪力键之间采用记忆支座，在达到记忆力之前，刚度是一个定值：$K_B = 1000$。

工况三。两个管节的基础刚度不同，而竖向荷载相同；即 $K_1 = 100$，$K_2 = 200$，$F_1 = F_2 = 100$。竖向剪力键之间采用常规支座，刚度是一个定值：$K_B = 1000$。

工况四。同工况三，除了竖向剪力键之间采用记忆支座，在达到记忆力之前，刚度是一个定值：$K_B = 1000$。

计算加载后，剪力键部位传递的力，以及管节间发生的差异沉降值。计算过程如下：

工况一。由于问题是线形的且地基刚度相等，剪力键受力及差异沉降的发生只能来自于 F_1 和 F_2 的差异力 ΔF。将 ΔF 加载在管节 En 上，得到剪力键传递的力是

$$T^{s.1} = \Delta F \cdot \frac{(K_2^{-1} + K_B^{-1})^{-1}}{K_1 + (K_2^{-1} + K_B^{-1})^{-1}} = (200 - 100) \cdot \frac{90.9}{100 + 90.9} = 47.6 \quad (1)$$

差异沉降量等同于支座的压缩量，即

$$\delta_{\text{Diff.}}^{s.1} = \frac{T^{s.1}}{K_B} = 0.0476 \quad (2)$$

工况二。如果结构的承载力大于 47.6，即大于（1）的结果，则工况二的结果同工况一。否则，如果结构的承载力只有 20，为了保护结构，令剪力键传递的力等于 20，即记忆支座的记忆值：

$$T^{s.2}=20 \tag{3}$$

则 E_n 管节基础需要分担的力为 $100 + (\Delta F - T^{s.2}) = 180$；$E_{n+1}$ 管节基础需要分担的力为 $100 + T^{s.2} = 120$。两者基础压缩量的差值即为差异沉降：

$$\delta_{\text{Diff.}}^{s.2} = \frac{180}{100} - \frac{120}{100} = 0.6 \tag{4}$$

工况三。F_1 传递给 E_n 管节地基的力为

$$R_{E1}^{F1} = F_1 \cdot \frac{K_1}{K_1 + (K_2^{-1} + K_B^{-1})^{-1}} = 37.5 \tag{5}$$

所以，F_1 传递给 E_{n+1} 管节地基的力为

$$R_{E2}^{F1} = F_1 - R_{E1}^{F1} = 100 - 37.5 = 62.5 \tag{6}$$

类似地，可计算：

$$R_{E2}^{F2} = F_2 \cdot \frac{K_2}{K_2 + (K_1^{-1} + K_B^{-1})^{-1}} = 68.75 \tag{7}$$

$$R_{E1}^{F2} = F_2 - R_{E2}^{F2} = 100 - 68.75 = 31.25 \tag{8}$$

由（5）与（8），E_n 管节地基受到的力为

$$R_{E1} = R_{E1}^{F1} + R_{E1}^{F2} = 68.75 \tag{9}$$

由（6）与（7），E_{n+1} 管节地基受到的力为

$$R_{E1} = R_{E2}^{F1} + R_{E2}^{F2} = 131.25 \tag{10}$$

所以，剪力键传递的剪力为

$$T^{s.3} = \frac{R_{E2} - R_{E1}}{2} = 31.25 \tag{11}$$

管节的差异沉降为

$$\delta_{\text{Diff.}}^{s.3} = \frac{68.75}{100} - \frac{131.25}{200} = 0.03125 \tag{12}$$

工况四。如果结构的承载力大于31.25，即大于算式（11）的结果，则工况四的结果同工况三。否则，如果结构的承载力是20，为了保护结构，通过记忆支座限制剪力键，让它只能传递20的剪力。即

$$T^{s.4} = 20 \tag{13}$$

这时，En、E$n+1$管节基础受力（反力）分别是80与120。差异沉降为

$$\delta_{\text{Diff.}}^{s.4} = \frac{80}{100} - \frac{120}{200} = 0.2 \tag{14}$$

上述计算过程说明竖向剪力键的受力，可以来自于两个管节竖向荷载的差异（工况一、工况二），或它们的地基刚度的差异（工况三、工况四）。比较工况二与工况一，或工况三与工况四，可观察到安装记忆支座给剪力传递一个上限，进而起到保护结构的作用。但是，与一般支座相比，记忆支座导致差异沉降量增加。所以，需注意使用记忆支座的前提是，该支座的最大压缩量所对应的差异沉降，必须在结构允许的范围之内。

在珠海唐淇路1699号，港珠澳大桥岛隧工程临时项目部的会议室，经过长时间的讨论，Joel问：你们到底想要一个怎样的支座？作为回答，我们在白板上画出了曲线，这是记忆支座概念的第一次提出。所有人都立刻明白了需求（图5、图6）。

记忆支座1：概念设计 273

图 5 概念被提出来的时刻

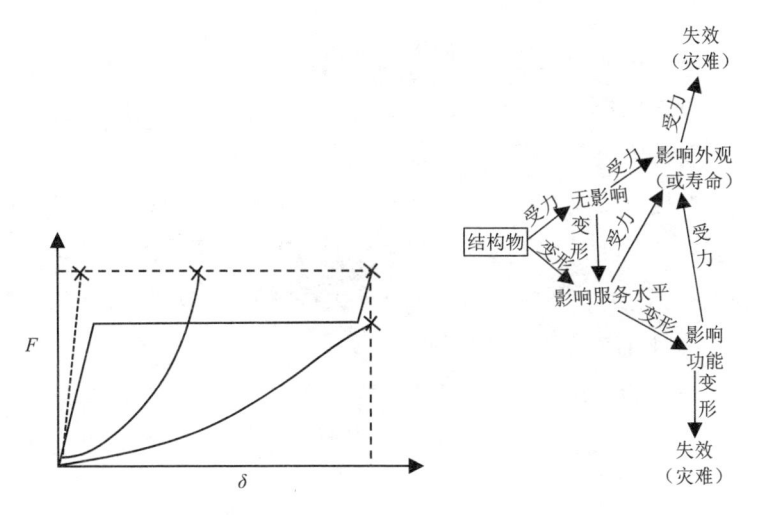

图 6 对记忆支座意义的进一步思考

记忆支座 2：试验与产品

失败也是我需要的，它和成功一样对我有价值。

——爱迪生

构　　思

为了实现支座的记忆特性，即在发生较长的一段压缩量的过程中，支座的反力基本保持不变，最初的想法是利用摩擦力，或利用气压或液压，荷兰的特瑞宝公司帮助我们在这方面做了很多的研究。在一年左右时间里，他们提供了很多具有启发性的方案。设计师 Joel 说的一句话反映了他们企业的文化："我们不仅为客户提供产品，还提供解决方案。"但是支座的"记忆"特性最终是在港珠澳大桥岛隧工程项目部的中心试验室花了一年时间通过做试验得出的。

试验构思是通过开槽的钢底座来撕裂一个或一组圆形金属柱的边缘（图 1a）。使用压力试验机记录位移与压力，记录精度分别为 0.01 mm 与 10 N（图 1b）。

我们用摸索法找到了合适的金属柱的材料与几何细节。所有试验描述及典型试验过程见《记忆支座试验》。下文将摸索过程分成三阶段介绍：材料选择、单柱优化，以及群组效果验证。

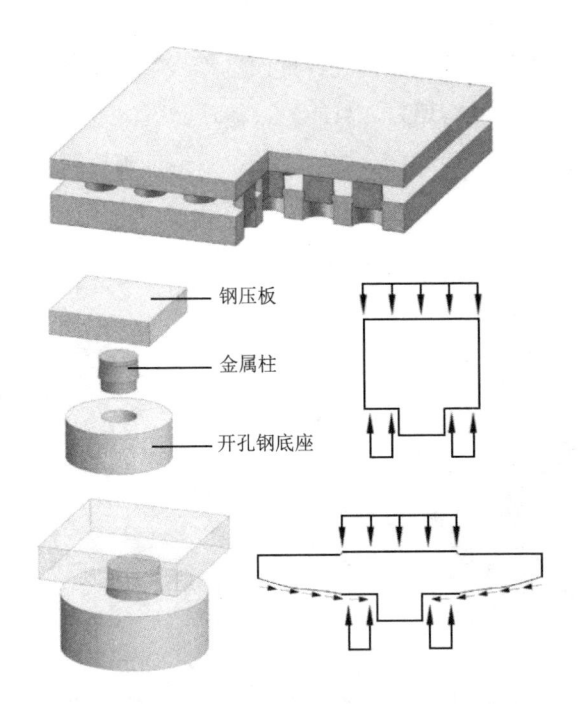

(a) 构思

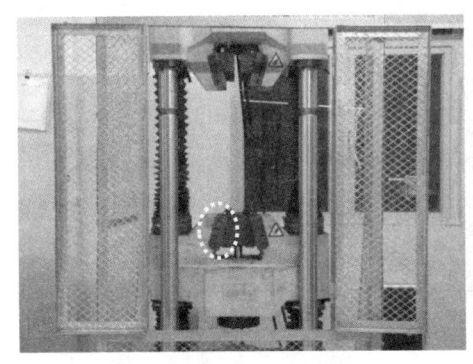

(b) 实施照片

图 1 试验

材 料 选 择

我们首先想到的材料是紫铜、黄铜或青铜,随即开展试验。试验结果：紫铜呈"黏"性特性，黄铜、青铜呈"脆"性断裂特性，而且均不能提供连续与稳定的剪切力。只能另寻他途。

然后设想用锌或锡的合金继续试验。由于市场只找到了锌棒，研究进入了锌合金试验阶段。试验结果是，首先能够形成较为平滑的断裂面，同时也能获得平滑的反应曲线，呈现出"塑"性断裂的特性。故下一阶段的试验均选用锌棒。

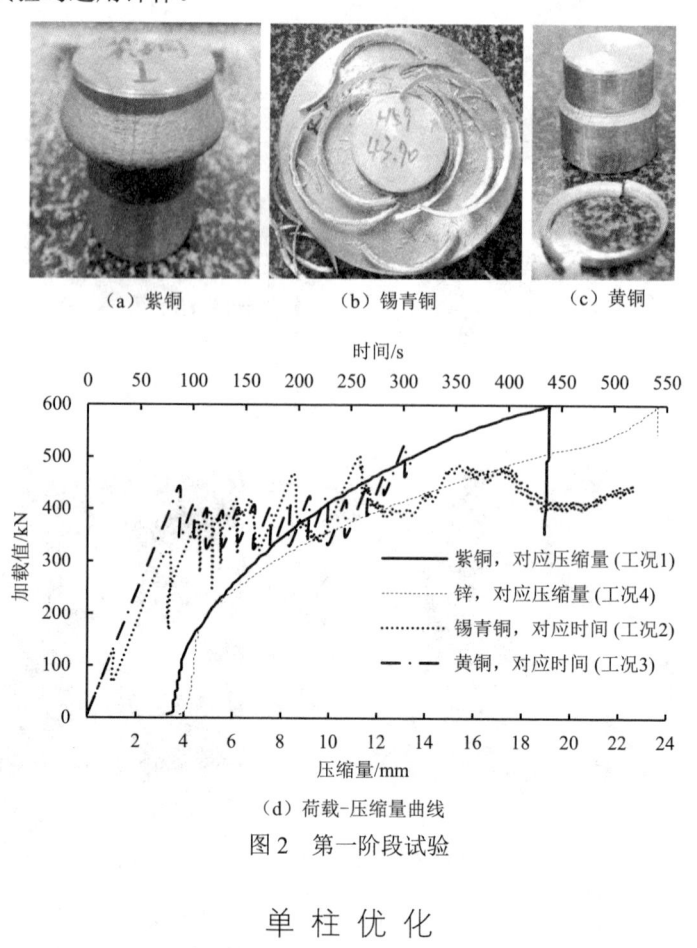

（a）紫铜　　　　　（b）锡青铜　　　　　（c）黄铜

（d）荷载-压缩量曲线

图 2　第一阶段试验

单 柱 优 化

试验过程中，对锌柱（锌棒加工制成）形状进行了34次调整，参考对应的《记忆支座试验》的工况。在试验的第一阶段，调整了锌柱的尺寸（即三个小锌柱和一个大锌柱）、过盈、加载速率、加载形式（即荷载控制或位移控制）来观察它们对反应曲线的影响。在试验的第二阶段，尝试在锌柱的圆环面开槽，圆环面是与钢底座接触的面，并轻微地改变了锌柱靠近压板侧的形状。最终找到了符合记忆特性的锌柱的形状，详细尺寸见图 3a；样品压缩试验前后的照片见图 3b。

加载值-压缩量曲线见图 3c。可见，单个锌柱提供的记忆力为 200～250 kN，极限压缩量为 35～40 mm。

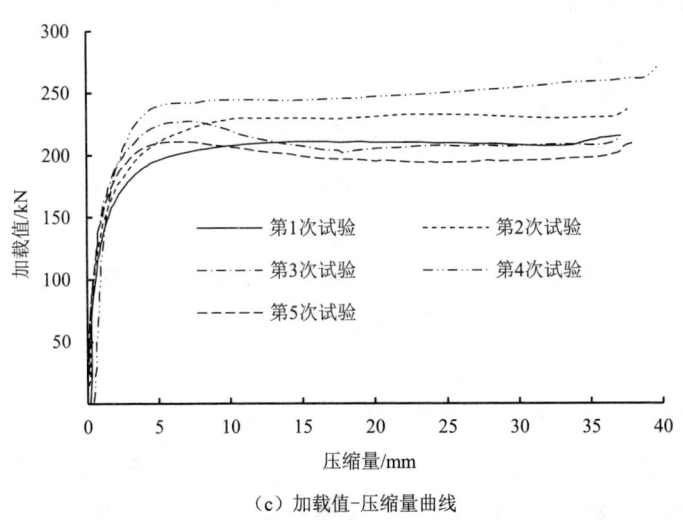

（a）锌柱稳定后的尺寸　　　　　　　（b）压缩前后试件相片

（c）加载值-压缩量曲线

图 3　第二阶段试验

考虑实际沉降也许是不连续的，补充测试了卸载再加载工况，见图 4。该工况下卸载-加载曲线仍能满足记忆特征。

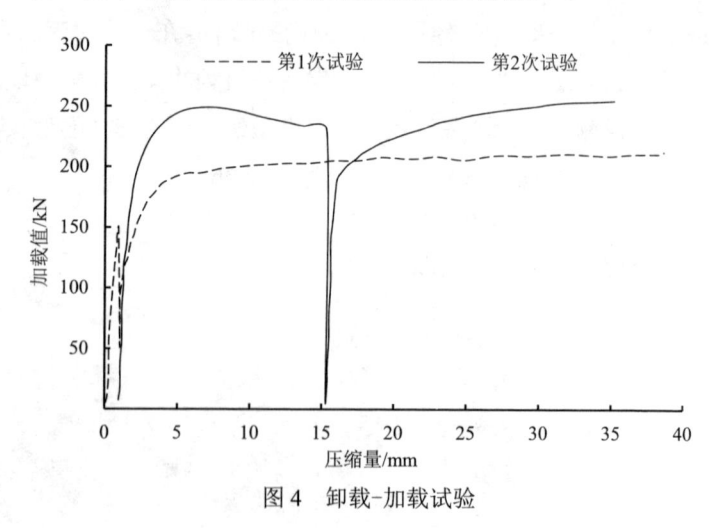

图 4 卸载-加载试验

此外，开槽底座的钢表面的粗糙度对曲线也有影响，但这是次要的。较粗糙的表面导致较高的恒定力。此外，在两家不同的工厂购买了纯锌柱，试验结果均满足要求，两者也无明显区别。

群组效果验证

随后，做了多个锌柱一起受切的群组验证性试验。试验照片与试验的加载值-压缩量曲线见图 5。从群组试验中发现：①群组试验中的单个锌柱所贡献的平均记忆值小于单柱试验的记忆值。基于图 5 曲线中的拐点对应的加载值，假定在群组使用时，单个锌柱的记忆值为 20 kN。②为了确保得到恒定的反力，锌柱相对于底板不能过盈。如果过盈，则曲线的记忆段会变得不稳定，略微上升。过盈就是插入物比被插入物还要略微大一圈。③测试了 0.5~1.5 kN/s 三种加载速度，结果表明加载速度对试验结果的影响可忽略。

(a) 试验照片

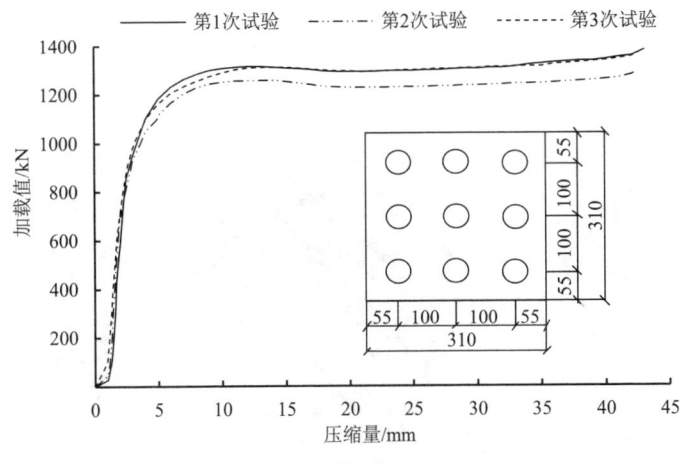

(b) 9 个锌柱同时加载值-压缩量曲线

图 5　第三阶段试验

产　品　设　计

锌柱的数量取决于记忆力的设计。港珠澳大桥岛隧工程沉管隧道每个竖向剪力键的承载力为 6000 kN（相邻结构的承载力高于剪力键，所以不是控制性因素）。前面的试验部分已述，单个锌柱在群组中的记忆力的贡献假设为 150 kN。为了保护剪力键，记忆支座使用的锌柱的最大数量为 6000/150 = 40 个。每个记忆支座使用了 28 个锌柱，所以记忆支座的记忆力约为 28×150 = 4200 kN，小于结构的承载力。所以结构能够被记忆支座保护。

压载板需要足够的厚度，才能将压力均匀地传递给各个锌柱。需要注意压载板的自重会对锌柱产生一个初始的压力。开孔底座的总体尺寸必须与支座的安装空间匹配。而且，开孔尺寸必须同试验时的尺寸一致。

为了将锌柱与水平力隔离，设置了钢棒连接压载板与底座，且采用过盈的连接方式。

由于锌柱与钢棒的接触表面之间会交换电流，这些部位需进行防腐涂装处理（图6～图9）。

试验考虑了附属设施来便于支座的安装及压缩量的读数。

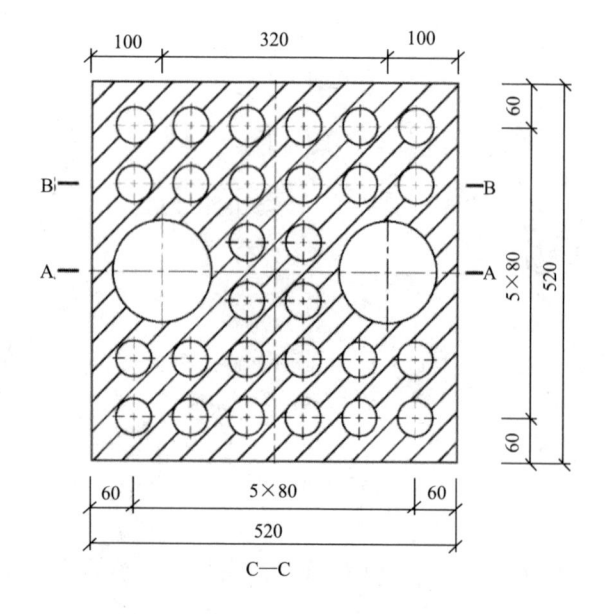

记忆支座 2：试验与产品　281

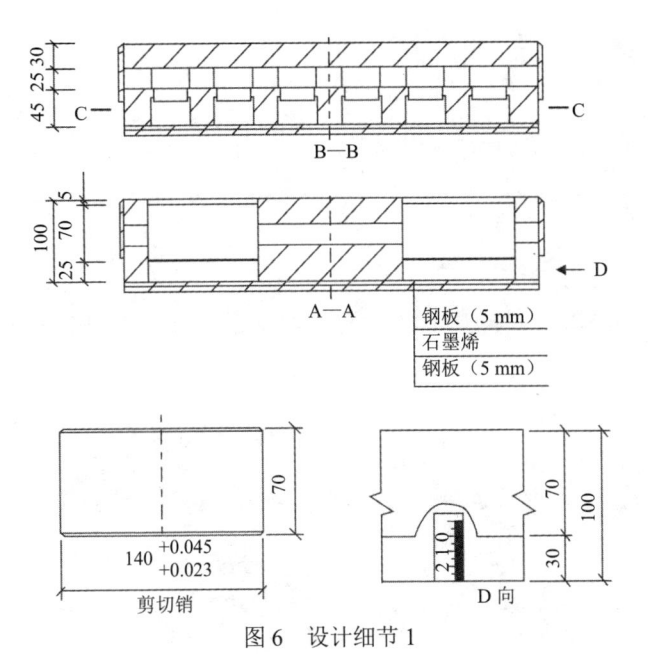

图 6　设计细节 1

图 7　设计细节 2

图 8 制造过程

图 9 安装过程：开箱、叉车安装、注浆等

小　　结

记忆支座通过"记住"隧道管节结构能够接受的荷载值，来降低沉管管节之间的差异沉降带来的结构风险。一旦支座传力达到了记忆值，记忆支座就会通过自身的压缩来释放管节间的结构允许范围内的差异沉降，而不是传递更多的压力来损坏结构。从而结构可以充分发挥它的承载能力，这是利于可持续发展的。

从设计目标来看，如果我们发现结构的承载力不足，我们会采取措施加强结构，但是当结构无法加强时，记忆支座提供了另一种解决方法，即允许结构发生一定量的相对位移。

记忆支座的设计至少需要一个输入条件：结构能够接受的荷载。必要时，也可约束结构能够接受的最大的相对位移。

关于记忆支座的应用，它不仅能用在沉管隧道管节接头的竖向剪力键之间，还可用于其他结构物与建筑物的关键部位，只要该部位需要被保护，且允许发生一定量的相对位移。

最终接头 1：已有工法

常 规 方 法

如同大型桥梁的施工，沉管隧道最终也会产生一个合龙段，这个合龙段要在水下与两边结构对接。这个施工过程就是最终接头施工。

已有最终接头的典型工法是围堰法和止水板法。前者很早就开始使用，后者最常见。

围堰法就是插入格形钢板桩形成合龙部位的临时封闭带，排干封闭带里的水，形成一个基坑，在干环境下完成合龙施工。

止水板法就是让专业的潜水员到水下安装模板，围成一圈，并且与两边的隧道形成水密腔。再排出水密腔内的水，进而形成干环境，再从隧道里面浇筑混凝土作为永久结构。

日本整体式最终接头工法

我们到日本调研，日本发明了三种整体式的最终接头工法。1989 年大阪南港隧道采用了 V 型块（V Block），1994 年川崎航道隧道和多摩河隧道采用了端部块体（Terminal Block），1997 年那霸港临海公路沉管隧道采用了 Key 管节（Key Element），下面逐一介绍。

V 型 块

V 型块被应用于日本大阪南港隧道及衣浦港沉管隧道的施工。其原理是将 V 型块插入合龙部位,用 V 型块的自重使其两端的 GINA 止水带初始压缩,再通过排出 V 型块内的水来借用上下水压力之差使 GINA 止水带完成充分压缩,见图 1。排水后,隧道内部具备干环境。

已有 V 型块采用三明治结构,倒角 15°,见图 1,在工厂制作后,运输到现场用浮吊整体安装。

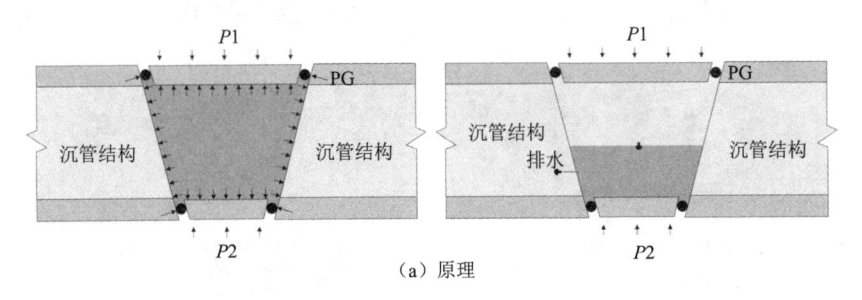

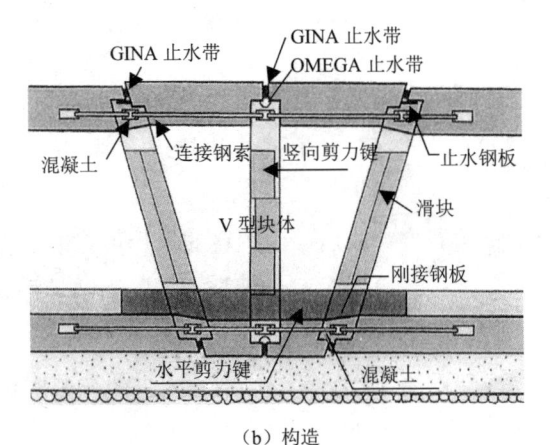

图 1 V 型块示意图

端 部 块 体

端部块体工法曾经成功被应用于日本川崎航道隧道和多摩河隧道等多条沉管隧道的施工。其工序如图 2 所示。

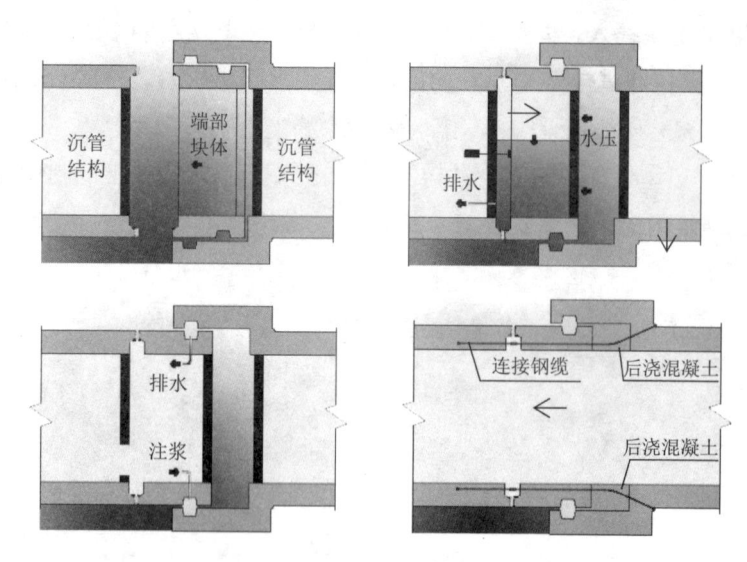

图 2 端部块体连接原理示意

与隧道有相同断面的端部块体相当于一个小管节,其端口设置 GINA 止水带,背面设临时封门。在挡水围堰拆除前,块体放置在岸边结构的套筒内。

在最终管节沉放对接完成后,用预设的千斤顶将端部块体从套筒中推出,使其接触管节,完成 GINA 止水带的初始压接,再借用水压力使 GINA 止水带充分压缩。

从隧道内完成端部块体与套筒的临时止水并纵向临时锁定,再施工永久结构。

Key 管节

Key 管节曾用于那霸港临海公路沉管隧道、大阪港梦洲沉管隧道和北九州新若户公路沉管隧道,其工艺流程见图 3。

其主要工艺是:

①根据对已安管节端面的测量结果,通过调整最终管节端钢壳将

Key 管节的外形配成与已安管节端面相互匹配的形状。

②用可填充胶囊止水带进行止水（图4）。

③设置千斤顶，以提供支撑，控制姿态。

④永久结构通过焊接钢板，并在焊接好的钢板与囊袋之间压降。

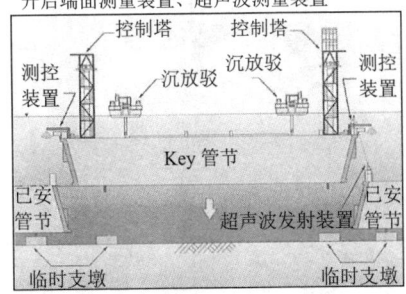

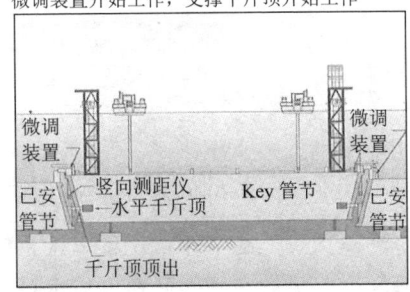

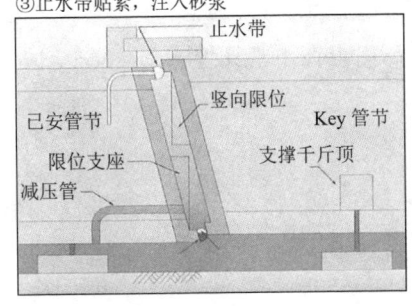

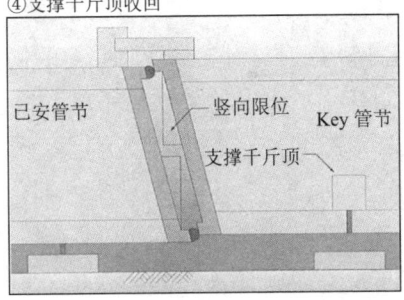

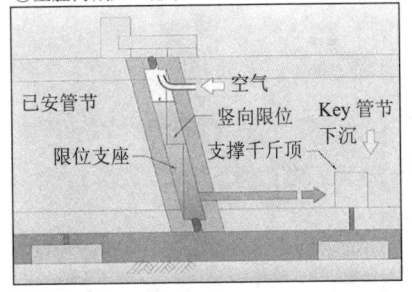

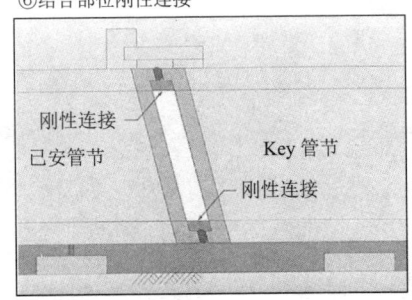

图3 Key 管节工艺流程示意

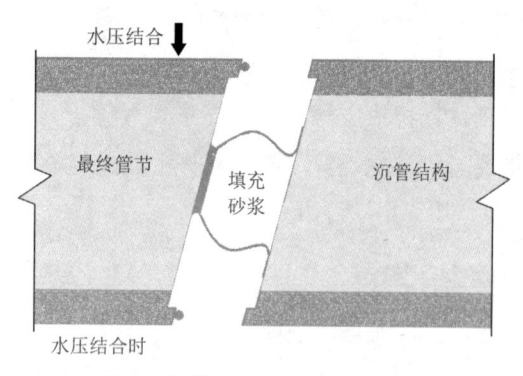

图 4　可填充胶囊止水带示意图

从上述内容可见日本的工法比传统工法更注重陆地施工、工厂制作和整体安装，潜水作业主要以检查核查为主，水下工作量小，易操作，现场施工工期短。受此启发，港珠澳大桥岛隧工程开发了折叠管节的最终接头新工法，不但具有日本整体式最终接头工法的优势，还具有主动止水、可逆与海上作业时间短的优势，内容在下篇详述。

参 考 文 献

林鸣，史福生，表莲，2012. 日本沉管隧道最终接头施工新工法[J]. 中国港湾建设，(4)：1-4.

園田惠一郎，2002. 沈埋函トンネル技術マニュアル[M]. 改訂版. 東京：財団法人沿岸開発技術研究センター.

Niitsu K，Hayashl N，Matsumoto S，et al.，1995. Terminal Block method，the new construction method of final joint in immersed tunnels[J]. Doboku Gakkai Ronbunshu，(522)：27-30.

Shishido T，Mikami K，Adachi S，et al.，1998. Construction of immersed tunnel in Osaka Port（Underwater Technology）[C/OL]// Proceedings of the 1998 International Symposium on Underwater technology. Tokyo：IEEE：329-333. http://doi.org/10.1109/UT.1998.670118.

最终接头 2：折叠管节

如果让我重来一次，我会做得好很多。

——布鲁内尔

介　　绍

本篇介绍港珠澳大桥岛隧工程开发的最终接头新工法。最终接头位于总长 6.7 km 隧道的 33 个管节的 E29 与 E30 之间，底板水深 27.9 m，施工受波浪与海流的影响大。

为降低风险，自 2012 年，也就是施工的 5 年前，我们开始寻找适宜的最终接头技术。调研的发现在《最终接头 1：调研》已述。以前的 5 种最终接头工法都不能够主动地进行连接与止水。因此港珠澳大桥岛隧工程开发了整体式主动止水最终接头技术：把最终接头做成一个整体，运输与沉放时，其纵向尺寸小于其最终状态尺寸，对接时，其自身能沿纵向展开直至接触相邻的管节。整体式主动止水最终接头技术有以下三个特点：

①海上作业时间短：安装可在 1 d 内完成。经估计止水板法需要超过 6 个月的海上作业时间。实施该技术的施工风险将随着海上作业的时间特别是潜水作业时间的大幅度减少而降低。

②主动连接与止水：可操作千斤顶来完成对接及止水带的压缩。

③操作可逆：当完成对接并从隧道内进行贯通测量之后，该结构仍然可以与相邻管节分离，因此隧道轴线及安装精度可控。

概　　念

为了实现与相邻管节的接触与必要时的分离，最终接头的结构需要设置两个小梁，小梁能相对于主体结构沿着纵向（隧道的轴向）进行伸出与回缩。为了给隧道内部的永久连接结构留出充裕的空间，小梁需要设置在主体结构的外缘。为实现隧道内施工的干环境，小梁端面需要安装临时止水带。概念图见图1。

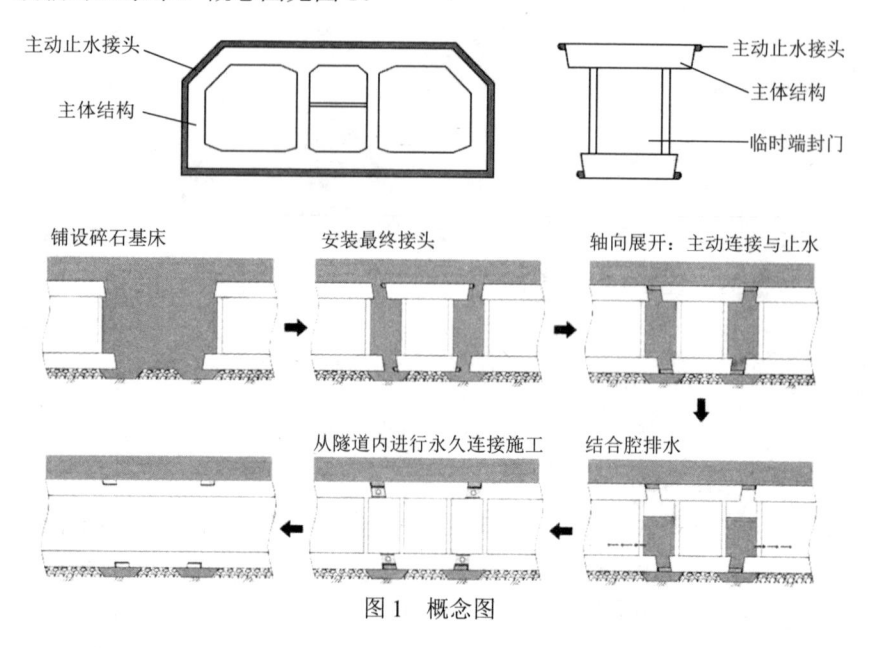

图1　概念图

工序简述：①钢结构在工厂制造，并运输至沉管管节预制厂的坞内浇筑混凝土。舾装工作可在两地进行；②用浮吊将最终接头下放至龙口中预先铺好的碎石基床上。基床的铺设高程通过核算最终接头与相邻管节的相对竖向高程、补偿因最终接头重量产生瞬时沉降的预抬高量来仔细确定；③最终接头两端的小梁伸出，与相邻管节接触并压缩临时 GINA 止水带，进而形成水密的结合腔；④将腔内的水排出；⑤从隧道内进行永久连接施工。永久连接结构通过钢板焊接与注浆实现。

总 体 布 置

最终接头总体构造见图 2。在最终组装前分为四块，两个主体结构和两个小梁。两个主体结构通过永久 GINA 止水带连接，GINA 止水带通过临时的纵向预应力筋预压。两个小梁分别插入两个主体结构的两端，小梁的端部设置临时的较小的 GINA 止水带及其他止水带。

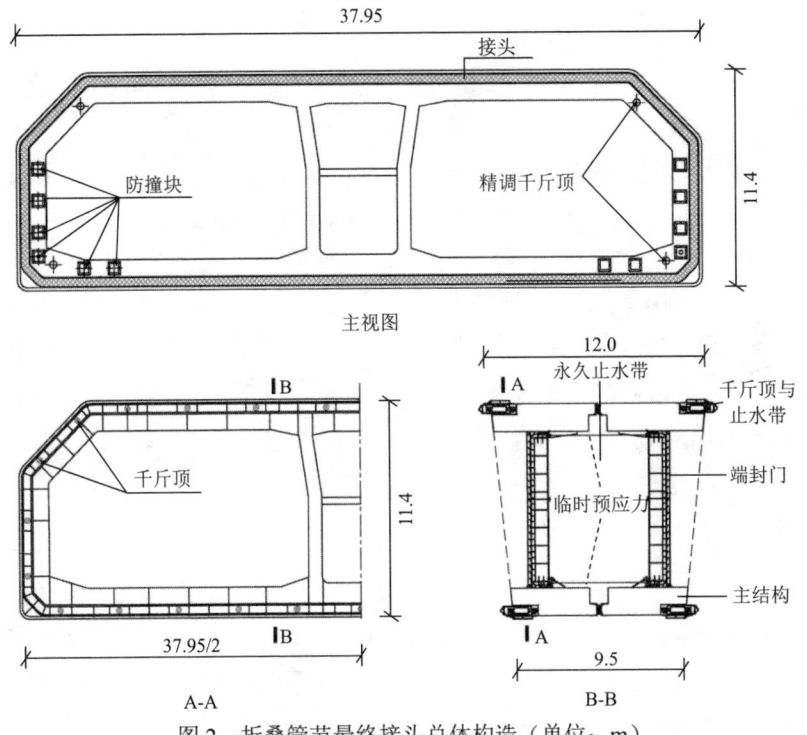

图 2 折叠管节最终接头总体构造（单位：m）

主 体 结 构

可伸缩小梁设置在主体结构的端部凹槽内，其间设置钢块，用来降低小梁伸缩时的摩擦力。为满足纵向设计需求，一道永久 GINA 止水带将主体结构分成两瓣。图 3 为永久 GINA 止水带的安装。

图 3　最终接头中部的永久 GINA 止水带安装

设置端封门是为了降低最终接头对地基的载荷，通过主体结构形成空腔来得到浮力。并且，端封门使得半自动的千斤顶控制系统成为可行，人能进入最终接头的内部操控泵与阀，否则，千斤顶系统就必须是全自动的，势必造成费用增加。

端部的倾斜角度需考虑两个因素的平衡。

当将最终接头下沉至两侧已安管节的龙口中时，设置倾角可降低最终接头碰撞已安管节的可能性。倾角越大，最终接头在龙口宽度 11m 内安放时的间隙就越大，碰撞的概率就越低。

倾角也决定了最终接头顶板与底板的面积比，从而决定了结合腔排水后作用于最终接头上的静水压力的大小与方向。例如，大倾角导致大的向下的静水压力的合力，最终接头与相邻管节就会发生更大的差异沉降，从而引起它们的连接部位的较大的内力。当倾角较小，接近 0°时，静水压力的合力向上（图 4、图 5）。

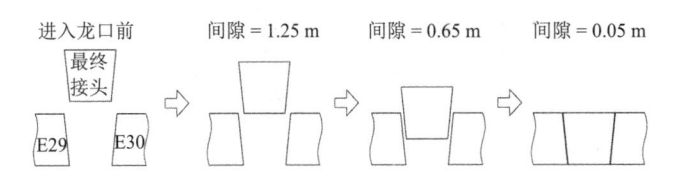

图 4 倾角为 6°的最终接头与相邻管节的间隙随下放的深度而减小

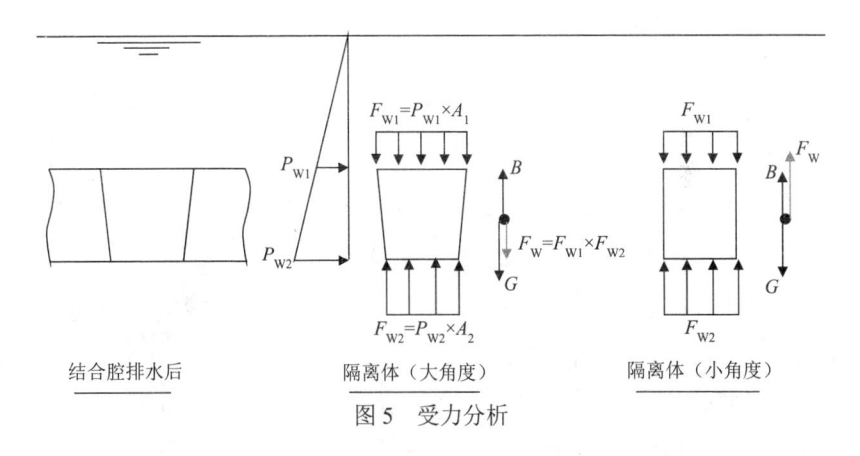

图 5 受力分析

固定了端部倾角以后,最终接头沿隧道轴向的长度可由底板长度代表。底板长度的决定因素是最终接头的碎石基床的稳定性。碎石基床的垄间距是一个相对固定的值,取决于已制造的碎石整平设备。通过陆地上的压载试验,发现纵向至少需要三条碎石垄来保证基床的稳定(图 6)。纵向长度的最大值由空气中可接受的吊重决定。需要注意,虽然主体结构的纵向长度越长,它在空气中就越重,但是在水下就越轻(因为浮力

图 6 最终接头碎石基床的稳性试验

更大),对基础的压力就越小。

小梁的构造

每端的小梁是一个钢框架,被 27 个千斤顶驱动(参见图 2),单个千斤顶推力为 2000 kN。

小梁的可伸缩长度是一个关键参数,因为涉及以下要点。

①M 形止水带的可用尺寸。

②焊接人员的作业舒适度,狭窄空间的舒适度较低。

③碰撞的概率。最终接头位于相邻管节的龙口中时,较长的伸缩长度能允许更大的测量误差及管节运动位移。

④如果伸缩长度较短,对接排水后,小梁受到的静水压力较小,相应地,小梁根部受到的静水弯矩也较小。

⑤可伸缩长度越长,永久连接部位的长度就越长,与 6.7 km 长的隧道的其他管节相比,是结构上最薄弱的部位。

为避免小梁推出或拉回时被卡住,小梁与主体结构之间的间隙设置为 40 mm。最小的间隙根据钢结构加工精度与变形控制来确定。此外,在小梁上增设了临时支撑来增加小梁伸缩时的刚度。临时支撑在永久连接结构施工时再拆除(图 7)。

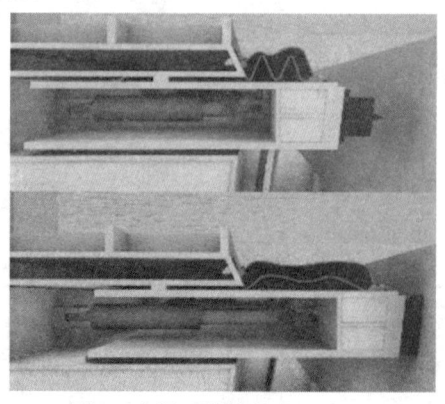

图 7 小梁可伸缩长度 220 mm

临时止水设计

止水原理见图 8a。临时止水方案组合应用了 GINA 止水带、M 形止水带及 Lip 止水带，布置见图 8a。GINA 止水带用于隔断小梁与相邻管节间的水。考虑最终接头进入龙口以后可能发生的碰撞，在 GINA 止水带的鼻尖部位额外增设了高强纤维（图 8b），并且考虑 GINA 止水带较软，受到竖向剪切作用时可能从夹具中翻出，因而在 GINA 止水带底部以 1 m 的间距增设钢板。M 形止水带用于隔断最终接头的主体结构与伸缩小梁间的水。为了确保 M 形止水带的止水效果，对 M 形止水带接触到的钢板表面的加工提出了 ±2 mm 的平整度要求。Lip 止水带的功能相当于 M 形止水带的第二道止水防线。通过试验确认了能发挥 Lip 止水带的最佳止水效果的工作缝宽。

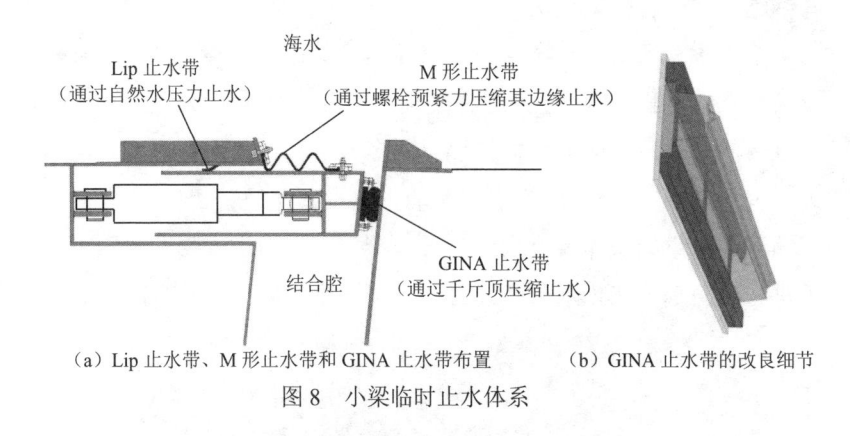

（a）Lip 止水带、M 形止水带和 GINA 止水带布置　　（b）GINA 止水带的改良细节

图 8　小梁临时止水体系

基础刚度处置

虽然通过设置端封门提供了浮力，但最终接头的浮力仍然比相邻管节小得多，且最终接头的基床面积也比管节小得多。这导致最终接头安装时对地基的初始压力比其他管节大了约 30 倍。荷载级别的差异会导

致最终接头与相邻管节的基础刚度差异，并带来两个风险：①在永久连接施工阶段发生差异沉降，导致临时止水失效，或导致已经完成施工的部分永久连接结构发生变形与破坏。②即便完成了永久连接结构的施工，运营期因基础刚度不均导致的差异沉降也可能使该部位受力过大。降低施工期风险的对策是在最终接头安装前，对相邻管节进行预加载与超载；降低运营期风险的对策是在永久连接结构施工并达到强度后，在其下方进行带压力的密闭腔注浆，后文有专篇详述。

预　　制

（1）钢结构加工

最终接头主体结构是钢混复合三明治结构，要求钢结构自防水。其原因是钢壳结构内会浇筑混凝土，但是混凝土会收缩，不能依靠混凝土与钢结构的结合面来止水。

钢结构分两瓣预制（图9a），然后组装成一个整体，中间夹着一圈永久的GINA止水带。止水带在陆地上由临时预应力压缩约11cm。由于止水带的柔性，预应力张拉需要反复多次进行，从而令止水带压缩量均匀。现场使用54束预应力筋与8套张拉设备，经过25次张拉将止水带压缩到了满意的压缩量。为避免最终接头下水后止水带在水压力的作用下进一步压缩，在止水带旁设置了限位块来约束两瓣的纵向相对位移。

（a）钢结构加工

(b) 钢壳水上运输　　　　　　(c) 混凝土浇筑

图 9　预制照片

然后将可伸缩小梁插入主体结构中。小梁与主体结构由 27 个千斤顶连接。

（2）钢结构运输

将组装好的钢壳从位于南通的工厂运输至珠海的沉管预制厂（图 9b）。验算了运输工况的风、流及波浪荷载下的最终接头及驳船的承载力。为了方便浇筑及起吊工作，通过驳船的压载来控制驳船上最终接头的水平状态。

（3）填充

在沉管预制厂的深坞区，将不需振捣的高流动性混凝土注入驳船上的最终接头主体结构的 304 个隔舱中（图 9c）。完成浇筑以后，再往隔舱中混凝土顶面压注环氧树脂确保填满所有隔舱。注浆方式为预埋花纹管，304 个隔舱的总注浆量为 1.044 t，单隔舱最大注入量 26 kg。

（4）舾装

舾装按是否采集信息来分别介绍。采集信息的舾装件包括：

①结构关键部位的应变监控，如端封门与吊耳。

②置于两瓣结构之间的相对位移计。

③GPS 与倾斜仪，用来获取最终接头的实时位置；水下声呐用来获取最终接头与相邻管节的净距，是前者的备用措施。

④加速度仪，用来读取最终接头的实时运动位移。

其他舾装工作与沉管隧道的一次、二次舾装类似,不同之处在于:

①无压载水箱,因为结构自身在水下有足够的负浮力。

②为避免最终接头在龙口中沉放时,临时 GINA 止水带发生碰损,在最终接头两端端面的四个角点设置防撞块。

③着床前用图 10 位置的千斤顶调节最终接头的姿态。

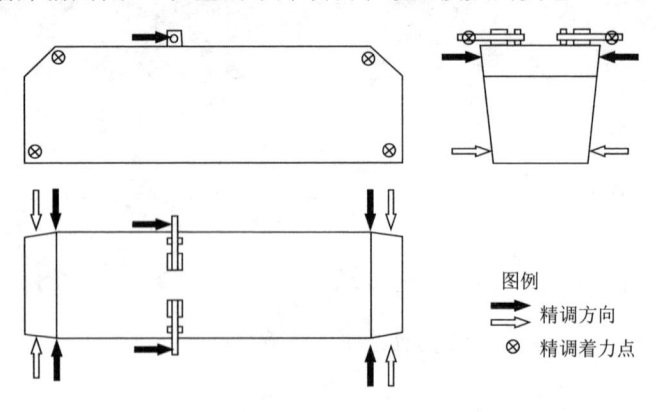

图 10　最终姿态精调位置

安　　装

最终接头在空气中的吊重约 6100 t,选择 12 000 t 全回转浮吊进行安装。

(1) 作业窗口与演练

安装作业选择在合适的天气窗口与过往船舶速度受限的条件下进行(表 1)。这是基于两点考虑:一是为避免浮吊搁浅。隧道基槽两侧的天然水深约 10 m,所以浮吊必须驻停在隧道基槽的正上方,此外,浮吊船长 297.5 m,超过基槽的宽度,故只能与隧道轴线平行驻位,而潮流方向垂直于基槽,所以浮吊的迎流面积很大。二是为了使最终接头下放时的运动位移量最小化。由于吊缆长度达到 180 m,最终接头的运动位移受浮吊横摇、纵摇的影响较大。

表 1　最终接头安装作业的条件

流速/(m/s)	波高/m	能见度/m	风力/级	船舶限速/节
≤0.6 系泊、起吊 ≤0.5 龙口内	≤0.6	≥1000	≤5	≤10

由于浮吊底面距离沉管回填顶面只有 2 m，为避免螺旋桨冲刷，浮吊的定位只能采用系泊方式。而系泊锚的可靠性主要取决于当地地质条件，所以进行了现场的浮吊抗流试验，试验在最不利的情况下进行。试验结论是需要 4 艘拖轮待命，必要时（如系泊锚失效）顶推浮吊抗流（图 11）。

图 11　用拖轮抵抗水流力

为避免最终接头下放至龙口中时被卡住，见图 12，需要保证最终接头的起吊始终控制在水平状态。起吊倾斜主要来自吊带长度的差异及吊带受力后伸长量的差异。为此，采用了两个措施保证水平状态：一是控制吊带的制造精度，在质量管理中增加了吊带重量的比较环节。二是由于主体结构重量的偏心不可避免，吊带伸长量的差异也就不可避免，为

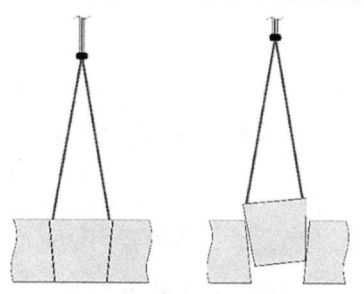

图 12　最终接头下放

了进一步消除倾斜的可能,进行了一次试吊装来测量实际的倾角,基于该倾角,在正式吊装前,通过在吊点销轴上加垫来调整。

(2) 测量与定位

正确与精准的标定对降低最终接头安装时的碰撞风险非常重要,最终接头着床时与相邻管节的净距只有 5 cm。

为了精准定位最终接头,通过定位浮吊比直接定位最终接头更加精准。因为浮吊的重量约 28 000 t,比最终接头 6000 t 的重量大得多,受波流影响时,浮吊要比最终接头更稳定,进而浮吊上的 GPS 读数要比最终接头上的 GPS 读数稳定。此外,从工程测量角度,用浮吊定位的精度也更高,因为浮吊的基线长 300 m,最终接头的基线长只有 12 m。需要注意,该定位方法的假定是最终接头与浮吊的几何关系保持不变。

(3) 起吊与下放

最终接头安装可分解成 4 个动作:在空气中起吊,旋转 90°,下放至已安管节的龙口位置之上,继续下放直至着床(图 13)。最终接头在空气中的吊装越快越好,以避免浮吊运动对结构的不利影响。船行波是浮吊运动的主要影响因素,尽管在安装期间对过往船舶进行了 7 h 的限速。在起吊、旋转 90°、入水的同时,被吊物重量与位置的变化也会影响浮吊的姿态,为了确保该过程的作业速度,施工前对每一步作业需要预先估算调节的压载水,施工时进行同步连续调节,保证浮吊时刻处于水平姿态。

(4) 最终姿态调整

在最终接头即将接触碎石基床表面时,启动纵向调节千斤顶来调节最终接头纵向的间距与方向,调节着力点见图 13。然后,可操作安装在导向装置上的千斤顶来调节最终接头的横向位置,在实际安装时监控数据显示横向定位准确,未启用这部分千斤顶。

（5）着床与对接

为了确保对接阶段不会再发生沉降，在最终接头完全着床以后，并非立刻进行下一步的对接作业，而是等待了约半小时，待碎石基床基本稳定。

图13 最终接头的起吊与安装

接着，最终接头两端的可伸缩小梁被千斤顶推出，与相邻管节接触，并压缩临时的GINA止水带，在最终接头与相邻管节间形成了水密的结合腔（下文简称"腔"）。

（6）排水与贯通测量

排出腔中的水。在该过程中，纵向作用在最终接头端面上的约90 000 kN的水压力会消失。标准管节水力压接排水时，新安管节会朝着已安管节的方向运动，腔的体积会减小。而最终接头与此不同，排水过程中最终接头是不动的，所以腔的体积不会改变。为减小动载效应，排水前，将空气泵入腔中以控制腔内压力下降的速率。

排水后，从隧道内进行贯通测量，检查最终接头的安装精度。

（7）重新对接

通过一次重新对接作业，证实了整体式主动止水最终接头安装的可逆性。

为保证可伸缩小梁的强度及端封门的水密性,在小梁缩回前,必须使腔内充满水并且将腔内的水压力增大至与外界环境的海水压力相同。该平衡可通过在腔与海水之间设置连通管来实现,或者用泵往腔内注水来实现。考虑外海作业时间受限,实际作业时采用了后一种方式。注水增压过程中,要持续监测腔内的压力变化。

(8)永久焊接与注浆

永久连接部位首先进行焊接工作,工作前的演练极其重要。因为,可伸缩小梁的止水是临时的,且取决于千斤顶的正常工作,随着时间的推进腔周围的渗水及隧道内水淹的风险也会增加。为降低风险,永久焊接越快越好,而焊接效率取决于操作人员作业的熟练程度。另外,焊接是在海底进行,作业空间狭窄,可能给操作人员带来心理上的冲击。而且,如果焊接温度未能得到谨慎控制,焊接带来的高温可能导致临时 GINA 止水带剪切模量改变,进而导致止水带的失效。为此,钢结构加工厂预先制造了一个全尺寸的演练舱(图 14),需要去隧道里进行搬运或焊接工作的人员,必须在演练舱练习 3 个月的时间,直到达到满意的工作熟练程度。

图 14 演练舱

在演练过程中,根据操作人员反馈,优化了通风与脚手架的设置,提高了操作人员的工作安全性与舒适度。

焊接完成后，将混凝土、环氧树脂注入焊接部位的空格中，形成永久复合结构。

（9）体系转换

纵向结构设计考虑了每180 m至少有一个柔性的接头，最终接头有一个体系转换，见图15。永久焊接与注浆的完成令最终接头与两边管节刚接，即第一步转换完成；将最终接头中间的预应力释放，从而最终接头的中部的接头成为了一个柔性的接头，即第二步转换。

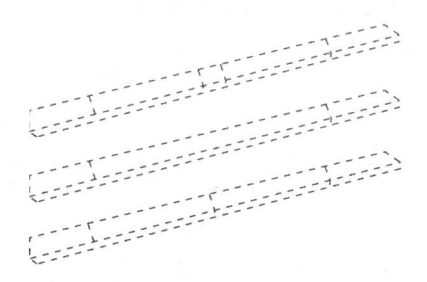

图15 折叠管节安装后的体系转换

工　　效

最终接头总体进度及安装进度记录见图16。

工序	2016年			2017年						
	10月	11月	12月	1月	2月	3月	4月	5月	6月	7月
钢结构制造										
钢结构运输										
钢壳内填充										
舾装										
试吊										
碎石垫层铺设										
最终接头安装										
重新对接										
隧道内永久连接焊接										
隧道内永久连接注浆										
密闭腔压浆										
回填										

(a) 最终接头施工总体进度记录，不含设计时间

304 沉 管

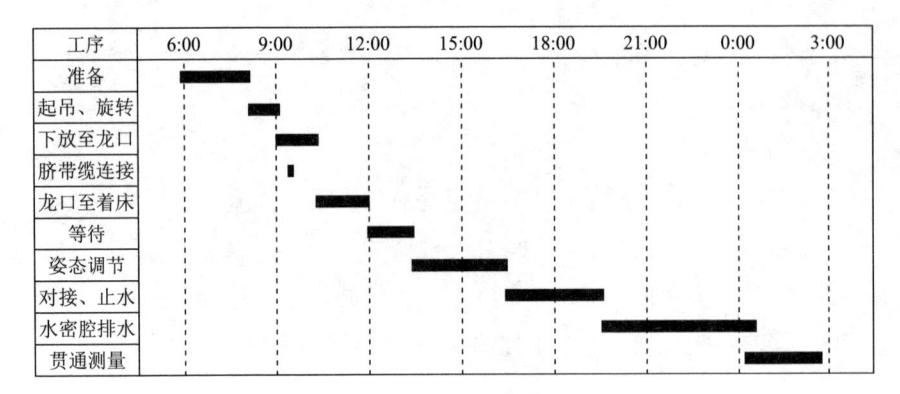

工序	6:00	9:00	12:00	15:00	18:00	21:00	0:00	3:00
准备								
起吊、旋转								
下放至龙口								
脐带缆连接								
龙口至着床								
等待								
姿态调节								
对接、止水								
水密腔排水								
贯通测量								

（b）2017年5月2日最终接头第一次海上安装作业进度记录

图 16 施工时间统计

最终接头3：一体化技术

再 改 良

港珠澳大桥岛隧工程沉管隧道最终接头技术存在以下三个缺陷：

①基础处理较复杂，因为地基刚度存在差异。详见《最终接头4：基础特殊问题及诊断和处置》。

②需要用到大型起重船，这在其他一些水浅的项目不一定适用，且不一定具备这么大起重能力的浮吊。

③用于小梁伸缩的千斤顶不可回收再利用。

在技术总结的过程中，我们提出了再改良的构想——一体化技术（图1）。

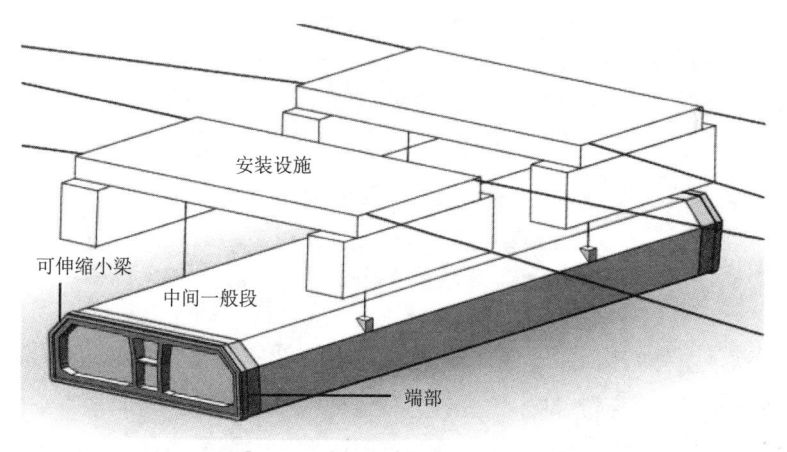

图1　最终接头与管节的一体化技术

最终接头与沉管管节的一体化

最终接头与沉管管节的一体化，就是将最终接头当作最后安装的一个管节来制造安装。将整体式主动止水最终接头技术应用于最后一个安装的典型管节。

纵向结构取决于设计需求。图2从上到下分别为最终接头与沉管管节一体化技术的3个方案，前两个方案适用于柔性管节接头，最后一个适用于刚性管节接头。当采用柔性管节接头，GINA止水带可置于最后一个安装的管节两端，或者置于相邻两个管节的靠龙口侧的端部，并在安装前用预应力或钢棒预先压缩。

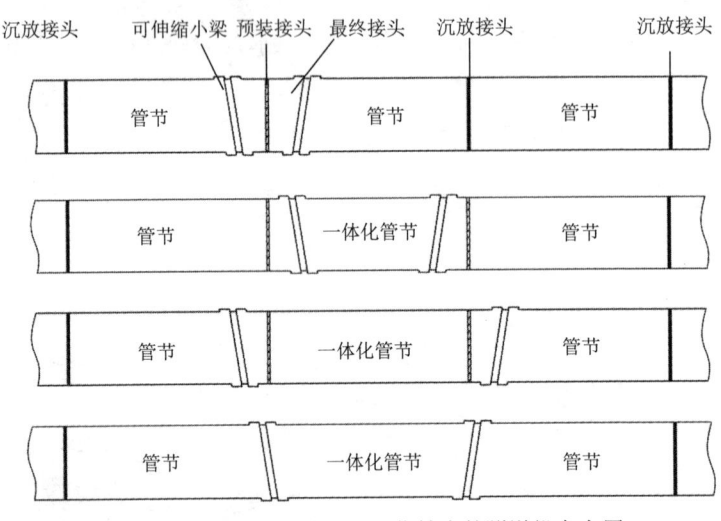

图2 最终接头与管节一体化技术的隧道纵向布置

管节主体结构可以使用任何已有的沉管结构形式，如混凝土节段式、混凝土整体式、钢壳整体式。考虑与可伸缩小梁的结合，两端可采用钢壳或钢帽结构预制，或者整个管节采用钢混三明治复合结构来预制。

安装方法同常规管节安装方法一致，如杠吊法或浮吊法，管节基床可采用先铺法或后铺法，临时主动止水方法同折叠管节一致。

一体化管节除了具备折叠管节的所有优点外，还具有以下优点：①由于最终接头的结构就是管节的结构，不存在地基刚度差异，进而避免了运营过程中出现不均匀沉降的风险。或者说，节省了对最终接头地基进行额外处置的工作。②最终接头的安装与管节的安装共享安装设施，不需要另外配置浮吊或相关设施进行吊装作业。③减少了一次海上的作业。④相比V型块法、端部块体法或整体式主动止水最终接头技术，减少了一个最终接头的施工，参考图2。简而言之，应用一体化技术，沉管隧道的最终接头的概念将不复存在，增加的工作只是加工两个可伸缩的小梁并安装在一个管节的两端。

值得进一步改进的地方

值得进一步改进的地方有两个。

①考虑经济性，用于可伸缩小梁伸缩的千斤顶应考虑回收。结合工作经验，两个可行的方案见图3。将千斤顶设在端封门内侧牛腿的对应位置，或者设在结构内侧，通过反力架将千斤顶的力传至可伸缩小梁，实现可伸缩小梁的伸缩。此外，千斤顶的数量可适当减少，并相应提高可伸缩小梁框架结构的刚度。千斤顶的拆除工作可在对接与排水以后，从隧道内侧施工一部分永久连接结构后进行。

②当前最终接头与相邻管节的永久连接结构的设计策略是把结构尽可能做得"刚强"，但是永久连接结构必然是整个隧道结构的一个弱点，因为可伸缩小梁占据了部分主体结构的空间。如果永久连接结构被做得很强，意味着刚度大，易吸引荷载，进而结构失效或开裂渗水的概率将加大。如果能将永久连接结构做成能够适应一定变形的柔性结构，则可降低使用阶段该部位的结构风险，而且，临时止水阶段隧道内的工作量可减少，施工难度与风险也可相应降低。

308　沉　管

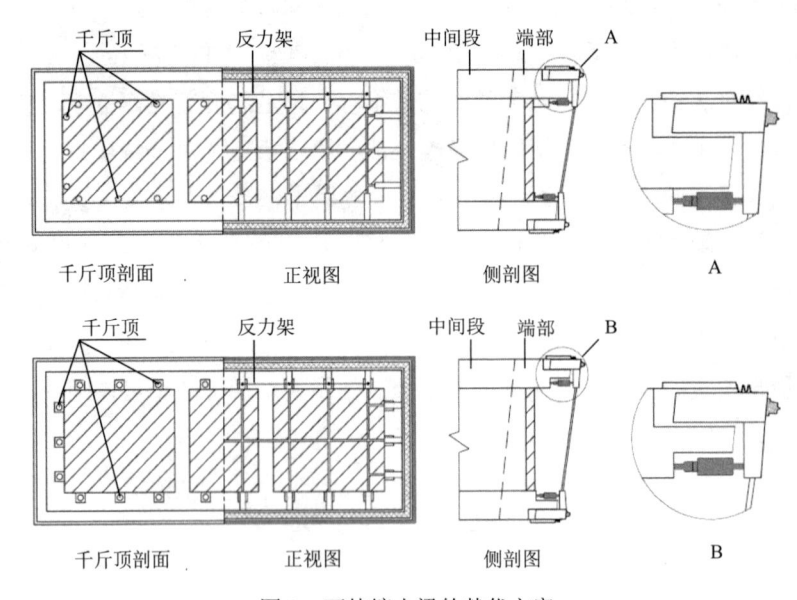

图 3　可伸缩小梁的替代方案

最终接头 4：基础特殊问题及诊断和处置

我们工程师必须考虑未来！

——花田幸生

问　　题

最终接头结构浮力较小，不足以克服自重，着床时对地基的压力是相邻管节的 30 倍。这导致最终接头与相邻管节的地基刚度存在差异，给施工和运营均带来风险。在施工时，实现临时止水后，需要从隧道内部进行永久的止水和连接，这个施工过程需要两周的时间。差异沉降将导致永久连接施工过程中已焊接的钢板变形和撕裂，如果差异沉降过大，甚至会带来临时止水失效的风险。在运营过程中，隧道顶部回淤荷载增大，因地基刚度差异的存在，永久连接结构会产生较大的内力，而且永久连接结构是整个隧道中最薄弱的环节，因为相比其他部位，临时止水构造占据了一部分主体结构的空间（图 1）。

图 1　永久连接结构示意

加 载 分 析

最终接头常规加载工序如图 2 所示。在这之后，隧道上方会逐渐回淤，荷载继续增大。加载情况见表 1。

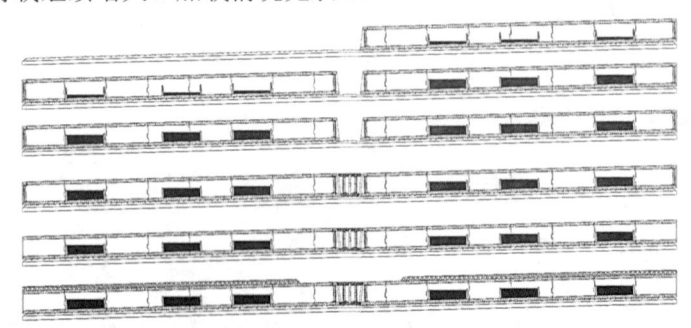

图 2 最终接头常规加载工序

表 1 最终接头及相邻管节的加载情况 （单位：kN）

	E29	最终接头	E30
着床荷载	10 000	18 000	10 000
水箱加载	60 000	—	60 000
回填	229 280	30 560	229 280
管内压载（含拆水箱）	300 960	39 250	294 040
交工荷载	319 920	40 410	313 000
回淤	494 710	47 630	359 320

按照管节压强平均值与节段压强平均值计算管节底部与基础的压强，结果分别见表 2 和表 3。

从表 2 可见，最终接头着床且尚未进行后续加载时，其对基础的压强为 50 kN/m^2，相邻沉管管节为 1.5 kN/m^2，基础压强差异 30 多倍。从表 3 可见，管节的每个节段受到的荷载不均匀且端部节段的荷载偏小，这是由于压载水箱布置、端封门重量及端封门外侧整体内凹的浮力损失造成的影响。

表 2　最终接头及相邻管节对基础的压强（未进行后续加载）（单位：kN/m²）

	E29	最终接头	E30
着床荷载	1.5	50.0	1.5
水箱加载	9.2	—	9.2
回填	35.2	84.5	35.2
管内压载（含拆水箱）	46.3	108.6	46.3
交工荷载	49.1	111.8	45.2
回淤	76.0	131.8	62.0

表 3　最终接头及相邻管节对基础的压强（进行后续加载）（单位：kN/m²）

	E29S7	E29S8	最终接头	E30S1	E30S2
着床荷载	1.2	1.6	50.0	1.6	1.2
水箱加载	—	—	—	—	—
回填	27.5	35.7	84.5	35.7	27.5
管内压载（含拆水箱）	49.9	64.8	108.6	63.4	48.8
交工荷载	52.8	68.6	111.8	67.2	51.8
回淤	72.4	90.0	131.8	84.6	63.1

半刚性管节使得基础压强的实际情况介于表 2 和表 3 的结果之间。从这个范围可判断管节与最终接头存在较大的基床预压力差异，从而导致地基刚度存在差异，引起不均匀沉降。如不处理，将带来永久连接结构的施工安全风险，如连接结构损坏、水密性失效、耐久性失效等一系列问题。

因此有必要采取措施。有效的措施需确保是对症下药，也就是首先要找出沉降的规律。

对沉降规律的观察

瞬时沉降在《沉管隧道的基础》中已专门论证。这里简单回顾。由于沉管管节在水中受水的浮力影响，而且该工程基槽开挖深度大，深层土受到的最大应力不会超过其历史应力。因此沉降很可能只发生在基础表层。港珠澳大桥岛隧工程通过组合基床及相应的装备支撑消除了基础表层的沉降，所以大多数的沉降只可能由碎石基床的压缩导致。而散体材料的压缩特点是瞬时沉降，所以港珠澳大桥岛隧工程沉管隧道的沉降就是瞬时沉降。

下面通过现场实测和两个试验验证瞬时沉降的判断。

（1）已安管节的沉降监测

对每个已安管节的沉降按节段进行了持续监测。监测频率不低于每周一次。结合管内卸载、加载及管外回填的时间，观察沉降的特点。

典型管节 E27 的沉降量-时间曲线见图 3。管节施工加载时间与沉降发生的时间吻合，不加载时 1~2 年时间的沉降总量约 1 cm，且很快收敛。随着时间缓慢增长的沉降（即地基土的固结）所占的比例很小，说明瞬时沉降是主要的沉降。而且管节卸载时（压载水抽走及水箱拆除），几乎观察不到地基的回弹。

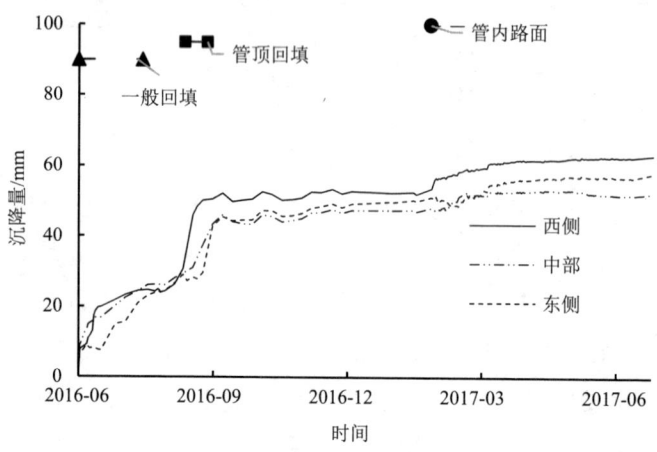

图 3 E27 管节沉降量-时间曲线及加载记录

（2）水下原位载荷板试验

采用水下载荷板对不同基础处理形式的地基进行了水下载荷板试验，试验方法见《沉管隧道的基础 5：试验保障》。试验采用单级加载方式，测量 48 h 以内的沉降。试验结果见图 4。大多数情况沉降发生都在半小时内完成。

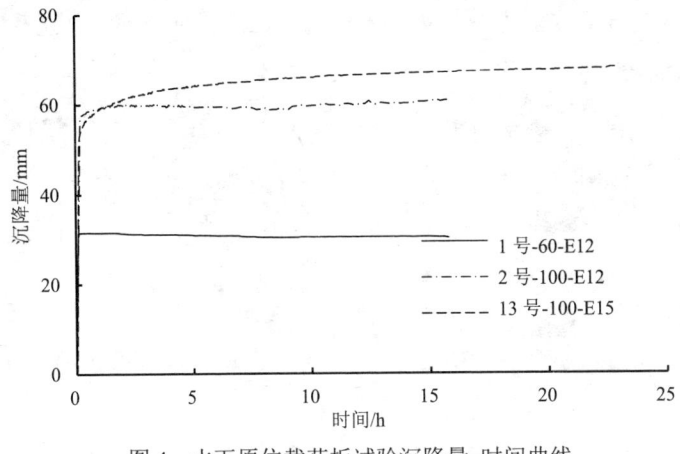

图 4 水下原位载荷板试验沉降量-时间曲线

（3）最终接头碎石基床陆上加载试验

最终接头的碎石基床的陆上加载试验分三步进行加载。这个试验主要是验证最终接头的碎石基床的稳性，沉降测量时扣除了基床下方的基础沉降。试验典型结果在《沉管隧道的基础 5：试验保障》中已给出，沉降-时间曲线呈现阶梯状，即加载时沉降。试验再次证实了碎石垫层下方基床的瞬时沉降规律，并且随着荷载集度的增加，碎石基床的压缩刚度也在增加。

通过对以上三个试验的观察我们得到了三点结论：

① 最终接头、E29 与 E30 管节在加载后的沉降是瞬时沉降；

② 基床刚度随荷载集度的增加而增加；

③ 卸载后的基础回弹可忽略。

基于这三点结论，我们制定了预加载与超载的措施，使管节基础的部分沉降预先完成，并提高地基的刚度。

措施一：预先加载和超载

在最终接头安装前，对相邻管节进行预加载和超载，令绝大部分沉降在最终接头安装前就完成。

图 5 是加载作业方案与实施的情况。在沉管顶部回填并压载混凝土块，管内保留压载水的同时浇筑压载混凝土。

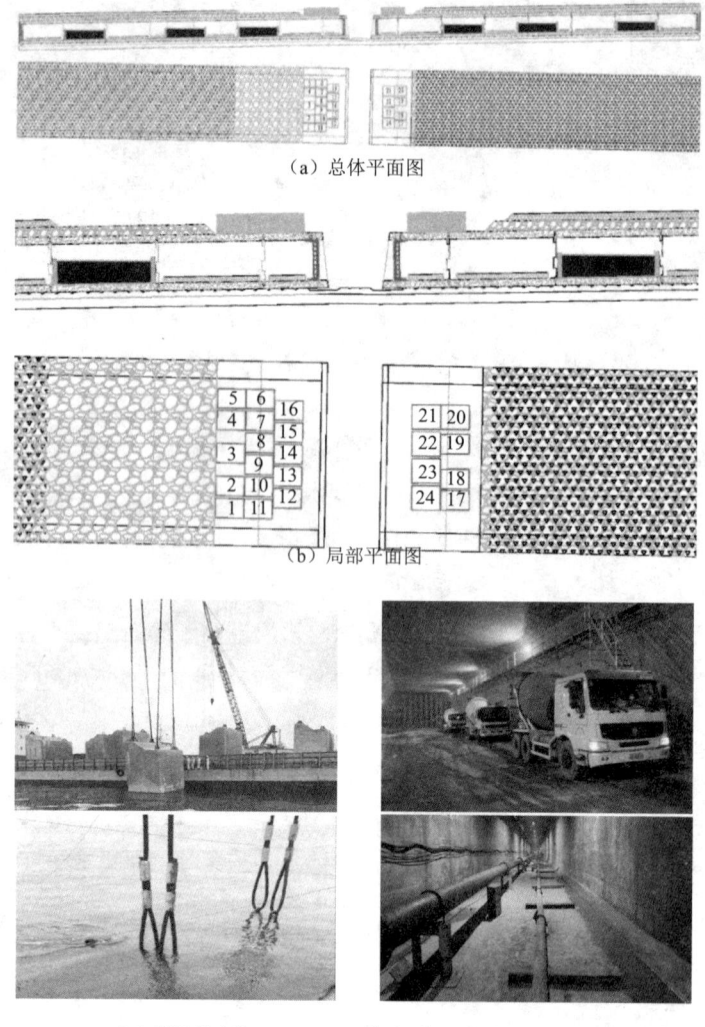

(a) 总体平面图

(b) 局部平面图

(c) 挡浪块安装　　(d) 管内不拆压载水箱浇筑路面压载混凝土

图 5　预先加载与超载措施

考虑最终接头的龙口线形的安装需要，在加载过程中对管节姿态、纵坡进行监控。考虑节段接头的受力安全，在加载过程中也对节段接头的运动位移及张开量进行监控，并管理加载量与顺序。

如果按照管节平均的原则（对应表 2），每个管节需要加载 500 000 kN；如果按照节段平均的原则（对应表 3），即考虑与最终接头相邻的两个节段的基础压力的协调，并考虑其他节段的过渡（避免荷载突变），则需要施加更多的荷载。

另外，该工程能够提供的所有加载措施的荷载总量只能达到交工荷载的水平，而无法达到远期回淤发生时的运营期最大荷载的水平。因此，加载措施至少可以（也只能）消除最终接头与相邻管节进行永久连接结构施工时的安全风险。

永久连接结构施工完成后，压载水箱拆除并置换混凝土，管顶混凝土块移除，这些过程存在卸载，但是这个卸载正如上一节的观察，不会带来基础的回弹，从而不会带来永久连接部位的结构内力。

实施情况如下：加载完成后 E29 管节平均发生了约 3 cm 沉降，E30 管节发生了 4 cm 沉降。图 6 总结了加载量、沉降与时间的关系。卸载后，隧道内的测量未观察到地基的回弹。

最终接头相邻两个管节的加载统计和沉降观测情况见图 6。

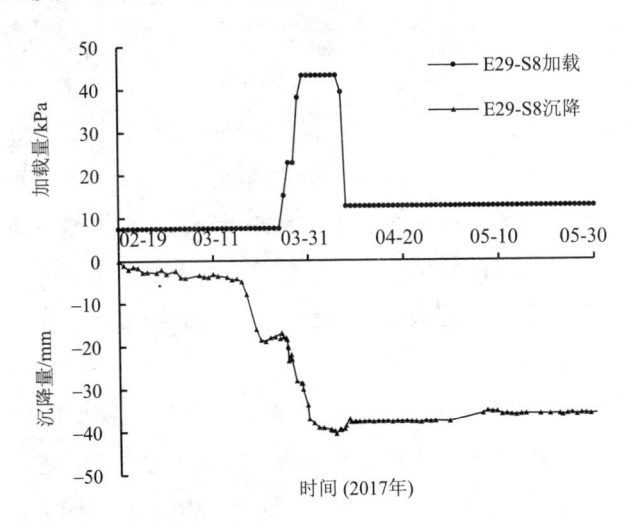

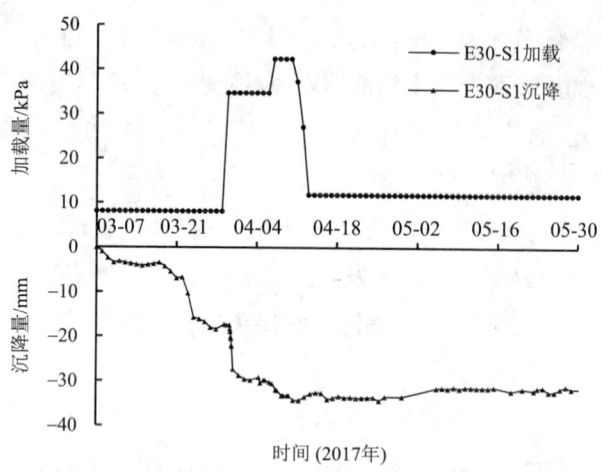

图 6 管节 E29、E30 与最终接头相邻节段的加载量、沉降量与时间的关系

措施二：密闭腔压浆

前文已述即便该工程用了所有能用的加载措施，实际加载的总量仍然达不到运营期间隧道顶部回淤覆盖后的最大荷载。所以管节的基础刚度仍然小于最终接头的基础刚度，后期仍存在差异沉降。况且考虑以下因素：

①最终接头碎石垫层的尺寸与沉管管节的尺寸存在差异。

②回淤荷载值增加以后，隧道管节基础的历史应力未被超出，但是最终接头基础的历史应力可能被超出，从而最终接头的基础有可能比相邻管节的基础产生更多的固结沉降，这部分也属差异沉降。

③最终接头与管节的连接结构是整个 6.7 km 的海底隧道的薄弱环节，故应当尽量让该部位少承担内力。

所以，通过在最终接头与管节连接部位进行一次密闭腔压浆，如图 7 所示。我们在处理 E31~E32 管节的异常沉降时发明了这个工艺，在《沉管隧道的基础 6：密闭腔压浆抬升管节》中已详细讲述。

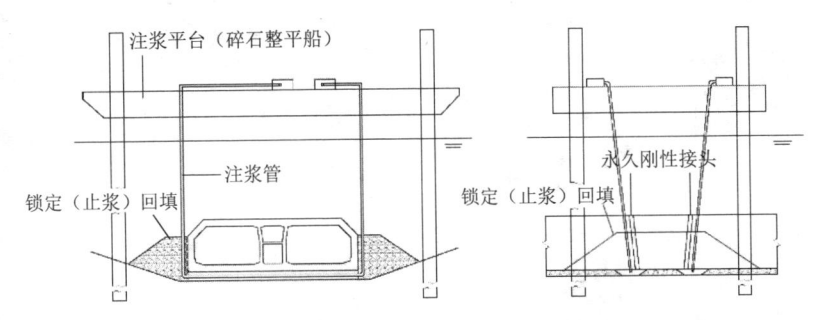

图 7 最终接头与相邻管节接头底部密闭腔压浆方案

压浆过程的动态监测数据汇总见图 8。根据压强-时间曲线及注浆量判断密闭腔已形成,而且起到了预压基床的作用。

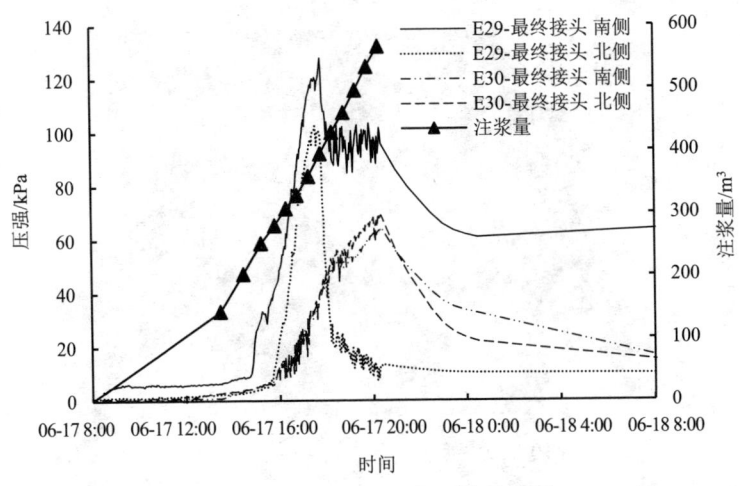

图 8 密闭腔压浆压强和注浆量过程

处理后的结果

处理后的结果是合龙焊接顺利完成。并且,焊接阶段对最终接头与相邻管节的竖向差异沉降的监测表明差异沉降值小于 1 mm。最终接头部位未发现变形或漏水现象,见图 9、图 10。

318　沉　管

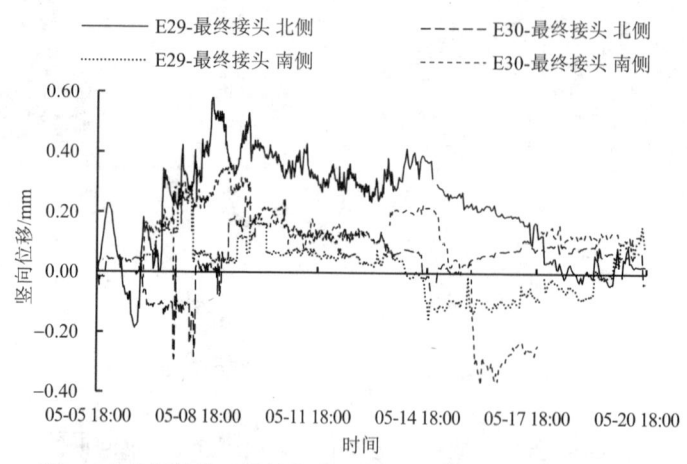

图 9　合龙焊接施工最终接头与相邻管节相对竖向位移监测值
"+"代表 E29/E30 较最终接头向下，"−"代表向下

图 10　最终接头永久连接完成后内部照片

小　　结

折叠管节整体式最终接头在安装后对地基的初始压力是相邻管节的 30 倍，初始压力的差异带来基础刚度的差异，因而能预见施工期和运营期的差异沉降。对此，第一个解决措施是在最终接头安装前，对相邻沉管管节的顶部和内部尽可能多地施加额外荷载，让相邻管节的沉降预先

完成，提高地基的刚度。该措施的重要前提是基础的沉降是瞬时的。瞬时沉降的规律经由两个试验和现场实测沉降验证。最终接头安装并与相邻管节连接以后，因为长期的回淤荷载，差异沉降仍然可能损坏连接部位，因此采用密闭腔压浆进一步协调差异沉降。

在港珠澳大桥岛隧工程中，我们预见并解决了整体式最终接头地基刚度差异的问题。方案实施后当前监测情况正常。然而还有另外一种解决思路，通过最终接头与沉管管节的一体化来从根源上消除差异沉降，这在前一篇已讨论。

最终接头 5：结构特殊问题及垮塌思想试验

如何设计想象中的工程结构？

港珠澳大桥岛隧工程的最终接头是一个可折叠结构，而且是在水下折叠。这形成了它的第一个特殊点——两端的可伸缩的小梁。为了验证结构设计方向的正确性，首先要搞清楚的问题是可伸缩小梁及它相邻结构的受力情况。搞清楚的意思并不是指如何用数值或解析的方法来计算，而是找到正确的计算思路，而后者的前提是了解力的来源，掌握受力与结构在变化中的相互影响。

最终接头的纵向长度平均只有 10 m 左右，因为结构纵向体系需要最终接头在长度方向上被一道永久的柔性 GINA 止水带分成两瓣。该止水带在最终接头下水前就需要通过预压来实现水密。受限于纵向长度预应力筋的长度只有 5 m，而 GINA 止水带的压缩量要求是 14 cm，这种超短预应力筋、大压缩的情况非常少见，因此在正式施工前先进行了专门的试算。

最终接头与相邻管节形成的结合腔的进气与排水，与一般沉管管节的水力压接过程不一样。后者有管节的移动，只有一个结合腔，前者的管节不移动，且有两个结合腔。

最终接头还是一个钢-混-钢三明治复合结构。"尺寸效应"的存在引起了对这个问题的思考，即钢壳与混凝土能否像钢筋与混凝土一样协同作业？所以笔者在本文的结尾做了一个思想试验：如果混凝土不起作用了，最终接头会垮塌吗？

以上三个问题，将在本篇逐一讨论。如何设计一个仅在想象中存在的结构？本篇试图给出答案。

可伸缩小梁的受力与结构设计理念

首先，简单回顾最终接头的工法：两个可伸缩小梁与主体结构组成了最终接头，因为最终接头要与两边的沉管管节同时对接，所以有两个可伸缩小梁，分别在主体结构的两端。可伸缩小梁预制以后，插入三明治主体结构，并通过千斤顶连接成整体。安装时，最终接头被沉入水底并着床，可伸缩小梁向外伸，接触相邻管节，形成水下密闭间（结合腔）。然后将结合腔内的水抽掉，置换成空气并与外界正常大气压连通。之后，工人在结合腔内施工最终接头与相邻管节的永久连接结构，这大约需要15 d。15 d 过后我们不再关心可伸缩小梁的受力，因为可伸缩小梁的止水作用已经被在它的"庇护"下施工的永久连接结构替代。

从上述施工过程中判断，可伸缩小梁结构需重点关注的，是它与主体结构的连接，它与相邻管节的对接，以及结合腔排水过程——这决定了可伸缩小梁及周边结构的设计策略。

可伸缩小梁的总体形状是一个扁平的"口"字形（图1）。"口"字形结构在垂直于纸面方向的结构抗弯刚度，取决于GINA 止水带的水密要求。因为千斤顶通过可伸缩小梁将压力传递给 GINA 止水带（图2），从而压缩水密止水，而可伸缩小梁背后的千斤顶是间断设置的，所以，理论上，千斤顶之间的GINA 止水带的压缩变形曲线与水密压缩量决定了可伸缩小梁的最小抗弯刚度。

可伸缩小梁插入主体结构时需要间隙。第一是因为在钢结构加工厂拼装时的可插入性需求。第二是为了控制可伸缩小梁伸缩过程中摩擦力。第三个原因与竖向荷载与位移有关，下文将详述。

图 1　没有插入可伸缩小梁之前的最终接头，千斤顶已经与主体结构连接

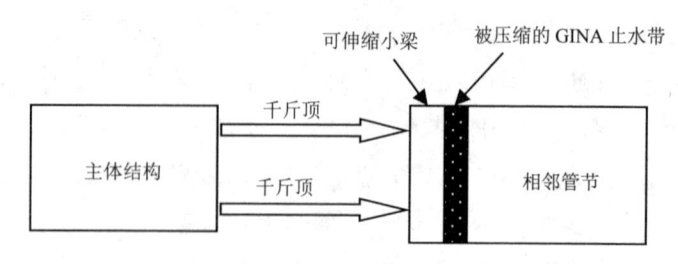

图 2　主体结构和可伸缩小梁通过千斤顶连接的示意图

如果没有差异沉降，以上就是可伸缩小梁结构需特殊考虑的全部内容。但这种形式的最终接头的差异沉降是一定存在的，有两个来源。一是地基刚度不均匀，由于最终接头对地基的初始压强是两边结构的 30 倍，这个来源已经通过安装前的预压载与超载，并在最终接头落地以后的半小时内消除了大部分，前篇已述。二是结合腔排水，排水以后，最终接头与相邻的管节通过可伸缩小梁及小梁上的 GINA 止水带连成一个整体。这个整体在可伸缩小梁结构有竖向的内力（水平内力的问题在后文讨论），这个内力可以通过将最终接头作为隔离体分析出来，分析的方法是比较它在结合腔抽水前后的受力变化，如图 3 所示。我们通过设置一个 6° 的俯视角，将这个变化控制在最小范围内。排水以后理论上只会在最终接头产生约 2000 kN 的向下的力。

以上措施消除了绝大部分的竖向不均衡力，余下的力，是结构受力及设计的输入条件，也就是可伸缩小梁结构受力计算的切入点。分析思路是从整体到局部，如图 4 所示。这可能也是分析其他学科问题的思路，包括社会问题。刺激它，看它的反应，即使我们关心的是局部反应，也必须从整体反应推导过来。

着床前　　着床后　　顶推密封后　　排气后　　排水后

图 3　最终接头端部压力随着施工步骤的变化

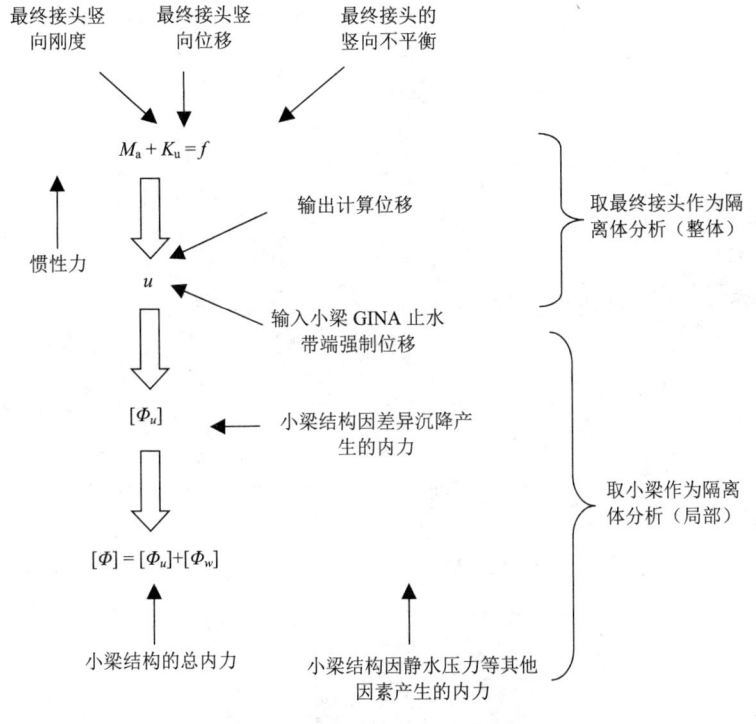

图 4　从整体到局部的分析思路

首先分析整体问题。惯性力的问题后文将单独讨论。最终接头与相邻管节的竖向刚度体系，如图5所示。当最终接头整体发生一个向下的力 f 时，从图5a可以看出，f 到地基有两条路可走，一条是顺着最终接头结构直接向下传入地基，另外一条是先通过可伸缩小梁与GINA止水带，到达相邻的管节，再从相邻的管节进入地基。也可以如图5b所示，用弹簧系统刚度来描述。

从图5b可以直接计算出竖向总刚度 K：

$$\frac{1}{K} = \frac{1}{(k_3^{-1}+k_4^{-1}+k_5^{-1}+k_6^{-1})^{-1}+(k_1^{-1}+k_2^{-1}+k_3'^{-1}+k_4'^{-1}+k_5'^{-1}+k_6'^{-1})^{-1}} + \frac{1}{k_7} \quad (1)$$

如果可以判断与碎石垫层、小梁与GINA止水带的竖向刚度相比，其他刚度因素小得多，则可以忽略其他刚度的影响。上式可简化为

$$K = k_3 + (k_1^{-1}+k_2^{-1}+k_3'^{-1})^{-1} \quad (2)$$

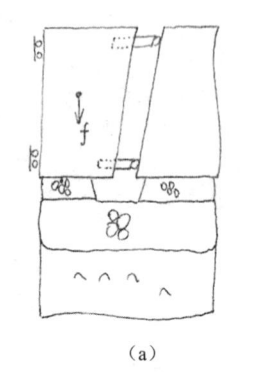

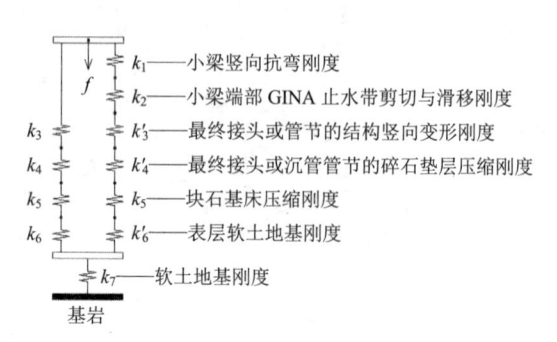

k_1——小梁竖向抗弯刚度
k_2——小梁端部GINA止水带剪切与滑移刚度
k_3、k_3'——最终接头或管节的结构竖向变形刚度
k_4、k_4'——最终接头或沉管管节的碎石垫层压缩刚度
k_5、k_5'——块石基床压缩刚度
k_6、k_6'——表层软土地基刚度
k_7——软土地基刚度

图5 竖向地基刚度的组成分析

从这一段竖向刚度的组成与求解可以看到，如果差异沉降可接受，可伸缩小梁的竖向刚度 k_1 不必做得很强。因为做得越强，越多的竖向不平衡力就会被可伸缩小梁吸引。

求得竖向刚度以后，可伸缩小梁的端部位移就近似等于：

$$u = \frac{f}{K} \quad (3)$$

再将这个 u，从最终接头隔离体中计算得到的结果，作为可伸缩小梁与千斤顶的局部隔离体的外界作用——令可伸缩小梁与 GINA 止水带端发生一个强制性的位移 u。然后就可以计算可伸缩小梁、千斤顶连接部位的受力。

可伸缩小梁的受力取决于它的根部的连接方式（图 6），以及它与周边结构的接触情况。第一种是我们实际采用的连接方式，这是因为可伸缩小梁插入主体结构后需要逐个插入销轴，而因为销轴的插入方向及结构的临时开孔而不得不选择这种方式。事实上，在方案的发展中还考虑过另外两种连接方式：第二种连接方式将可伸缩小梁插在平行于水压力的方向上形成一个类似静定的结构，这有利于保护千斤顶结构；第三种连接方式可以更好地适应竖向差异沉降（即适应上面的"u"），可伸缩小梁与主体结构在竖直面上可以自由转动。

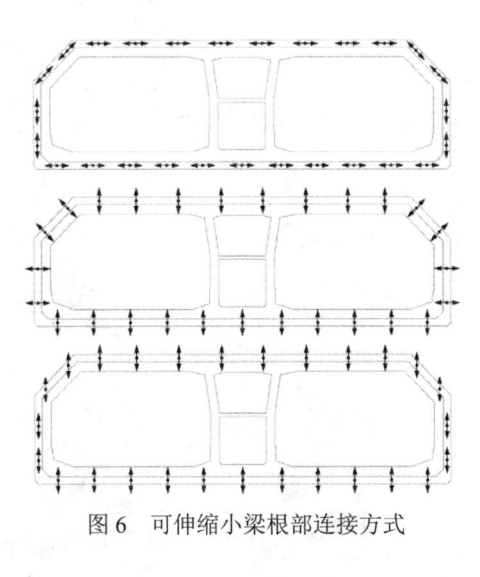

图 6　可伸缩小梁根部连接方式

另外一个问题是可伸缩小梁在竖向变形过程中，身体部位可能与主体结构内设置的（传力或滑动）垫块相接触。即可伸缩小梁的端部在被强制移动位移 u 的过程中，由于它与主体结构之间的间隙只有 1～2 cm，有可能形成一个新的竖向传力点，这属于接触非线性问题。但是只要可伸缩小梁的结构是在弹性的范围内，我们就只需要将 u 分解为接触前的强制位移 u_1 和接触后的强制位移 u_2，并当作两个边界条件不同的静力学问题分别计算出可伸缩小梁上的受力 $[\Phi_{u_1}]$ 和 $[\Phi_{u_2}]$，可伸缩小梁在强制位移 u 的作用下的总体受力就是两者直接相加之和，即

$$[\varPhi_u] = [\varPhi_{u_1}]+[\varPhi_{u_2}] \tag{4}$$

由此得到可伸缩小梁因竖向差异沉降产生的内力$[\varPhi_u]$，再将这个力与静水压力或其他静力作用对可伸缩小梁产生的内力$[\varPhi_w]$直接相加（同样的原因可伸缩小梁处于弹性阶段），得到结构设计所需的可伸缩小梁内力。

综上所述，讨论完可伸缩小梁受力的分析思路。其中的关键是对工程决策的指导：作为可伸缩结构的小梁究竟应当做得很壮（很刚），还是柔？如果选择壮，最终接头就像一个塞子撑在相邻的管节上；如果选择柔，结果是最终接头在某段时间内可以相对独立地沉降。结合地基"瞬时沉降"的工程判断，我们选择了后者（图7）。

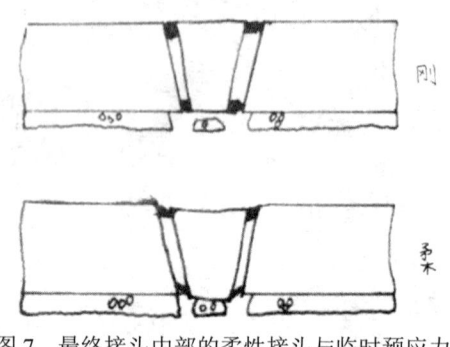

图7 最终接头中部的柔性接头与临时预应力

沉管隧道的纵向结构体系要求最终接头的中部设柔性接头，首道止水采用永久 GINA 止水带，需要被纵向临时预应力（而不是被水压）压缩 14 cm 以确保止水。

第一个特殊问题是超短距-大压缩量的预应力张拉。为了将止水带压缩到要求的程度，需要压力约 96 000 kN，在顶板、底板共设置 54 束预应力以达到该要求。考虑施工可行性及经济性，不可能对所有的预应力筋同时张拉，需要分批张拉。而分批张拉就带来了第一个难题。受制于最终接头结构的长度，预应力筋的平均长度仅 4.5 m，其伸长量远小于 GINA 止水带的压缩量。这就意味着在分批张拉的过程中，前面被拉长的预应力筋将随着 GINA 止水带的压缩而恢复原状，失去伸长量。预应力损失意味着最终接头的预应力筋需要比普通沉管管节的纵向预应力筋张拉更多次。现场决定使用 8 台张拉设备。按照一次张拉 8 束 15 000 kN 或 6 束 11 250 kN 预应力筋计算，需要张拉 28 批次才能达到理想的 GINA 止水带的压缩量。每个批次，扣除预应力损失之后的张拉力及其累积值见图 8a，GINA 止水带的压缩量见图 8b。可想而知，单个千斤顶张拉力越大，或使用千斤顶的数量越多，张拉所需的总批次越少。在选择夹具等关键张拉部件时，工区预先有了安全方面的考虑。此外，实际张拉时，由于最终接头的钢壳本身也存在一定的柔性，张拉的批次比预计的还要多。

(a) 有效张拉力和累积预应力

(b) GINA 止水带压缩量

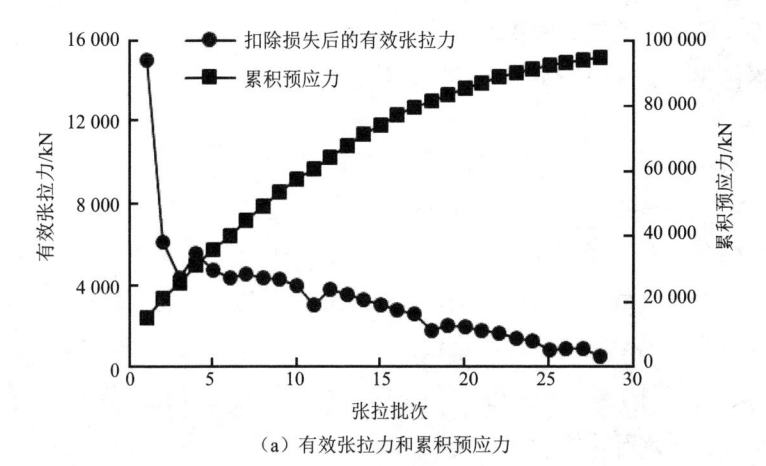

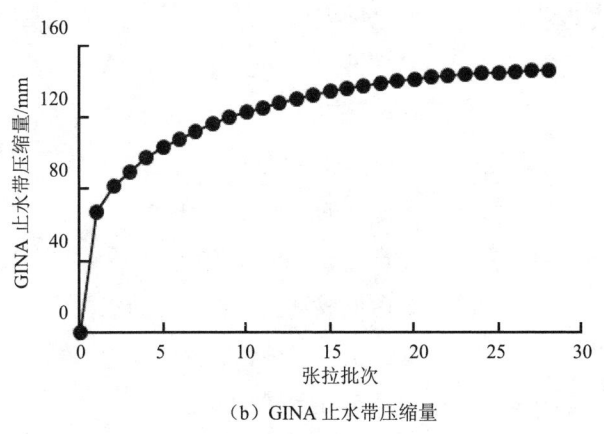

图 8　分批张拉过程的计算

第二个特殊问题是张拉后的预应力损失。预应力损失主要来自两部分：一是 GINA 止水带的松弛导致的预应力损失；二是随着最终接头的下沉，纵向水压力逐渐增加，GINA 止水带将再次被压缩，导致最终接头的纵向长度随着下沉而改变，伴随着预应力损失。此外，预应力自身也有损失。综上所述，为了安全，预应力完成后应在 GINA 止水带部位进行纵向限位锁定，避免 GINA 止水带出现二次压缩情况。

由以上可知，如果将最终接头做长，预应力筋的伸长量随着其长度的增加可以有所增长，张拉批次可以有所减少。有条件时，也可不在最终接头的中部设置一圈柔性接头，而是将两边的管节做短，两个管节与最终接头三者形成一个整体的刚性结构。

结合腔排水的动力问题

结合腔是管节及最终接头在水下对接时产生的带有高压水的密闭腔。腔内的水最终需要排出去，其方法是通过连通管将腔内的水导入相邻管节的内部空间。结合腔排水需打开连通管上的阀门。

但是，对于结合腔排水时的反应，最终接头与沉管管节不同。管节的结合腔排水时，它的尾端是自由的。一旦结合腔内进入空气，管节对接端的水压力将消失，尾端的水压力仍然存在，这导致它在长度方向的力失去平衡，尾端的水压力将它推向已安管节，首端的 GINA 止水带因此被大幅度地压缩，即沉管隧道工程师常说的水力压接（hydraulic connection）。比较而言，最终接头的结合腔的排水没有这个压接过程，因为它两端的平行于隧道长度方向的水压力是同时消失的。排水时，打开连通管上的阀门，结合腔内的高压水涌向相邻管节内（水往低处流），由于水几乎不可压缩，结合腔内形成真空，隧道内的空气也通过同一根连通管涌入结合腔内（气往低压走），结合腔内的高压水变成了正常的水，即腔内任意高度的水压力基本等于静水压力。

最终接头 5：结构特殊问题及垮塌思想试验   329

问题是，从 25 m 的水头到 10 m 的水头（10 m 对应的是结合腔内的储水高度），最终接头每端的水压力减少了 8000 kN（图 9），这个过程究竟有多快？这是一个流体力学的问题。如果这个过程所花的时间比最终接头水平方向的结构自震周期短，会带来动力效应。为了避免这个问题，在结合腔排水前，应设置一台泵往腔内持续打入空气，这样就可以在排水过程中减小结合腔内的流体压力。

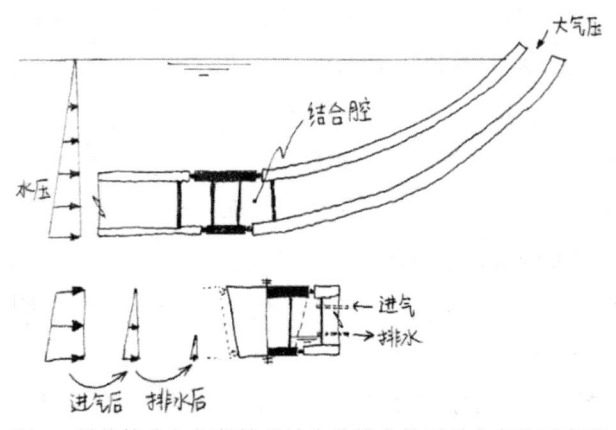

图 9　最终接头与相邻管节结合腔排水前后受力变化示意图

另外一个担心是最终接头两端的结合腔的压力的减小不均衡，这可能引起最终接头发生运动，偏向一边。解决方法是在两个结合腔之间设置一根连通管（图 10）。

图 10　结合腔设置连通管

最终接头整体垮塌的思想试验

在港珠澳大桥岛隧工程沉管隧道的最终接头建设之前，世界上只有两座全三明治结构的沉管隧道：那霸港临海公路沉管隧道和北九州新若户公路沉管隧道。还有一座新隧道正在东京的船坞中预制。其中，那霸港临海公路沉管隧道规模最大，它水深最深的管节是 E3、E4 管节，顶板高程-12.5 m，钢面板板厚 8～12 mm。最终接头所处的环境与构造和已有的三明治结构沉管不同，基于剪切连接设计的钢混结构桁架近似计算法，是否能完全涵盖或体现三明治结构的受力变形规律？三明治结构中的高流动性混凝土自诞生至今已有 30 年，关于该类型混凝土被泵送后的力学性能及耐久性随时间的变化及变化规律方面的研究较少，即使认为较可能的结果是更密实、更耐久，因为少了人为振捣的不确定因素，实际情况能否匹配？

基于上述两点考虑，我们作了一个思想试验：
①剪切连接设计失效，即 L 角钢不能令混凝土和钢壳协同作业；
②混凝土失去承载力。

即荷载完全由内面板、外面板及隔板承担，验算整个最终接头主体结构的塑性承载力（虽然混凝土不能与钢壳协同作业，但是假定起到防止钢壳屈曲的作用）。

垮塌分析可以用有限元软件的塑性分析来进行。下面只是简单的手动计算。

通过将最终接头简化为平面结构，其基本垮塌模式可以画出来，见图 11a。将最终接头基本垮塌模式进行组合，还可以找到一些典型垮塌模式，如图 11b 所示。

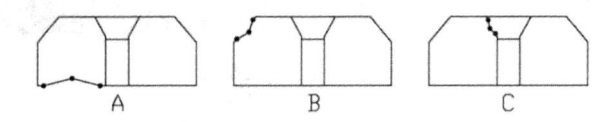

(a)

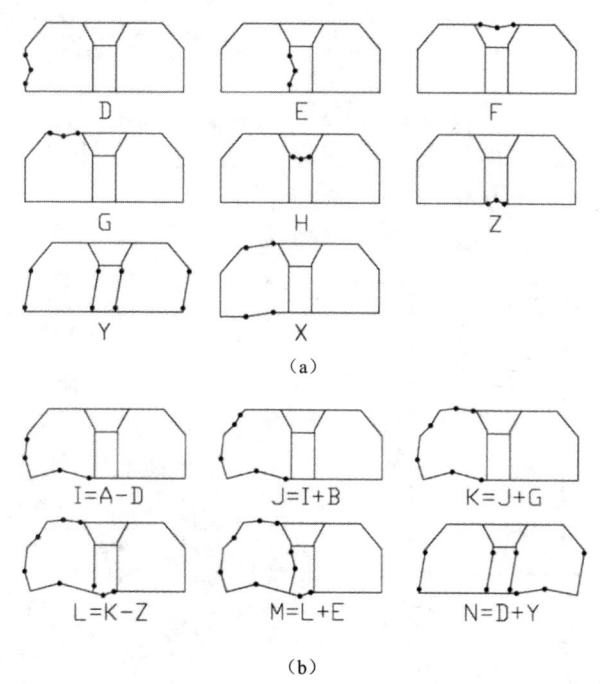

(b)

图 11　最终接头垮塌模式手绘图

接下来需要从中找到最有可能垮塌的模式，或者，接近最有可能垮塌的模式，观察最终接头的特点：

①水压力、土压力方向由外向内，所以横断面失效最可能的形式是向内弯折；

②底部水压力大；

③底板最窄；

④荷载对称。

经判断，较接近实际的垮塌情况是底板向上拱起，也就是图 11a 中的 A 模式。

结构受力。从相邻沉管段横断面的有限元计算中，获取运营期最不利状况的包络轴力 4980 kN。三明治结构的结构钢是 Q345 钢，所以 4980×1000/345≈14435 mm^2；14435/2/18≈401 mm；取一段钢混三明治结构的

截面,见图12,考虑轴力以后的全截面塑形发展弯矩为

$$M^P = 2 \times \left\{ (1500 \times 18 \times 345) \times \frac{1500}{2} + (350 \times 18 \times 345) \times \left[400 + \frac{350}{2} \right] \right\}$$
$$= 16472 \text{ kN} \cdot \text{m}$$

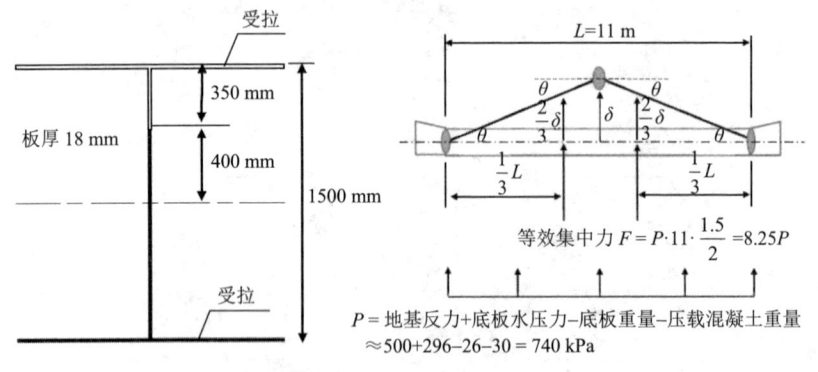

图 12 计算草图

几何匹配性:$5.5\theta = \delta$

能量守恒:$4 \times (M^f \cdot \theta) = 2 \times \left[(8.25P) \cdot \frac{2}{3} \delta \right]$

联合上式,得到结构失效时的塑性铰弯矩:

$M^f = 15.13P \approx 15.13 \times 740 = 11196.2 \text{ kN} \cdot \text{m}$

$M^f \approx 11196.2 < 16472 = M^P$

所以,垮塌弯矩小于截面塑性抗弯弯矩,塑形铰未完全形成。

这个计算并不能用于支撑结构设计或者指导任何结构尺寸的确定。塑性分析虽然能够较好地表现结构的实际反应,但在土木工程中的使用仍然较少。大部分的结构设计是基于弹性分析。这使我想起50年前一位意大利结构大师说过一句有意思的话:一个结构物受到外部激励,做出的反应也许有一百种可能,这其中一定不包括弹性力学计算出来的那种可能。

最终接头 6：吊装运动简化分析

真相(truth)=假定(pre-supposition)+证据(evidence)+逻辑
——PELA 科学模型

问　　题

最终接头下放到龙口时与相邻管节的净距每边平均只有 5 cm，最终接头结构与两边的管节是否会相撞就成为一个问题，实施的工程解决方案包括在最终接头的两端安装防撞保护块，以及重视定位测量，这些已在前文介绍过。本篇主要介绍如何简化分析以加深对最终接头在吊装时撞击相邻隧道结构的可能性的理解，也就是要回答以下三个问题：

①结构体系振动周期是否远离外荷载的周期？
②波流作用下最终接头的运动的位移量？
③吊装时对位移的控制方法有何建议？

计 算 方 法

使用理论匡算值解答上述问题。
我们只关心最终接头的纵向运动位移，所以可将其简化成平面问题。最终接头的纵向位移由图 1 所示的三种运动模式引起，分别是：
①单摆运动引起的；
②浮吊的平动引起的；

③浮吊的纵摇（pitch）引起的。

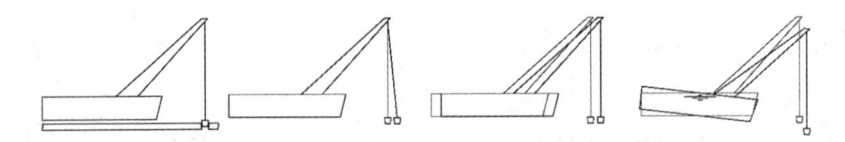

图1　浮吊安装最终接头进入龙口的侧面示意图及在欧拉视角下的纵向运动的组成

假定：

①附连水质量系数影响最终接头的自振周期，为保守计算所以考虑一个范围。不分运动方向，假定等于0～1.5倍的最终接头质量。

②水阻尼越大，运动幅值越小，自振周期略增，保守考虑取0。

③忽略竖向、纵向运动关联；忽略转动及转动刚度的影响。

④转动引起竖向和纵向位移；但竖向和纵向位移不引起转动。

波浪力和水流力

作用于浮吊及最终接头的最大的水流力和波浪力由国家海洋环境预报中心计算提供，流体计算中考虑了长约300 m的浮吊的"岛"效应及最终接头与相邻管节形成的"龙口"效应。

浮吊运动计算

浮吊的平动由缆绳约束。缆绳的刚度用Jain（1980）和Yojiogawa（1984）的悬链线公式计算得出，并与简单的弹性伸长刚度比较。经对比发现前者较小，因此计算时出于安全考虑取前者为浮吊的约束刚度。

浮吊的转动由缆绳和水两部分约束。第一部分的约束刚度已知。第二部分的约束刚度通过计算船舶定倾高度的方法来计算。

基于波流力和刚度，可得到静力荷载作用下浮吊的最大平动量和转动量，进而根据几何关系可知对应的最终接头的纵向位移量。因为浮吊质量很大，所以它与最终接头组成的结构体系在这两个运动方向上的自振周期很长，远离波浪周期和水流的持续时间。最终接头的纵向位移量近似等于以上计算的结果之和。

在这个结果之上，还需加上最终接头单摆运动的位移最大值。

单摆刚度计算

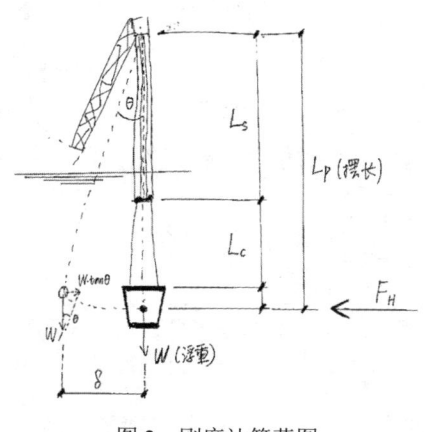

图 2 刚度计算草图

竖向刚度用上方的钢丝绳与下方的吊带的伸长量计算（图 2）：

$$K_V = \frac{1}{\frac{1}{K_l} + \frac{1}{K_s}} = (145 \sim 160) \times 10^6 \text{ N/m}$$

水平刚度用单摆公式计算，注意因摆角较小公式可进一步简化：

$$K_H = \frac{F_H}{\delta} = \frac{W \cdot \tan\theta}{L_P \cdot \sin\theta} \approx \frac{W \cdot \theta}{L_P \cdot \theta} = \frac{W}{L_C + L_S + 6} = (145 \sim 170) \times 10^3 \text{ N/m}$$

单摆运动的自振周期计算

水平向运动的周期，即单摆的摆动周期是

$$T_H = 2\pi\sqrt{\frac{m+A}{k_H}} = 2\pi\sqrt{\frac{6000000+(0\sim1.5)\times6000000}{(145\sim170)\times10^3}} = (37\sim64)\,\text{s}$$

竖向运动周期，即缆绳伸缩的自振周期是

$$T_V = 2\pi\sqrt{\frac{m+A}{k_V}} = 2\pi\sqrt{\frac{6000000+(0\sim1.5)\times6000000}{(145\sim170)\times10^6}} = (1.2\sim2.0)\,\text{s}$$

计算结果涵盖了所有可能的范围。可见，两者都避开了波浪力的循环荷载，因此不会发生共振。特别是直接影响碰撞的摆动周期，由于摆绳长超过 100 m，所以摆动周期远远大于波浪周期和水流的持续时间。这对于减少最终接头的运动位移最大值是很有利的。下文用数据说明。

动力增幅系数

最终接头在单摆运动下的位移最大值近似等于静力计算位移乘以动力增幅系数。

设突加水流力的持续时间 t s，用单自由度的动力学公式，动力增幅系数可直接求解：

$$\mu = \frac{e^{-\xi\frac{2\pi}{T_H}}}{\frac{2\pi}{T_H}\sqrt{1-\xi^2}}\left[-\xi\frac{2\pi}{T_H}\sin\left(\frac{2\pi}{T_H}\sqrt{1-\xi^2}t\right) + \frac{2\pi}{T_H}\sqrt{1-\xi^2}\cos\left(\frac{2\pi}{T_H}\sqrt{1-\xi^2}t\right)\right] + 1$$

$$= \begin{cases} 0.02\sim0.06; & t=2\,\text{s} \\ 0.1\sim0.3; & t=5\,\text{s} \\ 0.4\sim1.1; & t=10\,\text{s} \\ 0.9\sim1.8; & t=15\,\text{s} \\ 1.4\sim2.0; & t\geqslant20\,\text{s} \\ 2.0; & t\geqslant36\,\text{s} \end{cases}$$

类似地，波浪周期取 4 s，动力增幅系数为

$$\mu=\frac{1}{\sqrt{\left[1-\left(\frac{T_H}{T_W}\right)^2\right]^2+4\left(\frac{T_H}{T_W}\xi\right)^2}}=\frac{1}{\left|1-\left(\frac{T_H}{T_W}\right)^2\right|}=0.004\sim0.014$$

由极小的动力增幅系数的结果可知最终接头的单摆运动对其位移最大值的影响较小。

对于吊装方案意味着……

基于上述方法结合波浪力预测计算得到最终接头的最大纵向位移不到 5 cm，也就是不会和相邻管节相撞。实际情况也是如此：中航工业北京长城计量测试研究所置于最终接头内部的加速度仪的监测到的最大纵向位移小于 5 cm；而且从隧道内也未观察到撞击的痕迹。

这个分析为吊装不需侧向缆绳提供了支持。侧向缆绳不仅将单摆体系变成一个复杂的多约束体系，还使得体系的水平刚度增加，水平运动的自振周期缩短为靠近波浪力的周期，导致动力增幅效应增大，其结果将是纵向运动位移因额外的纵向约束的存在不减反增。况且，从施工角度，如同《从系泊到系泊》的出坞策略，带缆绳的施工步骤会导致海上作业时间加长，施工过程就可能遇到更严峻的海况和发生更大位移。

参 考 文 献

Jain R K，1980. A simple method of calculating the equivalent stiffnesses in mooring cables[J]. Applied Ocean Research，2(3)：139-142.

Ogawa Y，1984. Fundamental analysis of deep sea mooring line in static equilibrium[J]. Applied Ocean Research，6(3)：140-147.

78 000t 管节顶推

介 绍

自 20 世纪 60 年代早期伦哈特（Leonhardt）与安德拉（Andra）发明了混凝土结构分段顶推工艺，仅 10 年，桥梁的分段顶推就成了一种传统。泽尔纳（Zellner）与斯文松（Svensson）在 1983 年的论文中就提到了分段顶推工法可用于水下隧道的建设。他的预言于 1995 年厄勒海峡沉管隧道开始建设时变成了现实。分段顶推工法促成了沉管隧道预制的工厂法的产生。

尽管有一个良好的工程案例，港珠澳大桥岛隧工程选择工厂法来预制管节的一个重要前提，是要克服分段顶推的挑战，见表 1。

表 1 世界第二例管节顶推和首例的比较

	港珠澳大桥	厄勒海峡沉管隧道
管节质量	78 000 t	55 000 t
管节平面线形	直线与曲线	直线
管节数量	33 个	20 个

沉管预制场选择在距离隧道地址 11 km 远的海岛上的一个废弃的采石厂。地质勘查表明地基为微风化的花岗岩，沉降小，适宜作为顶推管节的地基。

关于顶推的总体工序。典型的管节长 180 m，分成 8 个 22.5 m 的节段，节段在流水线上一个一个地预制。每个节段完成浇筑混凝土以后，当混凝土达到 C25 的强度（最终强度 C50），向前顶推 22.5 m。然后，这个节段的背端作为下一个节段的一端的模板。8 个节段依照这种方式浇筑完成后，整体向前顶推约 138 m。为了给后面预制与顶推的管节留出空间，管节需要从浅坞区在漂浮的状态下横向移动至深坞区。在这个过程中为了不影响预制作业，需要关闭滑移门。

从前文可见，顶推可分为节段顶推与管节顶推。节段顶推就是一个或几个节段顶推 22.5 m、停下来、待下一个节段浇筑完成、再向前顶推 22.5 m，如此循环，直到形成一个完整管节；管节顶推就是节段组成的管节整体向前顶推 138 m（图 1）。

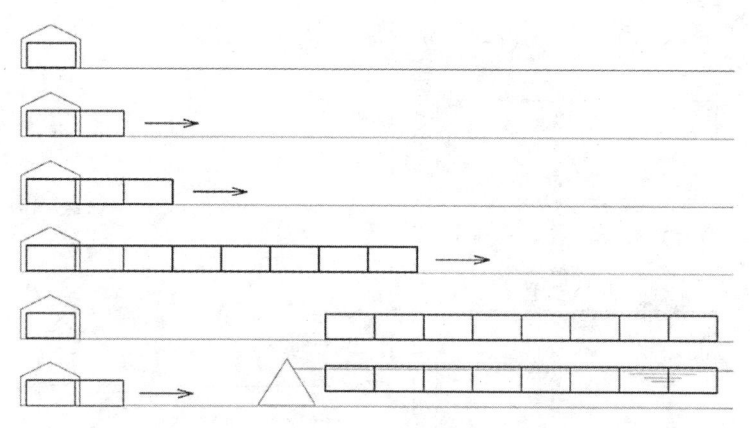

图 1　港珠澳大桥岛隧工程管节分段顶推流程示意

其中有几个值得思考的问题：
① 在模板中新浇筑的节段如何转换成顶推状态？
② 顶推的节段如何经过滑移门？
③ 管节从顶推状态如何转换成起浮前的准备状态？

顶 推 方 式

我们比较了集中顶推与分散顶推两种方法，集中顶推又分为用千斤顶集中顶推管节的尾端（厄勒海峡沉管隧道）和用绞车拉管节的首端这两种方法。最终我们选择并开发了多点分散顶推方式。这种方式虽然需要多个顶推千斤顶，但是对单个千斤顶的顶推力大幅度降低，有利于千斤顶的安装与转运。而且，分散顶推的反力架等顶推辅助结构的尺寸相比集中顶推可以做小很多，从而大幅度节省顶推所需的临时钢结构的用量。管节被顶推的部位也不需要因顶推力过大而进行特殊设计。单个节段的顶推千斤顶布置见图2。每个节段底部设置16个顶推千斤顶（图2a）；单个千斤顶的顶推力约400 kN。180 m的管节整体顶推时，有时顶推力会不足，因此对管节的靠近工厂侧的4个节段，每个节段增设了8台顶推千斤顶（图2b）来克服管节的启动摩擦力。

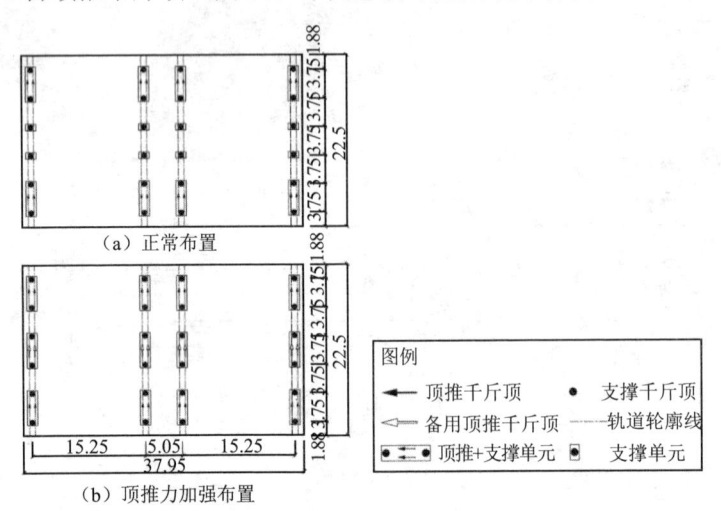

图2 节段底部顶推系统含顶推单元和支撑单元（单位：m）

这种顶推方式需要注意的问题是顶推千斤顶的同步，以及避免管节的节段接头张开。

顶推时的节段接头张开有可能损坏节段接头内的可注浆止水带。解决措施是顶推时将节段接头前后的顶推单元用拉杆连接。并且，在管节整体顶推前，预先张拉8束纵向的预应力筋。

顶推千斤顶与轨道的配合动作见图 3a。每一轮动作或者说每个运动模数的行程是 0.75 m。

(a) 顶推动作

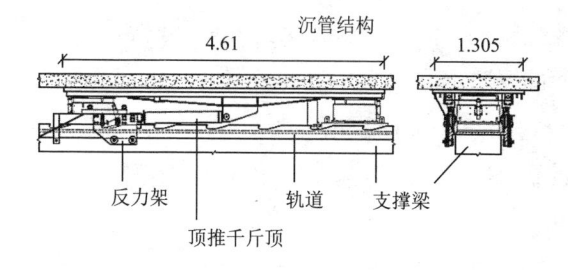

(b) 顶推+支撑单元（单位：m）

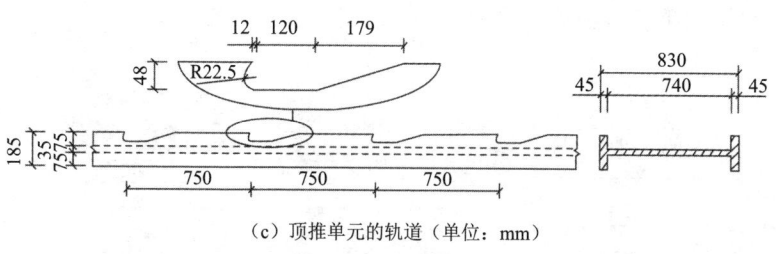

(c) 顶推单元的轨道（单位：mm）

图 3　顶推设备体系

顶推千斤顶的水平推力经由顶部钢板（也是管节混凝土浇筑用的模板）传递至管节，反作用力由轨道提供。轨道由下方的混凝土梁支撑，混凝土梁直接立在被清理过的微风化岩上。在顶推单元中，轨道既是分段顶推的反力架，又为滑移提供了一个平顺的滑移面，纵向长度一般为 12 m，材质为 Q345 钢。支撑单元与顶推单元一体化设置见图 3b、图 3c。

值得一提的是，顶推千斤顶的力止于轨道，只有管节的惯性力会传递至轨道下方的混凝土梁上。

摩 擦 力

为了保证每个管节都能被推动，对摩擦力或摩擦系数的控制至关重要。这是一个系统的问题。

①滑移面选择了带有储油槽的 PTFE 滑板与不锈钢面板的接触面，如图 4 所示，并涂抹润滑油；

②轨道要足够刚，因为混凝土梁的变形会增加顶推的阻力；

③滑移面的平整度取决于轨道的平整度。加工要求滑移侧表面平整度为 ±1 mm/2 m 及 ±5 mm/12 m；

④顶推系统直接建造在硬岩上，因此轨道在施工期间因沉降发生的变形基本可以忽略；

⑤保持设备与设施的一尘不染对提高摩擦力系数至关重要。清洁的标准是用白手套触摸顶推设备及与之相邻的结构，白手套不会沾上任何灰尘。

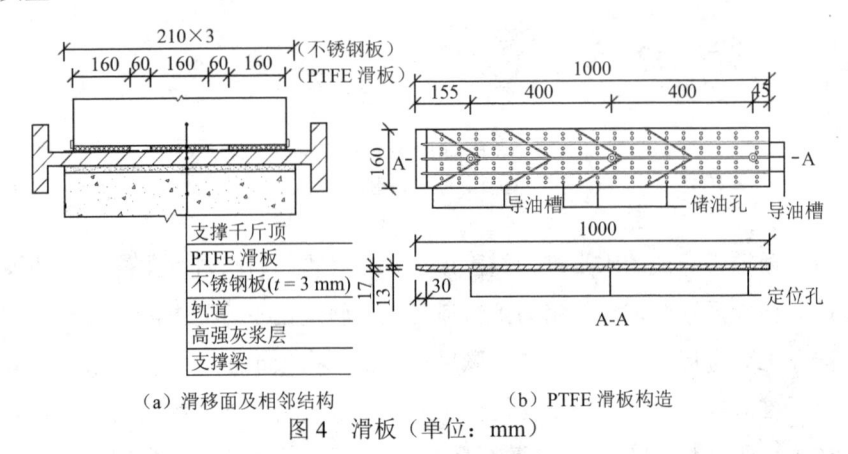

图 4 滑板（单位：mm）
（a）滑移面及相邻结构　（b）PTFE 滑板构造

竖 向 支 撑

管节是混凝土结构，无外包防水，在顶推过程中如果出现硬点，可能会导致管节混凝土的开裂。为避免这种情况发生，顶推时用竖向千斤顶作为主动支撑，即通过控制千斤顶的力来实现管节的竖向平衡。而且支撑单元的间距需要满足一个条件，即在管节顶推过程中，即使出现一个竖向千斤顶失效，导致管节局部脱空的情况，管节也不开裂。

VSL 公司提出了三点支撑概念，图 5a 是对一个节段的三点支撑，即竖向千斤顶被分为三组，每个组内的千斤顶的油压连通，组与组之间的油压隔断。这种设置使结构与支撑千斤顶形成一个竖向静定支撑体系，降低了支撑千斤顶对结构产生附加力的可能。然而在实际施工过程中，顶推时管节靠浅坞区一端的端部已经安装或者开始安装端封门，为了平衡端封门的额外重量，对应端封门安装位置的竖向千斤顶也进行了单独的压力调节（图 5b、图 5d）。

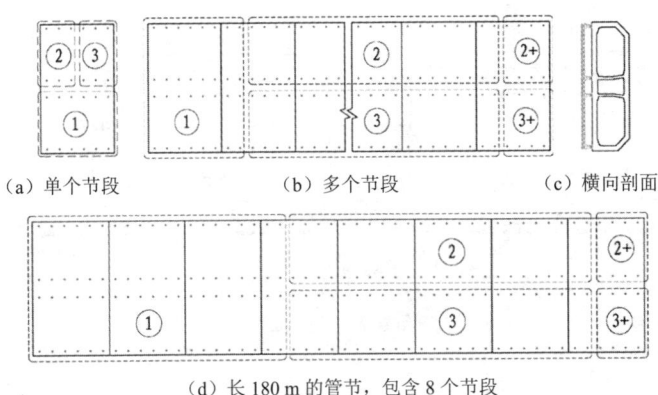

（a）单个节段　　（b）多个节段　　（c）横向剖面

（d）长 180 m 的管节，包含 8 个节段

图 5　三点支撑与五点支撑

为避免因竖向支撑失效而导致管节破损——对于港珠澳大桥岛隧工程而言，这是灾难性的损失，生产线被堵塞将带来工期延后的损失，继而影响后续管节的生产效率和安装效率，工程采用了两个冗余措施：双油路与机械锁定。双油路的概念是即便节段或管节下方有一条油路完全失效，另外一条油路上的千斤顶仍然有足够的力量支撑整个结构的重量（图 6a）。机械锁定是即便液压千斤顶退出工作，管节结构失去支撑向

下运动或变形 5 mm 后，会因机械锁定而重获竖向的支撑（图 6b）。

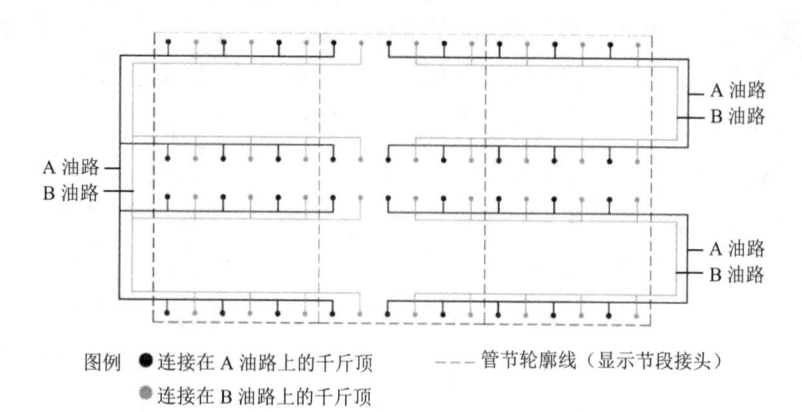

图例 ● 连接在 A 油路上的千斤顶　　--- 管节轮廓线（显示节段接头）
　　　● 连接在 B 油路上的千斤顶

（a）双油路

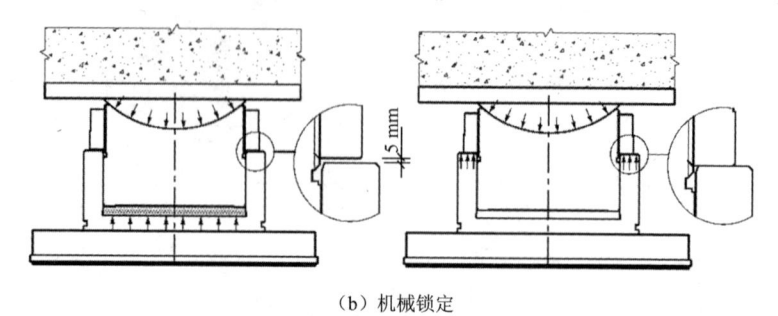

（b）机械锁定

图 6　安全措施

基于上述考虑，支撑千斤顶的设计承载力为 4250 kN，极限承载力为 8500 kN，机械承载力为 8500 kN。考虑千斤顶的安装与拆除，以及顶推过程中的竖向变形，竖向千斤顶的最大行程为 50 mm。

顶 推 作 业

节段的混凝土浇筑完成后，在顶推前，需要等待几天，让混凝土的强度达到 C25，以确保隧道主体结构能够适应顶推作业。已知顶推采用主动支撑，所以顶推作业的第一步是竖向支撑体系的转换。使管节从模板浇筑状态转化为顶推状态，或者说从模板浇筑的被动支撑状态转化为顶推的主动支撑状态。

转换方式见图 7。竖向千斤顶完成一个管节的顶推流程后再拆下来周转使用。转换的关键在于逐渐地、均匀地将节段的重量从被动支撑转移到主动支撑上，方法是分级加载支撑千斤顶，从 0 逐渐加载到节段重量的 90%，然后闭合支撑千斤顶的油路，拆除被动支撑，进而将最后 10%的力也转移给支撑千斤顶。

（a）千斤顶逐级加载至总重量的 90%

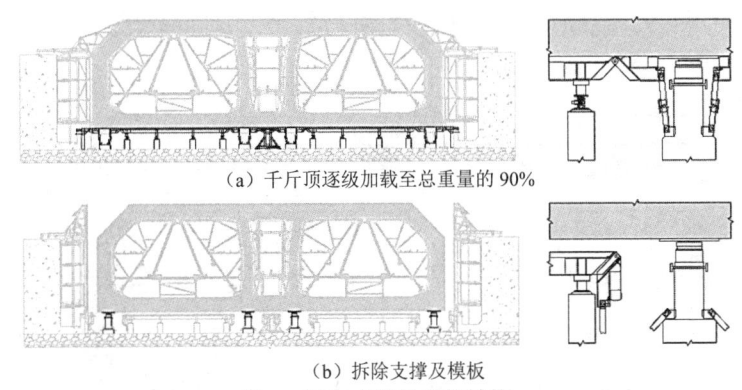

（b）拆除支撑及模板
图 7 竖向支撑体系的转换

新浇筑的节段向前顶推一个节段的长度（即自身的长度）以后，为了下一个节段的匹配浇筑，需要驻停一段时间。为了避免浇筑时混凝土压力将驻停的节段推动，驻停的节段需要锁定在顶推方向上，通过在顶推单元上设置可拆卸的限位装置进行锁定。待下一个节段浇筑完成并达到可以顶推的混凝土强度要求后，再解除锁定。

顶推经过的一个特殊区段是滑移门的位置（图 8a）。在经过前，需要安装桥架块来确保节段或管节能够顺利地通过该区域（图 8b）。桥架块安装时需要特别注意轨道的平整度，否则将导致摩擦力增加。

为避免管节开裂，需在顶推过程中对所有竖向千斤顶的行程与管节的相对位置进行监控。为避免管节顶推过程中出现平面偏位，需对平面位置进行监控，一个完整管节顶推时的监控内容与设施见图 9、图 10。

而且，我们在管节收尾的两个节段设置水平导向与纠偏装置，该装置平时仅起到导向的作用，但如果监控发现管节的平面姿态不佳，则用来调节管节顶推时的走向。

管节整体顶推到位以后，需要再进行一次竖向支撑体系的转换，即从主动支撑状态转换为被动支撑状态，而且支撑千斤顶等设施也需要拆除，供后续管节使用。体系转换概念见图11。主要操作步骤是拧紧被动支撑的侧面螺栓，从而使被动支撑的顶面与管节的底面紧贴，并有一个初始的预压力。之后，支撑千斤顶同步地、分级地卸载压力，直到管节的压力完全转移到被动支撑上。

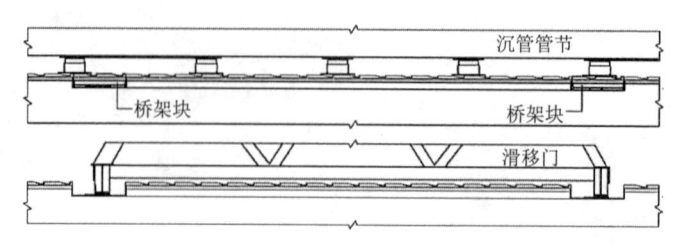

(a) 管节顶推与滑移门关闭的两种状态

(b) 桥架块的安装

图8 管节顶推经过滑移门轨道的特殊处理

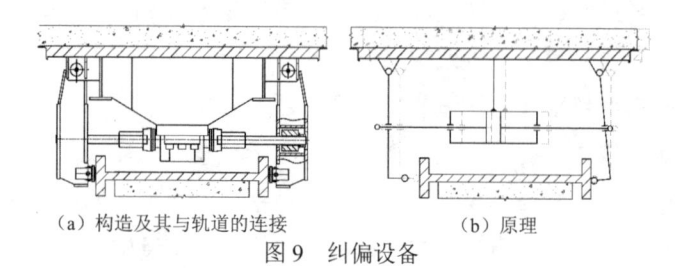

(a) 构造及其与轨道的连接 (b) 原理

图9 纠偏设备

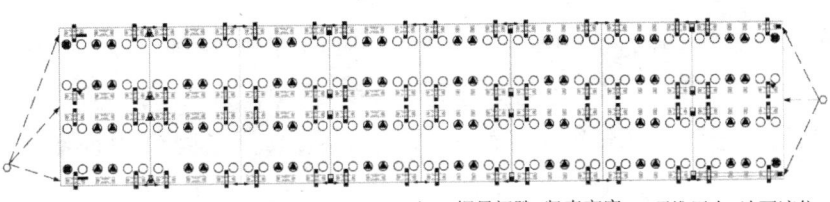

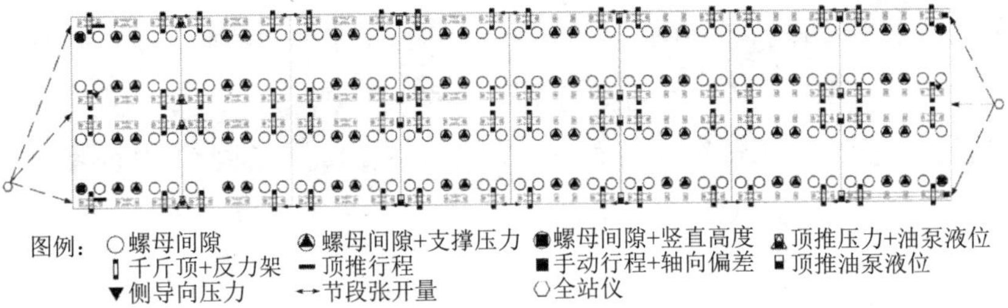

图例： ○ 螺母间隙　　▲ 螺母间隙+支撑压力　　■ 螺母间隙+竖直高度　　● 顶推压力+油泵液位
　　　　▯ 千斤顶+反力架　　— 顶推行程　　■ 手动行程+轴向偏差　　▮ 顶推油泵液位
　　　　▼ 侧导向压力　　↔ 节段张开量　　○ 全站仪

图10　典型管节顶推时的监控内容与设施

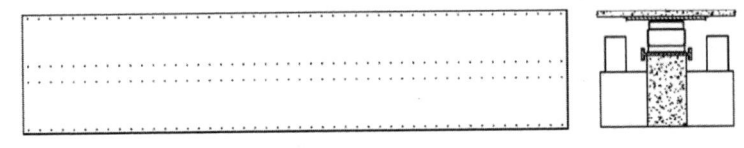

(a) 管节竖向支撑体系转换前千斤顶为主动支撑

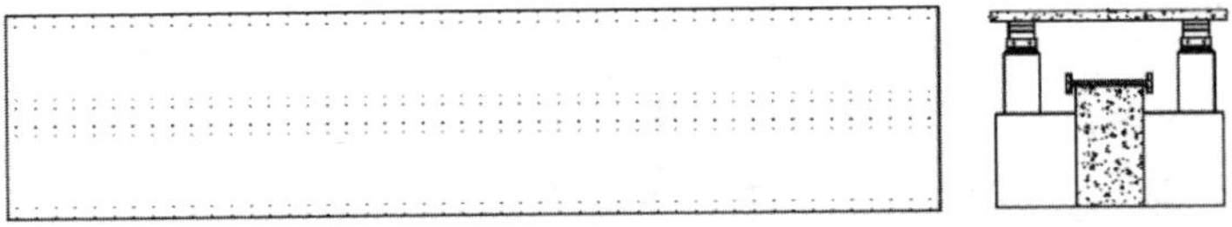

(b) 管节竖向支撑体系转换为被动支撑

(c) 转换后被动支撑时的结构底部景象

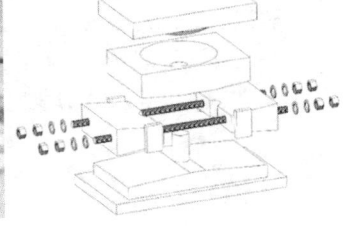

(d) 被动支撑的原理是用大约 1∶30 的斜面制造一部分向上的预支撑力，当结构重量逐渐转移到支撑上时，支撑不会被压缩，因为大部分的力转化成了对斜面的正压力，斜面的摩擦力不足以令斜面滑动

图11　第二次竖向支撑体系转换

曲 线 管 节

港珠澳大桥岛隧工程第一次实现了沉管隧道曲线管节的顶推。管节

的平面曲率半径为 5500 m。在顶推过程中，由于管节的质心不在顶推力合力的轴线上，会存在可导致管节偏位的水平惯性力。为了克服这个问题，在直线管节的首尾各增加一个导向纠偏装置，在曲线管节的每个节段增加一个导向纠偏装置，见图12。

图12 直线管节和曲线管节的纠偏系统

曲线管节的另外一个问题是，顶推到位后部分墙体会脱空，为此，被动支撑增设了一些支墩，如图13 所示。

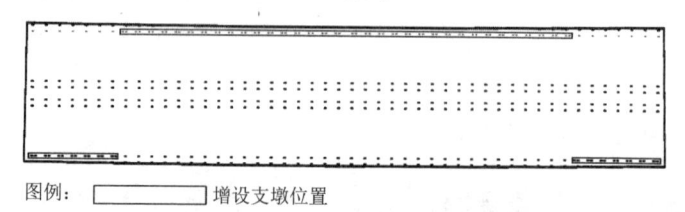

图13 曲线管节顶推完成后被动支撑增设的支墩

顶推力的监测数据

图14 总结了每个管节在顶推过程中记录的最大的顶推力，以及其对应的摩擦系数。

两个 180 m 长的典型管节的整体顶推的摩擦系数见图15a，从图中可观察到摩擦系数总体随着顶推行程的增长而上升。我们施工过程中明显感觉到管节在冬季比在夏季更难顶推，因此图15b 将每个管节顶推时的平均计算摩擦系数与当时的月平均气温进行了对比，数据并没有显示气温与摩擦系数之间具有强关联性，摩擦系数可能与新、旧滑板的替换时机有关联。

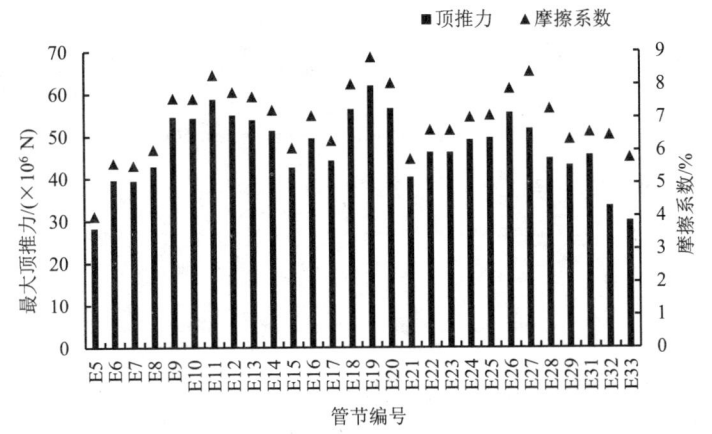

图 14　E5~E33 管节的最大顶推摩擦力，管节的单、双号分别对应两条生产线

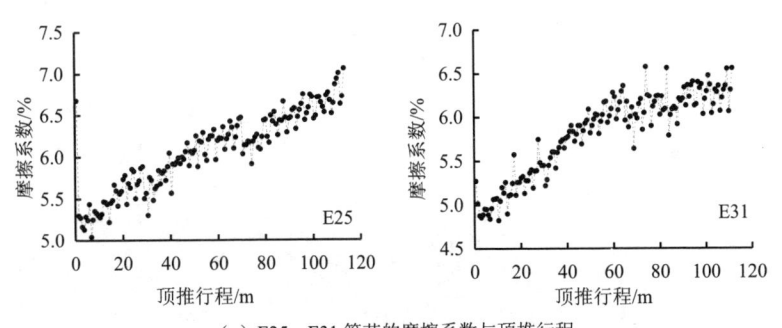

(a) E25、E31 管节的摩擦系数与顶推行程

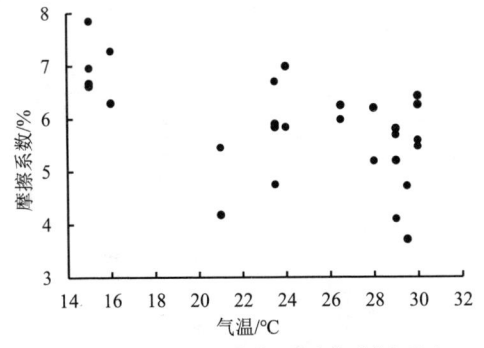

(b) E5~E33 管节顶推的平均摩擦系数与温度

图 15　顶推摩擦系数现场观测

参 考 文 献

Marchetti M E, 1984. Specific design problems related to bridges built using the incremental launching method[J]. Engineering Structures, 6(3): 185-210.

Marshall C, 1999. The Øresund tunnel—making a success of design and build[J]. Tunnelling and Underground Space Technology, 14(3): 355-365.

Zellner W, et al., 1981. Incremental Launching of Structures[J]. ASCE International Convention and Exhibition, (5): 81-146.

混凝土浇筑不开裂的道理

港珠澳大桥岛隧工程的混凝土浇筑实现不开裂，①沉管隧道结构采用无外包防水的混凝土，混凝土控裂要求高，工程做到了近百万立方米混凝土浇筑无裂缝。②人工岛上的敞开段采用的清水混凝土墙厚达到3 m，浇筑后也不开裂。③两座人工岛上的清水混凝土建筑群也不开裂。

不开裂的关键是全方位地控制均匀性，见图1、图2。

图1　全断面浇筑

图2　标准化管理

我们对混凝土浇筑不开裂的经验总结见图 3。

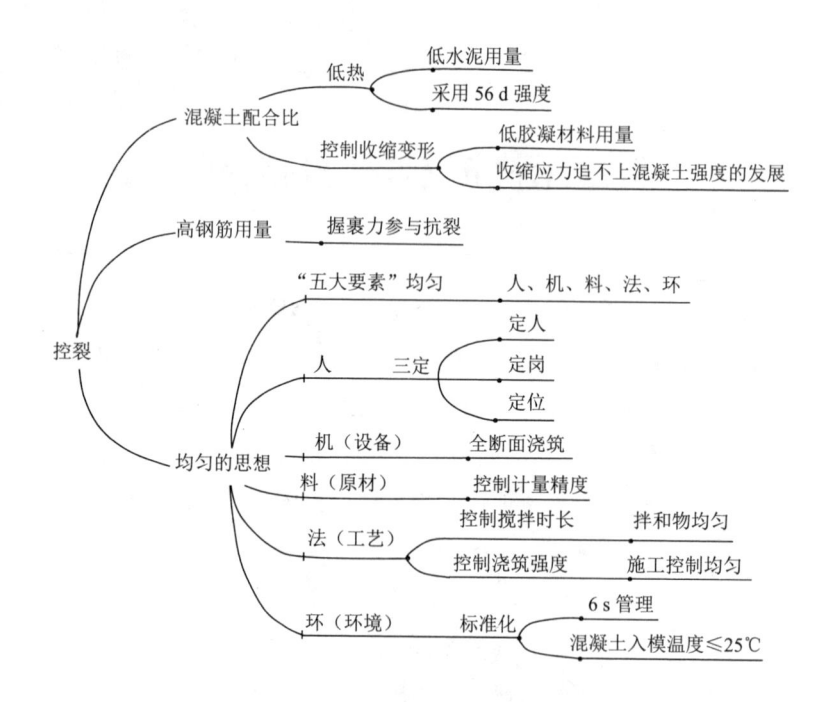

```
                          ┌─ 低热 ──┬─ 低水泥用量
            ┌─ 混凝土配合比 ┤         └─ 采用 56 d 强度
            │              └─ 控制收缩变形 ┬─ 低胶凝材料用量
            │                              └─ 收缩应力追不上混凝土强度的发展
            │
            ├─ 高钢筋用量 ── 握裹力参与抗裂
控裂 ───────┤
            │              ┌─ "五大要素"均匀 ── 人、机、料、法、环
            │              │                      ┌─ 定人
            │              ├─ 人 ── 三定 ─────────┼─ 定岗
            │              │                      └─ 定位
            └─ 均匀的思想 ─┼─ 机（设备）── 全断面浇筑
                           ├─ 料（原材）── 控制计量精度
                           │              ┌─ 控制搅拌时长 ── 拌和物均匀
                           ├─ 法（工艺）──┤
                           │              └─ 控制浇筑强度 ── 施工控制均匀
                           │                         ┌─ 6 s 管理
                           └─ 环（环境）── 标准化 ──┤
                                                     └─ 混凝土入模温度≤25℃
```

图 3　控裂体系与思想

其中有一些值得揣摩的问题。

①全断面浇筑改变了结构的约束条件，计算如何考虑此问题？
②高配筋率对混凝土的约束加强，意味着什么？
③为什么全方面地控制均匀性可以防止开裂？

隧道怎样才能做到不漏水

如果我们想象整条隧道，想象支撑着隧道的地基，想象海水进入隧道的路径，再想象雨水和海浪，再加入时间让画面动起来，随着画面的具体化，我们会发现，想要隧道不漏水，需要从基础、结构、接头、人工岛上的汇水量等方面思考，不能有任何短板。还有一些细节上的工序，如取消侧墙的混凝土浇筑模板的对拉螺栓，尽管对拉螺栓在混凝土浇筑时因抵抗液体压力而具有防止模板变形的作用，但对于使用寿命为120年的水下混凝土隧道而言，对拉螺栓是渗水通道，因此，在模板设计时，我们坚决地取消了它。

综上所述，我们能得到第一点心得，解决隧道不漏水的问题是解决一个系统的问题，见图1。这意味着，系统中的每一个环节，每一个"齿轮"都不能出错，而并不是把其中的某几个方面做得很好，隧道就能不漏水。举例说明，即便混凝土设计得好，如果混凝土生产过程中原材料把控不过关，混凝土生产的质量也不达标；即便混凝土的生产质量达标，工人如果没有很好地实施振捣作业，模板中的混凝土也会存在缺陷；即便以上几个方面都做得很好，接头部位没有处理好，也仍会漏水；因为隧道下方30 m厚的软土，如果基础沉降过大，也会导致结构受力过大而开裂；因为隧道上方22 m厚的回淤荷载，如果仍然沿用过去的结构形式，隧道结构的"基因"相对于这个环境而言就是有缺陷的。从以上讨论我们可以推出第二点心得，系统问题的有效解决，意味着所有人都要状态好、发挥好，做好自己的工作，甚至带有创意地做好自己的工作（这是港珠澳大桥岛隧工程"千人走钢丝"持久战的一方面),因此需要发挥工程的管理、理念、精神、文化的作用,由于本书偏重介绍技术,在此不进行展开论述,但是作为港珠澳大桥岛隧工程不可缺少的一部分,笔者在本书的最后一篇会有所谈及。第三点心得,对于其他沉管隧道工程如何做到不漏水,港珠澳大桥沉管隧道的解决方案不一定是最适宜的,仍需要用本篇第一段所论述的方法来思考。建议读者浏览完本书后,再回头看一次图1。

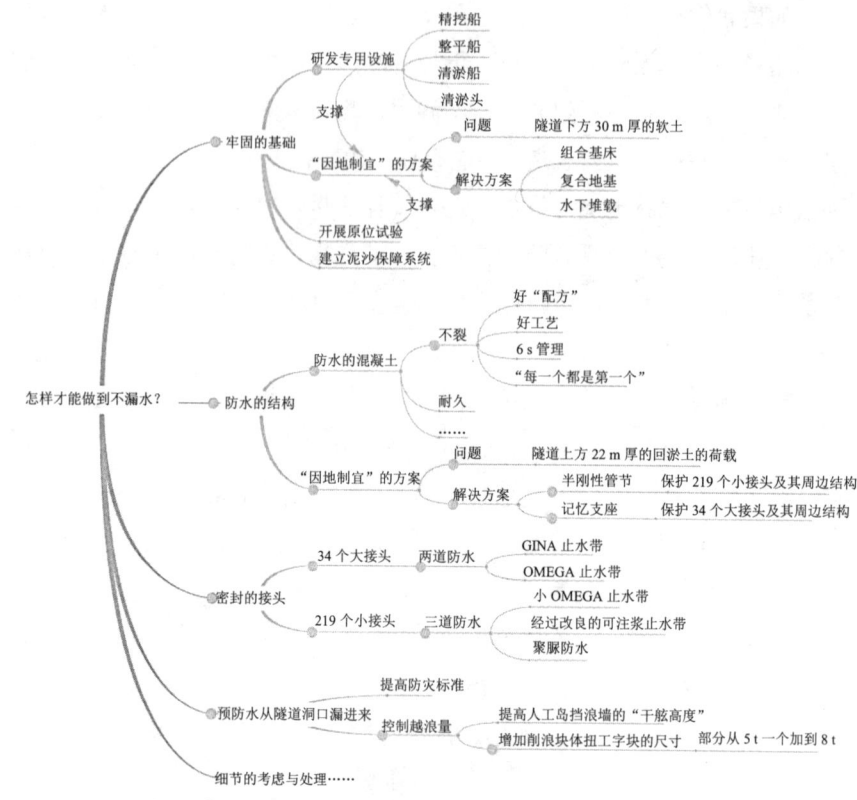

图1　港珠澳大桥岛隧工程的沉管隧道怎样做到了不漏水

大 倒 角

隧道的顶板有两个大倒角（图1），这为工程带来了三点好处：

①大倒角减少了管节的排水量，即减少了浮力，重量平衡设计所需的结构重量也减少，进而节省了材料。如果按照管节露出水面的干舷高度 0.1 m 计算，有大倒角的横断面的排水体积比没有大倒角的横断面每延米节省的混凝土体积是

$$2\times[1/2\times(3.62-0.1)\times(3.62-0.1)] = 12.4 \text{ m}^3$$

换算成浮力也就是沿着隧道方向每米约 124 kN。钢筋混凝土容重大约 24 kN/m^3，沉管段长 5664 m，所以总共节省的混凝土用量是

$$\frac{12.4}{24}\times 5664 \approx 3000 \text{ m}^3$$

值得一提的是，大倒角也不会占用车辆与营运设施的空间。

图1 大倒角（单位：m）

②大倒角改变了顶板角部及周边节点的受力（图2b）。尽管顶板角部的水压力之和没变，即大倒角并不能减小顶板的跨度（比较而言中墙的小弯折确实能减少跨度），作用于行车廊道顶板的水压力对其转角部位的力臂由于大倒角而减少，进而减小截面弯矩。但是倒角部位相比直角增加了回填量，这部分回填的重量也将作用于结构上。总体判断，大倒角的存在能节约一些横向主要钢筋。

③大倒角可以帮助降低运营期的拖锚风险（图2a）。如果有艘大船在隧道上方拖着锚走，锚的边缘不容易挂在隧道的边缘上。当然，也可以采用在隧道两侧布置大块石带的方式来避免拖锚对结构造成伤害。

需注意的是，设置大倒角的前提条件是外侧墙的竖向剪力键有足够布置空间。

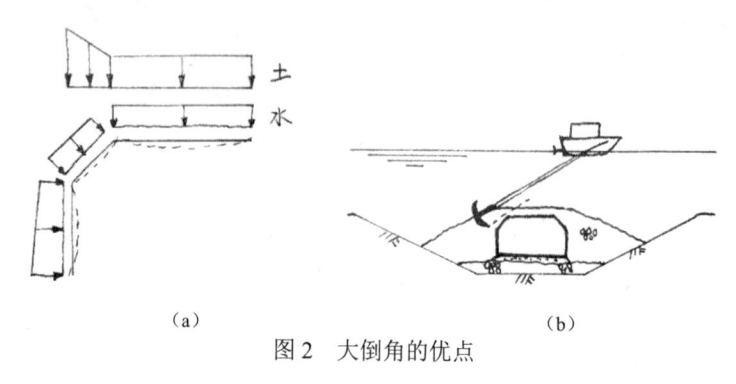

图2 大倒角的优点

以上是设置大倒角的优点。但是，在施工过程中也发现大倒角的一些不利影响。

混凝土的强度与浇筑的质量密切相关。虽然混凝土的"配方"是56 d达到立方体抗压强度50 MPa，即C50，但是实际上混凝土的强度取决于被振捣的混凝土的密实程度。底板和顶板比较容易振捣，因为工人可以站在钢筋上进行作业。但是振捣棒不容易到达大倒角部位。而且振捣棒的使用是从上往下，所以大倒角下方的侧墙与底板角部也不易到达。如果不采取专门的措施，就会影响振捣的质量。此外，不仅大倒角部位的模板要特殊设计，即使在设计时考虑了排气问题，在实际操作中大倒角部位仍然容易存在来自墙体混凝土中的气泡（图3）。

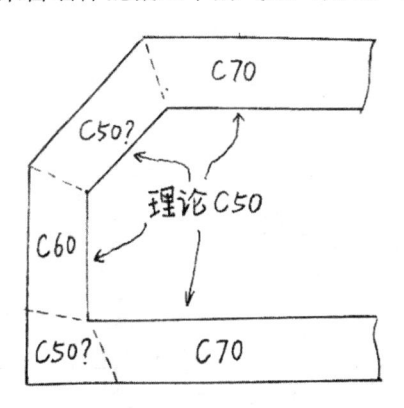

图 3　混凝土强度等级的理论与想象的实际

另一个施工现场反馈的大倒角的影响是对侧墙施工的监控。如果没有大倒角，常规的监控做法是站在侧墙顶上往下看，并用摄像机拍摄，因为"没有摄像头的地方车速就会快"。

另有安全方面的担心是，如果底板作业区的工人不慎昏迷了，比如天气热中暑，大倒角的人员通道设置如果是倾斜的，会降低救援效率（图4）。

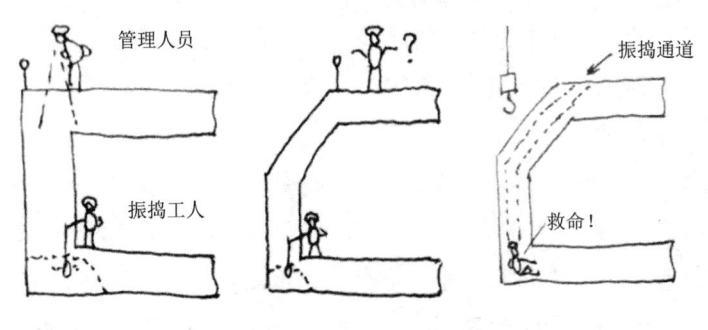

图 4　安全方面隐患

舾装作业方面，如果没有大倒角，行车廊道端封门的设计可以做得标准化，包括标准化的牛腿、立柱、面板。管节安装时水压力的传力也会更加均匀,能较好地预测端封门面板的变形。吊点下方的凸台需要专门施工。管节在干坞内并排系泊时,由于只能看到水上的部分,较容易做出错误判断,认为两个管节相距甚远,不会相撞(图5)。沉管管节浮运时需要将一些缆绳与管顶的设施相连,送缆绳的船在接近管节时也会存在上述类似的问题,站在管顶的工人们也无法走到管节的边缘去系船上的绳子,这个操作环节出事故的可能性有所增加,船的风险即是沉管管节的风险。

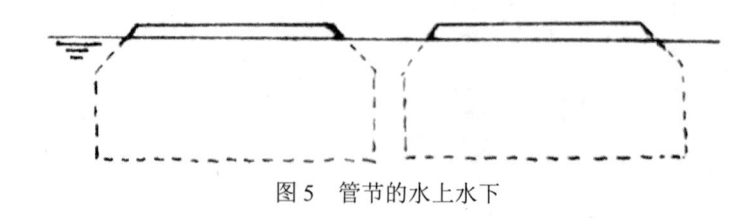

图5 管节的水上水下

大倒角部位的钢筋因需要 135°的折弯,定位难度有所增加。而这与结构耐久性有关,钢筋被海水腐蚀的速率,取决于外侧的保护层厚度,保护层的实际厚度取决于钢筋的定位精度。特别对于工厂法预制,45°的折角的挠曲变形在顶推过程中控制难度较大。为了保证隧道结构整体的耐久性,在大倒角部位相比直角方案设置了更多钢骨架来支撑钢筋。在早期的足尺模型试验时发现,大倒角外侧靠下侧的钢筋,因挠曲部分区域将保护层垫块压碎,挠曲部分区域的保护层垫块又不与侧墙模板接触。

设置大倒角应对 GINA 止水带和 OMEGA 止水带的安装、安装船的匹配及管顶干舷调节混凝土的布置等有影响。

可见大倒角的设置有利有弊。其他工程是否使用大倒角?国际隧道和地下空间协会第 11 工作小组收集了 1997 年以前建设的 108 座沉管隧道的横断面设计。其中只有三座隧道有大倒角,分别是荷兰鹿特丹的两座,以及西班牙 Bibao 的一座,分别建设于 1966 年、1985 年和 1995 年;三座沉管隧道都是用于单线地铁,横断面见图 6。显而易见它们设置大倒角的原因很可能是为了通风而加强活塞效应。其他沉管隧道不设置或者只设置小切角。设置小切角可能是为了与内侧的加腋匹配,加腋是为了 GINA 止水带在直角部位的转弯，考虑 GINA 止水带压缩后的侧向挤压，对于 90°的转角通常需要用两个 135°的转角来过渡。

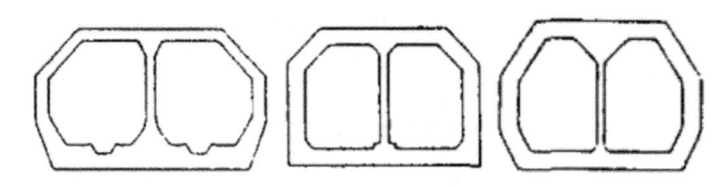

图 6　三座沉管隧道的横断面

所以，未来的项目是否要像港珠澳大桥岛隧工程沉管隧道一样使用大倒角是值得考量的问题，需要与横断面的总体布置一起权衡。对于双向六车道甚至双向八车道的沉管隧道，港珠澳大桥岛隧工程沉管隧道因顶部覆土荷载很大，选择了大倒角。其他可选的形式见图 7。第一种形式是取消了大倒角的构造；第二种在第一种形式的基础上增加了墙趾，这样可以减薄隧道内的压载混凝土，隧道结构的高度可以降低，但是底板受到的弯矩会有所增大；第三种形式将行车廊道放到了中间，相比前两种形式多了一道竖墙，也就可以多设置一组竖向剪力键，竖向传力能力有条件变得更强。这些形式可以采用多种工法制造，如钢筋混凝土结构、横向预应力结构，甚至钢混三明治复合结构。

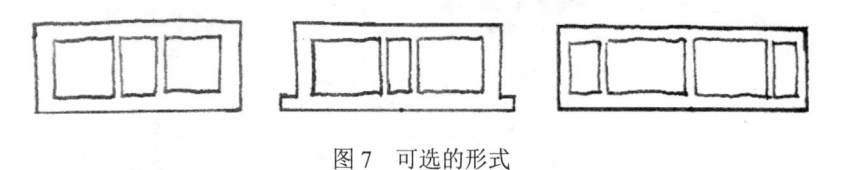

图 7　可选的形式

参 考 文 献

ITA，1997. Catalogue of immersed transportation tunnels[J]. Tunneling and Underground Space Technology，12(2)：207-316.

日本的沉管隧道

日本自 1935 年建设了超过 20 座用于交通的沉管隧道，从地域上基本可划分为东、西两个区。按工法及构造大致分为以东区的东京为中心的混凝土干坞法，以及以西区的大阪造船厂为中心的钢混三明治复合结构（表1）。

表1　日本沉管隧道区域划分图

新潟港区（Niigata Minato）隧道（1989～）	东京区域（使用干坞）	大阪以西区域沉管隧道（使用造船厂）
在建	京叶线多摩川隧道（1967～1970） 衣浦港隧道（1969～1973） 京叶线京滨运河隧道（1969～1971） 东京港隧道（1969～1976） 扇岛海底隧道（1971～1974） 川崎海底隧道（1972～1979） 隅田川隧道（1973～1975） 东京港第2航路隧道（1973～1980） 京叶线台场隧道（1976～1980） 多摩川沉管隧道（1986～1994） 川崎航路沉管隧道（1986～1994） 东京西航路沉管隧道（1993～2000）	大阪港咲洲沉管隧道（1989～1997） 神户港—港岛隧道（1992～1999） 那霸港临海公路沉管隧道（1996～2011） 新若户公路沉管隧道（2000～2012） 大阪港梦洲沉管隧道（2000～2009）

概述：钢壳-混凝土-三明治；东部-西部-海外

截至目前，日本的沉管隧道大体上经历了几个发展和演变阶段：国际交流期、规模生产期、因地制宜期、海外建设期。

第一次世界大战后，日本工程师赴美考察，早期修建的日本沉管隧道为美国的钢壳形式。

荷兰 1942 年开始建造混凝土沉管。1970 年之后的日本沉管隧道也完全转向了混凝土结构。其中日本的东区在 30 年间建设了 10 多座混凝土沉管隧道。2000 年，东京西航路沉管隧道竣工，标志日本东区的水下通道趋于饱和，用于预制混凝土沉管的大型干坞转而生产其他。

1990～2010 年日本西区需要建设 5 座平均长度 700 m 的沉管隧道。西区缺少干坞预制所需的场地，针对该问题，日本工程师通过使用已有的造船厂，变更结构的设计方法与工法，用钢板补偿陆地，并结合几年前日本东京大学新研发出来的高流动性混凝土，解决了该难题。大阪的造船厂承接了所有沉管的钢外壳加工。

日本在其境内建设三明治结构隧道的同时，在境外的土耳其和澳大利亚获得了两个较长沉管隧道的建设项目。两个项目建设条件各有特点，博斯普鲁斯海峡马尔马雷连线沉管隧道的业主将结构类型（工法）的选择权留给了承包商，日本工程师因地制宜，考虑博斯普鲁斯海峡马尔马雷连线沉管隧道的特点是水深为世界之最，防水是关键，选择了钢筋混凝土结构，利用混凝土自防水，并在混凝土的外侧附加了一层橡胶或钢板的防水层；悉尼港隧道的建设条件类似那霸港临海公路沉管隧道（简称那霸隧道），周边无适宜的管节预制场地，因而在 100 km 外的码头预制混凝土管节，经外海长距离浮运至隧址进行安装。

东京获得 2020 年奥运会的举办权后，需要在东区增设一条沉管隧道，但是大型干坞已然不复存在，因而东区也效仿西区，使用三明治结构，通过东京造船厂制造沉管管节的钢壳，再运至施工场地进行混凝土的浇筑与管节安装。

下面先介绍日本沉管隧道建设的历史，再讲从中能学到什么。

1935～1985年，日本最早一批建造的沉管隧道

日本最早一批建造的沉管隧道见表2。

表2　早期建造的沉管隧道

名称	建设年份	横断面	沉管段长度/m	管节数量/节	结构类型
安治川隧道（大阪）	1935～1944	14 m×7.2 m	49	1	钢
海老取川隧道（东京）	1962～1964	20.1 m×7.4 m	56	1	钢
羽田海底隧道（东京）	1962～1964	11 m×7.4 m	56	1	钢
堂岛川隧道（大阪）	1967～1969	11 m×7.8 m	72	2	混凝土
道颜堀川隧道（大阪）	1967～1969	9.7 m×7.0 m	25	1	钢
京叶线多摩川隧道	1967～1970	13 m×8.0 m	480	6	混凝土
京叶线京滨运河隧道	1969～1971	13 m×7.95 m	328	4	混凝土
隅田川隧道（东京）	1973～1975	10 m×7.6 m	201	3	混凝土
京叶线台场隧道（东京）	1976～1980	12.8 m×8.0 m	672	7	混凝土

1985～2000年，日本东区用干坞法建造的沉管隧道

值得一提的是1986年在日本东部Ohi码头附近的大型干坞连续预制了三个沉管隧道，面积约10万 m²，一次能满足11个130 m长的管节的预制。预制场于1987年夏完工并投入使用。这个大型干坞先后生产了三座混凝土结构沉管隧道（表3）。多摩川沉管隧道与川崎航路沉管隧道均位于通往羽田国际机场的接线上，见图1，所以同时通车非常有意义。

表3　东京大型干坞预制的三座混凝土沉管隧道

隧道名称	建设年份	横断面	沉管段长度/m	管节数量/节
多摩川沉管隧道	1986～1994	双向3车道	1550	12
川崎航路沉管隧道	1986～1994	双向3车道	1187	9
东京西航路沉管隧道	1993～2000	双向2车道	1329	11

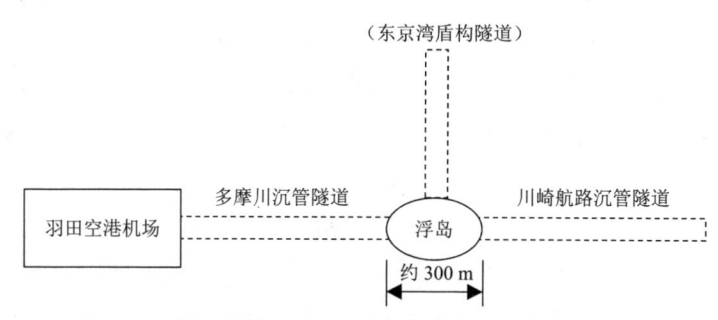

图 1　多摩川隧道及川崎航路沉管隧道平面关系示意图

这个大型干坞同时预制这两座隧道的沉管管节，总共分两个批次完成。图 2 的虚线表示预制场被划分成两个区，左区用于生产多摩川沉管隧道的管节，右区用于生产川崎航路沉管隧道的管节。沉管管节预制总长度为 2.7 km。

1987 年	第一批	6 节，多摩川沉管隧道	5 节，川崎航路沉管隧道
	第二批	6 节，多摩川沉管隧道	4 节，川崎航路沉管隧道
1993 年	第三批	6 节，东京西航路沉管隧道	5 节，东京西航路沉管隧道
		（大成建设公司）	（鹿岛建设公司）

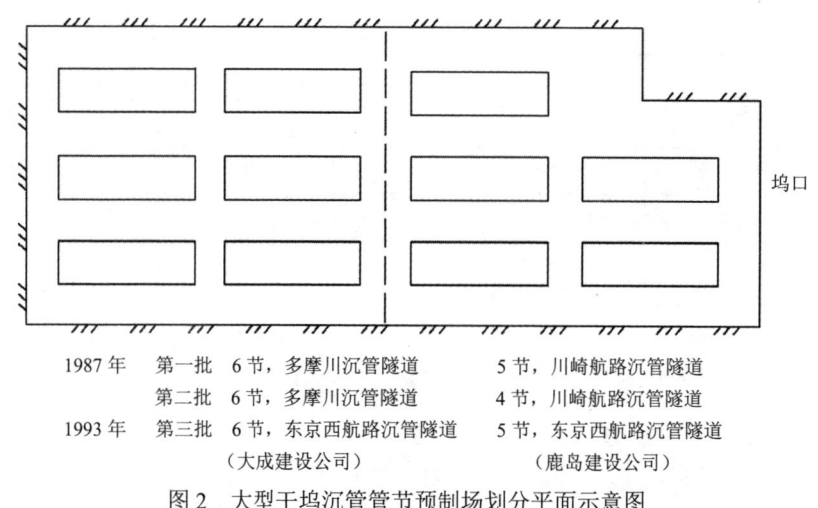

图 2　大型干坞沉管管节预制场划分平面示意图

大型干坞完成这两个隧道的共 21 个沉管管节的生产以后，又用了一个批次完成了东京西航路沉管隧道 11 个沉管管节的生产。

1990～2010年，日本西区用造船厂建造的沉管隧道

1990年以后日本西区也建设了5座沉管隧道，从前文可知这5座隧道远离东区的大型干坞。

西区不具备东区的干坞场地。但是西区隧道建设的规模较小，因而灵活地利用了大阪造船厂来加工钢结构组拼成部分管节结构，也许可以说用钢板来补偿陆地，解决了传统混凝土沉管工法占地较多的问题。

具体应用方式取决于隧址与造船厂的距离，下文将会介绍。

西区的5座沉管隧道中（表4），有3座距造船厂较近。所以，施工方案是在造船厂内加工钢壳结构，再将加工好的钢壳结构转运至一旁的空地，船舶建造师将做好的成品交给土木工程师，土木工程师安置必要的钢筋并浇筑混凝土，再进行成品管节的后续浮运与安放作业。

表4 西区的5座沉管隧道

隧道名称	建设年份	横断面	沉管段长度/m	管节数量/节
大阪港咲洲沉管隧道	1989～1997	双向两车道+新干线	1025	10
大阪港梦洲沉管隧道	2000～2009	双向两车道+新干线	计划800	8
神户港—港岛隧道	1992～1999	双向三车道	520	6
那霸隧道	1997～2011	双向三车道	724	8
新若户公路沉管隧道	2000～2012	双向两车道	565	7

其他2座隧道的位置距造船厂较远。要在那霸岛上建造沉管隧道，从大阪将管节浮运到隧址大约要10 d。所以，施工方案是在造船厂内将钢结构（兼模板）全部制造成封闭的隔舱，用半潜驳运至隧址附近的码头，半潜驳撤离后，在码头上往漂浮的钢壳内充填高流动性混凝土。这个工法被称为三明治沉管。

值得注意的是，因为三明治钢壳为全封闭结构，无法振捣混凝土，因而使用了日本东京大学于1988年研发出来的新材料——自密实（高流动性）

混凝土。《三明治结构 2：高流动性混凝土》将专门介绍这种混凝土。

前文所述的神户港—港岛隧道有 6 个管节，其在施工中进行了 3 次结构变更，最能体现沉管结构形式从混凝土到三明治的进化。进化的起因源于整体式混凝土沉管管节通常所需的外包防水的构造。因为没有预制场地，因而从 E1 管节就进行了设计调整，将永久防水层兼做混凝土浇筑的模板；再者，加厚面层钢板的厚度，并在该层与混凝土之间增设连接构造，使其与混凝土组成复合结构。

E1 管节仅外侧防水钢板进行了上述变更，E2～E6 管节局部区域的内表面也采用了 E1 管节外侧的构造。

然而，一旦在混凝土结构两侧均设置面板，就有两个矛盾：①如何放入箍筋？②如何向两侧封闭空间内浇筑混凝土？对于第一个问题，当时可能是考虑管理的便利，船舶建造师与土木工程师在造船厂旁的空地最好只进行一次工作的交接，而箍筋是无法在钢结构加工的半途中被放入，所以对结构进行了变更，取消箍筋，箍筋的抗剪作用由增设的纵、横向钢隔板替代。而对于无法振捣混凝土的矛盾，通过使用 1988 年日本东京大学研发的不振捣的高流动性混凝土得到了解决（表 5）。

表 5　神户港—港岛隧道管节结构形式及变更

管节编号	部位	说明
E1	全截面	组合结构 ①临海侧钢面板与混凝土通过 L 角钢连接，取消了临海侧的横向主筋 ②其他部位包括内侧横向主筋及箍筋均按钢筋混凝土结构配置
E2、E3	底板	组合结构（同 E1）
	中墙	钢筋混凝土结构
	侧墙、顶板	钢混复合三明治结构 ①内外侧的钢面板与混凝土通过 L 角钢连接，取消了横向主筋； ②用横隔板代替箍筋
E4、E5、E6	底板	组合结构（同 E1）
	其他部位	钢混复合三明治结构（同 E2、E3）

从上文可知在日本西区的 5 座沉管隧道的建设中土木工人的钢筋工作量与振捣工作减少了，造船工人的纵横隔板、剪切连接件及钢面板的

加工、焊接与整体组装的工作量增加了。两种职业工人的工作量发生了变化。

从工期和投资两方面可见，西区建成的三明治隧道在工期及隧道结构的投资方面，与日本东区建成的混凝土隧道相比，不具优势。但是日本工程师通过工法与结构的创新，抓住了主要矛盾，务实地解决了西区无合适预制场地的问题；日本西区沉管隧道的建设经验也为世界沉管技术提供了新的工法与启发。

日本沉管隧道建设的海外发展及近况

日本西区在 20 世纪 90 年代用造船厂建造三明治等结构隧道，同一时期日本的熊谷组（Kumagai-Gumi）公司参与建设了悉尼港隧道，该隧道是澳大利亚第一条公路沉管隧道，沉管段长约 1 km，双向两车道。类似日本的西区（如那霸岛），悉尼周边也找不到任何管节预制场所，但悉尼周边水深情况及通航条件较好，因而在距离悉尼隧址区约 100 km 的肯布拉（Kembla）港口用干坞法预制混凝土沉管管节，再将 8 个混凝土管节从开敞海域依次拖运至悉尼港进行安装（选择波高不大于 3.5 m 的拖运时机）。悉尼港隧道于 1992 年 8 月通车。

2000 年以后，日本境内的水下沉管通道趋于饱和，日本工程师继续寻找海外建设沉管隧道的机会，土耳其博斯普鲁斯海峡马尔马雷接线沉管隧道水深最深部位达 58 m，是当今世界最深的沉管隧道，防水被认为是工程的关键问题。早期的研究从节约资源角度出发，倾向于利用当地造船厂建设钢结构沉管隧道。中标的日本大成（Taisetsu）建设公司拥有那霸隧道建设经验，经权衡，主体结构仍采用自防水钢筋混凝土加外包防水的方式。2008 年该隧道的沉管段建设完成。

日本东京申办 2020 年奥运会成功，当前正在建设一条新的沉管隧道，东京附近的管节预制干坞已用于生产其他产品，所以仍是使用造船厂来建设。

以上是日本沉管技术的发展历程，我们从中可得到一些启发。

三明治结构的工期特点与分析

日本西区在无适宜场地预制沉管管节的情况下，发展了全三明治结构的沉管隧道。但是三明治沉管隧道的施工进度比计划延缓很多。那霸隧道沉管段全长 724 m，1996 年开工，原计划 2004 年完工，实际延长至 2011 年；新若户沉管隧道沉管段全长 557 m，2000 年开工，原计划 2006 完工，实际延长至 2012 年。

如果横向比较不同结构工法，会发现混凝土隧道的建设工期比三明治沉管隧道建设工期短很多（表 6）。

经分析其主要原因是施工工序复杂程度及质量管理的要求高。

三明治管节主体结构的预制工序很长一段时间都在工期的关键路径上。预制工序多，高流动性混凝土质量要求高。

表 6　各沉管隧道工期比较

工法	隧道	沉管段长度/m	建设年份	时长
混凝土沉管隧道	川崎沉管隧道+多摩川航路沉管隧道	2737	1986～1994	8 年
三明治沉管隧道	那霸隧道	724	1997～2011	14 年
三明治沉管隧道	新若户沉管隧道	565	2000～2012	12 年

注：①如前文所述川崎沉管隧道及多摩川沉管隧道在同一条线路上，使用同个干坞、同步预制，比较工期时应当作一条隧道进行比较。
②新若户沉管隧道为双向两车道，其他隧道均为双向三车道。

而传统干坞法有条件实现多个工作组同时开工，管节可分为底板、墙体、顶板 3 个工作组同时进行钢筋绑扎、模板转换及浇筑等作业。日本混凝土沉管管节纵向按 16 m 左右划分，每 2 周可完成一个结构块的预制（刚开始工作不熟练时需要 3 周左右的时间），管节生产速度为 8 个月完成 11 个 130 m 长的管节（图 3）。

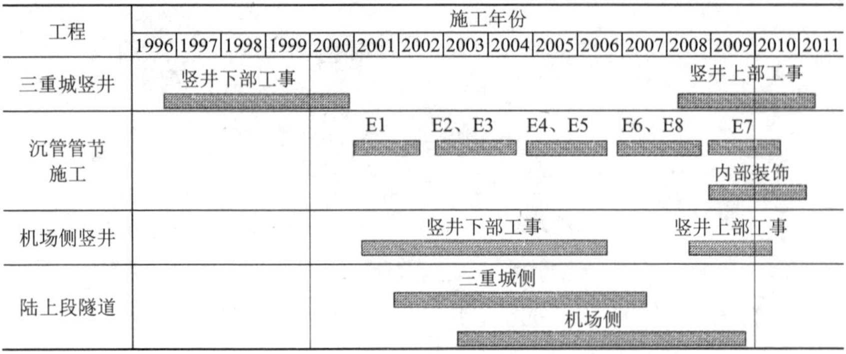

工程	施工年份
	1996 1997 1998 1999 2000 2001 2002 2003 2004 2005 2006 2007 2008 2009 2010 2011
三重城竖井	竖井下部工事　　　　　　　　　　　　　　　　　　竖井上部工事
沉管管节施工	E1　E2、E3　E4、E5　E6、E8　E7　内部装饰
机场侧竖井	竖井下部工事　　　　　竖井上部工事
陆上段隧道	三重城侧　机场侧

图 3　那霸隧道施工进度图（实际进度可能稍有差异）

综上所述，那霸隧道耗时 14 年建成，原计划为 7 年；新若户沉管隧道耗时 12 年建成，原计划为 6 年。世上仅有的两座三明治结构沉管隧道的工期出现较大程度延期，且与混凝土隧道的工期相比缓慢得多。而下文会讲到，不仅工期翻倍，三明治沉管相比混凝土沉管隧道的投资也几乎翻倍。

三明治结构的投资特点和分析

三明治结构需要使用高流动性混凝土浇筑。

该混凝土需要更多的工序管理及更高的质量控制检验要求。管理方面的费用也较高，经咨询那霸隧道预制的参与人员，高流动性混凝土在日本的投资比普通混凝土大约高出 1 倍。

在用钢量方面，与规模条件类似的厄勒海峡沉管隧道比较，三明治结构的钢用量比钢筋混凝土结构的要大得多，但不排除日本抗震设计要求高的影响。港珠澳大桥岛隧工程最终接头的主体结构也引进了日本的三明治结构进行建造，用钢量约 1700 t，其中结构用钢量约 800 t，在同样的水土荷载条件下，可将三明治结构最终接头段与相邻隧道段进行比较（表 7）。

表7 各沉管隧道类似沉管结构的含钢量比较

案例	断面尺寸/m	管底水深/m	含钢量/(kg/m³)
那霸隧道[1]	约37	约22	262
厄勒海峡沉管隧道[2]	约40	约22	90
港珠澳大桥沉管隧道三明治工法合龙段	约38	约30	>535
港珠澳大桥沉管隧道混凝土工法相邻管节	—	—	295.8

注：[1]该用钢量对应那霸隧道 E5 标准管节；两端的 E1、E8 管节更重。另外一座钢混钢三明治沉管新若户沉管隧道的含钢量为 300 kg/m³，为双向两车道。
[2]厄勒海峡沉管隧道的含钢量依据管节钢筋总用量 40 000 t 除以混凝土 445 000 m³ 来计算。

混凝土沉管管节不设外包防水时，钢筋的设置主要用来限制裂缝宽度，因而总体工程量会比仅为结构承载力而设置的偏大。

三明治沉管管节，如果不要求内部混凝土自防水，防水仅靠钢板，且不考虑临海侧钢板腐蚀问题，也忽略三明治结构尺寸效应时，无须满足计算裂缝宽度，临海侧钢板的承载力有可能得到更充分的利用。在以上假定的前提下，三明治沉管管节临海侧钢板的用钢量，有可能小于需要计算裂缝宽度的混凝土沉管结构的横向主筋的用钢量，因为承载力可以被利用得较充分。尽管如此，由于以下因素，其用钢量可能高于钢筋混凝土沉管。

①为了让三明治沉管管节两侧的钢面板能近似混凝土的横向主筋一样协同混凝土工作，需要额外的剪切连接件用钢量。

②三明治结构需要考虑混凝土浇筑的可填充距离，因而需要隔舱，即在钢壳的内外面板之间设置多道横隔板和纵隔板。这些隔板还需达到被取消的箍筋的同等标准的抗剪能力。再者，隔板的间距需确保内外面板受压时不发生屈曲。相比而言混凝土的箍筋通常只为抗剪设计而设置，因而隔舱的钢材用量理论上一定大于箍筋的钢材用量。

③因尺寸效应，混凝土的强度、剪切连接件的承载力及纵横隔板的抗剪能力相比较钢筋混凝土结构存在强度折减，因而通过设计安全系数的提高来补偿。

④钢筋混凝土管节既承担施工荷载又承担运营荷载；而三明治结构的钢壳部分在混凝土浇筑前需要独自承担施工荷载，包括起吊下水、长距离运输等；并且，高流动性混凝土浇筑时也会对内、外钢板产生比一般混凝土更大的液体压力。因而钢结构可能会针对浇筑前及浇筑时的变形与受力控制进行较大程度的加固。

因为投资大，那霸隧道的业主采用了每个管节每年招一次标的合同模式来解决融资的问题。

运 输 问 题

那霸隧道需要将管节从大阪港口运输至那霸码头进行浮态混凝土浇筑，运输需要 10 d 左右的时间。由于未浇筑混凝土的钢结构较轻，在水上漂浮时其吃水深度只有 1.5 m，水上部分干舷达到 8 m，因而如果直接拖运将导致管节晃动失稳，保险公司评估后认为单次管节直接拖运的风险极高，所以报出了高昂的保险费用，这令承包商无法接受。因此选择半潜驳运输，其目的是减少晃动，使运输更安全，保险公司重新评估风险，将管节的运输当作货运，管节长距离运输的保险费降低至可接受的程度。

比较而言混凝土沉管管节通常不能用半潜驳拖运，水深受限时如不经疏浚也可能无法到达隧址。

周 转 使 用

日本沉管隧道的建设实现了场地、设施及设备的反复利用，有利于节约成本，降低远期投资，更重要的意义在于实现了可持续发展的工程目标。

日本东区的大型干坞前后 30 年共建设了大约 12 座沉管隧道。隧道横断面布置及尺寸在项目之间是一致的，从而混凝土浇筑的模板也可以在不同项目、不同建设公司之间周转。

不仅干坞与船坞跨项目、跨企业反复使用，关键的电子设备也在不同项目与企业之间周转。图 4 为土耳其博斯普鲁斯海峡马尔马雷连线沉管隧道的管节深水安装的水下超声波定位仪器，曾服务于早期多个工程的沉管沉放作业，该仪器精密度和造价高，日本承包商虽然在土耳其建设隧道，但仍从国内租借了该电子仪器，进行恢复与调试后，再将设备运至土耳其的沉管安装现场使用。此举达到了不重复生产、不浪费已有的资源的良好效果。

图 4　日本承包商在土耳其安装沉管仍使用多年前生产的水下超声波定位仪器

基于国际交流的科研及成果的快速应用

20 世纪 70 年代以前日本借鉴了美国与欧洲的建设经验，建成了若干钢结构及混凝土结构的沉管隧道。

70 年代以后直至 2000 年日本东区（大多数在东京附近）利用干坞法大规模地建设混凝土沉管隧道。而日本西区（大阪、那霸岛等）没有适宜的干坞预制场，但有造船厂，因而基于混凝土结构的变更与创新，按照造船厂与隧道安装地址的距离，分别发展了三明治结构和半三明治与混凝土的组合结构。简单而言，通过增设钢板及在钢板内浇筑混凝土，解决了干坞法浇筑用地难的问题。三明治沉管结构的概念及研究最早出现在英国，但从未实施，因而日本通过三明治结构解决用地问题的设计思路有可能得益于欧洲技术交流中的启发。

1983 年日本学者观察到混凝土振捣工人的从业人数下降，日本高校于 1986 年开始研究不需要振捣的高流动性混凝土，1988 年第一个配合研制成功。而几年之后就被用于三明治封闭结构体的沉管隧道混凝土填充工程的实践之中。

小　　结

日本沉管隧道建设的场地、设施及仪器实现了跨项目、跨企业及跨国界的反复使用。当前环境问题日益明显，虽然沉管隧道相比数量庞大的桥梁工程而言，属于小领域工程，但日本在沉管隧道建设中对资源进行周转利用的可持续行为是非常值得借鉴的。

当前东京正新建一座沉管隧道。该隧道的管节的结构形式与施工工法是否将根据项目条件与科研发展而继续演变？我们拭目以待。

参　考　文　献

園田惠一郎，2002. 沈埋函トンネル技術マニュアル[M]. 改訂版. 東京：財団法人沿岸開発技術研究センター：226-227.

Glerum A，1995. Developments in immersed tunneling in Holland[J]. Tunneling and Underground Space Technology，10(4)：455-462.

Gokce A，Koyama F，Tsuchiya M，et al.，2009. The challenges involved in concrete works of Marmaray immersed tunnel with service life beyond 100 years[J]. Tunnelling and Underground Space Technology，24(5)：592-601.

Gomes L，1991. Sydnew Harbour Tunnel-structure of the immersed tube section[J]. Tunnelling and Underground Space Technology，6(2)：221-226.

Ingerslev L C F，2005. Considerations and strategies behind the design and construction requirements of the Istanbul Strait immersed tunnel[J]. Tunnelling and Underground Space Technology，20(6)：604-608.

Japan Tunnelling Association，1989. Challenges and changes：Japan's tunnelling activities in 1988：Part II[J]. Tunnelling and Underground Space Technology，4(3)：337-342.

Japan Tunnelling Association，1995. Challenges and changes：Tunneling activities in Japan 1994[J]. Tunnelling and Underground Space Technology，10(2)：203-215.

Okamura H, Ouchi, 2003. Self-compacting concrete[J]. Journal of Advanced Concrete Technology, 1(1): 5-15.

Øresundsbro Konsortiet, 2011. The Tunnel[Z]. Denmark: The Øresund Publication: 375

Saito N, Yamazaki A, 1994. The unique techniques employed for the Sydney Harbour Tunnel[C]//Jon Krokeborg. Proceedings of the third symposium on Strait Crossings. Oslo: Norwegian Road Research Laboratory: 535, 536, 538-539.

Shishido T, Mikami K, Aclachi S, et al., 1998. Construction of immersed tunnel in Osaka Port[C]// Underwater Technology 1998. Proceedings of the 1998 International Symposium: 329-332.

Tanal V, Grantz W C, Abrahamson L W, 1990. Bosporus railroad tunnel crossing design alternatives[J]. Immersed Tunnel Techniques: 63-75.

Tomlinson M J, 1990. Shell composite construction for shallow draft immersed tube tunnels[C]//Ford C R. Immersed Tunnel Techniques 1. London: Thomas Telford: 185-196.

三明治结构 1：综述

钢混钢三明治复合结构（steel-concrete-steel sandwich composite structure）简称三明治结构。港珠澳大桥岛隧工程沉管隧道最后 10 m 的合龙段选择这种结构，只占 6.7 km 隧道总长的 0.2%。这种结构在沉管隧道中的应用较少，仅有的 2 个案例在日本（算上东京在建的一座是 3 个案例）。比较而言，世界上已建成的交通沉管隧道数量超过 150 座，日本已建成的不少于 20 座。三明治沉管隧道在 1991 年已开始建设，距今已近 30 年，从第一座三明治沉管隧道的建设至今，世界上又建设了约 30 座沉管隧道。这些数据说明，采用三明治工法的沉管隧道除了在日本，并未在世界范围内兴起，即使在日本国内也未成为主导趋势。因此，我们也对三明治结构进行了调查，关注的问题有三明治结构的来源、机理、特点、对工期和投资的影响、与常见的混凝土和钢壳结构有何联系与不同、欧美等地工程师不使用的原因。

本篇及后两篇都是讨论三明治结构的各个方面，除了表层的技术问题，更值得思考的是面对陌生技术我们应当如何对待？因为如何对待决定了我们思维的广度，广度决定深度，深度的累积可引发创意。

起　　源

首次提出三明治沉管隧道工程概念的是为了建设威尔士的康威（Conwy）河通道（图 1）。当时考虑的问题主要有：①模板作永久结构，取消脱模。②钢板和剪切连接件较容易现场制造，避免了昂贵的钢筋加工与安装。③模板作为防水层，对荷载有双向作用。

为此，需要发展钢混三明治结构的梁及柱的设计方法，英国钢结构协会及一些研究者对此进行了大量的足尺的梁、柱试验及三阶段的设计验证，并编制了设计及施工指南。尽管如此，承包人考虑无先例可循及施工困难，在最后一刻放弃了该方案。

欧洲工程师研究三明治结构的沉管，仅提概念、做实验、编指南，之后再不提了。尽管有文献记载厄勒海峡沉管隧道建设早期曾将这种结构与钢结构、混凝土结构进行比较，但只有日本工程师将这个概念付诸实现，原因有二，一是熟练的混凝土振捣工人的从业人数下降，二是沿海和港口的用地更加稀缺和珍贵。

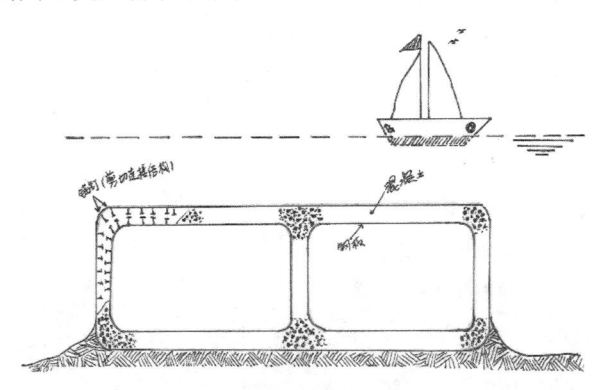

图 1　三明治沉管隧道概念的第一次提出

概　　念

三明治结构的典型构造见图 2。纵向、横向隔板起到传递竖向剪力的作用，也起到混凝土浇筑的分舱作用。混凝土主要抵抗轴向力，纵向、横向隔板的设置间距要避免钢面板（对应图中的上下面）受压时的屈曲。混凝土及钢面板共同承担压弯荷载，类似钢筋与混凝土的协同工作。其前提是混凝土和钢面板共同变形，无相对滑动。因此需要在钢面板上设置剪切连接件，而剪切连接件又一定程度地提高剪切承载力，从而保证结构在混凝土浇筑前的管节拖运期间及混凝土浇筑时具备足够的强度和抗变形能力。

关于三明治管节的预制。首先将钢结构加工与拼接成墙体、顶板、底板及端面,再组装成管节。之后再往内部填充混凝土。

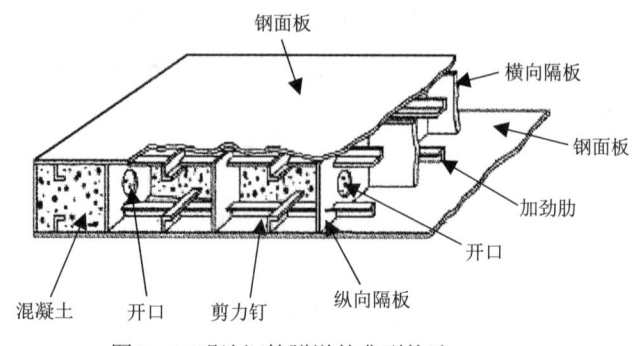

图 2 三明治沉管隧道的典型构造

美国三明治结构

理查德（Richard）称三明治结构是优雅的，但是用于沉管隧道就不那么优雅了（我们解读了这层意味），并给了三点评价：

第一，隧道工程要求隧道具备足够的内部通行净空，且要求沉管结构壁厚要足够厚以满足运营期的抗浮需要。三明治沉管工法虽然可通过钢筋混凝土复合构造降低板厚，让整个结构更轻盈，但同时也会提高管节漂浮时的干舷高度，而由于重量平衡要求（见《沉管隧道的设计》），需要在管节顶上或内部预留足够的空间来浇筑压载混凝土，如果截面尺寸增大，三明治结构就会失去轻盈的优势，见图 3。

第二，现代隧道不仅要提供一个不受外部自然环境约束的通道空间，还要在隧道内部设置服务设施，如紧急操作板、紧急逃生门、电器操作箱及变电箱，美式沉管隧道的截面是圆形的，有足够的空间来设置；而三明治结构的截面是矩形，就要在墙上预留箱（凸出墙体）和孔（凹进墙体）。这些箱孔将给内侧钢板的加工及混凝土的浇筑带来困难。

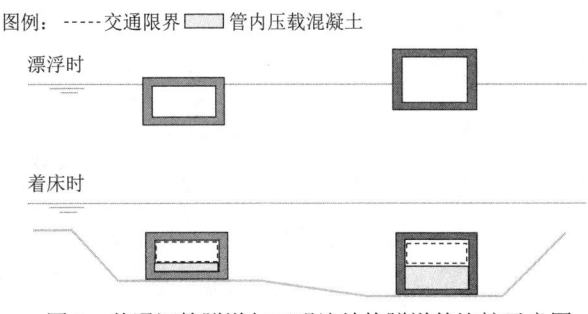

图 3 普通沉管隧道与三明治结构隧道的比较示意图

第三，一旦发生火灾，三明治结构遭受的损坏会更严重。内侧钢板作为主要结构构件，其作用等同于钢筋混凝土结构中的钢筋。尽管防火涂料可起到保护作用，但内侧钢板一旦受热，将直接影响整个结构的承载能力。借用欧洲标准中的两张图加以说明：使用钢筋混凝土结构时，假设钢筋中心距混凝土外表面 75 mm，发生火灾 120 min 后（对应图 4a 中 R120），从图 4a 可查，通过混凝土传递给钢筋的温度是 300℃；再用这个温度查图 4b，受热的钢筋的强度仅损失了 10%。而采用三明治结构时，遇同样的火灾，由于钢板在外表面，温度达到 1000℃，钢板几乎失去了所有强度。

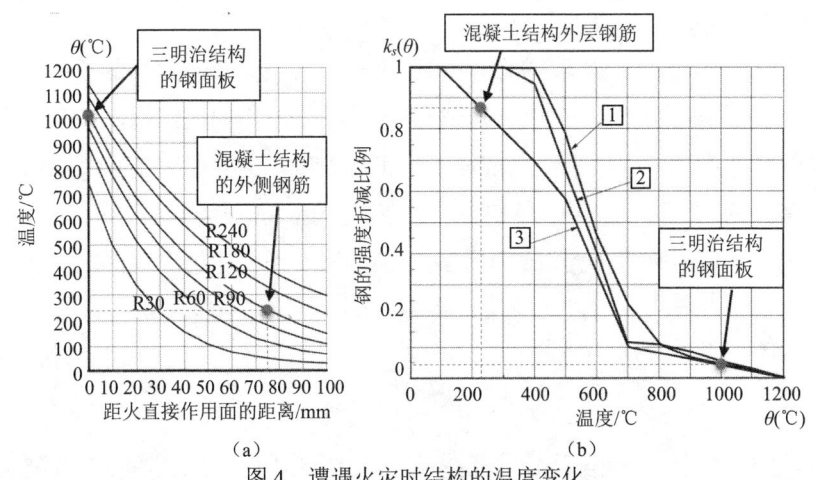

(a) (b)
图 4 遭遇火灾时结构的温度变化

工　艺

从港珠澳大桥岛隧工程实践中获得的经验是，因为两侧钢板的空间限制，以及角钢的存在，为了确保混凝土浇筑密实，对排气问题、自密实混凝土的配合比及浇筑方法，都需要制定专项方案，这导致其工艺复杂。并且，三明治结构的施工步骤较多，对施工管理提出了很高的要求。

欧洲三明治结构

可能是由于上述种种不便，包括英国在内的欧洲工程师至今未使用三明治结构，但是他们使用了三明治结构的夹层，即自密实的、不需振捣的、高流动性的混凝土；此内容在下一篇专述。

日本三明治结构

为什么日本工程师选择建造三明治结构沉管隧道？

从文化方面讲，日本的语言分为汉字、片假名、平假名。如果将钢壳比作汉字，混凝土比作片假名，平假名就是剪切连接件（角钢或剪力钉）。

从经济性方面看，三明治结构适用于无法找到合适的管节预制场地的工程环境。新若户沉管隧道比较了各种结构方案的经济性，三明治沉管隧道浮态浇筑方案最终以其经济性优势胜出，主要原因是三明治结构方案比钢壳结构、混凝土结构方案节省了7亿~40亿日元。花田幸生先生说，那霸港临海公路沉管隧道是由于无法找到合适的浇筑混凝土场地而不得不选择三明治结构方案，在海上漂浮状态下浇筑混凝土。

设 计 需 求

同一般沉管隧道相比，在隧道结构预制完成以后，三明治沉管隧道需要满足浮运、沉放等施工阶段的承载力要求，也需要满足管节从漂浮至沉放状态的对结构重量的平衡控制要求，还需要满足运营期间各种可能发生的不利工况对结构承载力的要求，以及耐久性、自防水等需求。

不同的是，在浇筑混凝土之前，钢壳自身在预制支座、下水或吊装、静水压力及其他施工临时荷载作用下需要足够的承载力，变形需要保持在所预期的范围内。还应注意，在从钢壳预制场至浇筑混凝土场地的浮运路线上需要的最小吃水深度可能会对钢壳重量与横截面外形提出要求。

结 构 验 算

结构验算主要验算三方面：
①轴力和弯矩的验算建立在近似钢筋混凝土的理论上；
②剪力的验算建立在近似桁架模型或拉-压杆模型（truss model or strut-and-tie model）的理论上；
③混凝土和钢壳的协同工作的验算，包括检查剪切连接件的强度及它与混凝土的结合部位的抗剪安全度。

关 键 工 艺

两个关键点。一是钢板水密，二是混凝土充分填充。

钢板水密可确保隧道不漏水和结构寿命，因此需要在施工过程中严格控制钢结构加工的尺寸与焊缝水密性。

混凝土充分填充是保证钢与混凝土协同工作的前提。其可通过设计、施工工艺及施工管理的互通与专项要求来实现。

参 考 文 献

園田惠一郎. 沈埋函トンネル技術マニュアル[M]. 改訂版. 東京：財団法人沿岸開発技術研究センタ

一,2000.

Akimoto K, Hashidate Y, Kitayama H, et al., 2002 Immersed tunnels in Japan: Recent technological trends[C]//Proceedings of the 2002 International Symposium on Underwater Technology: 81-86.

Gursoy A, 1997. Chapter 1 introduction[J]. Tunnelling and Underground Space Technology Incorporating Trenchless Technology Research, 12(2): 83-86.

Lunniss R, Baber J, 2013. Immersed Tunnels[M]. Boca Raton: CRC Press: 1-486.

Narayanan R, 1997. Application guidelines for steel-concrete-steel sandwich construction[C]//Immersed tube tunnels. Ascot: The Steel Construction Institute.

Noda Setsuo, 1996. 鋼コンクリートサンドイッチ構造沈埋函の設計と高流動コンクリートの施工[M]. 東京: 財団法人沿岸開発技術研究センター.

Research Subcommittee on Steel-Conc, 1992. On proposed design code of steel-concrete sandwich structures[C]//Proceedings of the Japan Society of Civil Engineering, (451): 33-37.

Saveur J, Grantz W, 1997. Chapter 3 structural design of immersed tunnels[J]. Tunnelling and Underground Space Technology Incorporating Trenchless Technology Research, 12(2): 93-109.

三明治结构 2：高流动性混凝土

背　　景

日本学者冈村（Okamura）发现自 1983 年起日本熟练振捣工人的数量下降，而耐久性好的混凝土结构必须充分地振捣（如避免蜂窝裂缝），因此他于 1986 年提议发明该类型的混凝土，如图 1 所示。东京大学研究人员经过 2 年的尝试，于 1988 年研发了高流动性混凝土的原型。

1995 年以后，对高流动性混凝土的研究及应用由日本传到了欧洲各国，瑞典、法国、德国、比利时、西班牙、荷兰、瑞士、意大利及英国先后成立了研究小组，由其大学或承包商组织讨论并研究。20 世纪 90 年代以后我国也做了一些研究工作，并于 2006 年出版了该类混凝土的技术规程。

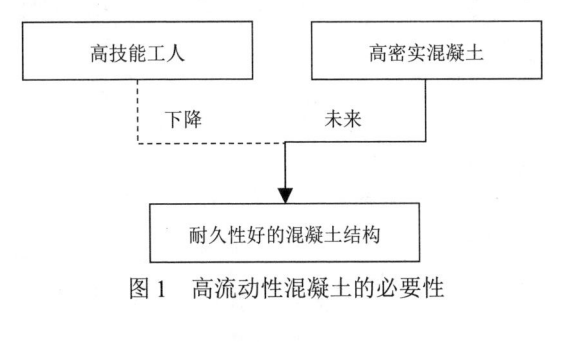

图 1　高流动性混凝土的必要性

发展的动力

高流动性混凝土不需外部能量输入就可密实，即不需振捣，其在硬化前可将内部空气排出，具有以下几个优势。

①免去振捣作业；

②噪声小，大约可降低至原来噪声的10%，使得夜间施工成为可能；该效果在混凝土工厂尤其明显；

③施工进度快，扰民时间短；

④避免振捣作业带来的典型问题，包括对预埋件、预应力管道及钢筋的扰动；

⑤确保结构浇筑的密实性，尤其在振捣困难的部位，可提高混凝土质量；

⑥用工业废料作外加剂，利于环保和可持续发展；

⑦所需工人数量少，现场好管理；

⑧混凝土可到达无法振捣的狭窄区间，因而不需分段浇筑，减少施工缝构造；

⑨在钢筋较密时或结构形状较特殊时仍可正常浇筑混凝土；

⑩结构设计自由度大，建筑师感兴趣；

⑪节能；

⑫可能节省工程造价。法国 Lafarge 小组为了证明高流动性混凝土的造价优势，与承包商合作在法国的楠泰尔（Nanterre）建造了两座相同的建筑，一座采用传统混凝土工艺，另一座采用高流动性混凝土工艺，使用高流动性混凝土的建筑最终节省了21.4%的工程造价。

综上所述，高流动性混凝土在经济、社会及环境保护方面均有优势。但其不利的一面是，这种混凝土的性能变化容忍度窄，其性能对拌和料的质量及配合比要求很高。虽然省去了振捣作业，但是新拌和混凝土的检验工作量有所增加。而且，其坍落度随时间的改变更为敏感，限制了生产效率。虽然已有大量的关于高流动性混凝土的施工性能的研究，但混凝土加入高效减水剂并泵送后的物理力学性能及耐久性是否会发生变化，及其变化的规律仍有待确认。

特　点

高流动性混凝土具备抗离析（segregation stability）、流动性（flowing ability）、通过性（passing ability）三个显著特性，如图 2 所示。抗离析正如其名；流动性是指混凝土在其自重作用下流向并填满模板的端部；通过性是指混凝土能通过钢筋或狭窄的空间，粗骨料等不会堵塞。

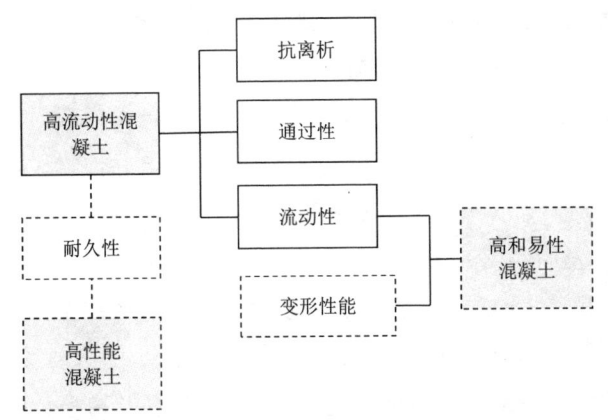

图 2　高流动性混凝土与其他类型混凝土的共同点与不同点

高流动性混凝土的配合比材料用量与常规混凝土的比较见图 3，粗骨料用量减少，水泥被粉末代替。由于前者密实性好，理论上具备类似高性能混凝土的耐久性，但是其诞生至今只有 30 年，更长远的耐久性表现有待时间证明。

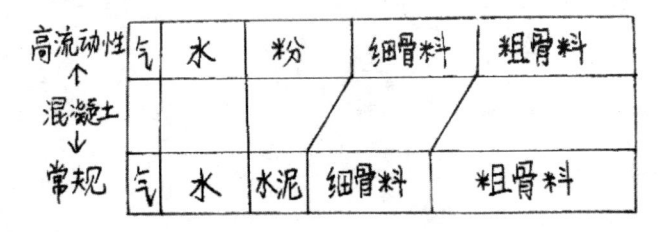

图 3　高流动性混凝土与常规混凝土配合比比较

机　　理

获得高流动性混凝土的方法包括限制骨料含量及使用高效减水剂来实现低水粉比的配置。

混凝土流动变形时,特别当其接近阻碍物时,骨料之间相互靠近,内部应力增大。研究发现混凝土的内部应力将导致流动能的损耗,进而引起堵塞。而粗骨料在混凝土流动时产生的内部应力特别大,因此限制粗骨料的用量能减少流动能的损耗,减少因为流动能量损耗而引起的堵塞。

高黏性的浆体也可以减小粗骨料之间产生的内部应力,因此也能起到避免混凝土在障碍物部位流动受阻的作用。高黏性浆体可通过使用高效减水剂,大幅度降低水粉比来获得。

试验表明粗骨料尺寸与障碍物净距对混凝土的密实性有直接影响。这就要求浆体既要具有液体的流动能力,也要具有固体的传力能力(图4)。足够的浆体流动能力是混凝土不需振捣的必要条件,此外,适度的黏滞性和变形能力是保证粗骨料在流动时位移可控、不离析的必要条件。浆体具有固体的传力能力,要求粗骨料在相互靠近时,中间的浆体可传递压力,这与浆体成分中的细骨料(砂)的含量及形状密切相关。

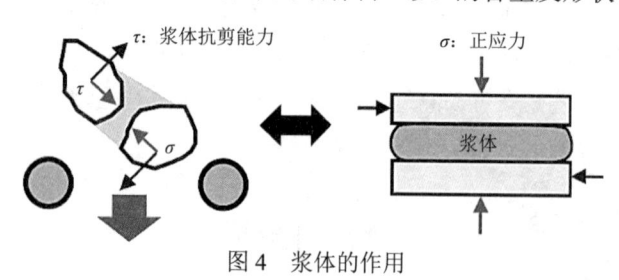

图 4　浆体的作用

配　合　比

目前世界范围至少有 19 种高性能混凝土配合比设计的方法,总体上可分为经验法、抗压强度法、CAP 法、统计阶乘模型、液变浆体模型 5 类。混凝土配合比设计好后，其性能要通过试验验证，必要时要用大量的试验来确认配合比。

受项目环境影响，现拌出来的混凝土一般都需要进行现场试浇筑来确认混凝土是否具备稳定的流动性能，如坍落扩展度试验、U 形箱试验（在隔门处设置竖条模拟钢筋测试新拌混凝土的通过性和流动性）、V 形漏斗试验（通过测量混凝土流过的时间）、L 形扩展度试验，以及足尺试验，见图 5。

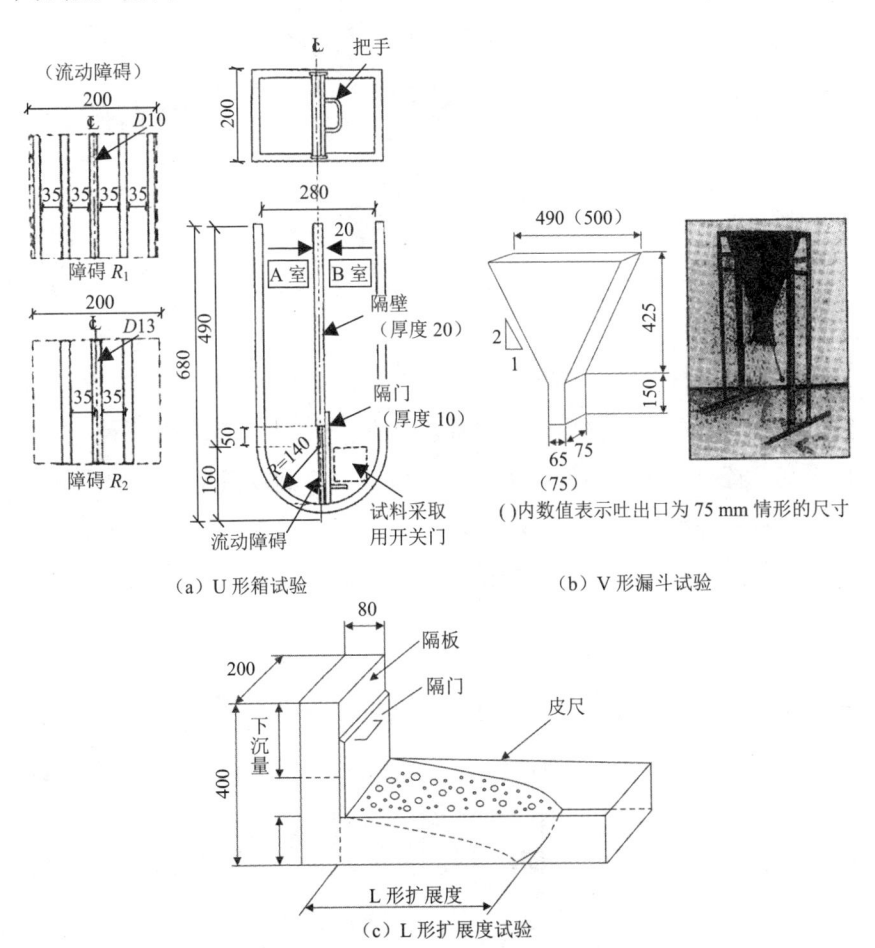

（a）U 形箱试验

（b）V 形漏斗试验

（c）L 形扩展度试验

(d) 足尺试验

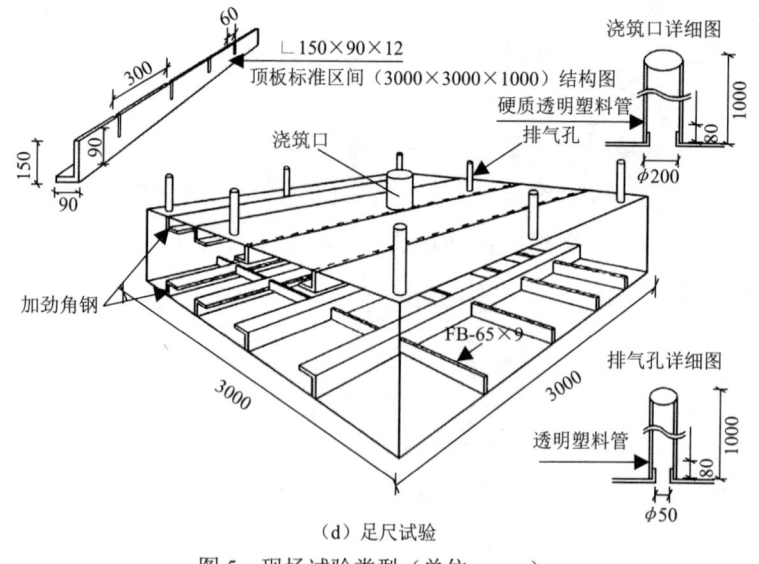

图 5 现场试验类型（单位：mm）

分　　类

按提高混凝土流动性的方法，高流动性混凝土可分为增黏剂类、粉体类及兼用类。增黏剂类高流动混凝土是通过使用增黏剂和高性能 AE 减水剂发挥自我填充性的混凝土；粉体类高流动混凝土是通过使用石灰石微粉末等微细混合材料和高性能 AE 减水剂发挥自我填充性的混凝土；兼用类高流动混凝土是基于粉体类高流动混凝土再加入适量增黏剂的混凝土。

按照混凝土的填充性能，可分为三个等级。日本规范等级 1 的混凝土是针对最小钢材空隙为 35~60 mm、断面形状复杂、断面尺寸小的构件或部位，其仅依靠自重便可均匀填充；等级 2 的混凝土是针对最小钢材空隙为 60~200 mm 的钢筋混凝土构造物或构件；等级 3 的是针对最小钢材空隙为 200 mm，断面尺寸较大、配筋量少的部位或素混凝土构造物。

在港珠澳大桥岛隧工程最终接头主体结构的应用

最终接头的主体结构选择了三明治结构。需要浇筑高流动性混凝土。混凝土加钢材的总重量为 6100 t。

方案中充分考虑了高流动性混凝土的特性及工艺需求。前者如纵隔板和横隔板不仅取决于抗剪强度等结构的验算，也取决于混凝土能充分填充的范围。后者如浇筑混凝土的排气孔的直径设计通常不取决于开孔工艺或结构考虑，而是取决于可买到的上部透明圆管的尺寸。如果能买到直径 51 mm 的透明圆管，排气孔就设计为直径 50 mm，以便透明圆管的固定（图 6）。

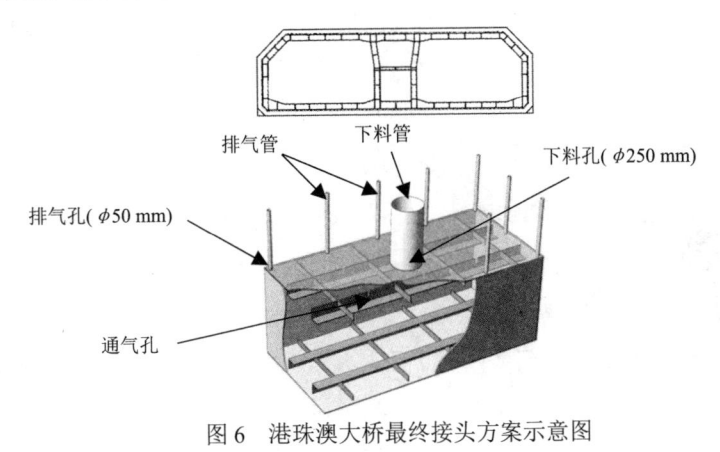

图 6 港珠澳大桥最终接头方案示意图

浇 筑 技 术

三明治结构的隔舱是全密闭的。为了充分填充，需要利用流动混凝土的液面高度压力。因此在下料孔上设置一段等径的下料管，高 1 m，在排气孔上设一段等内径透明圆管，高 0.5 m。当混凝土填满内舱以后还应继续浇筑，直至混凝土在透明圆管中的高度能保持 1 m，透明排气管的混凝土高度上升到 30 cm 以上。待 2～3 h 混凝土可自成形时，再移走下料管和透明排气管。此时混凝土浇筑才算完成。在施工时还需注意，管节顶面的隔舱可能会流入雨水，所以要用盖帽遮挡，浇筑之前再将盖帽取走。浇筑完成混凝土之后，对于开孔部位还需通过焊接钢板或钢盖板来进行封堵，并用气密法或染色法检查焊接的质量，以确保沉管隧道在水中的耐久性（管节内的底板上的压载水箱部位的开孔同样需要进行封堵处理）。

关于海上浮态浇筑，以日本的钢壳沉管隧道那霸隧道 3 号管节为例。根据钢壳系泊时和悬浮浇筑时的动力分析，使用高弹性尼龙绳把钢壳结构系在栈桥上。因钢壳的刚性较低，易产生变形，故用全站仪监测管节浇筑前后的变形。其他实测项目包括管节吃水、系泊缆拉力、波高、风向、风速及潮位。

为控制管节的姿态与变形，在横断面和平面上都需要考虑混凝土浇筑顺序。那霸隧道横断面的混凝土浇筑顺序是：①逃生通道下部；②中墙；③隔墙；④侧墙下部；⑤侧墙上部；⑥底板；⑦顶板。此外还需控制日照温度变形；平面的混凝土浇筑顺序要模拟计算，根据倾斜及中转泵站的位置来匹配，经常不得不对角浇筑。

关于底板的浇筑。往密闭车道内浇筑高流动性混凝土需要从顶板设置贯通孔并插入混凝土输送管。为了减少后续的填孔和止水工作，贯通孔越少越好。每个贯通孔需向多个底板区段浇筑，贯通孔和浇筑孔在水平方向上存在一定距离，故需要一定程度地弯曲混凝土输送管。并且，从管节上部往底板内浇筑混凝土，混凝土输送管会很长，管的重量、管内混凝土的重量、输送时振动带来的冲击力等使得人力浇筑变得十分困难。为了解决这些问题，日本开发了混凝土管道绞车。绞车的半圆构造能固定混凝土输送管，通过旋转半圆构造可升降混凝土输送管。绞车在浇筑孔之间的移动使用滑轮，节省了人力，见图7。

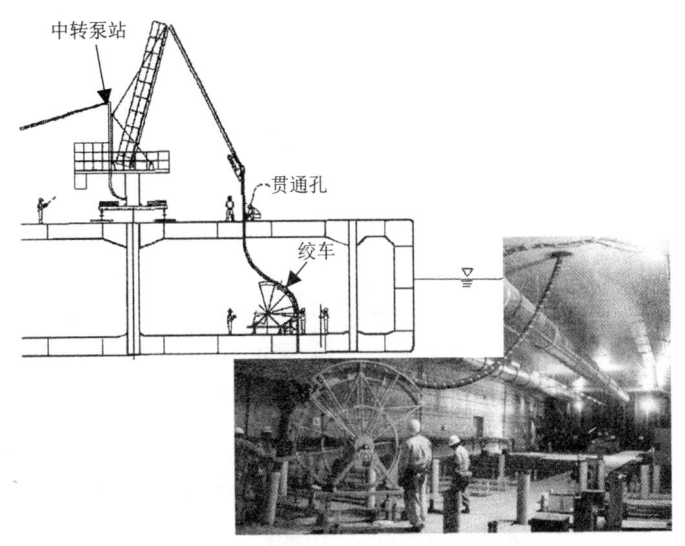

图 7 一种底板高流动性混凝土的浇筑方式

品 质 管 理

为确保混凝土的填充密实,设计方面需要合理布置纵横隔板分舱、浇筑孔及排气孔的位置,以及细部加劲肋,为混凝土的流动路径提供可能;施工方面需确保混凝土具备高流动性,不需振捣就能达到内部结构的远端。

高流动性混凝土对原材料变化的影响极为敏感,因此需要极其精细地管理材料的质和量,尽量减少不合格品废弃量。

为避免离析,需要实时控制出料口与混凝土浇筑面的净距,混凝土的下落高度不应超过 1 m,并且软管不能与混凝土的表面接触。因而,软管需匹配混凝土的上升速度而同步抬升。

搅拌机的负荷值对坍落扩展度管理有积极作用,混凝土生产时需要对搅拌机负荷进行监控。

每车混凝土都需要实施坍落扩展度测试,确认合格后才能进行浇筑。高流动性混凝土的有效使用时间一般为 60 min,超时便要废弃。

需要严格控制骨料表面的含水率，必要时还需覆盖防水。

密封舱内浇筑高度的确认是从排气孔处观察，当混凝土液面高度上升至密封舱顶面以上后，对超出部分拍照进行监测管理。

浇筑速度通常控制在 50 m³/h，对于浇筑困难部位，为保持浇筑的连续性，浇筑速度下降至 15～20 m³/h 以确保填充密实。

可敲击听声确认浇筑状况。

小　　结

高流动性混凝土起源于日本，有独特的优势，如工业废料可再利用、密实性能良好、可持续性好。但是耐久性有待时间检验，在世界范围内其应用尚未普及，在预制构件方面的应用比现浇结构多，在我国也仍较少应用。港珠澳大桥岛隧工程沉管隧道的最终接头结构使用高流动性混凝土填充钢壳内的 304 个隔舱，是继日本的两座沉管隧道以后的第三次应用。

高流动性混凝土不能振捣，不然会离析。常规混凝土结构的概念及方案通常是建立在需要振捣的前提下。所以，高流动性混凝土的适当使用离不开设计与施工的紧密配合，施工设计总承包模式对于高流动性混凝土方案的发展与完善较有利。当工程师不再将高流动性混凝土看成一种材料，而是看成一种工法时，该类混凝土才能被更好地被理解与应用。

参 考 文 献

陈剑雄，1994. 不振捣的高性能优质混凝土[J]. 混凝土，(4)：14-19.

韩先福，李清和，段雄辉，等，1996. 免振捣自密实混凝土的研制与应用[J]. 混凝土，(6)：4-15.

中国工程建设标准化协会，2006. 自密实混凝土应用技术规程：CECS 203—2006[S]. 北京：中国计划出版社.

Chen Z，Yang M，2015. The research on process and application of self-compacting concrete[J]. Journal of

Engineering Research and Applications, 5(8): 12-18.

Goodier C I, 2003. Development of self-compacting concrete[J]. Structures & Buildings, 156(11): 405-414.

Kwan A K H, Ng I Y T, 2013. Performance criteria for self-consolidating concrete[J]. The Hong Kong Institution of Engineers Transactions, (9): 35-41.

Okamura H, Ouchi M, 2003. Self-compacting concrete[J]. Journal of Advanced Concrete Technology, 1(1): 5-15.

Rich D, 2010. UK contractor's vies on self-compacting concrete in construction[J]. Construction Materials, (12): 1-10.

Shi C, Wu Z, Lv K X, et al., 2015. A review on mixture design methods for self-compacting concrete[J]. Construction and Building Materials, 84: 387-398.

三明治结构 3：尺寸效应

通过前面两篇文章的讨论我们已知，三明治结构在特定条件下是适宜的选择。但是，我们仍要警惕，超出已有经验尺度的结构，存在尺寸效应，即已有的分析理论可能会变得不再适用。忽视尺寸效应会导致结构失效（图1），但工程师们易忽视，这是有历史教训的。

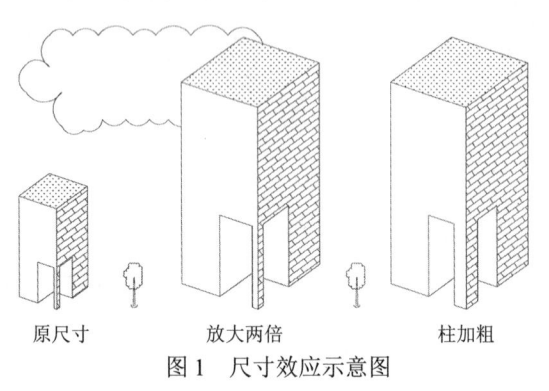

图 1　尺寸效应示意图

历　　史

15 世纪达·芬奇称在粗细相同的绳索中，越长的绳索越不结实，并得出了"绳索越短，就越结实"的结论。伽利略在 1638 年否定了这个结论，他认为剪短绳索并不会使余下的部分变结实，只有不同大小动物的骨头才会显示尺寸效应。半个世纪以后，马里奥特（Marriotte）基于"物质的非均匀性"创建了尺寸效应的统计理论，当时概率论刚刚诞生。之后在 1807 年托马斯·杨（Thomas Young，弹性模量以他命名）否定了该理论，认为强度和尺寸无关，"这是科学的倒退"。但托马斯·杨没有考虑材料强度的随机性。之后，1921年格里菲（Griffith）的论文不但创建了断裂力学，而且将断裂力学引入到尺寸效应的研究中，在试验中他发现通过改变玻璃纤维的直径，其强度能够从 291 MPa 增加到 3383 MPa，就此得出了"固体材料的薄弱性，是由于自身的不连续或瑕疵引起的"结论。可惜的是，除了格里菲，其他的材料力学理论学者很少考虑尺寸效应问题，还普遍认为该问题如果存在，一定具有统计性，是属于统计学家或实验工作者的工作，该偏见直到1980年前后才得以纠正。与此同时，在概率分析及实验研究方面，冯·米塞斯（von Mises）等学者取得了一定进展。最终，韦布尔（Weibull）于1939年在瑞典提出用幂函数来描述材料强度的极值分布的理论。之后，1974～1990年的诸多科学研究主要是证实、应用和完善他的理论。由于结构的应力随其尺寸变化不便于工程分析，之后的学者倡导通过使用韦布尔理论将应力与结构尺寸的关联性解除。于是很多学者认为，只要能观察到的尺寸效应，就一定能够归入韦布尔理论的范畴，现在已知该观点与实际情况不相符。

由历史可见，在固体力学及材料科学领域，尺寸效应仅在早期及现代才得到重视。而当前结构工程师所熟悉的理论，其创始人大多来自忽略尺寸效应的那个年代，比如 15 世纪的牛顿、罗伯特·虎克（Robert Hooke，虎克定律以他命名）、17世纪的托马斯·杨（Thomas Young，杨氏模量以他命名）、20世纪的铁摩辛柯（Timoshenko，出版弹性力学等多本著作）、冯·米塞斯（von Mises，提出可用于钢结构的应力屈服准则）及韦布尔。也许可以说，韦布尔的理论简化了工程师的工作，但掩盖了材料强度与结构尺寸的相关性。上述原因导致工程师容易忽视尺寸效应。

尺寸效应，是指其他条件均不变，空间尺度缩小或放大后，反应的改变。"如果尺寸效应不被理解，就不存在任何有效的理论"（Bazant，2005）。

尤其是对于应用较少的三明治结构，我们从科学、结构设计、工程应用这三个方面来看待其尺寸效应。

科学方面

三明治结构中间的混凝土属于准脆性材料，已经证实韦布尔理论并不适用于准脆性材料。而对于这种材料破坏机理的分析不亚于对紊流的分析（图2），属于人类未知领域的知识，想要理解钢混三明治结构受到外部作用时的反应，唯一有效的手段仍是通过实验观察。准确判断结构失效行为是设计方法成立的前提。

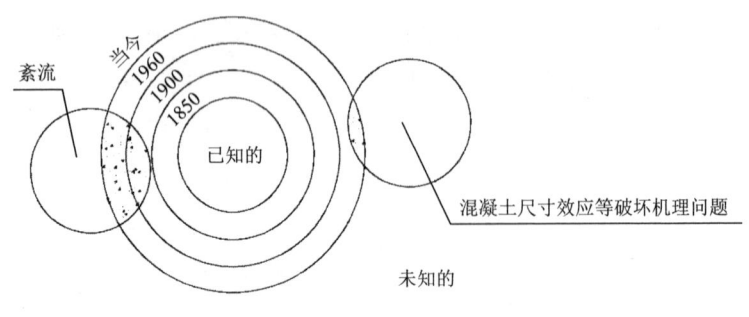

图2 人类知识的扩张

三明治结构对于抗剪的验算通常采用桁架模型或拉-压杆模型。这两种模型认为混凝土和钢板只在剪切连接部位相接，并将抗弯和抗剪合为一体考虑。但是上述模型将混凝土传力简化为压杆，未考虑混凝土自身骨料间的咬合等作用，也未考虑剪切连接结构周围的混凝土由于剪切连接结构的存在而受到的额外作用。

结构设计方面

结构设计的目标是避免非延性破坏。钢筋混凝土结构其失效模式分为超筋破坏、少筋破坏及设计期望的延性破坏，这些破坏模式已经过大量实验和工程案例验证，设计理论也被不断修正和完善。比较而言，三明治结构是 20 世纪末提出的新结构形式（之前也曾有过用胶黏混凝土和钢板的三明治路面结构的记载），佛多克斯（Foundoukos）的试验表明三明治结构相比混凝土结构存在更多的失效模式：

①受压侧钢板屈曲；
②受压侧钢板屈服；
③受拉侧钢板屈服；
④混凝土剪切破坏；
⑤剪切连接结构拉拔破坏；
⑥剪切连接结构破坏。

在图 3 所示的三明治结构的诸多失效模式中，设计的目标是希望受拉侧钢板首先达到屈服。

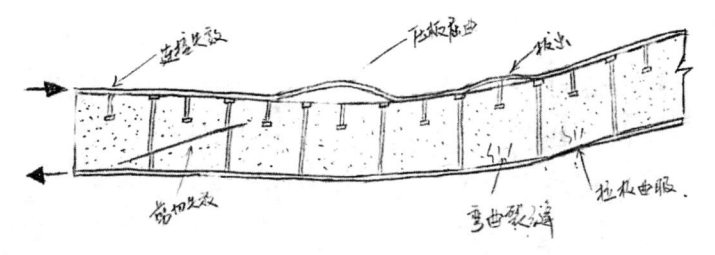

图 3　各种失效模式示意图

随着板厚增加，剪切连接结构设置较薄弱时失效模式呈脆性，局部剪切连接结构的失效也会引起结构的整体失效；结构的变形大小也会受到混凝土和外侧钢板之间的相对滑动的影响。

工程应用方面

当前各国规范要求对于超出常规尺寸的结构，在实际应用前要进行实验验证。美国 ACI318-05 及欧洲规范 Eurocode2 要求在较大尺寸的结构应用时，应考虑尺寸效应及其他效应的影响。美国混凝土协会 445 号报告表明 ACI318 规范基于半经验公式，没有清晰及透明的物理模型，因此结构设计尺寸不应外推至超出该规范范围的程度。美国结构混凝土规范 ACI 318-11 在对壳体、折板类结构的分析与设计中规定："对于根据经验、试验和分析已经证明能够承受住合理的超载而不出现脆性失效的那些壳体结构类型，弹性分析是一种可以接受的方法。在这种情况下，设计者可以假定钢筋混凝土是理想、匀质和各向同性的，即沿所有的方向具有相同的特征。对壳体的分析应在考虑使用荷载的情况下完成。而对于尺寸、形状或复杂程度不寻常的壳体则应考虑从弹性到开裂，再到非弹性阶段的性能。"日本《三明治沉管隧道设计方法及高流动混凝土设计指南》的开篇，首先申明该专题研究尺寸已超出了日本已有的钢混三明治结构设计指南的实验尺寸，因此用实验来验证指南的设计方法。

其　　他

剪切连接结构的受力较复杂（图4），所以需要疲劳试验指导设计，以避免疲劳失效引起的结构失效。对于锚钉式的剪切连接结构，试验发现锚钉头部易引起混凝土开裂，日本和欧洲的文件中能见到对剪切连接结构的承载能力的规定。沉管隧道设计时会考虑冲击工况，三明治结构的抗冲击性能必要时也需验证。

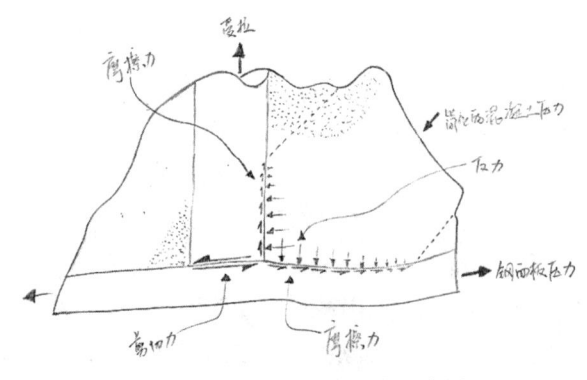

图 4　锚钉局部隔离体受力示意图

小　　结

三明治结构不同于我们熟知的混凝土结构，设计方法仍有广泛的发展空间，已有的试验报告和沉管工程经验相对少。而现代沉管隧道的尺寸越来越大，通常超出了已有的实验或工程经验，从材料破坏机理角度解释结构的整体行为的科学仍在发展。所以，当工程超出实践经验时，其设计方法应通过实验验证，并进行必要的改进与完善，才能确保该类型沉管隧道不会由于设计理论与实际不符而失效，失效包括结构失效及剪切连接结构失效引起的结构整体失效。

参　考　文　献

財団法人沿岸開発技術研究センター，1996. 鋼コンクリートサンドイッチ構造沈埋函の設計と高流動コンクリートの施工[M]. 東京：財団法人沿岸開発技術研究センター.

美国混凝土协会结构混凝土建筑规范要求，ACI 318-2011 [S].

Bazant Z P，2000. Size effect[J]. International Journal of Solids and Structures，37(1-2)：69-80.

Bazant Z P，2005. Scaling of Structural Strength [M]. 2nd ed. London：Elsevier Butterworth-Heinemann：1-319.

Burgan B，1997. Double Skin Composite Construction for Submerged Tube Tunnels Phase 3[M]. Ascot：The Steel Construction Institute：1-221.

Clubley S K，Moy S S J，Xiao R Y，2003. Shear strength of steel-concrete-steel composite panels. Part I - testing and numerical modelling[J]. Journal of Constructional Steel Research，59(6)：781-794.

Dai X X，Liew J Y R，2010. Fatigue performance of lightweight steel-concrete-steel sandwich systems[J]. Journal of Constructional Steel Research，66(2)：256-276.

Foundoukos N，Xie M，Chapman J C，2008. Behaviour and design of steel-concrete-steelsandwich construction[J]. Advanced Steel Construction，4(2)：123-133.

Huang Z, Liew J Y R, 2016. Structural behaviour of steel-concrete-steel sandwich composite wall subjected to compression and end moment[J]. Thin-Walled Structures, 98(B): 592-606.

Leng Y B, Song X B, 2016. Experimental study on shear performance of steel-concrete-steel sandwich beams[J]. Journal of Constructional Steel Research, 120: 52-61.

Leng Y B, Song X B, Wang H L, 2015. Failure mechanism and shear strength of steel-concrete-steel sandwich deep beams[J]. Journal of Constructional Steel Research, 106: 89-98.

Liew J Y R, Sohel K M A, 2010. Structural performance of steel-concrete-steel sandwich composite structures[J]. Advances in Structural Engineering, 13(3): 453-470.

Lunniss R, Baber J, 2013. Immersed Tunnels[M]. Boca Raton: CRC Press: 24.

Mckinley B, Boswell L F, 2002. Behaviour of double skin composite construction[J]. Journal of Constructional Steel Research, 58(10): 1347-1359.

Moore F, 1999. Understanding Structures[M]. New York: The McGraw-Hill Science Engineering: 20.

Narayanan R, 1997. Application Guidelines for Steel-Concrete-Steel Sandwich Construction[M]. Ascot: The Steel Construction Institute: 1-62.

Roberts T M, Edwards D N, Narayanan R, 1996. Testing and analysis of steel-concrete-steel sandwich beams[J]. Journal of Constructional Steel Research, 38(3): 257-279.

Schlaich J, Shafer K, Jennewein M, et al., 1987. Toward a consistent design of structural concrete[J]. PCI Journal, 32(3): 74-150.

Simha K R Y, 2002. Timoshenko: Father of engineering mechanics [J]. Resonance, 7(10): 2-3.

Tomlinson M J, 1990. Shell composite construction for shallow draft immersed tube tunnels[C]//Ford C R. Immersed tunnel techniques. London: Thomas Telford: 185-196.

Wright H D, Oduyemi T O S, Evans H R, 1991. The experimental behaviour of double skin composite elements[J]. Journal of Constructional Steel Research, 19(2): 97-110.

Xie M, Chapman J C, 2006. Developments in sandwich construction[J]. Journal of Constructional Steel Research, 62(11): 1123-1133.

Xie M, Foundoukos N, Chapman J C, 2007. Static tests on steel-concrete-steel sandwich beams[J]. Journal of Constructional Steel Research, 63(6): 735-750.

记忆支座试验

本篇是对前文《记忆支座》的补充内容（图1～图11，表1）。

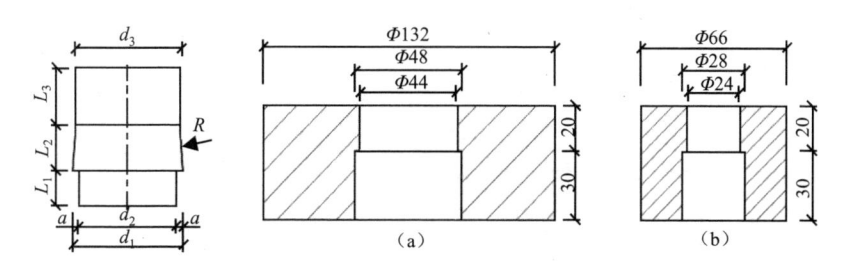

图1 支座形状及底座尺寸（单位：mm）

表1 所有试验工况与上图对应

工况编号	材料	底盘	d_1	d_2	d_3	R	L_1	L_2	L_3	a	过盈	开槽数量/个	开槽深度/mm	加载速率/(kN/s)
1	紫铜	A	44	50	50	—	20	0	30	3	—	0	—	5
2	锡青铜	A	44	50	50	—	20	0	30	3	—	0	—	5
3	黄铜	A	44	50	50	—	20	0	30	3	—	0	—	5
4	锌	A	44	50	50	—	20	0	30	3	—	0	—	2
5	锌	A	44	50	50	—	20	0	30	3	0.05	0	—	2
6	锌	A	44	50	50	—	20	0	30	3	0.05	8	—	2
7	锌	A	44	50	50	—	20	0	30	3	0.1	0	—	2
8	锌	A	44	50	50	—	20	0	30	3	0.1	8	—	2
9	锌	A	44	50	50	—	20	0	30	3	0.15	0	—	2
10	锌	A	44	50	50	—	20	0	30	3	0.15	8	—	2
11	锌	B	24	30	30	—	20	0	40	3	—	4	3	2
12	锌*	B	24	30	30	—	20	0	40	3	—	4	3	2

续表

工况编号	材料	底盘	d_1	d_2	d_3	R	L_1	L_2	L_3	a	过盈	开槽数量/个	开槽深度/mm	加载速率/(kN/s)
13	锌	A	44	50	50	—	20	0	30	5	—	8	5	2
14	锌	A	44	50	50	—	20	0	30	7	—	8	7	2
15	锌*	B	24	30	30	—	20	0	40	3	—	8	3	2
16	锌*	B	24	30	30	—	20	0	40	3	—	8	1.5	2
17	锌	A	44	50	50	—	20	0	30	4	—	8	2	2
18	锌	A	44	50	50	—	20	0	30	4	—	8	4	2
19	锌	A	44	50	50	—	20	0	30	3	—	8	2	2
20	锌	A	44	50	50	—	20	0	30	3	—	8	4	2
21	锌	A	44	50	46	∞	20	30	10	3	—	0	—	2
22	锌	A	44	50	47	∞	20	30	10	3	—	0	—	2
23	锌	A	44	50	48	∞	20	30	10	3	—	0	—	2
24	锌	A	44	50	47	∞	20	40	0	3	—	0	—	2
25	锌	A	44	50	47.5	∞	20	40	0	3	—	0	—	2
26	锌	A	44	50	48	∞	20	40	0	3	—	0	—	2
27	锌	A	44	50	48.5	∞	20	40	0	3	—	0	—	2
28	锌	A	44	50	48.3	∞	15	20	25	3	—	0	—	2
29	锌	A	44	50	48.5	∞	15	20	25	3	—	8	—	2
30	锌	A	44	50	47.2	∞	15	20	25	3	—	0	—	2
31	锌	A	44	50	47.5	∞	15	20	25	3	—	0	—	2
32	锌	A	44	50	47.8	∞	15	20	25	3	—	0	—	2
33	锌	A	44	50	48.5	∞	15	20	25	3	—	0	—	2
34	锌	A	44	50	48.7	∞	15	20	25	3	—	0	—	2
35	锌**	A	44	50	47.5	160.6	15	20	25	3	—	0	—	1
36	锌	A	44	50	47.5	160.6	15	20	25.3	3	—	0	—	1
37	锌	A	44	50	47.5	160.6	15	20	45.5	3	—	0	—	1
38	锌	A	44	50	47.5	160.6	15	20	80.5	3	—	0	—	1
39	锌***	A	44	50	47.5	160.6	15	20	25	3	—	0	—	1

*三个锌柱同时加载试验；
**第 1～2 组试验锌柱为同一厂家生产，第 3～5 组试验锌柱为另一厂家生产；
***2 组试验，第 1 组加载至 150 kN 后卸载至 0 kN 再重新加载至变形结束，第 2 组加载至变形量为 15 mm 处卸载至 0 kN 再重新加载至变形结束。

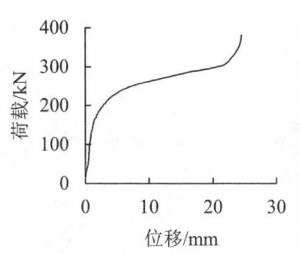

图 2 对应工况编号 5

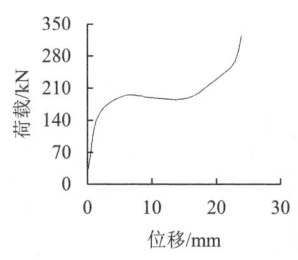

图 3 对应工况编号 6

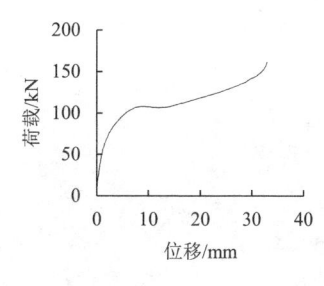

图 4 对应工况编号 11

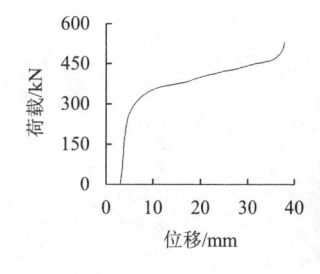

图 5 对应工况编号 12

402 沉　　管

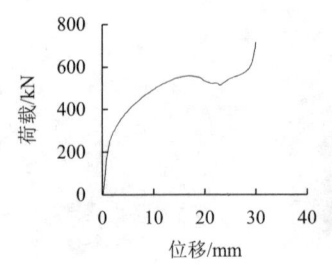

图 6　对应工况编号 14

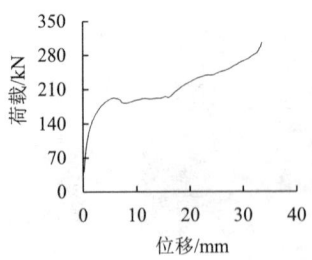

图 7　对应工况编号 17

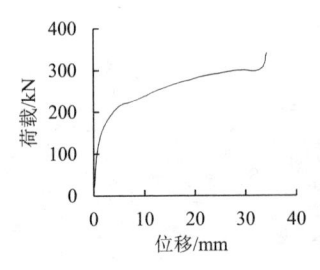

图 8　对应工况编号 19

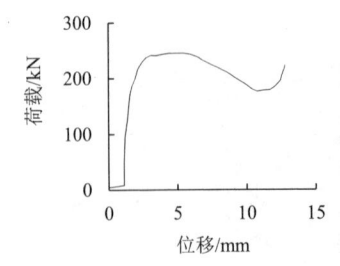

图 9　对应工况编号 21

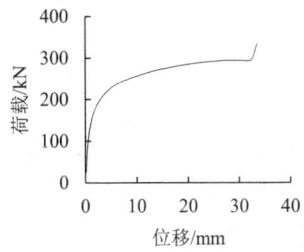

图 10　对应工况编号 27

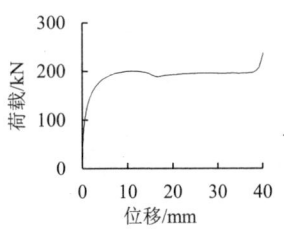

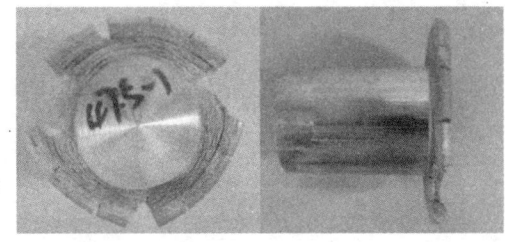

图 11　对应工况编号 31

拖 运 试 验

背 景

港珠澳大桥岛隧工程前期根据物理模型试验的结果计划采用 4 艘拖轮进行管节的拖运。后来做了拖运演练，结论是需要 6 艘拖轮。第一次实施拖运作业时，实际的拖运编队采用了 8 艘拖轮。但是，在实施过程中，管节不进反退了近 800 m。这说明管节与船队在运动过程中的实际阻力与物理模型试验测试的结果有差异。工程在连续安装了近 30 个管节后，团队操作协同渐入佳境。因此我们利用这一时机进行了管节的原型拖运试验，以了解管节运动速度与阻力的真实关系。

测试的工况包括：拖轮的数量、配置、其发动机的转速及航道的几何尺寸。主要影响因素是海流。

测量管节的运动速度与拖力。拖力无法直接测得，因此用各个拖轮发动机的转速换算。换算关系通过标定试验来确定。

在本篇的最后我们将原型拖运试验与小比例尺寸物理模型试验的结果进行了比较。

原型拖运试验：方法

在管节拖运过程中，保持拖轮与管节相对位置不变，与海流角度也不变，拖轮转速也不变。基于这三个不变的状态，如果拖运航速能基本稳定，并且能保持 3～5 min，则记录该航速，并记录有关影响因素包括风、浪、流。在这 5 个管节的拖运过程中，选用了 4 段试验区，见图 1。一共找到了 20 个时间段。试验编号为 E28-1～E28-3，E32-1～E32-3，E31-1～E31-8，E29，以及 E30-1～E30-5。

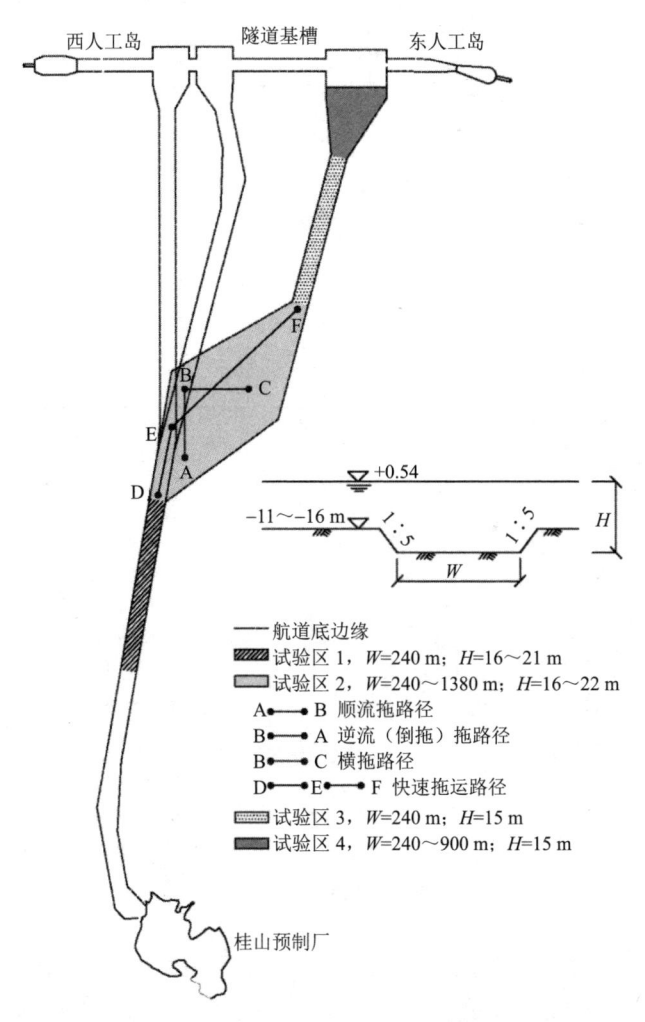

图 1 拖运试验区段与路径平面图

管节与安装船为刚性连接，轮廓尺寸参考图 2。

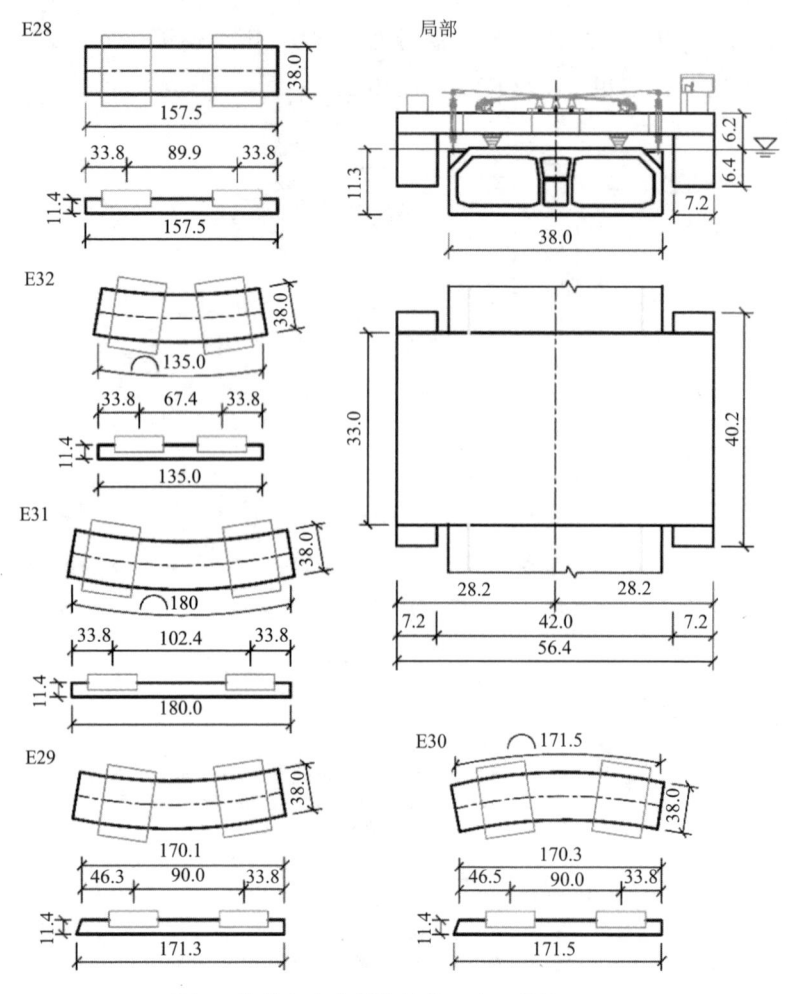

图 2 管节与安装船的轮廓尺寸（单位：m）

管节浮运的绝对速度由信标机测量。信标机的接收天线设置在安装船的顶板上（图3a）。假定安装船与管节是刚体，信标机测到的速度代表管节的拖运速度。管节的运动速度等测量数据在管节安装船顶楼的拖运指挥室内显示，显示界面见图3b。

(a）信标机位于管节安装船上的顶板上

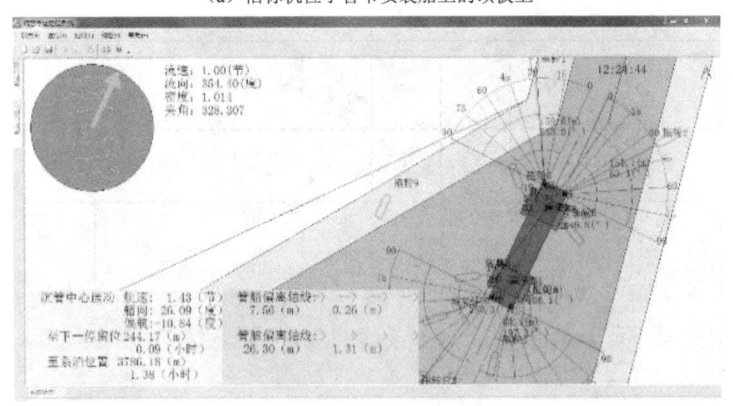

(b）导航显示界面

图 3 管节速度测量

在距离试验地点不到 1 km 的位置观测海流。流速仪设置在浮标上（图4），持续记录流速流向。因为管节吃水深度为 11.2 m，取表层 10 m 平均流速作为试验影响因素的记录流速。我们认为海流是影响拖运速度的主要因素。试验期间的流速在 0.4～0.8 m/s 内，海流的方向与拖运的方向同向或反向。

波浪观测与风观测位于距离拖运位置约 3 km 的海上平台。观测记录试验时间段出现的极大值。试验时的风速最大约 0.7 m/s，有效波高最大值约 0.4 m。

图 4　海流、海浪观测用的浮标

记录试验时间段各个提供管节前进动力的拖轮的发动机转速。由于拖轮的型号不同，新旧不一，每条船都要单独测试，见表 1。

表 1　拖轮编号

拖轮编号	总长/m	吃水/m	型宽/m	型深/m	主机转速/(r/min)	功率/kW	总吨数/t	排水量/m³
T1	37.5	4.1	11.5	—	750	5072	—	—
T2	37	4.2	11.6	5.3	750	4998	—	—
T3	37.6	4.1	10.5	4.8	750	3840	480	800
T4	37.6	4.1	10.5	4.8	750	3840	480	800
T5	37.6	4.1	10.5	4.8	750	3840	480	800
T6	35.5	3.5	10.0	—	750	2942	—	—
T7	37.6	3.9	10.6	4.9	750	3840	—	—
T8	35.3	3.5	10.0	4.5	750	2942	404	—
T9	37.6	4.1	10.5	4.8	750	3840	480	800
T10	35.3	3.5	10.0	4.5	750	2942	400	632.2

我们一共做了 20 次试验，拖轮编队形式如图 5 所示。

图 5 试验的拖轮编队形式（单位：m）

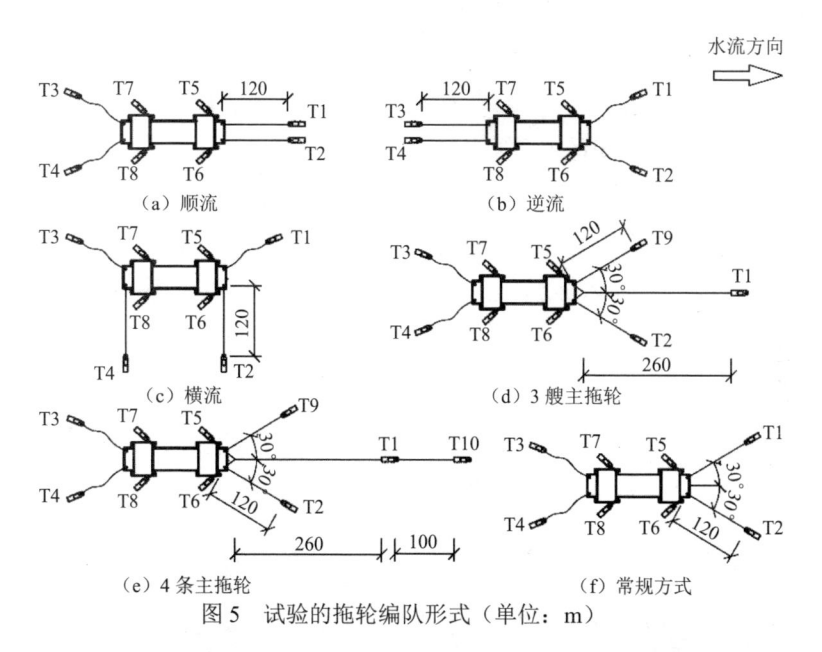

图 6 垂直管节长向拖运，对应图 5c

图 7 E29 管节试验段拖运，对应图 5f

图 8 E30 管节在试验段拖运方式，分别对应图 5d 和图 5e

原型拖运试验：过程

E28 管节于 2016 年 7 月 11 日为管节安装而进行拖运，在试验区 2 进行了 3 段拖运试验。拖运路径对应本篇开头的平面图分别为一段从 A 到 B 的顺流拖运，以及两段从 B 到 A 的逆流拖运。对应的拖运布置方式见图 5a、图 5b。在逆流拖运时，拖轮的拖力不足以克服水流流速，也就是说，管节的运动方向仍然与水流的方向相同。

E32 管节于 2016 年 11 月 22 日进行拖运，在试验区 2 进行了 3 段拖运试验。拖运路径对应本篇开头的平面图分别为一段从 A 到 B 的顺流拖运，一段从 B 到 A 的逆流拖运，以及一段从 B 到 C 的沿着管节横向方向的拖运。拖轮编队方式参考图 5c。

E31 管节于 2016 年 12 月 24 日进行拖运，在试验区 2 进行了 8 段拖运试验。包括 1 段顺流拖运试验，3 段逆流拖运试验，4 段横拖运试验。拖轮编队方式及拖运路径同前文所述的试验段。其中，逆流拖运试验均未拖动。

E29 管节于 2017 年 2 月 18 日进行拖运，在试验区 1 进行了 1 次试验，拖运路线沿着试验区一航道的轴线。拖轮编队方式见图 5f，这也是该工程实际使用的拖运方式。

E30 管节于 2017 年 3 月 6 日拖运。在试验区 1、2、3、4 进行了快速拖运试验，拖运路径为管节正常浮运路径，对应图 1 平面图的 D-E-F。其中，为试验段 E30-1 提供动力的拖轮为 3 艘，为其他试验段提供动力的拖轮为 4 艘。拖轮编队形式分别参考图 5d 和图 5e。

原型拖运试验：总结

按照拖运区域划分和汇总的试验总结见表 2。

表中的第一列代表试验编号。例如，"E28-1"表示沉管管节 E28 的第一个试验记录。第二列描述拖运的边界条件，对应于图 1 平面图。第三列的三个小列分别为拖轮布置、工作拖轮及拖轮发动机的使用转速。第四列是管节外观参数。第五列是试验期间的海流的描述，用来计算管节与流速的关系。第六至第八列是波浪、风速与潮位的描述，因为数值较小，它们的影响在结果分析中被忽略了。管节运动速度及水流流速记录在第九列。为了方便与后文进行比较，可定义管节在"静水"中的相对速度。相对速度是以流动的水流为静止的坐标时的管节的运动速度。在这个特定的坐标系下，水阻力就等于拖轮施加给管节的拖力的合力在管节运动方向的分力的绝对值，因为管节保持匀速运动，拖力和水阻力是一对大小相等、方向相反的平衡力。唯一打破平衡的情况就是拖运失败，即管节前进的方向并非拖运计划的方向，而是与拖轮的拖动方向相反。可见，上述管节逆流拖运6次，仅1次成功，其他5次不进反退。且成功的那一次管节运动速度缓慢。

表2 拖运试验总结

试验段编号	拖运测试区段	拖运方式			管节		海流		有效波高极大值/m	最大风速/(m/s)	潮位/m	管节运动测量		说明
		拖轮布置	工作拖轮	使用转速/(r/min)	质量/(×10³ kg)	长度/m	流速/(m/s)	流向/(°)				平均速度/(m/s)	方向/(°)	
E28-1		图5a:顺流拖	T1+T2	380+380	65 372	157.5	0.67	358	0.22	5.5	0.5	0.82	0.5	—
E32-1					55 843	135.0	0.58	357	0.28	5.5	0.75	1.18	2.0	—
E31-2				410+410	74 487	180.0	0.47	358	0.24	5.66	1.31	1.09	3.3	—
E28-2	区段二:参考篇首平面图,下同。	图5b:逆流拖	T3+T4	570+570	65 372	157.5	0.72	0	0.22	5.5	0.5	0.20	10.0	后退
E28-3							0.78	356	0.22	5.5	0.5	0.17	5.8	后退
E32-2				600+600	55 843	135.0	0.62	358	0.28	5.5	0.75	0.19	185.6	前进
E31-1					74 487	180.0	0.46	355	0.24	5.66	1.31	0.13	3.8	后退
E31-4							0.44	359	0.24	5.66	1.31	0.18	356.0	后退
E31-3				650+650			0.49	353	0.24	5.66	1.31	0.22	358.0	后退
E32-3		图5c:横拖	T2+T4	440+630	55 843	135.0	0.54	359	0.28	5.5	0.75	0.76	90.0	—
E31-5				420+630	74 487	180.0	0.49	354	0.24	5.66	1.31	0.70	45.0	—
E31-6							0.50	0.5	0.24	5.66	1.31	0.59	45.0	—
E31-7				370+630			0.46	0	0.24	5.66	1.31	0.65	45.0	—
E31-8							0.50	351	0.24	5.66	1.31	0.55	45.0	—

续表

试验段编号	拖运测试区段	拖运方式		使用转速/(r/min)	管节		海流		有效波高极大值/m	最大风速/(m/s)	潮位/m	管节运动测量		说明
		拖轮布置	工作拖轮		质量/($\times 10^3$ kg)	长度/m	流速/(m/s)	流向/(°)				平均速度/(m/s)	方向/(°)	
E29	区段一	图5f:顺流拖	T1+T2	550+550	70 595	171.4	0.58	354	0.26	2.64	0.51	1.44	10.0	—
E30-1	区段一	图5d:顺流拖	T1+T2+T9	660+590+650	70 582	171.6	0.49	358	0.39	7.49	0.73	1.52	14.0	—
E30-2		图5e:顺流拖	T1+T2+T9+T12	660+600*(650)+590+650			0.47	354	0.39	5.85	0.77	1.71	20.0	—
E30-3	区段二						0.55	0.8	0.39	6.73	0.85	1.81	43.0	—
E30-4	区段三						0.58	356	0.39	7.9	0.95	1.68	6.0	—
E30-5	区段四						0.59	356	0.39	7.26	0.97	1.67	10.0	—

*括号内为E30-4、E30-5的发动机使用转速。

转-拖力的标定试验

为了将表2中的拖轮使用转速等效为拖力，我们让试验用的拖轮拉岸边的系缆柱，并在岸上测量系缆柱一头的缆绳的拉力来建立拖力与特定拖轮的使用转速的对应关系。图9是试验时的照片。

图9 拖力标定试验照片

拖力试验选择无风浪的环境进行，缆绳长度120 m，在距离试验地点1 km的位置实时测量流速，为最小化水流力的影响，缆绳保持与水流流向平行，缆绳与岸线的夹角在60°～90°之间变化。试验时测得的最大水流流速为0.4 m/s，水流力会对结果的精确性产生一定的影响。

试验结果总结见图 10。从图中可看出，拖轮的转速与拖力有良好的对应关系。此外发现，拖轮的新旧与维护状况对拖力的影响较大。

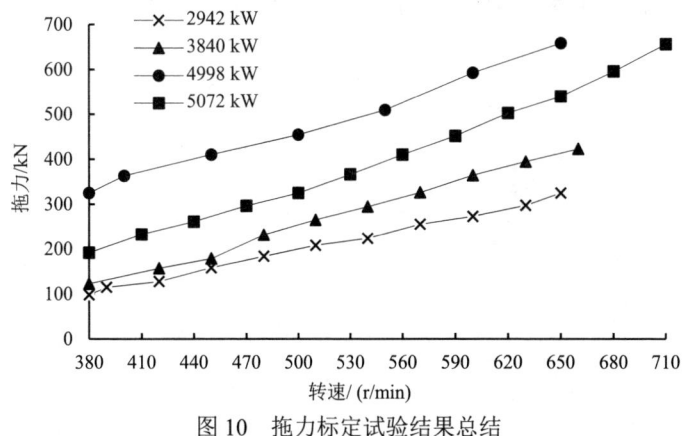

图 10　拖力标定试验结果总结

试 验 结 果

表 3 计算了原型拖运试验的水阻力和管节运动的相对速度。前文已述管节运动的相对速度由水流流速和管节的运动速度的矢量之和在管节运动方向的投影的绝对值计算而得，在管节运动方向与拖力方向同向时水阻力等于拖力。可见随着工作拖轮数量的增加，水阻力大幅度增加；管节被横拖或纵拖对水阻力的影响不大。

表 3　水阻力或拖力与管节运动的相对速度

工况		拖力，等同于水阻力/kN	海流		沉管管节	
描述	试验段		流速/(m/s)	与管节运动方向的夹角，基于前表计算/(°)	速度/(m/s)	相对速度/(m/s)
顺流拖	E28-1	516.0	0.67	2.5	0.82	0.15
	E32-1	516.0	0.58	5.0	1.18	0.61
	E31-2	604.9	0.47	5.3	1.09	0.62
逆流拖	E28-2	651.4*	0.72	170.0	0.20	拖运失败
	E28-3	727.9*	0.78	178.2	0.17	拖运失败

续表

工况		拖力，等同于水阻力/kN	海流		沉管管节	
描述	试验段		流速/(m/s)	与管节运动方向的夹角，基于前表计算/(°)	速度/(m/s)	相对速度/(m/s)
逆流拖	E32-2	727.9	0.62	172.4	0.19	0.80
	E31-1	727.9*	0.46	171.2	0.13	拖运失败
	E31-4	727.9*	0.44	177.0	0.18	拖运失败
	E31-3	826.0*	0.49	175.0	0.22	拖运失败
横拖	E32-3	795.0	0.54	91.0	0.76	—
	E31-5	776.2	0.49	51.0	0.70	—
	E31-6	699.9	0.50	44.5	0.59	—
	E31-7	699.9	0.46	45.0	0.65	—
	E31-8	699.9	0.50	54.0	0.55	—
顺流拖	E29	785.0	0.58	16.0	1.44	0.89
	E30-1	1357.1	0.49	16.2	1.52	1.05
	E30-2	1668.9	0.47	26.0	1.71	1.28
	E30-3	1668.9	0.55	42.2	1.81	1.41
	E30-4	1720.9	0.58	10.5	1.68	1.11
	E30-5	1720.9	0.59	13.9	1.67	1.10

注：带有*的数值无法代表水阻力，因为拖运失败，管节受力未达平衡状态。

E30管节经过了4个不同航道边界条件的试验段，对比图11不同时间段的最大航速，并参考图1的航道水深和宽度，可发现边界条件对航速也有明显的影响。

E30管节5个试验段的速度-时间曲线见图11，可见：①在相同的水流条件下，当拖轮编队形式恒定，所有拖轮的转速也恒定，即拖力恒定时，都能使管节保持稳定速度；②在相同的水流条件下，拖运管节的速度会随拖力的增加而递增，但是递增的速率会随着速度的增加而递减；③当E30管节拖运的速度达到1.5～1.6 m/s时，即使增加拖力速度也几乎不再增长。此时，我们在现场的管节上方的安装船上也观察到了管节的尾蹲。这是在受限的航道中管节拖运的特点，也许可以这样形容该现象，管节向前移动，前方的水体要给它让路，就要在短时间内流动到其他地方，当航道较狭窄时，水的流动变得困难，需要更多时间。

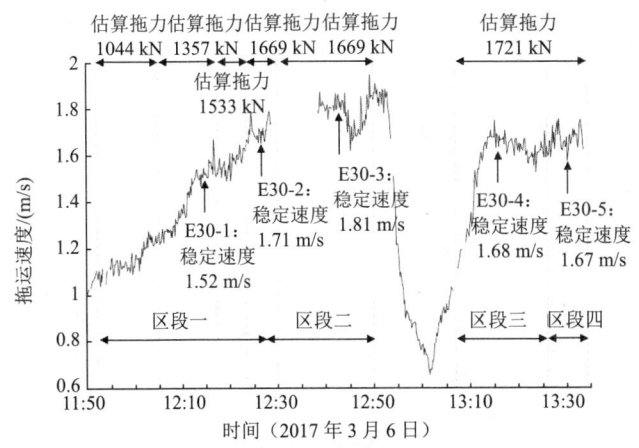

图 11 管节 E30 拖运的速度-时间曲线，包含 5 个试验时间段

物理模型试验

在项目前期，我们进行了 1∶40 拖运水阻力试验。试验了 3 种拖轮编队形式见图 12。

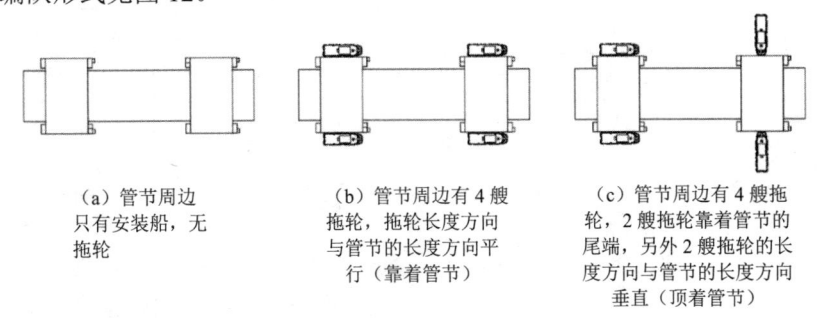

（a）管节周边只有安装船，无拖轮

（b）管节周边有 4 艘拖轮，拖轮长度方向与管节的长度方向平行（靠着管节）

（c）管节周边有 4 艘拖轮，2 艘拖轮靠着管节的尾端，另外 2 艘拖轮的长度方向与管节的长度方向垂直（顶着管节）

图 12 物理模型试验的 3 种拖轮编队形式

试验结果见表 4。

表4 物理模型试验结果

试验编号	水槽模拟航道等效水深/m	拖力测量换算值/kN 无随行拖轮,对应图12a	拖力测量换算值/kN 4艘平行,对应图12b	拖力测量换算值/kN 2平行,2垂直,对应图12c	模拟的海流 流速/(m/s)	模拟的海流 与管节运动方向的夹角/(°)	管节 绝对速度/(m/s)	管节 相对速度/(m/s)
1号	14.4	112.4	123.1	155.1	静水	—	0.62	0.62
2号	14.4	234.2	297.0	330.2	静水	—	1.00	1.00
3号	14.4	418.8	491.6	547.5	静水	—	1.25	1.25
4号	14.4	598.3	661.1	796.7	静水	—	1.50	1.50
5号	14.4	888.4	965.0	1149.0	静水	—	1.80	1.80
6号	14.4	627.8	671.2	802.4	0.8	0	0.62	1.42
7号	14.4	777.3	833.8	1019.0	0.8	0	0.80	0.80
8号	14.4	926.1	971.9	1277.0	0.8	0	1.00	1.00
9号	14.4	780.4	791.1	995.8	1.0	0	0.62	1.62
10号	14.4	930.5	948.7	1210.5	1.0	0	0.80	0.80
11号	14.4	1097.5	1121.3	1405.7	1.0	0	1.00	1.00
12号	14.4	626.0	682.5	—	0.8	5	0.62	1.42
13号	14.4	788.6	843.2	—	0.8	5	0.80	0.80
14号	14.4	1030.9	1102.2	—	0.8	5	1.00	1.00
15号	14.4	760.5	810.1	—	1.0	5	0.62	1.62
16号	14.4	921.1	1041.6	—	1.0	5	0.80	0.80
17号	14.4	1212.0	1260.8	—	1.0	5	1.00	1.00
18号	14.4	656.7	687.5	727.7	0.8	12	0.62	1.40
19号	14.4	778.5	807.4	899.1	0.8	12	0.80	0.80
20号	14.4	929.2	981.0	1082.4	0.8	12	1.00	1.00
21号	14.4	748.4	779.8	861.4	1.0	12	0.62	1.62
22号	14.4	889.0	932.3	1020.2	1.0	12	0.80	0.80
23号	14.4	1073.6	1100.6	1236.8	1.0	12	1.00	1.00
24号	14.4	—	—	725.8	0.8	15	0.62	1.39

续表

试验编号	水槽模拟航道等效水深/m	拖力测量换算值/kN 无随行拖轮，对应图12a	拖力测量换算值/kN 4艘平行，对应图12b	拖力测量换算值/kN 2平行，2垂直，对应图12c	模拟的海流 流速/(m/s)	模拟的海流 与管节运动方向的夹角/(°)	管节 绝对速度/(m/s)	管节 相对速度/(m/s)
25号	14.4	—	—	855.7	0.8	15	0.80	0.80
26号	14.4	—	—	1029.7	0.8	15	1.00	1.00
27号	14.4	—	—	859.2	0.8	15	0.62	1.62
28号	14.4	—	—	970.7	1.0	15	0.80	0.80
29号	14.4	—	—	1176.6	1.0	15	1.00	1.00
30号	16.0	560.5	611.1	—	0.8	5	0.62	1.42
31号	16.0	711.5	760.7	—	0.8	5	0.80	0.80
32号	16.0	888.1	936.9	—	0.8	5	1.00	1.00
33号	16.0	684.6	730.8	—	1.0	5	0.62	1.62
34号	16.0	828.8	880.1	—	1.0	5	0.80	0.80
35号	16.0	1035.1	1126.7	—	1.0	5	1.00	1.00
36号	16.0	578.2	615.3	—	0.8	12	0.62	1.40
37号	16.0	702.2	728.3	—	0.8	12	0.80	0.80
38号	16.0	818.1	863.8	—	0.8	12	1.00	1.00
39号	16.0	685.3	711.9	—	1.0	12	0.62	1.62
40号	16.0	789.1	837.6	—	1.0	12	0.80	0.80
41号	16.0	966.0	988.4	—	1.0	12	1.00	1.00

注：水槽模拟航道等效宽度为600 m。

原型拖运试验与物理模型试验的比较

将原型拖运试验的结果与物理模型试验的结果进行对比，见图13。可见原型拖运试验和小比尺物理模型试验的结果有巨大差异。物理模型试验结果对水阻力的估计偏小，原因可能是边界条件不同，我们认为更重要的是管节的尺寸大，超出了已有的经验范围，尺度效应问题未来需要注意。

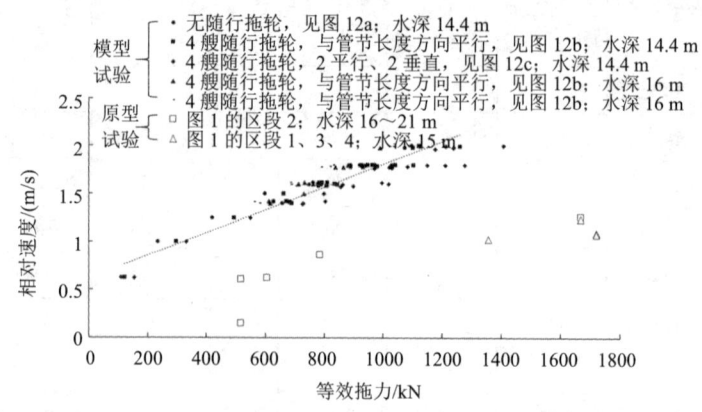

图 13 原型拖运试验和物理模型试验的管节运动相对速度与水阻力的对比

管节与基床摩擦力试验与实测

管节安装时有两个工况需要考虑摩擦力,分别是拉合与纠偏,后者在《线形管理》中已讨论。为了获得摩擦力的取值,港珠澳大桥岛隧工程从 2012 年 6 月 13 日至 7 月 23 日共做了 12 批 127 次试验。

摩擦力试验

我们制造了水槽(图 1a)以测试水下的摩擦力。管节的模型为 8.55 m×1.803 m×0.2 m 的混凝土板,混凝土板的上面安装 8.51 m×1.5 m×0.4 m 的密封钢水箱(图 1b)用来模拟不同级度的接触压力。

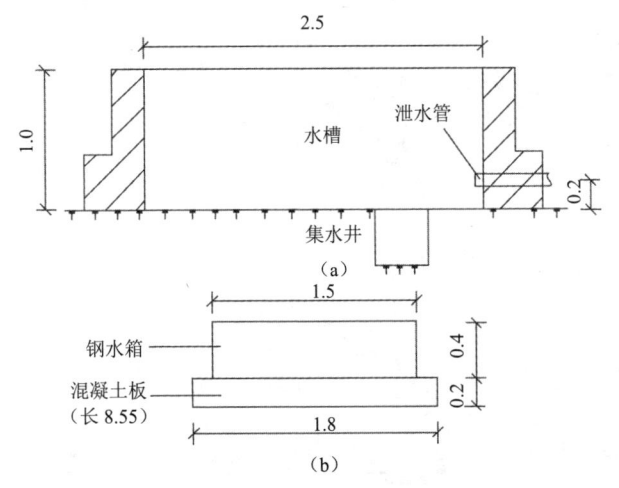

图 1 沉管隧道管节摩擦力试验模型(单位:m)

420　沉　管

试验中将管节的推动方式分为平动（图 2a、图 2b）和转动[图 2（c～h）]，分别代表管节的拉合作业与纠偏作业。

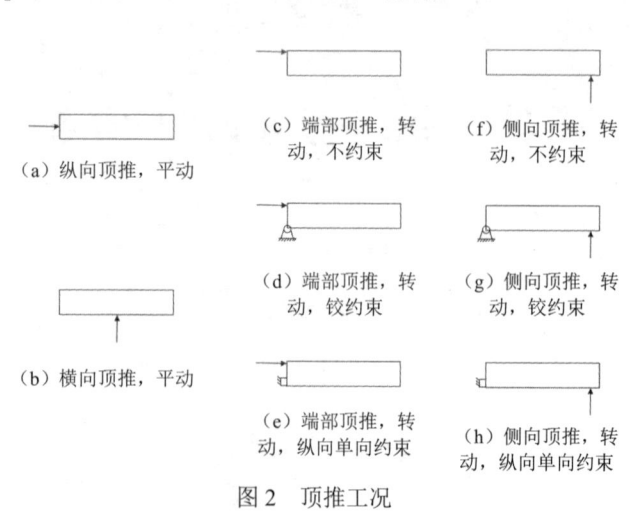

（a）纵向顶推，平动
（b）横向顶推，平动
（c）端部顶推，转动，不约束
（d）端部顶推，转动，铰约束
（e）端部顶推，转动，纵向单向约束
（f）侧向顶推，转动，不约束
（g）侧向顶推，转动，铰约束
（h）侧向顶推，转动，纵向单向约束

图 2　顶推工况

试验的基床的类型有以下几种（图 3）。
①碎石粒径 2～6 cm 满铺；
②碎石粒径 2～6 cm 带垄沟；
③碎石粒径 2～6 cm 横推；
④碎石粒径 1～3 cm 带垄沟；
⑤碎石粒径 1～3 cm 满铺；
⑥碎石粒径 2～6 cm，带淤泥碎石基床；
⑦砂基床。

（a）满铺碎石基床
（b）垄沟碎石基床
（c）带淤泥的碎石基床

(d) 砂基床　　　　　(e) 管节模型置入水槽　　　(f) 称管节模型重量的吊钩

图 3　试验基床及设施

试验用的基床厚度为 35 cm，其下为混凝土硬底，这一点与港珠澳大桥岛隧工程沉管管节的实际情况接近，因为工程采用的是组合基床的方案，详见《沉管隧道的基础》。垄沟碎石基床和满铺碎石基床的剖面见图 4。垄沟剖面的尺寸与沉管隧道管节碎石基床实际铺设的垄沟尺寸相符。

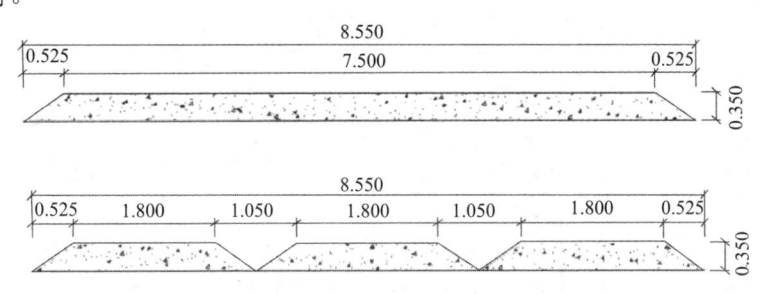

图 4　满铺形式与垄沟形式的基床剖面（单位：m）

考虑管节安装时可能产生的负浮力，模拟几种不同的管底压强，范围为 0.9～2.4 kPa。为便于比较，管底压强的计算被规定为竖向重量除以接触面的外轮廓面积，忽略变形导致的接触面面积的改变。

试验时，将管节模型吊入水槽内，置于预先铺好的基床上。再将千斤顶和压力传感器固定在反力架上，压力传感器顶住模型管节一端的钢封板，在模型管节的另一端设置位移传感器。逐级加载，同时记录压力与位移。

平动试验的结果见表 1。

表1 摩擦力试验平动试验结果汇总

试验工况编号	碎石粒径/cm	基床类型 第1次	基床类型 第2次	基础材质	平整度/cm	推动方向	竖向荷载/kN	水平荷载/kN 第1次	水平荷载/kN 第2次	摩擦系数 第1次	摩擦系数 第2次
T1	2~6	满铺	满铺	碎石	±1	纵向	12.56	4.94	4.61	0.39	0.37
T2	2~6	满铺	满铺*	碎石	±4	纵向	18.77	7.02	7.84	0.37	0.42
T3	2~6	满铺	满铺*	碎石	±4	纵向	25.07	9.95	10.71	0.40	0.43
T4	2~6	满铺	满铺*	碎石	±4	纵向	31.27	12.97	14.17	0.41	0.45
T5	2~6	垄沟	—	碎石	±1	纵向	12.86	5.05	—	0.39	—
T6	2~6	垄沟*	垄沟	碎石	±4	纵向	13.54	5.81	5.29	0.43	0.39
T7	2~6	垄沟	垄沟	碎石	±1	纵向	14.54	5.40	5.81	0.40	0.40
T8	2~6	垄沟	垄沟	碎石	±1	纵向	18.01	7.15	7.92	0.40	0.43
T9	2~6	垄沟	垄沟*	碎石	±1	纵向	22.43	9.42	9.74	0.42	0.43
T10	2~6	垄沟	垄沟	碎石	±1	纵向	27.08	11.44	11.73	0.42	0.43
T11	2~6	垄沟	垄沟	碎石	±4	纵向	37.06	15.94	17.71	0.43	0.46
T12	2~6	垄沟	垄沟	碎石	±4	横向	13.51	5.27	5.80	0.39	0.43
T13	2~6	垄沟	垄沟*	碎石	±4	横向	18.05	7.10	6.97	0.39	0.39
T14	1~3	垄沟	垄沟*	碎石	±4	纵向	13.53	5.55	6.41	0.41	0.47
T15	1~3	垄沟	垄沟*	碎石	±4	纵向	18.04	7.38	8.13	0.41	0.45
T16	1~3	垄沟	垄沟*	碎石	±4	纵向	22.56	9.64	10.56	0.43	0.47
T17	1~3	垄沟	垄沟*	碎石	±4	纵向	27.06	10.98	12.59	0.41	0.47
T18	1~3	满铺	满铺	碎石	±4	纵向	18.80	7.57	8.42	0.4	0.45
T19	1~3	满铺	满铺	碎石	±4	纵向	25.05	10.30	11.45	0.41	0.46
T20	1~3	满铺	满铺	碎石	±4	纵向	31.32	12.77	15.10	0.41	0.48
T21	1~3	满铺	满铺	碎石	±4	纵向	37.58	15.76	17.73	0.42	0.47
T22	2~6	垄沟	垄沟*	淤泥	—	纵向	13.53	3.85	5.52	0.28	0.41
T23	2~6	垄沟*	垄沟*	淤泥	—	纵向	18.04	5.52	6.18	0.31	0.34
T24	2~6	垄沟*	垄沟*	淤泥	—	纵向	22.55	5.56	7.57	0.25	0.34
T25	2~6	垄沟* 垄沟*（第3次）	垄沟*	淤泥	—	纵向	18.04	3.67 5.57（第3次）	4.60	0.2 0.31（第3次）	0.25
T26	—	垄沟	垄沟*	砂	±1	纵向	13.53	5.91	6.17	0.44	0.46
T27	—	垄沟	垄沟*	砂	±1	纵向	18.04	8.37	8.41	0.46	0.47
T28	—	垄沟	垄沟*	砂	±1	纵向	22.55	10.60	10.65	0.47	0.47

注：1. 管节模型底面接触面积为8.550 m×1.803 m；管底压强可根据表中的竖向荷载除以该值计算得出。
2. 基床类型无*号为基床重新铺设，标*号代表基床未重新铺设。

从图5可见，管底压强的增加基本会导致摩擦系数的增加，而其他因素对摩擦系数的影响并不明显。

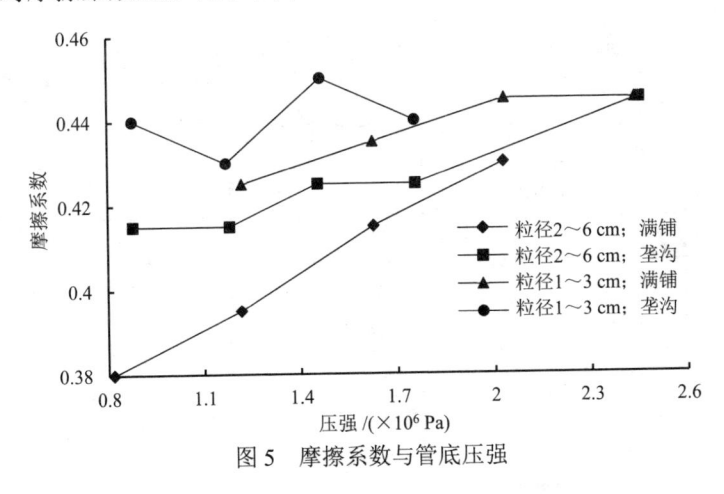

图 5 摩擦系数与管底压强

试验过程中发现摩擦力在达到极值后仍有缓慢增长的趋势，见图 6（对应表 1 T3），其原因可能是管节模型的底板的碎石存在滚动，刚开始的运动为结构底部的摩擦与碎石滚动的结合，随着位移增加，滚动的成分减少。

淤泥有降低摩擦力的趋势，而砂垫层增加摩擦力。

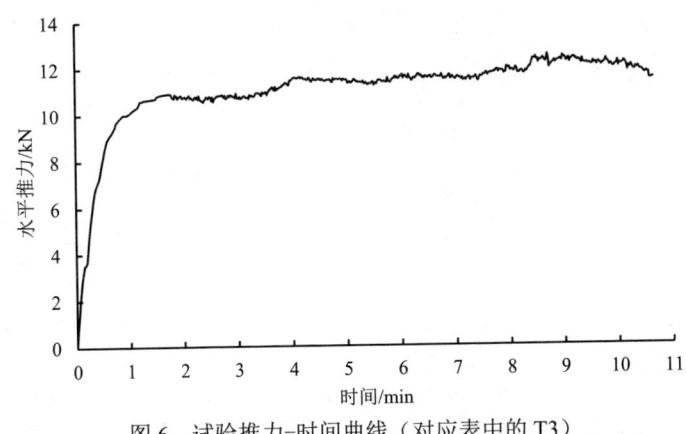

图 6 试验推力-时间曲线（对应表中的 T3）

转动试验的结果见表 2。观察到管节的运动是平动与转动组合。

表2 摩擦力试验转动试验结果汇总

工况	碎石粒径/cm	基床类型	平整度/cm	竖向荷载/kN	约束	加载位置与偏心距离/m	水平荷载/kN 第1次	第2次	第3次	第4次	第5次
R1	2~6	垄沟*	±4	13.51	无	尾部3.6	2.46	—	—	—	—
R2	2~6	垄沟*	±4	18.08	无	尾部3.6	3.96	—	—	—	—
R3	2~6	垄沟*	±4	22.55	无	尾部3.6	5.01	4.96	—	—	—
R4	2~6	垄沟	±4	13.51	纵向	尾部3.6	2.68	—	—	—	—
R5	2~6	垄沟	±4	18.08	纵向	尾部3.6	4.05	—	—	—	—
R6	2~6	垄沟*	±4	22.55	纵向	尾部3.6	4.45	5.90	6.17	—	—
R7	2~6	垄沟**	±4	13.59	转动	尾部3.7	2.54	3.01	—	—	—
R8	2~6	垄沟*	±4	13.56	转动	尾部4.2	2.57	2.79	3.05	3.19	3.28
R9	2~6	垄沟**	±4	18.05	转动	尾部3.8	3.70	3.98	—	—	—
R10	2~6	垄沟*	±4	18.04	转动	尾部4.2	3.78	3.83	4.05	4.71	—
R11	2~6	垄沟**	±4	22.55	转动	尾部3.7	4.56	5.27	—	—	—
R12	2~6	垄沟*	±4	22.56	转动	尾部4.2	4.65	5.50	4.94	5.46	—
R13	2~6	垄沟**	±4	13.54	转动	端部0.9	12.62	14.00	—	—	—
R14	2~6	垄沟*	±4	13.53	转动	端部0.9	14.37	12.59	14.79	14.71	13.82
R15	2~6	垄沟**	±4	18.03	转动	端部0.9	17.48	16.97	—	—	—
R16	2~6	垄沟*	±4	18.04	转动	端部0.9	19.57	20.54	19.73	19.91	—
R17	2~6	垄沟**	±4	22.55	转动	端部0.9	24.68	25.70	—	—	—
R18	2~6	垄沟*	±4	22.56	转动	端部0.9	24.67	24.64	24.77	26.32	—
R19	2~6	垄沟*	±4	13.53	无	端部0.8	5.66	5.73	6.03	6.09	—
R20	2~6	垄沟*	±4	18.04	无	端部0.8	8.61	9.05	8.98	8.73	—
R21	2~6	垄沟*	±4	22.55	无	端部0.8	10.51	10.50	10.85	10.29	—
R22	2~6	垄沟*	±4	13.53	纵向	端部0.8	4.62	5.34	5.42	5.06	—
R23	2~6	垄沟*	±4	18.04	纵向	端部0.8	7.38	7.81	7.84	8.12	—
R24	2~6	垄沟*	±4	22.55	纵向	端部0.8	9.70	10.05	9.82	10.00	—

注：1. 管节模型底面接触面积为8.550 m×1.803 m；管底压强可根据表中的竖向荷载除以该值计算得出；
  2. 标*号代表基床未重新铺设；标**号代表除第1次试验基床重新铺设外，后续次数的试验都未重新铺设；其他为基床重新铺设。

管节拉合时的摩擦力的观测

这一节的实测数据可与前文的平动试验对比来看。

简述施工流程。管节沉放时具有 8000~10000 kN 的负浮力，着床前，该负浮力与竖向缆绳的拉力平衡。着床后，竖向缆绳仍然承担一部分的力，也就意味着管节给基床的压力是其负浮力还要扣除竖向缆绳的拉力。接下来，如图 7 所示，在管节顶部的两个拉合千斤顶伸出，与前一个管节上的拉合台座连接。然后开始拉合。拉合过程中管节与基床的底面接触面积为 4000~6700 m^2。拉合分三阶段：第一阶段千斤顶与拉合台座连接并预紧（图 8 中 Ⅰ 到 Ⅱ）；第二阶段拉合管节直至管节的 GINA 止水带接触相邻管节的端钢壳（图 8 中 Ⅲ）。以上两个阶段的拉合千斤顶的拉力的大小基本等于摩擦力，方向与之相反。之后 GINA 止水带逐渐地被压缩（图 8 中 Ⅳ 到 Ⅶ），GINA 止水带的反力的增大导致摩擦力不好计算，因此第三阶段的数据不再统计。

表 3 汇总了 33 个管节拉合时的施工记录。可见摩擦系数的范围为 0.4~0.8，较多的情况集中在 0.5 左右。由记录健全的数据估算了摩擦力与摩擦系数；摩擦力的计算扣除了由于纵坡坡度引起的纵向分力；正压力扣除了吊缆与操控缆的拉力；比较试验结果和实测情况，可发现较吻合。

图 7 管节顶部拉合千斤顶的水下连接

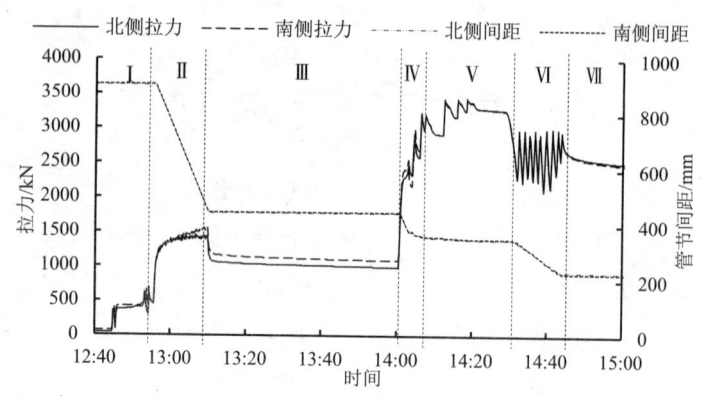

图 8 2016 年 3 月 31 日 E25 管节拉合过程的千斤顶的力、管节端面间距及时间的曲线

图中，阶段Ⅰ拉合千斤顶搭接；阶段Ⅱ拉动管节直至 GINA 止水带的鼻尖与已安管节稍微接触；阶段Ⅲ保持拉力和位移不变，水下检查；阶段Ⅳ拉合直至 GINA 止水带的鼻尖完全压缩；阶段Ⅴ保持拉力，水下检查；阶段Ⅵ水力压接；阶段Ⅶ后续工作

表 3 管节拉合实际摩擦系数统计

管节	负浮力/kN	设计坡率/%	竖向分力①/kN	纵向分力②/kN	竖向吊缆力③/kN	操控缆竖向分力④/kN	基床压力计算 正压力⑤=①−③−④	管底接触面的面积/m²	管底压强*/kPa	拉合千斤顶监测读数 平均拉力⑥/kN	最大拉力⑦/kN	计算摩擦力 平均⑧=②+⑥/kN	最大⑨=②+⑦/kN	摩擦系数 平均=⑧/⑤	最大=⑨/⑤
E1	7848	2.996	7844.5	−235.0	—	—	4070.1	—	—	—	—	—	—	—	—
E2	7848	2.465	7845.6	−193.4	—	—	4070.1	—	—	—	—	—	—	—	—
E3	9810	1.614	9808.7	−158.3	—	—	4070.1	—	—	—	—	—	—	—	—
E4	7848	1.447	7847.2	−113.5	—	—	4070.1	—	—	—	—	—	—	—	—
E5	7848	1.500	7847.1	−117.7	—	—	4070.1	—	—	—	—	—	—	—	—
E6	7848	1.517	7847.1	−119.0	—	—	4070.1	—	—	—	—	—	—	—	—
E7	7848	1.708	7846.9	−134.0	—	—	4070.1	—	—	—	—	—	—	—	—
E8	8338.5	1.848	8337.1	−154.1	—	—	4070.1	—	—	—	—	—	—	—	—
E9	8338.5	1.908	8337.0	−159.1	—	—	4070.1	—	—	数据异常					
E10	8436.6	1.443	8435.7	−121.7	—	—	4070.1	—	—	1764.1	2079.7	1642.4	1958.0	—	—
E11	9810	0.773	9809.7	−75.8	—	—	4070.1	—	—	1596.5	2403.5	1520.7	2327.8	—	—
E12	9810	0.287	9810.0	−28.2	—	—	4070.1	—	—	数据异常					
E13	9810	−0.098	9810.0	9.6	—	—	4070.1	—	—	2477.6	3237.3	2487.2	3246.9	—	—
E14	9810	−0.325	9809.9	31.9	—	—	4070.1	—	—	数据异常					
E15	9810	−0.300	9810.0	29.4	—	—	4070.1	—	—	2885.9	3874.8	2915.4	3904.2	—	—
E16	9810	−0.300	9810.0	29.4	—	—	4070.1	—	—	1555.6	1893.3	1585.1	1922.8	—	—
E17	9810	−0.277	9810.0	27.2	—	—	4070.1	—	—	2647.1	2770.9	2674.3	2798.1	—	—
E18	9810	0.000	9810.0	0.0	—	—	4070.1	—	—	2715.5	2844.9	2715.5	2844.9	—	—
E19	9810	0.167	9810.0	−16.4	4198.7	1579.4	4031.9	6665.9	0.60	2930.3	3221.5	2913.9	3205.1	0.72	0.79
E20	9810	0.300	9810.0	−29.4	—	—	6665.9	—	—	—	—	—	—	—	—
E21	9810	0.300	9810.0	−29.4	4159.4	1540.2	4110.3	6665.9	0.62	1985.6	2226.9	1956.2	2197.4	0.48	0.53
E22	9810	0.319	9810.0	−31.3	5817.3	1402.8	2589.8	6665.9	0.39	1821.1	2095.1	1791.7	2065.6	0.69	0.80
E23	9810	0.129	9810.0	−12.7	—	—	6665.9	—	—	—	—	—	—	—	—
E24	9810	−0.023	9810.0	2.3	2776.2	1334.6	5699.6	6665.9	0.86	2964.1	3178.4	2966.4	3180.7	0.52	0.56
E25	9810	−0.441	9809.9	43.3	3806.3	1599.0	4404.6	6665.9	0.66	2770.0	3001.9	2813.3	3045.1	0.64	0.69

续表

管节	负浮力/kN	设计坡率/‰	竖向分力①/kN	纵向分力②/kN	竖向吊缆力③/kN	操控缆竖向分力④/kN	正压力⑤=①-③-④/kN	管底接触面的面积/m²	管底压强*/KPa	平均拉力⑥/kN	最大拉力⑦/kN	平均⑧=②+⑥/kN	最大⑨=②+⑦/kN	平均=⑧/⑤	最大=⑨/⑤
E26	9810	-1.508	9808.9	147.9	—	—	—	—	6665.9	—	3179.9	3416.6	3327.8	3564.5	—	—
E27	9810	-2.551	9806.8	250.2	—	—	—	—	5800.7	—	2587.4	2746.8	2851.7	3011.1	—	—
E28	9810	-2.695	9806.4	264.3	—	—	—	—	5800.7	—	2054.2	2275.9	2285.7	2507.4	—	—
E29	9810	-2.360	9807.3	231.5	10182.8 数据有误	1138.0	—	—	6233.3	—	1823.7	2001.2	1607.2	1784.8	—	—
E30	9810	-2.207	9807.6	-216.5	—	—	—	—	6233.3	—	1823.7	2001.2	1607.2	1784.8	—	—
E31	9810	-2.147	9807.7	-210.6	5768.3	529.7	3509.7	6665.9	0.53	1599.8	2177.8	1389.2	1967.2	0.40	0.56
E32	9810	-2.671	9806.5	-261.9	5120.8	686.7	3999.0	4935.4	0.81	2095.6	2376.7	1833.6	2114.7	0.46	0.53
E33	9810	-3.013	9805.6	-295.4	2766.4	765.2	6274.0	4935.4	1.27	2861.9	3356.2	2566.5	3060.7	0.41	0.49

注：坡率+代表西高东低，-代表东高西低；*代表管底压强为管节与碎石垫层接触的外边线的面积，不扣除可能的碎石沟的脱空面积。"—"为数据未记录，或未统计

E4与E5管节的纠偏记录及分析

这一节的实测数据可与前文的转动试验对比来看。

港珠澳大桥岛隧工程的沉管管节一共进行过两次纠偏，分别是在E4与E5管节。之后改用了免纠偏技术，这在《线形管理》中已有讨论。对于这两个管节，安装完成后，从隧道内进行贯通测量，并在结合腔内的侧墙部位设置千斤顶（图9）。提供偏心顶推力F_1。E4管节精调时，在

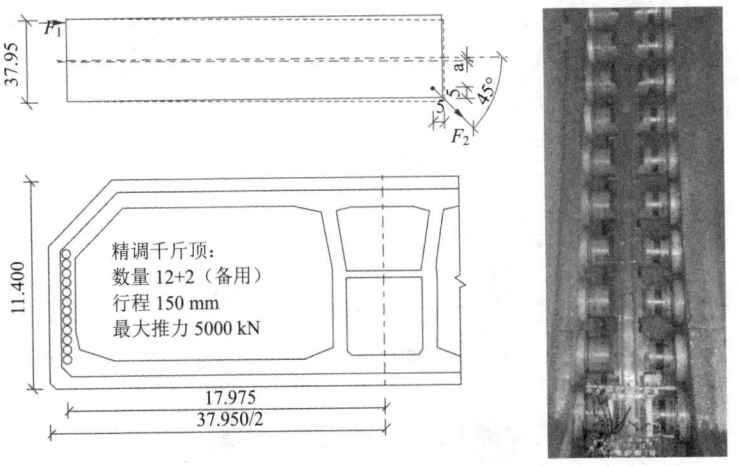

图9 管内精调作业与位置（单位：mm）

另一侧相同的位置还设置了 3 台纵向千斤顶，起到约束纵向位移，避免精调时管节接头张开量过大。

记录结果整理见表 4。

表 4　精调过程令管节运动的最大精调力及有关记录

管节	次数	竖向荷载/kN	F_1/kN	F_2/kN	位移 a/mm	备注
E4	1	47 392	37 425	—	0.8	临界启动状态
E4	2	27 772	28 253	—	26.8	
	3	14 038	—	491	25.3	—
E5	4	14 715	19 542	—	10.0	—
	5	12 753	24 319	392	27.5	—

最终接头合拢焊接时的观察

最终接头位于管节 E29、E30 之间。在它安装以后，E29、E30 管节端部的水压力消失，引起轴向大约 96 600 kN 的不平衡力，见图 10。这部分消失的水压力必须由 E29、E30 管节自身的摩擦力抵抗。摩擦力的来源是 E29、E30 管节下方的基床及四周的回填对它们运动的阻碍。

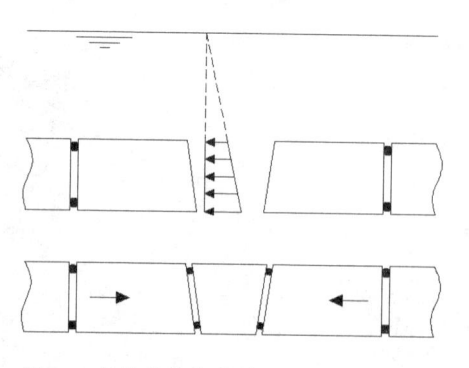

图 10　最终接头安装前后纵向受力示意图

为了保证足够的静摩擦力，我们对两个管节进行了加载，包括管顶回填，管内压载混凝土，以及保留压载水箱内的水，进而将 E29 管节对基床的竖向荷载控制在 360 892 kN，将 E30 管节对基床的竖向荷载控制在 373 180 kN。如果综合摩擦系数取 0.4，管节应当不会运动，但是实际情况却出乎预料。

最终接头于 2017 年 5 月 4 日完成安装，在之后的几天里，我们观察到 E28～E29 管节的接头有接近 2 mm 的张开，而 E30～E31 管节接头的底板有 1 mm 的张开，顶板未发现张开，如图 11 所示。我们的一个推测是，管节在波浪的动力作用下，克服了临界启动摩擦力，缓慢地向前运动。

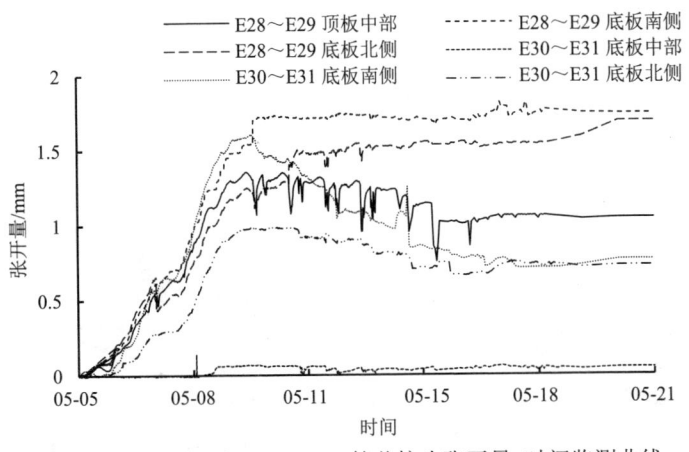

图 11　E30～E31 与 E28～E29 管节接头张开量-时间监测曲线

讨　　论

用竖向千斤顶和鼻托着床的管节在拉合时需要克服的摩擦力较小。比较而言在碎石垫层上的管节在拉合时需要克服更大的摩擦力，尽管在水下摩擦系数有所减小。在实际作业中，通过控制竖向缆绳的拉力可以进一步控制摩擦力的大小。对于管节的精调，摩擦力的贡献有一定的规律性，同时又有离散性。而且，即使不考虑碎石垫层的施工精度的偏差影响，由于回淤分布的随机性与沉管荷载分布的差异性，摩擦系数及摩擦力都会表现出不均匀性与离散性。因此，在港珠澳大桥岛隧工程沉管隧道安装的拉合压接过程中,即便采用了位移与拉力双控的措施,管节实际轴线与沉管隧道的目标轴线总会发生偏离,偏离的方向是随机的,偏离的量受到摩擦力的大小及管节的重心位置的影响,可作为直线管节特殊形式的曲线管节的拉合机理来分析。

岛 隧 工 程

2017年5月2日，我站在港珠澳大桥主体工程最后的合龙段，重6100 t的最终接头，将被12 000 t世界最大单臂全回转起重船振华30吊起，这是世界上同类吊装作业中最重的一次，支撑吊装的是两根13万束高强丝编的吊带。5点53分，是当天伶仃洋的太阳升起时刻，我确认了时间，给出了第一条作业指令"大臂起、转90°"。因气密检查，前一天我和王强等人已一夜无眠。振华30的排水量是25万t，晚上我就住在船长室，大约3点起床，简单冲了一个热水澡让精神振奋起来后，差不多花了一个小时又做了两次推演，4点30分下到甲板，接下来的20 h，我全神贯注指挥安装，连续20 h没有喝水、没有吃饭、没有上厕所，身体其他机能仿佛已停止，今天的工作承载着岛隧工程4600名建设者的7年汗水，以及海峡两岸暨香港、澳门40年的梦想。

1983～2005年：港珠澳大桥的前身与我的职业生涯

1981年毕业后，我被分配到了湖北武汉中交第二航务工程局有限公司（简称二航局），二航局将我安排到下属的船机处基建队。基建队是为了解决职工下放农村回城子弟就业问题的一个集体所有制单位。前两年就是和大家一起劳动，印象较深的是铲石子是很辛苦的工作。

两年后，我有了做工程的机会，第一个工程是为船队浇筑一个15 t的混凝土锚，我带了12个人干了10天。第二个工程，是为土方队建一个有100多个车位的车库。原计划半年的工程，采用平行流水作业，两个多月就做完了。后来，我又被安排给处机关盖宿舍楼。当时没有农民工，全靠基建队的职工子弟一砖一瓦自己动手，一个月也盖不好一层楼。我接手以后，一方面调整施工组织，一方面动员大家，我每天在现场与大家一起干活，进度很快得到提高，一周就能盖一层，两栋六层的楼同时施工，用时两个月就封顶了。

1984年，组织推荐我到党校脱产学习。离开了船机处，我在党校学了两年，学五门课程，哲学、党史、党建、政治经济学和科学社会主义。这段学习经历对我影响深远。

在二航局工作期间，曾有两次谈话经历。

一次是在船机处工作期间，与处工会主席唐永生同志一起在吉普车上，他给我讲要尊重工人的道理。他对我说工人们只有得到应有的尊重，他们才会尽心竭力地工作，只有有尊严的工人，才能有有尊严的工作。

另一次，是我在二航局机关做组织干事期间，经常要给领导送文件。时任局长肖志学同志是一位十分博学的领导。我每次去他的办公室，只要他不是特别忙，都会与我聊天。有一次我刚评了工程师职称，到了他的办公室后，他让我坐一会儿，讲了很多他做工程的往事。其中他讲道，在他的工程经历中逐渐形成了过电影的习惯，任何工程在动手之前都要考虑通透，整个施工过程都要形成画面，在大脑里放几遍，放流畅了以后再动手去做。他语重心长地对我说，可不能做脚踩西瓜皮的工程师，滑到哪儿是哪儿，胸有成竹，才能立于不败之地。

第一次当项目经理是1992年建珠海大桥。珠海大桥全长超过3 km，在27年前那是规模很大的桥。中间有1.2 km连接桥，处在干湿交替的江心洲，在当年成了一个工程难题，开工一年多一直没有动工。那时二航局没有建桥业绩，我们以分包单位的身份建设这一段桥。我们边学习、边创造，成功地将水工技术移植到了桥梁施工中，比常规工期提前一年多完成了工程任务。

珠海大桥首战告捷，让我们在珠海的声誉迅速提升。1992年底珠海淇澳大桥设计施工总承包招标时，在政府有关方面的支持下，我们变成了总承包联合体牵头人，并一举中标。我作为项目总经理，酬志满怀。但淇澳大桥工程进行得非常不顺利，工程持续了8年时间。我是这个项目的第一任总经理，准备不充分，没有开好头，一生都在为此内疚。在这个过程中，肖志学同志与我有过一次谈话，他对我说，工程如同战场，在战场上是胜负论英雄，干工程是成败论英雄。淇澳大桥对我而言不是一个十分成功的工程，但却是让我受益最多的工程。

港珠澳大桥最早在1983年由香港实业家胡应湘提出设想，名为内伶仃洋大桥。早期的方案是从珠海唐家湾建设一座桥到淇澳岛，从淇澳岛建一座桥到内伶仃岛，从内伶仃岛建一座桥到香港屯门烂角咀，直接进入香港集装箱码头和九龙城区。这个线路比现在的桥位更靠珠江口的上游。起步工程是淇澳大桥，连接珠海唐家湾和淇澳岛，长约3 km。我参与了淇澳大桥的建设。巧合的是，淇澳大桥的项目部旧址就是现在港珠澳大桥岛隧工程的所在地，在淇澳大桥往唐家湾方向下桥后的右转处。近7年来，它时时刻刻让我保持警醒。

从设想的提出，到20年以后，国内先后建设了4座跨海大桥。港珠澳大桥的建设也被提上了日程，曾经的不可能转眼就可能实现。

2005～2009年：前期工作

工程可行性研究决定了海中主体段不是全桥，而是"桥梁-人工岛-海底隧道-人工岛-桥梁"。岛和隧是给未来30万t油轮预留通航航道。如果是桥梁就需要建得很高，桥塔会影响香港机场飞机起落。

中国交通建设股份有限公司从2005年底开始研究这个工程，配合政府研究了融资建设移交、投资建设运营方案。在粤港澳三地政府的主导之下，大桥的前期工作办公室，对控制性的岛隧段，提出了一个设计-施工总承包（DB）方案，这个方案给大家带来了一些信心。

在此期间，我们考察了日本东京湾的岛隧工程。我有两个收获。一是看到了东京湾横断的格形钢板桩筑岛施工照片，仿佛一个梦。后来我们开发了深插钢圆筒和圆弧钢板整体副格，解决了工期问题：30 km 的海中主体段的工期受制于 7 km 长的岛隧工程的工期，先成岛，才能接隧道——我们开发的工艺，将原来成岛需要的 3 年时间，缩短到 7 个月。二是看到了日本人工岛上的建筑很美，也容易实现装配化，但用的是钢结构，存在锈蚀和养护问题，所以后来在岛隧工程，我们坚持取消原先的钢结构建筑方案，而是做了清水混凝土的建筑群。

2009~2010年：初步设计与工法研究

设计和施工从一开始就要紧密联系，初步工作在珠海党校，我们在距离党校 4 km 的玫瑰山庄组建了一个工法研究组。

这个阶段要解决的首要问题是海底隧道的建设方法。在前期方案论证过程中，国外专家更倾向于建设盾构隧道的方案。因为建设盾构隧道可以直接依托海端克公司，比较有把握。他们认为在中国当时的条件下，采用沉管方案，建设风险太大，难以接受。采用盾构还是沉管？伶仃洋这个环境，从未建设过沉管隧道，这个事实使得丹麦科威公司的工程师提出了一个问题，在伶仃洋上能否建设沉管隧道？这个问题又被细分为两个问题，考虑大水深及波流影响，沉管隧道基槽的精确开挖能否实现？即便能实现，回淤情况如何，是否严重到了无法建设沉管隧道？我们组织中交广州航道局有限公司，在隧道轴线的东段挖了一个试验槽。槽的四边采用了不同的坡率，得到了开挖精度与槽底回淤的数据，这两个结果支撑了沉管工法的可行性。最终决定采用沉管隧道还有环境等因素的考虑，选择盾构方案，人工岛的长度要增加一倍，达到 1.3 km，珠江口的水环境难以承受；选择沉管方案，中国技术基础差，工程风险极大。对中国交通建设股份有限公司而言，选择沉管是选择风险，但也是选择了更大的机遇，因此从珠江口环境要求，从技术进步需要，支持业主推进沉管方案。

另外一个重要工作是隧道工厂的选址。中交第四航务工程工程勘察设计院有限公司跑遍珠江口，找到了6个地方，从建厂环境和浮运条件比较，确定了两个适宜地点，一是广州的南沙，二是珠海的桂山岛。在后来的投标中，我们对这两个地点做了两个方案，主方案是南沙的工厂法，备选方案是桂山岛的干坞法。但到了2011年，我们确定的最终实施方案，是在桂山岛的工厂法。选择桂山岛使得管节浮运距离最短，选择工厂法使得隧道生产质量最有保障。

岛隧工程投标：2010年

2008年去韩国考察釜山—巨济沉管隧道工程，我们提出看整平船，韩国公司带我们上了一艘交通船，让我们远远地看了一眼，我拿卡片式相机拍了一张照片。回来以后，我们找了世界顶尖的沉管安装公司合作。近两年的时间，他们派出最优秀的专家来中国，我们的合作是愉快的。我们签订了排他性的标前合作协议，双方约定在港珠澳大桥这个项目上都不得再与任何第三方合作。后来发现，排他协议也是把双刃剑，带给了我们成倍的风险和技术攻关的工作量。

在标书正式颁发前的5个月，在北京德胜门，中国交通建设股份有限公司的主办公楼已腾出了两间办公室，开始投标的准备工作。不久之后，又在北京的郊区进行封闭投标。

我们制定的投标工作原则是，把标书当作中标以后的设计施工计划书来做。提出这个原则是有两点考虑：①即便中标了，工期也很紧迫，必须从现在就开始准备可实施的方案和施工计划。②对于这种工程，在亲自经历之前，对岛隧工程所需的投入都难以有全面的认识，简单而言，没干过的活，实际要干的比想象的要多。而我们由于提前做了初步设计及配套的工法研究，我们了解的情况比竞争对手的更多，所以实际工程量可能比竞标对手估计的多，这样商务分就会处于劣势，但是为确保工程品质，又不能走低价中标路线，所以策略是用技术文件的加分来弥补商务文件的减分。最终，4家投标单位参与竞标，我们以高出最低价约5亿元的价格中标，标书也成了投标文件的样本。

挑战与机遇并存：2011~2018年

这是一项谁都没干过的工程。

我们拿到中标通知书以后，一些参与投标的技术主力离开了这个工程，留下来的都是敢于迎接挑战的人。要实现重大技术突破就要走一条追赶和超越的道路，不创新我们就会输在起跑线。工程的规模越大，错误的后果就越大，所以超级工程的创新风险很大。我们要有承受压力的勇气担当，要有承担失败的责任担当。在我们这个时代，科学技术的发展突飞猛进，挑战和应对挑战的条件此消彼长，挑战与机遇并存，一切皆有可能。

从否定开始的人工岛：2005~2013年

有人说，新东西的产生必然经历三个过程：①这不可能，不要浪费时间；②这有可能，但不值得做；③我一直说这是个好想法。

在东京湾看到了格形钢板桩成岛的照片后，我回来就一直推荐这个方案。但是推了一年多没推动，没人愿意接下这件事。直到有一天，王汝凯设计大师走进了我的办公室，我抛出这个想法，他对此表示了极大兴趣。因为之前一直被否定，我对此非常谨慎，对大师说，我们先否定它，论证它不可行。大师做了三个月的"地下工作"，三个月后，他说没法证明不可行，但是有三个难题。又花了近半年时间，难题被一一解决。经过几次与各方专家沟通，钢圆筒的方案成了我们投标的代案，最后成了实施方案。

这个方案把外海筑岛的工效提高了3倍，钢圆筒用掉了7万多吨钢，很多人以为费用会比传统的方法贵。实际上费用并未超支。原因是海上作业大幅度地减少了。

港珠澳大桥的快速筑岛基于日本筑岛技术并将其改良，增加了深插和副格。深插使得钢圆筒稳定，根深蒂固；同时深插是插入不透水的地层，使得止水成为可能，其前提是筒与筒之间能够止水。连接问题刚开始一直没有得到很好的解决。当时较成熟的技术可以用格形钢板桩或格形锁口桩副格。当时我们的临时营地是珠海中大商务酒店，5 位日本新日铁的专家对我们做了近一周的说服工作。我们提出能否创新一种圆弧钢板整体式副格，我们判断假如可行，能够插入海床更深，施工效率也会更匹配。

这种副格是完全的新结构，能否穿过硬土层，插入不透水层？我们在天津做了一个足尺寸的打入试验，采用两个液压锤打设。最初的一个星期打不进去，还打着了火。大家的自信心受到打击。日本专家不知从哪得到消息，也在试验场地旁"虎视眈眈"，因为他们不看好这个方案，一旦试验不顺利他们就还有机会。突然有一天，液压锤厂商的工程师发现了原因，两个锤虽然同型号，但一先一后出厂，他数了一遍齿轮的数量，刚好差一个，所以在振沉时一上一下，力量抵消了。更换齿轮后，副格很快被打下去了。至此，快速成岛的可实施性才算是全部得到验证。

钢圆筒打入的地质条件决定了锤的数量。设计计算 6 个锤就可以了，为了确保可打入，决策时我们加到了 8 个锤，尽管 8 锤的连接和联动等问题需要解决。地质勘探解析不仅决定了可打性，还决定了沉降的预测，两者是一对矛盾：如果真实的土层比地质勘探解析的认知偏软，对于沉降分析和基础设计而言是偏保守的，对于可打性而言是偏不保守的；反之亦然。后来，在深圳—中山通道的人工岛，用到了 12 锤。

西人工岛的 59 个钢圆筒及其间的副格打设得都较顺利，只用到了锤能力的 20%～30%，而且打设一个筒只要 5 min 左右。但是到了东人工岛，由于地质中有透晶体，第一个钢圆筒的打设就遇到了很大的阻力，导致筒的垂直度偏差值超标。后面的某个筒又很难打下去。有一个筒的打设基本上用到了 8 个锤 80%～90%的功率,而且打设了将近 4 h 才将筒打入指定的高程。这意味着东人工岛打设这一个钢圆筒用的功,基本等同于打设了两个西人工岛的总用功。用到如此高的功率,我们却没有准备备用锤,幸好东人工岛施工时中没有发生锤损坏,否则大桥的工期无法保障。钢圆筒打设过程中出了三次情况,每次有情况时我都刚好出差,第三次出现情况以后,我决定不再出差了,直到年底所有的钢圆筒打设完毕。

2010～2013年:工厂法研究

投标时主方案是南沙的工厂法,备选方案是桂山的干坞法,而最终实施的是桂山的工厂法。桂山岛有个被废弃的采石场,采石形成的采石坑适宜做干坞,而且地质条件非常好,适宜做工厂流水线上的管节顶推。我们去考察的时候见坑内有水,我问过很多人,这个水是海水还是淡水。如果是海水,意味着坑内外连通,止不住水这里就不太适宜做工厂。没人知道答案。梁桁和我直接下去尝了一口,是淡水。

关于总体布置。最初参考的是唯一的先例,厄勒海峡沉管隧道的工厂布置。这样就要把管节系泊在坞口之外,还要配套在坞口的外面建造一个防波堤来减少波流对管节系泊的影响。坞口的水文资料极少,将管节放在坞口外系泊有很大的风险,根据条件,我提出 L 形的平面布置,这样可以将 6 个管节全系在坞内。台风侵袭时可以关闭坞门。

工厂法最大的优点是生产质量高,因为标准化的作业环境,与外界影响隔离;其次是隧道生产人力资源的均匀,如果采用干坞法,灌水时,所有工人都只能休息。做出工厂法的决定需要业主和承包商一同承担,因为是世界第二例,况且我们管节的体量大约是第一例厄勒海峡沉管隧道管节的 1.5 倍。厄勒海峡沉管隧道管节的顶推方式是顶尾端。如果我们也采用这种方法,需要巨大的千斤顶和反力架,不经济且很难实现。于是我们提议了多点顶推,VSL 协助我们实现了这个想法。他们的方案出来后,我要求 VSL 的设计师把顶推轨道结构钢板厚度量增加 1 倍来加强顶推体系的刚度，降低工程风险。后来的实际操作证明了这一改变的必要性。

隧道生产流水线上的模板加工是振华负责，模板设计最初是与一家国际著名公司合作。我们从工程投标阶段开始与他们合作，前后超过两年。但是有三个问题这家公司始终没有给出令人满意的答复，一是为了更好的防渗漏效果，我们希望取消墙体的所有对拉螺杆；二是为了加快预制效率，我们希望采用固定式的底模；三是承诺将来能实现曲线沉管的流水线生产。此外还有一些其他细节，我们争论了很久。这样的讨论持续到不得不跟这家公司签合同的前一晚，那天夜里我做了一个梦，凌晨时我给物设部部长杨秀礼打电话，能不能再找德国 Peri 公司见个面谈谈。我向 Peri 公司提出了同样的上面这三个问题，他们对曲线沉管工厂化预制问题比较犹豫，但最终在一周内都给出了确定的答复。在最后一刻，我做了一个更换沉管模板合作伙伴的决定。Peri 公司的设计将模板用钢量从原方案的 11 000 t 降到了 6000 t。模板重量的降低意味着工厂操作的可实施性的增强。我们只用了两周时间就与 Peri 公司签了模板设计合同。在施工配合阶段，Peri 公司在工程现场也一直保证有工程师驻场进行后期的服务，确保了模板的良好使用。

2013~2017年：混凝土浇筑控裂

如何实现沉管隧道的百万方混凝土浇筑无裂缝。

人工岛上的隧道敞开段的抗浮方案原先是抗拔桩。岛上的工作面小，工序复杂，工期不可控。我要求将隧道优化成自重抗浮，墙体用清水混凝土，这样更简洁、更美观，加厚的墙体作为 120 年的结构也更恰当。但这意味着敞开段的墙厚达 3 m。设计人员和专业混凝土人员认为，浇筑时混凝土内部核心温度会很高，温度应力很大，开裂风险很大，甚至拒绝在设计图上签字。混凝土专业人员的数模分析也认为，近 4 m 厚的混凝土底板已经浇筑了半年左右，温度应力将过大，必然导致混凝土开裂，更何况是不做装饰的清水混凝土了，开裂了会很难看，大家日子不好过。而我有我自己的判断，有把握可以不开裂，我对团队特别有信心。这件事情几乎让我成了"孤家寡人"。各方都坚持了很久，经过很长一段时间争论，终于大家尊重了我的决策。现场实施由尹海卿和高纪兵两位"反对派"亲自负责。浇筑完成后，果然没有开裂，如同我们的隧道基础不怎么沉降一样，混凝土不开裂令很多人无法理解。道理在本书前面讲了。

同样地，两座人工岛上的清水混凝土建筑群的混凝土也要严格控制开裂，不仅要求无裂缝，还要控制色泽、光滑度，要求更高。我推荐了两本书给岛上的建设者，一本是讲如何做一个傻瓜，一本讲料理的精髓。这两本书，讲了如何浇筑不开裂的、色泽均匀的清水混凝土的"心法"。

2013~2017年：沉管安装

我们与荷兰公司谈合同时他们仅咨询费就要10多亿元人民币，超出了整个沉管管节安装的费用，这体现了国外公司对核心技术的价值认知。由于签了排他协议，我们无法换另外一家单位合作，不得不选择自主攻关，这就增加了很多科研和设备开发的工作量。

攻关过程中请了两位"家教"，林内坎普和斋藤尚武先生。每个月不定期邀请他们来开会讨论。2013年以后，斋藤尚武先生身体欠佳，他和沈赤博士联合向我们推荐了花田幸生先生。花田先生来了以后，斋藤先生认为有花田在，他就没必要再来了，尽管我们仍然邀请他。花田先生安装过世界上最深的沉管——博斯普鲁斯海峡马尔马雷连接沉管隧道。我请他全面参与沉管安装的技术攻关。并每周专门开一次花田意见讨论会。刚开始花田先生的意见是厚厚一摞纸，后来逐渐变成了几页、一页、几条，最后没有意见，甚至时不时表扬几句。

到了实施阶段，我成立了四个风险组来保证沉管安装，分别是舾装风险组、结构（线形）风险组、测量风险组、基础风险组。测量风险组是工程师的眼睛，结构风险组和基础风险组决定了隧道的稳定、安全和位置。

在整个沉管安装过程中我邀请花田先生参与风险排查，65 岁的他每天在现场检查，拍了大量的照片，并报告了很多风险隐患和细节的改良。我要求在每次沉管管节出坞前，他和另一位国内有沉管隧道工作经验工程师老吴用整整 3 天的时间来检查一个管节，查看所有细节，确保每一颗螺丝都是拧到位的，之后我会问他们是否 ok，只有他们也说了 ok，我才会亮绿灯。

13 在欧洲是不吉利的数字，厄勒海峡沉管隧道的 13 号管节被改名为 12a，尽管如此，由于管节两端的临时封门在管节下沉时失效，发生了事故。我们的 E13 管节舾装后，也发现了封门的问题，舾装风险组察觉了，现场及时进行了整改。

E33 管节的安装面临挑流、回淤、台风等多个问题。挑流和回淤基于之前安装的 29 个管节累积的经验，通过巧妙地设置防淤屏、防淤盖板、导流堤等工程措施得到了解决。而台风的问题，通过延迟安装时机得到了解决。最东边的 E33 管节和最西侧的 E1 管节形成了鲜明的对比。E33 管节的安装是之前累积经验全部发挥作用的一次集中体现。

巧的是，管节安装逢五逢十就有一"难"，E1 管节安装 96 h、E5 管节碎石基床清淤、E10 管节齿轮效应、E15 管节异常回淤、E20 管节异常波、E25 管节设备连续失效、E32 管节（第 30 次安装）异常沉降。但是到了最终接头的第二次对接（第 35 次安装），经历了磨难后，获得了圆满的结果，管节轴线绝对偏差的对接精度达到了毫米级。

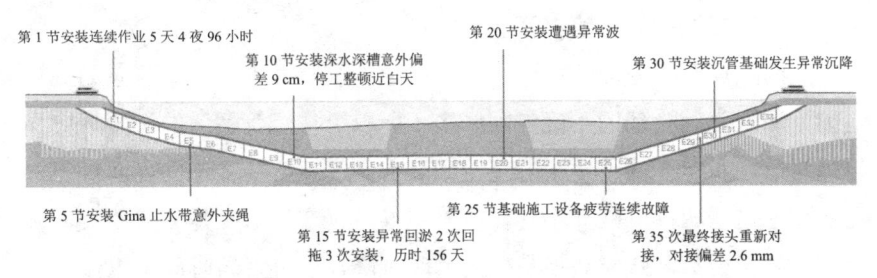

图 1　沉管安装历时 4 年 38 次台风 38 次拖航最终接头 2 次对接逢五逢十均遇波折

沉管隧道的基础："瞬时沉降"

基槽开挖，槽底土隆起，回弹再压缩。我们对沉管隧道的基础问题做了大量的分析，基础沉降的机理和因素显得异常的复杂。

2011年我在日本的一次会议上，听到日本工程师谈到"瞬时沉降"的概念，我立刻被吸引了，水下基础的沉降怎么能是瞬时的？经过反复讨论，我认识到沉管隧道也有可能做到瞬时沉降，前提是要把基础做好。于是，我提出了组合基床，用了一年多时间完成了设计变更。

组合基床就是分上、下两层，下层用大块石管住下面，上层用小碎石管住上面，实现三个消除：消除开挖扰动、消除回淤的不确定性、消除挖槽暴露时间的不均。在隧道两端的厚软土段，我从沉箱的施工中，想到了水下大规模的堆载预压，并结合挤密砂桩工艺。实施以后，33个管节绝大部分沉降规律都是瞬时的。基础沉降被控制得很均匀，而且一些深厚软土部位预计的20 cm的沉降量实际上只有不到三分之一。这个结果令许多人大吃一惊。其实，沉管就像人的身体一样，密度和水差不多，所以对地基土的荷载小于土曾经承受过的荷载。也就意味着，沉管隧道并没有多少深层沉降，只有表层的沉降。港珠澳大桥沉管隧道的基础案例和沉降情况验证了我的工程判断。

整个港珠澳大桥沉管隧道唯一出现异常沉降的地方就是E32管节的一端，我认为很有可能就是基床中夹杂了一层淤泥，这个异常沉降的表现，就像很多沉管隧道的沉降表现一样。

上面正反两个方面的举例，沉管隧道的沉降并不复杂。复杂的规律是因为深水基础处理的不确定因素多，所以以往沉管隧道的沉降规律显得很复杂，我们往往用复杂的理论和分析来试图解释复杂的表面现象。而实际上这些解释可能并不存在或不主导，真实的情况是，只要我们确保水下施工质量，就能获得基础的瞬时沉降，当沉降与时间可以没有关联，复杂问题就变简单。

与泥沙的较量：E1、E15、E22、E33、E32、最终接头

第一个沉管管节 E1 的碎石基床的铺设长度仅 110 m，但因位置特殊，用了三种铺设方式，分别是水上干环境铺设、水下潜水员铺设，以及整平平台铺设。水下潜水员铺设是因为整平平台无法近距离很靠近人工岛。总之，基床铺设时间较长，这意味着暴露时间长、回淤量大。这导致了安装时进行了 96 h 连续工作。

E1 管节着床时，因为局部淤泥，不得不反复进行了 4 次沉放，连续工作了 96 h 才达到要求。第一次沉放后管节成了"跷跷板"，其原因是基床中部夹了较厚的淤泥，成了一个支点。于是等到下一个窗口（每个月最多只有两个大窗口，每个大窗口中的每天只有一个小窗口），尝试了第二次着床，并用管节的压载水和前后摩擦的方式，试图将淤泥挤入碎石中。但是结果是管节的高程仍然偏高。因此决定进行补救性的清淤，管节被抬升起来，大批潜水员被派遣到水下用手将碎石垄顶的淤泥拨入垄沟中，再用潜水泵将垄沟中的淤泥排到西人工岛的岸上，这花了 40 多个小时。在这期间安装船上的所有人员仍然处于紧张的戒备状态，因为要确保这个 56 000 t 质量的管节在等待期间不会发生意外。第三次安装后高程基本满足要求。我们希望照此进行后续的作业，因为经历了三次安装，主要技术人员和操作员已经 2 天多时间没有睡觉，而且所有的人都是第一次进行沉管安装作业，过程中时刻保持精神高度集中，仅仅是睁开双眼都是一场艰难的战斗。如果再进行一次操作存在着人员疲劳引发事故的工程风险。中途登上安装船的业主仍然希望再看一次沉放，我们尊重了业主的决定，又安装了一次。庆幸的是，没有发生事故，我们从第一次管节连续 4 次的安装中获得了大量的练习和感悟。

之后基础方面未出现大问题，直到 E15 管节。一旦决定启动安装流程，时间倒排，从耗时一周多的碎石垫层铺设，到 3 d 的出坞，再到 1 d

内的浮运和安装前的系泊与沉放准备，这些时间节点上都要按频次检查基床上的回淤量，方法是潜水员和多波束检测。尽管如此，E15 管节在现场完成了系泊后，在现场等待好时机直至清晨，在最后一次潜水员检查时，潜水员报告基床上的淤泥从稀稠状变成了板结状。同时，气象预报专业人员警告附近的台风开始形成。在安装船上召开了紧急会议。大家提出了三个方案，方案一是赶在台风前尝试一次安装，方案二是管节着床原地防台风，方案三是管节回航到受遮掩的预制厂内防台风。考虑基床表面的回淤物的状态的改变可能导致管节下沉后被吸底，选择了方案三——回航。第二次安装前彻底清除了淤泥，清除淤泥的同时连同碎石基床一起清掉了。而块石层，前文已述，因为单个块体的重量大，不会被清除，为淤泥的分辨提供了一个良好的参考面。在第二次安装的管节浮运的途中，不幸的消息再次传来，多波束扫测图像显示，边坡上累积的回淤物发生了坍塌，落在了基床上，管节再次回航。这次回航以后，比对初步设计的试挖槽试验的回淤强度和现场测量的回淤强度，发现前者大得多；通过对回淤物的成分的比对分析，发现回淤物的组成中砂的含量增加。我们委托专业单位开展调查，一天，我们提出开船到隧址区的上游看一看，开到距离大桥轴线 200 km 时，发现了大量的船正在进行采砂作业。我们并未以此为证据与业主进行索赔，而是联合业主与政府协调，论证回淤的成因，并暂停了施工期间的采砂船的工作。同时，开发了回淤预警与预报系统，测量水体含砂量、基槽内的回淤强度，并将他们与潮水和径流量建立关联。E15 管节经过两退三进终于完成了安装。

回淤预警预报系统在 E15 管节以后安装的 18 个管节安装中持续使用，并在 E22 管节安装时发挥了关键的作用。在 E22 管节铺设碎石垫层前，该系统预测到 15 d 后的回淤量将超出可接受的范围，后来的实际情况也果然如此。因此进行了清淤。清淤船的耙杆很长，有可能碰撞到已安的 E21 管节的端封门。因此做了一个巨型"口罩"来保护 E21 管节的端封门的下半部分。但这个"口罩"在最终接头安装前的基床清淤时，无法被用在其相邻的两个管节的两个端封门上；因为最终接头的龙口长度仅 9.6 m，只能靠清淤船精准的操作；在操作过程中如果有快船经过，船行波带来的清淤船的晃动都有可能导致其水下的耙杆撞击 E29、E30 管节的端封门。回到 E22 管节的清淤，还用了一个从 E15 管节以后就研发的设备——清淤头，该清淤头与铺设碎石垫层的刮铺落料管共享海上整平平台及其移动系统。清淤时不会损坏碎石垫层。在 E22 管节清淤前还研究了一个问题，落在基床上的淤泥究竟去哪儿了，是被水流带走了，还是进入了碎石缝中？通过试验证明了是后者。

到了 E33 管节的安装时，和 E1 管节所处的环境类似，即碎石基床通过整平平台铺设、水下潜水员铺设、水上干环境铺设三种方式，再加上东人工岛的回淤强度比西人工岛还大，所以预计的回淤量比 E1 管节还大。为了避免 E1 管节 96 h 安装问题重现，我们花了一年时间专门筹备，对于水中段在人工岛的两边设置防淤屏，岸上段在铺设以后，用钢盖板覆盖。防淤屏和盖板在 E33 管节安装前的最后时刻再拆除。通过遮挡和覆盖的办法，最西端的 E1 管节的 96 h 安装并没有在最东端的 E33 管节重演。E33 管节的安装顺利，仅用了 20 h。

E32 管节靠近珠海侧的一端，发生了异常沉降。该部位沉降现象与其他的 32 个管节截然不同，其他管节的沉降都在 5~8 cm，且处于收敛的趋势，但是与其他一些沉管隧道项目的沉降规律很像。异常沉降可能的原因就是这一段下方夹杂了淤泥。我们开发了密闭腔压浆的方法，在接头底部埋设注浆管，用专门研发的超低强度水下不分散混凝土填充管节接头底部的空隙，因为沉管管节的两侧已回填，所以在混凝土填充时在接头底部形成了密闭空间进而可以形成高压，将已沉放的 E32 管节接头部位抬升了 3 cm 多。高压也起到了压实地基的作用。同时这种混凝土能进入可能存在的空隙中，起到填充土体空隙的作用；为避免"硬点"，我们要求混凝土的模量只要 5 MPa，与土体的模量接近。

最终接头位于 E29、E30 管节之间，采用整体式可折叠结构的概念安装，即安装前最终接头的纵向尺寸较小，安装后在纵向可展开，并与相邻管节接触，形成止水。止水后，从内部用焊接钢板和灌浆的方式实现永久止水和连接。施工过程中，有100多名工人在狭小的结合腔内工作，如果发生差异沉降，后果是不堪设想的。我们注意到最终接头对地基的初始压力是相邻管节的30倍，这意味着最终接头安装后的地基初始刚度和其相邻管节的不在一个数量级。因此在最终接头安装前，首先对相邻管节进行超载预压，从而减少地基刚度的差异。最终接头永久连接实施后，我们为了确保永久连接部位在运营期也不会因差异沉降而受力过大，又在该部位下方进行了一次密闭式的高压混凝土填充。

与浪流的较量：E10、E17、E20、最终接头

海明威小说中的老人拖着大鱼驶向岸边，我们拖着管节驶入大海。建设者与大海的较量最能激发文学写作，如E10管节的"风中穿针的承诺"、E17管节"海上华尔兹"、E20管节"吹尽黄沙始见金"、最终接头"深海危机"和"沉默的十分钟"等。

E10管节的偏差超10 cm，超出了5 cm的预期，虽然不影响隧道的永久使用，但是这个偏差里是否有系统问题？换个角度，对于外海沉管安装，"进口产品"价格是10亿买本"说明书"，而国产产品的总价只有进口产品说明书价格的零头，可信吗？因此，我们停工了100 d，一方面接受检查，一方面开展原因排查。

对于工厂法的流水线生产，生产好的管节不能被移出去安装，意味着流水线的堵塞，生产不能继续，意味着工厂的2000多名工人无法工作。而水深近50 m的隧道安装后的滴水不漏，百万方混凝土无裂缝，正是依赖于这群经过专业培训的工匠，我们一方面要确保100 d停工期工人们不离开，另一方面要准备后续E16管节的安装。同时，我和刘晓东、高纪兵三人应对所有外界质疑，与项目部之间划了一道隔离墙。一次审查会上，专家的意见是将E10管节提起来重接，以提高安装精度。并且，完善

后续所有管节的重新安装方案，不然就要继续停工。经评估，重新对接作业的不确定因素很多。釜山—巨济沉管隧道重接是因为 GINA 止水带侧翻了，而我们的管节压接情况很好，并不能简单复制。在这个进退维谷的时候，国家海洋环境预报中心发现了 E10 管节发生偏差的问题的本质是"齿轮效应"，即基槽底的水流力在涨潮时接近表层流速，水流力过大导致的偏差。齿轮效应发生的根本原因是要给未来的 30 万 t 油轮预留吃水净空，隧道的基槽被挖得很深，而 E10 管节就是进入了隧道的深槽段。于是，我们在原先自主研发的 11 套外海沉管安装系统基础上，又多加了2 套，分别是"对接窗口临近预报系统"和"管节运动姿态监测系统"。

E17 管节遇到了大径流，导致"河口羽"。下层是咸水，上层是淡水。沉管隧道如羽毛般在淡水上无规律地漂流，险些撞上礁石。如果管节搁浅，不但工程损失重大，也会成为珠江口繁忙水运的一个障碍。在这个关键时候，13 艘拖轮发挥了作用，而我们最初做的物模试验结论认为只要 6 艘拖轮。

E20 管节遇到了异常波。波浪袭来时很多人都摔倒在地上，所幸无人受伤，仪器也没有损坏。异常波在海洋专业上仍然无法解释，也就无法预测。为此国家海洋环境预报中心专门开发了异常波预警预报系统，成为第 14 套系统。

最终接头开了多次专家咨询会，排查了 200 多项风险。尽管如此，也经历了一次重新对接，两次脱开。E10 管节不能实现的重新对接在最终接头的安装时终于实现了。

我们有一套很好的风险管理体系，每一次经验的累积对于体系都是一次完善。让下一个管节安装的抗风险能力更强。

深埋问题：7年压在心中的一块石头

深埋就是隧道被深深地埋入海床的下面，隧道上的土荷载大，再加上港珠澳大桥地质情况复杂，有厚达 30 m 的不均匀的软土，隧道的结构安全始终是一个令人无法入眠的问题。

从纵向结构来看，世界上只有两种沉管，一种是整体式的，一种是节段式的，两者在这个项目上都"过犹不及"，刚性易裂，柔性易变形。就像一个是健壮的人，一个是柔软的人，两个人在较恶劣的情况下都不容易受伤，遇到特别恶劣的情况，则不易生存。一天清晨醒来，我突然想到了"半刚性"，一种刚柔并济的结构体系，就像一个既柔软又有肌肉的人。经过一年的设计和论证，我们第一次提交了方案，没有得到业主的认可。为了证明这个结构能成立，我又邀请了国内外 6 家单位进行"背靠背"的计算，给了他们同样的输入条件，他们的计算结论显示趋势接近。同时，我们做了摩擦力与抗剪装置协同工作的机理性原型比尺的试验。经过了近 2 年的论证，到 2013 年底终于得到了认可。33 个管节都按照半刚性结构来做。

半刚性结构保护了 219 个节段接头或者称为小接头，但是，管节与管节之间的 34 个连接部位仍然是薄弱环节，所以这个部位一直没有锁定，直到 2015 年，一次特瑞堡的设计师 Joel 来交流，我提到这个忧虑，怎样才能保护 34 个大接头，他问我究竟想要一个什么样的垫层，他的提问激发了我的思考，我在白板上画了一条 L 形曲线，这就是我想要的受力-压缩曲线。记忆支座就像是结构的雨伞，天晴时不用，下雨了就自动打开。Joel 回去研究了一年，提供给了很多让我们备受启发的方案，包括液压、气压、橡胶、钢板的结合，但是始终没有找到实用的解决方案，我们最终不得不自己想办法，又花了 1 年的时间，在营地后方的中心实验室，采用发明电灯泡的土办法——试错法，做了近千次试验，最终找到了一条完美的 L 曲线。记忆支座于 2017 年中生产并安装在 34 个大接头中，每个接头部位安装 8 个支座，至此 33 个管节才形成了一个整体。心中的石头终于落地。

最终接头：破解沉管隧道的百年难题

因缺乏风险费用预算，与欧洲沉管安装公司"分手"以后，沉管安装不得不自己做。我们意识到沉管安装的单面对接难度已经很大,最终接头是双面对接,难度更大。考虑工程风险,我们对于最终接头的最初计划是分包。2012年,最终接头安装前的5年,我去日本拜访了几家公司,希望请日本公司帮忙做最终接头,但是没有哪家愿意接这个项目。我以为这是日本文化的特点,工程师怕失败而亏欠了我们。于是,这个工作无论是往欧洲还是往日本都"甩"不出去,最后还得自己做。

沉管安装攻关历时1年半,最终接头攻关历时近5年。

经过考察,世界上有6种最终接头工法。但是在港珠澳大桥这个区域,海上交通繁忙,水文条件复杂,这些方法的风险都太大,都不适用。所以开发了一个新工艺,主动止水工法。我们将风险管理导入了最终接头开发的全过程,包括测控、止水、制造和安装的技术攻关,以及对最终接头结构设计的指导。

最终接头相邻的两个管节的姿态是否良好决定了最终接头安装的便利性甚至是可行性。所以在E28管节的最终对接过程中,我们花了近4 h的时间反复地发出缆绳的微调指令并通过潜水员辅助确认E28管节首尾的位置。之前的管节安装,潜水员只需进行一两次的辅助确认,只需2组潜水员下水,而在E28管节我们重复了200多次,8组潜水员全部下水。在所有潜水员几乎全部都无法再继续下潜的时候,E28管节终于被调整到了理想的位置,提供了一个很好的最终接头的龙口形状。

当最终接头运输到桂山岛以后,我们在现场检查了3 d,发现了100多个风险点。最终接头是最小的管节,却为其开了一次最大规模的专家会,在会上又发现了60多个风险点。桂山岛的工人们日夜兼程,在30 d时间内针对所有风险点,对最终接头进行了改良。

其中一个问题是小梁平整度精度达不到设计的要求,这时已是4月份,离最终接头的安装只有1个月了。荷兰特瑞堡公司的工程师敢于担当,主动提出了焊接钢板和贴生橡胶两个解决方案,这体现了特瑞堡公司的品牌文化"卖的不只是产品,而是解决方案"。

最终接头的水密性问题。5月1日晚上，最终接头安装前的一夜，我接到了王强的电话，往最终接头内打气，气压无法达到设想的0.01 MPa，这意味着有漏洞。我前去现场查看，气压是0.004 MPa，经过一夜的补漏，达到0.008 MPa，此时已是早上3点40分。我召开现场决策会，在15 min之内，大家做出工程判断，最终接头只是临时部分存在漏洞缺陷，在与相邻管节连接以后，漏水问题就不存在，过程中只要设置水泵，保证抽水的速度大于入水的速度即可。于是我们和最终接头一道出坞，驶向伶仃洋，开始5月2日的安装。5月2日晚上安装成功，这标志着港珠澳大桥全线合龙，礼花照亮了珠港澳三地的夜空。

不曾料到，第二天凌晨4点，我打电话询问测量精度，发现对接误差居然达到了15 cm。于是，第二天清晨，我们开始了一场惊心动魄的40 h重对接。最终接头在100年的沉管隧道历史上第一次实现了水下逆向操作和重新对接，实现了毫米级的对接精度。

团　　队

工程的起步阶段，人员思想浮动，心不稳、压力大。在开工后，集团第一次工作会议前，一天上午，我接到了时任总裁秘书的杨永胜同志的电话，我习惯地问，领导有什么指示？杨永胜同志说，总裁想在工作报告里专门增加一段，讲讲港珠澳大桥。工程刚开工困难肯定不少，想听听你的建议。这是我从事工程生涯以来接到的最喜出望外的电话。

开工后的第一大节点是2011年5月15日打设西人工岛钢圆筒，由项目总部与一航局一起确定，我们叫作"515计划"。这是对项目总部能否凝聚队伍，提振信心的第一次检验。从计划敲定到现场实施只有四个多月时间。在四个月内，设计院要完善设计方案，一航局要完成国际采购，要组织远在美国的供应商完成世界最大的8台振动锤组的制造，要完成万里远洋运输，还要攻克世界首次8锤同步的技术。难题和挑战接踵而来，最终，高效的管理和协调使设计、制造和打设的难题迎刃而解。

刚松了一口气，振华重工（集团）股份有限公司报告，由于 40～50 m 的钢圆筒整体运输视线受阻，无法运输。协调了一个多星期仍没有进展，运输问题成了危及 515 计划的颠覆性问题。万不得已，只好向时任振华重工总裁康学曾同志求助。他当即承诺落实，振华绝不会耽误大桥建设。

2011 年 5 月 15 日我们在西人工岛如期打下了第一个钢圆筒。一位荷兰海工工程师见证了全过程，他对我说，世界上能以一个公司之力独立完成这样的工作，只有中国能做得到。

E15 管节第二次遭遇回淤正值 2015 年春节，一天上午，原广航局董事长林少敏同志带领着总船长一行数人突然来到我的办公室，我以为是来拜年，正要客气。少敏同志道明了来意。原来，根据他的经验，E15 管节以后沉管隧道的回淤状况，已远远超出了预期，按原方案考虑的清淤装备可能已不能满足要求。人无远虑，必有近忧，要立即尝试耙吸船清淤的可能性，做好预案。春节那几天少敏同志上船组织试验，获取了大量的经验参数，试验成功了。如果没有他的贡献，E15 管节的安装可能还要多花费数月时间也未可知。

润物细无声，让员工成为最有尊严的员工。全线 40 多个员工食堂、海上员工的健康设施、岛上员工的生活环境，对在艰苦环境中工作与生活的员工的慰问和关爱，交通不便影响员工理发和购物，一直是项目总部和工区两级党组织的重要日常工作。杨增林同志在任时，就逐渐形成了传统和标准。考虑隧道作业环境，一工区专门组建清扫班，配备吸尘器，对 PM2.5 和 PM10 进行监控管理。考虑沉管隔墙混凝土振捣风险，三工区改进工艺，配备空调送风系统。施工现场的厕所是重点管理对象，沉管预制车间常年有数百人工作，工区为这个厕所配备了专职清扫工。工地上不得出现一个烟头。

港珠澳大桥岛隧工程，实现了 35 次管节外海安装无事故，4600 人连续 7 年安全工作无一人死亡。在台风"天鸽"和"山竹"的正面袭击和考验下毫发无损。2018 年 2 月交工验收，同年 10 月通车。中华白海豚种群数量从开工时的 1300 头增长至交工验收时的 2000 多头。工程被 ENR、ITA、NCE 评为 2018 年度工程。截至今日，工程发表论文 500 多篇，专利 540 多个。当前隧道滴水不漏。

长的工期，环环相扣的工序，高风险的海上作业，让岛隧工程成为"千人走钢丝"的持久战。在这场战斗中，很多人只做一件事、只完成一道工序。最终，岛隧工程 4600 多名建设者做到了"每一次都是第一次"，每一次都同标准。这是因为有种力量，这种力量成了所有人的力量。我用语言无法表述这种力量，只说三点体会：

机遇要靠自己把握。国力增强让我们有了雄厚的经济实力，科技发展让我们有了有力的技术支撑，开放环境让我们能整合全球资源，国家全产业链的协同优势能为工程实施提供坚实保障。除了这些条件，干好工程的本质还有对事业的忠诚，遇到困难时的坚持。

自主创新才能拥有全球资源。尽管在日本、荷兰、美国、德国、法国、丹麦都有我们多年的合作伙伴，7 年的时间告诉了我们一个道理，当我们不掌握核心技术时，即便是朋友也可能会来"卡"我们；当我们掌握核心技术时，即便是"敌人"也会来找我们，世界资源的大门对我们就是敞开的。因为跟我们合作就成了他们的机遇，就是他们的市场。

"一个个平凡的人，认真而又坚持地完成一项项平凡的工作，成就了不平凡的工程。把每一项简单的工作做好，就是不简单。"工程的每一天，无论是工程师、钢筋工、泥瓦工，还是厨师，都在坚守这个信念，像傻瓜一样坚持心中标准，成就了岛隧工程。